VOZES NEGRAS EM COMUNICAÇÃO II
Interseções, diálogos e caminhos

VOZES NEGRAS EM COMUNICAÇÃO II
Interseções, diálogos e caminhos

Laura Guimarães Corrêa
Pablo Moreno Fernandes
Maria Aparecida Moura
Lucianna Furtado
Mayra Bernardes
(Organizadores)

Copyright © 2024 Os organizadores
Copyright desta edição © 2024 Autêntica Editora

Todos os direitos reservados pela Autêntica Editora Ltda. Nenhuma parte desta publicação poderá ser reproduzida, seja por meios mecânicos, eletrônicos, seja via cópia xerográfica, sem a autorização prévia da Editora.

COORDENADORA DA COLEÇÃO
Nilma Lino Gomes

CONSELHO EDITORIAL
Marta Araújo (Universidade de Coimbra); Petronilha Beatriz Gonçalves e Silva (UFSCAR); Renato Emerson dos Santos (UERJ); Maria Nazareth Soares Fonseca (PUC Minas); Kabengele Munanga (USP)

EDITORAS RESPONSÁVEIS
Rejane Dias
Cecília Martins

REVISÃO
Anna Izabella Miranda

CAPA
Alberto Bittencourt
(Imagem de fundo: recriação cromática a partir de estampa nigeriana)

DIAGRAMAÇÃO
Waldênia Alvarenga

Dados Internacionais de Catalogação na Publicação (CIP)
(Câmara Brasileira do Livro, SP, Brasil)

Vozes negras em comunicação II : interseções, diálogos e caminhos / organização Laura Guimarães Corrêa... [et al.]. -- Belo Horizonte, MG : Autêntica Editora, 2024. -- (Coleção Cultura Negra e Identidades)

Vários autores.
Outros organizadores: Pablo Moreno Fernandes, Maria Aparecida Moura, Lucianna Furtado e Mayra Bernardes.
Bibliografia.
ISBN 978-65-5928-446-7

1. Brasil - Relações raciais 2. Comunicação - Aspectos sociais 3. Comunicação social 4. Feminismo - Brasil 5. Mídia 6. Negros - Brasil - Condições sociais 7. Negros - Brasil - Identidade racial 8. Racismo I. Corrêa, Laura Guimarães. II. Fernandes, Pablo Moreno. III. Moura, Maria Aparecida. IV. Furtado, Lucianna. V. Bernardes, Mayra. VI. Série.

24-216262   CDD-302.2381

Índices para catálogo sistemático:
1. Brasil : Vozes negras : Comunicação social : Sociologia 302.2381

Cibele Maria Dias - Bibliotecária - CRB-8/9427

⊚ GRUPO AUTÊNTICA

Belo Horizonte
Rua Carlos Turner, 420
Silveira . 31140-520
Belo Horizonte . MG
Tel.: (55 31) 3465 4500

São Paulo
Av. Paulista, 2.073, Conjunto Nacional,
Horsa I. Salas 404-406 . Bela Vista
01311-940 . São Paulo . SP
Tel.: (55 11) 3034 4468

www.grupoautentica.com.br
SAC: atendimentoleitor@grupoautentica.com.br

9 Cinco anos depois, seguimos em diálogo
   Pablo Moreno Fernandes, Laura Guimarães Corrêa,
   Maria Aparecida Moura, Lucianna Furtado e Mayra Bernardes

Seção 1. Questões epistemológicas

17 Uma intelectual amefricana precursora do pensamento
    interseccional: Lélia Gonzalez presente nos fundamentos
    da epistemologia negra e do feminismo negro em dissertações
    e teses defendidas no Brasil entre 1997 e 2019
    Dione Oliveira Moura e Elen Cristina Ramos dos Santos

35 Nós e vínculos: reflexões sobre a produção intelectual
    que vem de um duplo lugar
    Laura Guimarães Corrêa e Lucianna Furtado

55 O que "descolonização" significa para você?
    Leonardo Custódio

77 A interface entre Comunicação e Saúde,
    a partir de um olhar interseccional
    Vívian Tatiene Nunes Campos

93 "Cultura do cancelamento" e silenciamento histórico
    Shakuntala Banaji

Seção 2. Discutindo o antirracismo hoje

109 O antirracismo como gestão das emoções: Karol Conká,
    do cancelamento ao autoconhecimento
    Igor Sacramento

135 Antirracismo das testemunhas, comunicação e mídia
Francisco Leite

Seção 3. Imagens, representações e contrarrepresentações

163 Por dentro da caixa-preta: vulnerabilidade escópica, algoritmos
e a codificação sociotécnica da (in)visibilidade negra
Maria Aparecida Moura

187 O futuro será preto ou não será: afrofuturismo *versus*
afropessimismo – as distopias do presente
Kênia Freitas e José Messias

203 Contrarrepresentações de África: a celebração da vida negra *queer*
no trabalho de Zanele Muholi
Felipe Messias

225 O genocídio negro e as imagens da morte: reflexões sobre o registro
audiovisual da necropolítica em cenas de ficção e testemunho
Josué Gomes

Seção 4. Música, corpos e almas

253 Corporeidades e a escuta conexa nas cenas musicais
Tobias Arruda Queiroz

273 Fenda: a arte de um grupo musical no cruzamento de respiros
de vida e registros de almas
Natália Amaro e Elton Antunes

Seção 5. Questões raciais em mídia e tecnologia

299 Representatividade, enfim, importa? A presença negra
na comunicação das marcas mais valiosas do Brasil
Pablo Moreno Fernandes

321 Os estudantes negros já são maioria no ensino superior brasileiro?
Breves reflexões sobre a cobertura midiática a respeito dos dados
de raça/cor no Brasil produzidos pelo IBGE em 2019
Rodrigo Ednilson de Jesus

339 Circularidade e política de presença: produção e circulação
de saberes e identidades nas redes
Deivison Campos

353 Algoritmos brancos: notas sobre a branquitude algorítmica
e a inexistência do erro
Fernanda Carrera

367 Da representatividade à comodificação da Outridade: negritude,
experiências e a racialização nas redações brasileiras
Márcia Maria Cruz e Rafael Francisco

Seção 6. Entrevistas

387 "Trazer o empírico, trazer a vida, muda a gente de lugar":
um diálogo com Vera França sobre a pesquisa em Comunicação
atravessada pela raça
Camila Meira Moreira, Cecília Bizerra Sousa e Mayra Bernardes

399 De preto pra preta: algumas reflexões de um baiano nagô
chamado Muniz Sodré
Etiene Martins

409 Sobre as autoras e os autores

Cinco anos depois, seguimos em diálogo

Pablo Moreno Fernandes
Laura Guimarães Corrêa
Maria Aparecida Moura
Lucianna Furtado
Mayra Bernardes

Em 2019 foi lançado, também pela Autêntica, o livro *Vozes negras em comunicação: mídia, racismos, resistências*. A coletânea reuniu quinze pensadores negros em capítulos que interpretavam, indagavam e propunham alternativas ao debate sobre a presença do racismo nas construções midiáticas. Quatro anos depois, apresentamos *Vozes negras em comunicação II: interseções, diálogos e caminhos*. O segundo volume da obra segue com a organização de Laura Guimarães Corrêa, agora com a coorganização de Lucianna Furtado, Maria Aparecida Moura, Mayra Bernardes e Pablo Moreno Fernandes.

Este segundo livro olha para trás e propõe leituras sobre caminhos percorridos. Também olha, de forma complexa, para as dimensões interseccionais que, atravessadas à raça, ajudam a compreender os processos comunicacionais em um país como o Brasil.

Pensamos nos diálogos como forma de valorizar a produção de conhecimento *em* coletividade e *para* a coletividade negra. Esse é um movimento que aparece nos capítulos em coautoria, nas entrevistas e na tradução, mas especialmente em nosso gesto epistemológico mais amplo, ao consolidar referências, parcerias e interlocuções com pesquisadores(as) negros(as), no Brasil e internacionalmente. Nosso objetivo é ampliar e solidificar esses diálogos, de modo a fortalecer a produção científica antirracista no campo da Comunicação por meio de epistemologias negras e afrodiaspóricas.

Quando pensamos nos caminhos e olhamos para trás, de 2019 para cá, notamos que muita coisa aconteceu. Resistimos a um governo que sufocou a ciência brasileira com cortes de recursos, ataques e discursos anticientíficos. Sobrevivemos à pandemia da covid-19, apesar de mais de setecentas mil vidas terem sido perdidas, muitas pelo descaso do governo em relação à aquisição de vacinas. Infelizmente, sempre é importante relembrar, a maior parte das vítimas fatais da covid-19 foram pessoas negras – a tal carne mais barata, como canta a imortal Elza Soares, que foi nos encantar de outro plano em 2022. O genocídio do povo negro (Nascimento, 2016) segue em curso no Brasil, mas, dessa vez, nossas vozes ecoaram numa intensidade até então inédita em denúncia a essa violência. As barreiras do racismo institucional seguem afastando pessoas negras de posições de poder, de espaços de produção de conhecimento, da distribuição de recursos públicos para pesquisa, de posições privilegiadas no mercado de trabalho. O Brasil segue em dívida com a população negra; os pactos narcísicos da branquitude (Bento, 2022) e o duplo nó (Gonzalez, 1995) operam como nunca, e a forma social escravista (Sodré, 2023) ainda faz parte do *modus operandi* do país, da esquerda à direita, de ricos a pobres. Sabemos que as conquistas de grupos racializados, fruto do trabalho de pessoas comprometidas com a transformação social, não estão garantidas.

É preciso reconhecer, no entanto, que avançamos nessa caminhada. Não tanto quanto gostaríamos, não tanto quanto merecemos, mas avançamos. Este livro é lançado em 2024, em tempos mais esperançosos para este país tão desigual e violento. No campo comunicacional, o debate sobre raça conquistou relevantes lugares institucionais. Em 2021, vimos a fundação do Grupo de Pesquisa em Comunicação Antirracista e Pensamento Afrodiaspórico na Sociedade Brasileira de Estudos Interdisciplinares da Comunicação (Intercom). Em 2022, a partir da articulação do Grupo de Pesquisa em Comunicação, Raça e Gênero (Coragem), da UFMG, e do Laboratório de Identidades Digitais e Diversidade (LIDD), da UFRJ, com pesquisadores(as) negros(as) no campo da Comunicação, foi criado o Grupo de Trabalho Comunicação, Raça e Interseccionalidades na Associação Nacional dos Programas de Pós-Graduação em Comunicação (Compós). Os dois grupos estão em pleno funcionamento em 2024 nessas importantes associações da área. A discussão racial começa a aparecer em posições privilegiadas na produção científica, com a publicação de dossiês temáticos em revistas da área de Comunicação Social direcionados a discussões sobre raça e interseccionalidade. O epistemicídio (Carneiro, 2023) começa a ser vencido e isso se faz perceptível no substantivo crescimento de teses e dissertações que discutem a questão racial e o pensamento interseccional no Banco de Teses e Dissertações da Capes. Já em 2023, uma grande vitória: a reformulação da política de cotas, além de trazer avanços para as políticas afirmativas raciais na graduação, institucionaliza a reserva de vagas para pessoas negras, indígenas e quilombolas na pós-graduação. Reanimados por esse contexto, buscamos propor caminhos epistemológicos negros para pensar objetos da Comunicação, como trilhas alternativas às referências eurocêntricas e brancas que dominam este e outros campos científicos.

Tais avanços são resultado de um agir impedante, que foi abordado no texto de abertura do primeiro *Vozes negras em comunicação* (Corrêa, 2019). O conceito, ressignificado pelo pesquisador Pablo Saldanha, da área de física, se refere a uma combinação de partes resistivas e reativas em circuitos elétricos. A ideia foi utilizada por Rodrigo Ednilson de Jesus (2019) para se referir à capacidade de povos racializados brasileiros para sobreviver, resistindo, mas também reagindo na construção de novas alternativas.

O crescimento e a visibilidade das discussões sobre comunicação e raça refletem-se no número de capítulos deste livro, que conta com vinte textos, o dobro do primeiro *Vozes negras em comunicação*. Aqui, estão publicados dezoito capítulos, com abordagens e subtemas variados, que mostram também a riqueza e a diversidade da pesquisa na área. Os dois capítulos que fecham o livro são as entrevistas com Vera França e Muniz Sodré.

A primeira seção, "Questões epistemológicas", começa com o trabalho de Dione Moura e Elen Cristina Ramos dos Santos, que escrevem sobre o pioneiro pensamento interseccional de Lélia Gonzalez. As autoras realizam um importante trabalho de pesquisa ao levantar e discutir as dissertações e as teses defendidas no Brasil entre 1997 e 2019 que tratam do legado intelectual dessa grande pensadora brasileira. Em seguida, Laura Guimarães Corrêa e Lucianna Furtado refletem sobre a produção intelectual que vem de um duplo lugar, considerando os duplos nós e os vínculos que atravessam as relações raciais e a construção do conhecimento a partir de grupos não hegemônicos. O capítulo seguinte, de Leonardo Custódio, "O que 'descolonização' significa para você?", tensiona os sentidos do decolonizar ou descolonizar, pensando a partir de uma perspectiva que considera principalmente raça, classe, desvantagens e privilégios. Vívian Campos traz em seguida a fundamental interface entre as áreas de Comunicação e Saúde, a partir de olhar interseccional. Fechando a seção, Shakuntala Banaji discute a chamada "cultura do cancelamento", questionando a deslegitimação de reivindicações de grupos que têm sido historicamente silenciados.

A segunda seção do livro tem como título "Discutindo o antirracismo hoje" e é composta por dois capítulos com essa temática. O capítulo de Igor Sacramento abre a segunda seção também com uma discussão sobre o cancelamento e propondo a ideia de antirracismo como gestão das emoções na análise do caso Karol Conká. O pesquisador Francisco Leite é o autor do segundo texto, no qual discute o antirracismo das testemunhas e sua relação com a comunicação e a mídia.

"Imagens, representações e contrarrepresentações" é a terceira seção do livro, que aborda temas variados e complexos, unidos pelo denominador da arte, da visibilidade e da imagem. O capítulo de Maria Aparecida Moura, que abre a seção, trata da vulnerabilidade escópica e da (in)visibilidade negra em tempos de algoritmos e de codificação sociotécnica, trazendo discussões necessárias e originais sobre arte, fotografia, semiótica, raça, racismo, negritude. Logo depois, Kênia Freitas e José Messias discutem e contrapõem as ideias do afrofuturismo e do afropessimismo para pensar as distopias do presente. O terceiro capítulo da seção, de autoria de Felipe Messias, analisa as contrarrepresentações de África nas imagens de Zanele Muholi, artista que celebra a vida negra queer em seu trabalho. Fechando a seção, Josué Gomes reflete sobre cenas de ficção e testemunho, utilizando o conceito mbembeano de necropolítica para pensar o genocídio negro e as imagens da morte.

A quarta seção, "Música, corpos e almas", traz as ideias de Tobias Arruda Queiroz, que relaciona as corporeidades e a escuta conexa nas cenas musicais. O segundo capítulo sobre música é de autoria de Natália Amaro e Elton Antunes, e trata do grupo musical Fenda e daquilo que os pesquisadores poeticamente chamam de respiros de vida e registros de almas na criação artística desse grupo.

A quinta seção do livro agrupa "Questões raciais em mídia e tecnologia", com cinco capítulos que vão tratar de publicidade, educação, redes, tecnologia e produção jornalística. Pablo Moreno Fernandes discute a presença negra na comunicação das marcas mais valiosas do Brasil, utilizando para isso o conceito de representatividade. Rodrigo Ednilson, que vem da área da Educação, reflete sobre a presença de estudantes negros no ensino superior brasileiro, analisando a cobertura midiática acerca dos dados de raça/cor no país produzidos pelo IBGE em 2019. Em "Circularidade e política de presença: produção e circulação de saberes e identidades nas redes", Deivison Campos pensa a roda como tecnologia, refletindo sobre a sociabilidade entre pessoas negras nos primórdios da internet e em torno da Marcha do Orgulho Crespo. Em seguida, o capítulo de Fernanda Carrera traz notas sobre a branquitude algorítmica e sobre a inexistência do erro naquilo que a pesquisadora denomina "algoritmos brancos". Por fim, os pesquisadores e jornalistas Márcia Maria Cruz e Rafael Francisco tratam de eventos realizados pelo Coletivo Lena Santos e das motivações para a criação desse espaço de compartilhamento sobre a prática jornalística de pessoas negras, realizando uma discussão sobre racialização, comodificação e identidade.

A sexta seção é composta por duas entrevistas com intelectuais que são referências na área de Comunicação no Brasil: Vera França conversa com

Camila Meira Moreira, Cecília Bizerra Sousa e Mayra Bernardes; e Muniz Sodré conversa com Etiene Martins. Com suas brilhantes trajetórias de muitas décadas, França e Sodré contribuem para as discussões com memórias e percepções sobre a pesquisa em Comunicação, trazendo reflexões sobre sua produção intelectual, atravessada de diferentes formas pelo debate racial, e temas contemporâneos.

Neste *Vozes negras em comunicação II: interseções, diálogos e caminhos*, pensamos nas intersecções também como encruzilhadas, onde saudamos Exu, orixá que no Candomblé simboliza o princípio, a abertura de caminhos e, também, os diálogos e a comunicação. *Laroyê!*[1]

Julho de 2024

Referências

Bento, C. *O pacto da branquitude*. São Paulo: Companhia das Letras, 2022.

Carneiro, S. *Dispositivo de racialidade: a construção do outro como não ser como fundamento do ser*. Rio de Janeiro: Zahar, 2023.

Corrêa, L. G. Por um olhar opositor e um agir impedante. In: Corrêa, L. G. (Org.). *Vozes negras em comunicação: mídia, racismos, resistências*. Belo Horizonte: Autêntica, 2019. p. 9-14.

Gonzalez, L. The Black Woman in Brazil. In: Moore, C. (Org.). *African Presence in the Americas*. Tradução de Barbara Cruz. Trenton: African World Press, 1995. p. 313-328.

Jesus, R. E. de. Trecho de fala em: *Ser negro no Brasil. Como é ser negro no Brasil*. Belo Horizonte: TV Sinpro Minas, 24 maio 2019. (Programa de TV).

Nascimento, A. do. *O genocídio do negro brasileiro: processo de um racismo mascarado*. São Paulo: Perspectiva, 2016.

Sodré, M. *O fascismo da cor: uma radiografia do racismo nacional*. Petrópolis: Vozes, 2023.

---

[1] A expressão iorubá *"Laroyê"* é utilizada na saudação a Exu e significa "Salve, Mensageiro".

SEÇÃO 1

Questões epistemológicas

Uma intelectual amefricana precursora do pensamento interseccional: Lélia Gonzalez presente nos fundamentos da epistemologia negra e do feminismo negro em dissertações e teses defendidas no Brasil entre 1997 e 2019

Dione Oliveira Moura
Elen Cristina Ramos dos Santos

Introdução

Este capítulo é parte de um relato de pesquisa da autora principal e traz resultados do projeto de pesquisa[1] em desenvolvimento, incluindo resultados de etapas cumpridas no âmbito da iniciação científica da coautora, assim como do estágio pós-doutoral da autora principal, coordenadora da pesquisa. "Somos duas autoras mulheres negras, Dione Moura e Elen dos Santos, de gerações diferentes, mas com o forte vínculo existencial do existir enquanto mulheres negras na academia e na sociedade brasileira; estudar Lélia Gonzalez fortalece e expande esse vínculo intergeracional" (Moura; Santos, 2020, p. 131).

O desenvolvimento do projeto de pesquisa tem apresentado importantes discussões e resultados sobre temas como a feminização do jornalismo brasileiro e, mais detidamente, sobre a experiência da mulher negra jornalista sindicalizada no interior das Comissões de Jornalistas pela Igualdade Racial (Cojiras) dos Sindicatos dos Jornalistas e das mulheres jornalistas negras que atuam na agenda da igualdade racial e do combate ao racismo. A fase da pesquisa aqui relatada consiste em compreender o papel de relevância de intelectuais negras como Lélia Gonzalez e Sueli Carneiro entre as novas gerações de jornalistas e/ou ativistas e/ou pesquisadoras(es) negras(os) brasileiras(os), uma vez que o nome de Lélia Gonzalez foi mencionado nas entrevistas que realizamos com jornalistas negras brasileiras.

---

[1] Projeto de pesquisa registrado no Conselho Nacional de Desenvolvimento Científico e Tecnológico (CNPq) como "As Comissões de Igualdade Racial (Cojira) dos Sindicatos dos Jornalistas: perfil e atuação das jornalistas negras por meio das comissões Cojira e a feminização do jornalismo", com autoria e coordenação de Dione Oliveira Moura.

A intelectual e ativista Lélia Gonzalez construiu em vida um vasto repertório teórico e político, que possibilita seu reconhecimento como uma das grandes intérpretes das relações sociais e raciais no Brasil (Barreto, 2018) e como pilar epistemológico do Feminismo Negro. Ela também compõe a vanguarda de ativistas negros e negras organizados em movimentos sociais atuantes no processo de redemocratização do país nos anos 1980. Segundo as principais biografias e estudos de sua vida e obra, Lélia figura na história como uma *intelectual ativista*. Em Barreto (2005) e Viana (2006), duas das pesquisas do nosso *corpus*, Lélia é retratada como uma intelectual mobilizadora de transformações profícuas tanto no meio acadêmico-intelectual quanto nas redes de ativismo das quais foi protagonista, estabelecendo pontes e tensões, e destituindo as fronteiras colonialistas, racistas e patriarcais presentes nesses meios.

Lélia de Almeida Gonzalez nasceu em 1935, em Minas Gerais, e faleceu em 1994, no Rio de Janeiro. Personificou uma trajetória de intenso engajamento político no Movimento Negro Unificado (MNU) – tendo sido uma das fundadoras – e de aproximações com o Movimento Feminista a partir de 1970. Na década seguinte, junto a outras mulheres negras ativistas, construiu o insurgente Movimento de Mulheres Negras, que abriu caminhos para o que hoje conhecemos como Feminismo Negro Brasileiro. Incluiu-se também na política partidária da esquerda brasileira ao assumir candidaturas no Partido dos Trabalhadores (PT) e posteriormente no Partido Democrático Trabalhista (PDT).

O percurso acadêmico e intelectual de Lélia é amplo, estabelecido nas áreas da Antropologia, Filosofia, História e Psicanálise, além de incursões no campo das Artes e da Cultura (Barreto, 2005; Rios; Ratts, 2016). A partir de tal repertório, Lélia tem sido reverenciada no interior de uma gama de tradições epistemológicas: como referência do pensamento afrodiaspórico e amefricano, da epistemologia negra e feminista negra, do feminismo afro-latino-americano e do pensamento interseccional (Cardoso, 2012; Rios; Ratts, 2016).

Vigilância comemorativa

A despeito da existência do racismo e do eurocentrismo marcantes do pensamento ocidental – presente nos enquadramentos da sociedade e da academia brasileira –, o legado de Lélia Gonzalez segue sendo rememorado, resgatado e celebrado. Em primeiro lugar, pela imensurável qualidade e atualidade de seu pensamento e atuação engajados em compreender a realidade brasileira e desestruturar os pilares racistas, sexistas e colonialistas que permeiam as relações sociais no país. E, em segundo lugar, pelo diálogo como o conceito de *vigilância comemorativa* de Pierre Nora, a partir do qual identificamos (Moura; Almeida, 2019) tal vigilância comemorativa como uma ação das resistências de feministas, ativistas e intelectuais negras(os) e familiares para combater o esquecimento e manter viva a memória dessa pensadora, reivindicando o seu legado afetivo, político e epistemológico, "de modo a não terem suas histórias varridas pela história, podendo relançá-las como projeto do devir" (Moura; Almeida, 2019, p. 34).

Nesse sentido, fazendo coro aos esforços de reconhecimento e enunciação da relevância do pensamento e vida de Lélia Gonzalez, o presente relato de pesquisa tem como objetivo investigar e mapear a presença e (re)existência das contribuições teóricas e políticas dessa pensadora negra brasileira no contexto das produções acadêmicas. Para isso, os objetivos específicos consistiram em: i) mapear e buscar trabalhos acadêmicos (dissertações e teses) cujas temáticas centrais ou capítulos fossem dedicados à vida e obra de Lélia Gonzalez; ii) desenvolver uma revisão bibliográfica das produções encontradas; iii) realizar entrevistas com as/os autoras/autores dos trabalhos acadêmicos coletados.

Nesta fase da pesquisa, trazemos como resultado a proeminência e os significados da figura de Lélia Gonzalez como representante da emergência de uma epistemologia negra e feminista negra em produções acadêmicas de grande fôlego como teses e dissertações. Como aporte teórico-metodológico, pautamo-nos em trabalhos sobre a constituição dos estudos de gênero e raça e a construção histórica do feminismo negro brasileiro (Lemos, 1997; Cardoso, 2014; Figueiredo, 2020). Além disso, adotamos estudos da epistemologia negra brasileira (Bernardino-Costa, 2018; Barreto, 2018), constituinte de novas interpretações e contra narrativas diante do conhecimento eurocêntrico pretensamente universal.

Percurso metodológico

Trata-se de uma pesquisa qualitativa, de caráter exploratório e descritivo, com o intuito de investigar e mapear pesquisas acadêmicas sobre a intelectual e ativista negra Lélia Gonzalez. Para atender aos objetivos, o trabalho se estruturou em duas etapas. A primeira consistiu na pesquisa sistemática de bibliografia em bancos virtuais de trabalhos acadêmicos: Biblioteca Digital Brasileira de Teses e Dissertações (BDTD) e Catálogo de Teses e Dissertações da Coordenação de Aperfeiçoamento de Pessoal do Ensino Superior (Capes). O descritor utilizado na busca foi "Lélia Gonzalez". Foi encontrado um total de doze pesquisas (três teses e nove dissertações) que apresentavam Lélia Gonzalez em capítulos especiais ou como tema central de pesquisa. A sistematização de tais dados resultou em dois quadros que apresentaremos e analisaremos em sessão posterior deste capítulo (Quadro 1 e Quadro 2).

Para esta etapa, optou-se pelo delineamento de uma *pesquisa bibliográfica*, organizada por instrumentos de testagem: roteiros de leitura e análise de conteúdo para viabilizar a seleção, interpretação, reflexão e categorização de textos acadêmicos. Como característica desse tipo de metodologia, o material bibliográfico constituiu-se ao mesmo tempo como dado e como quadro teórico (Bauer; Gaskell, 2002; Lima; Mioto, 2007).

Em um segundo momento, a partir da revisão bibliográfica e análise dos quadros das produções acadêmicas, buscamos a realização de entrevistas com autoras/autores das teses e dissertações, segundo o critério de análise da produção mais recente e da mais antiga de cada quadro. Entramos em contato com quatro autoras/autores e dois sinalizaram positivamente à participação na entrevista: Rosalia Lemos, autora da dissertação *Feminismo negro em construção: a organização do movimento de mulheres negras no Rio de Janeiro*, publicada no ano de 1997, e Wagner Vinhas Batista, autor da tese de doutorado *Palavras sobre uma historiadora transatlântica: estudo de trajetória intelectual de Maria Beatriz Nascimento*, publicada em 2016.

As entrevistas foram realizadas virtualmente, atentando à disponibilidade e condições das pessoas entrevistadas. No roteiro das entrevistas, delineamos questões acerca do contato e da experiência dos pesquisadores, e a relação da pesquisa com a temática sobre Lélia Gonzalez, assim como a dimensão teórica e afetiva da intelectual para a subjetividade e trajetória dos pesquisadores por nós entrevistados.

Lélia Gonzalez: (re)existência em produções acadêmicas

Diversos estudos (Barreto, 2018; Rios; Maciel, 2018) indicam a amplitude de tradições político-epistemológicas e de ativismo das quais Lélia Gonzalez faz parte e é protagonista. O legado teórico de Lélia é referenciado como representativo do que se tem chamado de *epistemologia negra*, uma vez que fez parte de redes de intelectuais ativistas ao compor uma produção de conhecimento que visava à desconstrução do mito da democracia racial e ao resgate da história do povo negro em nosso país. Além disso, por demarcar a falha constitutiva do conhecimento eurocêntrico e importado pela academia brasileira, que se tornou espelho dos padrões embranquecidos de análise e de leitura sobre a realidade, silenciando e destituindo de seus quadros interpretativos as existências e epistemologias negras e indígenas (Gonzalez, 1984; Grosfoguel, 2016; Bernardino-Costa, 2018).

Gonzalez também é situada no *pensamento afrodiaspórico* (Barreto, 2005), na medida em que concebeu a categoria transnacional da *amefricanidade* ao traduzir contribuições do pensamento pan-africanista para o contexto da experiência africana e indígena na América Latina e Caribe. Por fim, Lélia está associada ao *pensamento feminista negro, afro-latino-americano e interseccional* (Rios; Maciel, 2018), tendo produzido profícuas contribuições sobre a mulher negra e a tríplice opressão – de gênero, raça e classe – que incide sobre ela. Pelo conceito de tríplice opressão, a autora é considerada uma precursora do conceito metodológico de "interseccionalidade", termo enunciado como categoria metodológica para compreensão das distintas opressões das quais mulheres negras são alvo, em fins da década de 1980 por Kimberlé Crenshaw (2002).

A partir da compreensão da relevância epistemológica desse legado, buscamos investigar as apropriações, a dimensão e os significados que assumem o pensamento e obra leliana em investigações acadêmicas – teses e dissertações defendidas no Brasil até o ano de 2019. Como resultado da busca em catálogos e bibliotecas digitais de trabalhos acadêmicos, foram encontrados doze trabalhos, sendo quatro teses e oito dissertações. A sistematização dos dados encontrados resultou em dois quadros (Quadro 1 e Quadro 2) representativos da produção acadêmica brasileira em torno de Lélia Gonzalez. Foram encontradas seis dissertações (Barreto, 2005; Viana, 2006; Brito, 2012; Fernandes, 2016; Teixeira, 2017; Alves, 2019) que trazem a contribuição de Lélia como *tema central* (Quadro 1) e um total de seis trabalhos – três teses (Cardoso, 2012; Batista, 2016; Zambrano, 2017) e três dissertações (Lemos, 1997; Chaves, 2008; Bispo, 2011) – que apresentam *capítulos especiais* sobre Lélia Gonzalez e/ou sua obra (Quadro 2). Esse conjunto de trabalhos se desenvolve nas áreas de conhecimento das Ciências Sociais, Humanidades e Letras, como a Educação, Sociologia, Literatura Comparada, História e Biblioteconomia.

O processo de construção dessas categorizações se deu por meio de técnicas de investigação que compreendem a sistematização dos dados obtidos (teses/dissertações), seguida da construção de um roteiro de leitura para identificação, análise e categorização pertinente aos objetivos da investigação. Com base nisso, iniciamos por meio de uma leitura flutuante a identificação de núcleos temáticos (Minayo, 2008), sublinhando/anotando e dialogando entre nós, autoras, sobre o quê de central emergia no "significado" da presença de Lélia em cada um dos trabalhos. Buscamos, com isso, identificar quais conceitos, temas e/ou aspectos da obra leliana são convocados a dialogar ou contribuir teoricamente nos trabalhos analisados. Ou seja, tratou-se de uma significação que emergia do nosso contato com o próprio trabalho (tese/dissertação).

Nesse processo de leitura flutuante, indagamos, por exemplo, se a contribuição de Lélia aparecia mais do ponto de vista de sua atuação como pensadora/ promotora de uma epistemologia negra ou de sua atuação como fundadora das bases do que viria a ser o feminismo negro. Ou, por outro lado, se o foco central da contribuição de Lélia em determinado estudo derivava do seu papel histórico como articuladora do movimento de mulheres negras no Brasil e na América Latina.

Por fim, após tal leitura flutuante e o diálogo das autoras em torno do foco central de cada um dos trabalhos, prosseguimos na análise de conteúdo da modalidade temática, como proposto por Minayo (2008), de modo a identificar os núcleos de sentido agregadores das categorias acima citadas e dispostas nos Quadros 1 e 2.

Como exporemos a seguir, a produção acadêmica aqui investigada se expressa em dois eixos de análise fundamentais. No primeiro, Lélia Gonzalez é referenciada como partícipe da construção de uma epistemologia negra. No segundo eixo, constatamos a presença da autora e ativista na construção política e teórica do Movimento de Mulheres Negras e do feminismo negro.

Lélia Gonzalez e a epistemologia negra

Como resultado da análise das teses e dissertações identificadas na busca, observamos a vida e obra de Lélia Gonzalez, localizadas em uma ampla tradição e construção da *epistemologia negra* (Quadro 1). Tais trabalhos nos indicam a importância de reconhecer a relevância de Lélia como pensadora e intelectual, e não somente na dimensão da militância e do ativismo, na medida em que sua postura compreendeu a constante mobilização de um conhecimento pautado na experiência pessoal e política, destituindo as fronteiras entre a intelectualidade e o ativismo.

No Quadro 1, relacionamos, como resultado da pesquisa, os trabalhos que categorizamos como "Lélia e epistemologia negra", "Lélia e epistemologia negra/feminismo negro" e "Lélia e feminismo negro/feminismo pós-colonial", predominando a inserção de estudos em que a autora aparece como representante de uma epistemologia negra brasileira como foco principal (quatro trabalhos), com imbricações de análises junto ao feminismo negro e pós-colonial.

Quadro 1 – Lélia e a epistemologia negra: teses e dissertações publicadas até 2019 e que apresentam Lélia Gonzalez e/ou sua obra como tema central

Produção acadêmica: Lélia Gonzalez e/ou sua obra como tema central			
Categorias	Autora/Título	Tipo	Ano
Epistemologia negra	Alves, Renata Carmo. *Ecos de Maria Firmina dos Reis em Lélia Gonzalez, Djamila Ribeiro e Marielle Franco.*	Dissertação	2019
	Teixeira, Patrícia. *A organização da informação em plataforma de gestão de referências, a Zotero: a coleção Lélia Gonzalez e o Projeto Memória.*	Dissertação	2017
	Brito, Ires. *Revisitando os percursos intelectuais e políticos de Beatriz do Nascimento e Lélia Gonzalez.*	Dissertação	2012
	Viana, Elisabeth. *Relações raciais, gênero e movimentos sociais: o pensamento de Lélia Gonzalez 1970-1990.*	Dissertação	2006
Epistemologia negra e feminismo negro	Barreto, Raquel. *Enegrecendo o feminismo ou feminizando a raça: narrativas de libertação em Angela Davis e Lélia Gonzalez.*	Dissertação	2005
Feminismo negro e feminismo pós-colonial	Fernandes, Ana Carolina dos Reis. *Vozes subalternas: produções de autoria feminina na pós-colonização do Brasil.*	Dissertação	2016

Fonte: Elaboração própria.

A partir da análise dos trabalhos do Quadro 1, podemos perceber a contribuição de Lélia como uma intelectual negra que lança perspectivas epistemológicas em confronto ao conhecimento ocidental, positivista e pretensamente neutro, no qual o trabalho intelectual está desvinculado da prática política e subjetiva. Lélia aparece, junto a outras pensadoras como Beatriz Nascimento, Angela Davis, Abdias do Nascimento e Maria Firmina dos Reis (Barreto, 2005; Brito, 2012; Batista, 2016; Alves, 2019), como partícipe da intelectualidade negra brasileira e afrodiaspórica, forjando novas formas, metodologias e sensibilidades interpretativas para compreender a realidade social. A produção engajada de Lélia contribui para a descolonização da estrutura racista, sexista e androcêntrica da forma de produzir conhecimento, ao mobilizar (re)existências próprias a partir de seus lugares de fala: mulher e negra, ativista antirracista e antissexista (Gonzalez, 1984; Bernardino-Costa, 2018).

Isso é reforçado com a narrativa de uma das nossas entrevistadas, Rosalia Lemos, professora, química e contemporânea de Lélia Gonzalez, autora do primeiro trabalho acadêmico – no caso, uma dissertação – que teve Lélia como um capítulo central (Lemos, 1997). Nossa entrevistada foi também responsável pela articulação de um dos primeiros coletivos de mulheres negras do Rio de Janeiro, o N'zinga. Ela tece lembranças em que Gonzalez insurge como força criativa de uma "pesquisa ativista" marcada pela capacidade de improvisação e criatividade científica diante da escassez ocasionada pela negação e invisibilização das demandas e da realidade da população negra:

> Lélia [...] é muito grande. [...] Ela traduzia na "linguagem" branca, do "branco", que era essa a linguagem da academia, mas também do ativismo, e ela vai trazer para dentro da academia a força do ativismo das mulheres negras. Então, esse limiar da pesquisa ativista a Lélia trabalhou. [...] Olha como a gente era criativa. De ler aquilo que você conseguiu, e fazer uma adaptação, uma leitura, uma releitura para sua pesquisa. Eu me lembro que tive um embate com a minha orientadora [...], então, assim, essa vontade de olhar o que se escrevia e fazer leituras paralelas e você trabalhar novos conceitos, pois os conceitos se fazem assim, eles se dão na análise do que está produzido e no salto quântico (eu sou química), que você possa dar em relação ao que está sendo refletido no mundo. Porque não é uma coisa só nossa, é no mundo (Lemos, 2020, p. 5).

Ao evocar as contribuições de Lélia à intelectualidade brasileira, o pesquisador entrevistado Wagner Batista, autor de uma tese que destaca a contribuição da obra de Lélia (Batista, 2016), afirma, na entrevista concedida, a relevância da autora: "Eu penso que a contribuição de Lélia Gonzalez se insere em duas perspectivas: a necessidade de revisão da historiografia do negro, bem como tornar acessível um debate importante, mas ainda muito distante daquilo que eu venho chamando de Brasil Profundo" (Batista, 2020, p. 2).

No contexto de resistência ao regime ditatorial nos anos 1980 e posteriormente no processo de redemocratização, o Movimento Negro tem como um dos seus horizontes a reação ao apagamento implicado pelo epistemicídio e a construção de um conhecimento próprio, visando à desconstrução do mito da democracia racial e colocando no horizonte a consciência racial da população negra. É pelos esforços desse movimento e, posteriormente, do insurgente Movimento de Mulheres Negras e do feminismo negro que Lélia tem sido requisitada como referência obrigatória para uma melhor compreensão do fenômeno do racismo no Brasil e das questões de gênero e raça. Para Barreto (2005), não é possível pensar na rearticulação do Movimento Negro Brasileiro sem passar pela trajetória e pelas conquistas políticas e teóricas de Lélia Gonzalez. E o *corpus* empírico da nossa pesquisa – as nove dissertações e três teses defendidas entre 1997 e 2019 – confirma a afirmação de nossa entrevistada, como podemos registrar nas categorizações identificadas nos Quadros 1 e 2.

Essa característica da pesquisa e de estudos engajados, desde dentro da academia e de contextos ativistas, bem como de diálogos entre esses dois espaços, foi possível pela resistência de intelectuais negras como Lélia. Ela congrega os distintos espaços que ocupou para questionar as estruturas de poder e de conhecimento no que diz respeito às práticas e representações em relação à população negra, especialmente para nós, mulheres negras. A pauta da mulher negra, da compreensão da articulação de gênero e raça foi um dos temas principais da vida de Lélia, e tem sido mais amplamente discutida principalmente por via do feminismo negro contemporâneo.

E de que forma essas seis dissertações inserem Lélia na epistemologia negra? A sistematização e revisão dos seis trabalhos organizados no Quadro 1 permitem que afirmemos que tal produção tem destacado e afirmado o lugar de Lélia Gonzalez como representante e protagonista do que chamamos aqui de epistemologia negra. Ou seja, uma tradição de pensamento e de pensadores(as) negros(as) que redimensionaram os pressupostos teórico-metodológicos do pensamento social brasileiro.

Em conjunto, essas seis dissertações categorizadas no Quadro 1 (Barreto, 2005; Viana, 2006; Brito, 2012; Fernandes, 2016; Teixeira, 2017; Alves, 2019), ao abordarem o percurso de formação acadêmica e política de Lélia Gonzalez (Viana, 2006; Teixeira, 2017; Alves, 2019), bem como o estatuto teórico-reflexivo da autora e sua importância para as ciências sociais e humanidades no Brasil (Barreto, 2005; Batista, 2016; Fernandes, 2016), apontam para a afirmação de uma intelectual negra engajada, e cobram das instituições que regem a produção de conhecimento que não é mais aceitável que o pensamento da autora permaneça no esquecimento ou silenciado. Nessa produção acadêmica, Gonzalez é uma pensadora negra que figura na construção de uma *episteme negra* crítica e insurgente contra os entendimentos do senso comum e da própria intelectualidade e academia brasileira, de bases racistas, patriarcais e androcêntricas.

Lélia Gonzalez e o feminismo negro/ Movimento de Mulheres Negras

"Como no Rio de Janeiro você vai falar de mulheres negras se não fala de Lélia?" (Lemos, 2020).

Iniciamos esta sessão com o supracitado questionamento provocativo da nossa entrevistada, a pesquisadora Rosalia Lemos, reconhecendo a inviabilidade de pensar a história do Movimento de Mulheres Negras e do feminismo negro sem considerar as profundas contribuições de Lélia Gonzalez. É, sobremaneira, por via da atuação de feministas negras que o pensamento da autora reexiste/persiste/revive no contexto intelectual e ativista brasileiro.

A partir dos trabalhos elencados no Quadro 2 (Lemos, 1997; Chaves, 2008; Bispo, 2011; Cardoso, 2012; Batista, 2016; Zambrano, 2017), como resultado da pesquisa e a partir da categorização por nós realizada, identificamos que foram predominantes trabalhos cuja temática central volta-se para a construção, consolidação e investigação do feminismo negro e do Movimento de Mulheres Negras no Brasil, inserindo Lélia em capítulos especiais das dissertações ou das teses identificadas; capítulos nos quais Lélia Gonzalez aparece como pilar teórico-conceitual desse feminismo, bem como partícipe de sua construção política.

Quadro 2 – Lélia Gonzalez e o feminismo negro/Movimento de Mulheres Negras: teses e dissertações publicadas até 2019 e que apresentam um ou mais capítulos sobre Lélia Gonzalez e/ou sua obra e pensamento

Produção acadêmica: Lélia Gonzalez e/ou sua vida			
Categorias	**Autora/Título**	**Tipo**	**Ano**
Feminismo negro/ Movimentos de Mulheres Negras	Zambrano, Catalina. *Mulheres negras em movimento: ativismo transnacional na América Latina 1980-1995.*	Tese	2017
	Cardoso, Claudia. *Outras falas: feminismos na perspectiva de mulheres negras brasileiras.*	Tese	2012
	Bispo, Silvana. *Feminismos em debate: reflexões sobre a organização do movimento de mulheres negras em Salvador (1978 - 1997).*	Dissertação	2011

Produção acadêmica: Lélia Gonzalez e/ou sua vida			
Categorias	Autora/Título	Tipo	Ano
Feminismo negro/ Movimentos de Mulheres Negras	Chaves, Marjorie Nogueira. *As lutas das mulheres negras: identidade e militância na construção do sujeito político.*	Dissertação	2008
	Lemos, Rosalia Oliveira. *Feminismo negro em construção: a organização do movimento de mulheres negras no Rio de Janeiro.*	Dissertação	1997
Epistemologia negra	Batista, Wagner. *Palavras sobre uma historiadora transatlântica: estudo de trajetória intelectual de Maria Beatriz Nascimento.*	Tese	2016

Fonte: Elaboração própria.

O Movimento de Mulheres Negras autônomo e institucionalizado emerge no contexto de fortalecimento dos movimentos sociais e da luta pela redemocratização do país, nos anos 1970 e 1980 (Viana, 2006; Rios; Maciel, 2018). Em linhas gerais, as dissertações e teses do Quadro 2 documentam que a organização de ativistas negras insurge em meio a correlações, aproximações e divergências com o movimento feminista tradicional de mulheres brancas (hegemônico) e com o movimento negro. Nessas três dissertações e quatro teses do Quadro 2, percebemos que as redes de ativismo e organização das mulheres negras se erguem como um espaço de luta feito para e pelo protagonismo das mulheres negras (Lemos, 1997; Bispo, 2011; Cardoso, 2012; Zambrano, 2017). Assim, identificamos em tais estudos do Quadro 2 que este contexto é analisado a partir de critérios de investigação de eventos feministas, Organizações Não Governamentais (ONGs), conselhos, redes de ativismo, e coletivos sob intensa articulação de mulheres negras, acadêmicas, trabalhadoras, intelectuais e moradoras de regiões periféricas (Lemos, 1997; Zambrano, 2012).

Lélia Gonzalez, como feminista e militante do movimento negro, desempenhou um importante papel nessas duas frentes, sendo pioneira, junto a outras mulheres de igual importância, na reivindicação da visibilização e enunciação de análises e pautas políticas que contemplassem a experiência da mulher negra no Brasil e na América Latina (Zambrano, 2017). Lélia questiona a universalidade da categoria mulher ao reivindicar criticamente a compreensão de raça e gênero e suas articulações como estruturantes das relações sociais e de gênero na sociedade brasileira. Nesse sentido, Lélia propõe uma análise e prática política contestadora do etnocentrismo e da invisibilização da dimensão racial no movimento feminista de mulheres brancas, ao mesmo tempo em que aponta a ausência do debate de gênero entre a militância negra, em que o sexismo e machismo se faziam presentes (Gonzalez, 1984; Chaves, 2008; Cardoso, 2012). E a própria Lélia nos diz em sua obra em coautoria com Hasenbalg: "Foi a partir do convívio com essas irmãs, já no Movimento Negro Unificado (MNU), que passei a me preocupar com essas especificidades [da mulher negra no continente americano]" (Gonzalez; Hasenbalg, 1982, p. 37).

É o que reafirma nossa entrevistada Rosalia Lemos, que qualifica a participação de Lélia em movimentos sociais e na formulação de categorias próprias para pensar e agir com e para as pautas políticas e para a epistemologia negra:

> E Lélia vem trazer isso... ela ficava lá ao lado das brancas, ela viajava, fazia debate [...], e ao lado dos homens negros, e ela estava na verdade fortalecendo a presença da mulher negra como protagonista política da história, do movimento negro, do movimento de mulheres negras e do movimento de Direitos Humanos nesse país. Quase ninguém associa a Lélia aos direitos humanos. Defender a vida de preto é direito humano sim [...]. Porque falam que direitos humanos é "direito pra bandido", as pessoas que são contra a igualdade, a liberdade, uma sociedade antirracista [...] e a Lélia veio trazer esse poder da defesa de direitos humanos pra um grupo que era o cocô do cavalo do bandido, que somos nós mulheres negras (Lemos, 2020, p. 4).

Zambrano (2017), em uma das teses do Quadro 2, argumenta que as articulações e a organização de mulheres negras na América Latina decorrem, por um lado, das experiências ativistas e, por outro, do pensamento feminista negro que se difunde dentro das redes de ativismo, com base na retroalimentação entre ativismo e teoria gerida pelas feministas negras, contestando as estruturas racistas e sexistas prementes na sociedade e no pensamento ocidental.

Nesse contexto, a pesquisadora Rosalia Lemos retoma o papel de Lélia na articulação do movimento negro de mulheres no Brasil nos anos 1970 e 1980:

> Essas mulheres que brigavam dentro do IPCN, elas decidiram criar uma reunião de mulheres negras Aqualtune [...]. Tinha a Pedrina de Deus, que faleceu no Ceará, tinha a Lélia, tinha a Suzete, tinha a Adélia Azevedo, tinha a Beatriz Nascimento, que faleceu, era uma médica aqui do PDT do Rio de Janeiro. E aí essas mulheres começaram a se questionar. Tanto é que nesse período surge o Coletivo de Mulheres Negras do Rio de Janeiro [...]; não foi registrado, mas esse coletivo se constitui, e começa a

questionar essa postura machista, misógina dos homens do movimento negro. E a gente lá no feminismo branco também questionando [...] e Lélia tem uma passagem em 1979, no Encontro Nacional Feminista que aconteceu aqui no Rio de Janeiro, que quando as mulheres negras foram discutir a questão do racismo dentro do feminismo, as falas dessas mulheres foram desqualificadas. E aí Lélia traz essa lembrança, no texto dela "A mulher negra na sociedade brasileira", de 1982, e outras mulheres brancas vão também refletir como elas faziam a pesquisa delas dentro da academia e sequer discutiam [...] (Lemos, 2020, p. 2-3).

A partir da contribuição voltada para a mulher negra, Lélia tem sido reconhecida como precursora do pensamento feminista negro brasileiro. Nos estudos aqui considerados, sua apropriação no interior do tema se dá principalmente por: 1) seu conceito teórico-metodológico da "amefricanidade", como marcador de uma nova forma de pensar as relações raciais e de gênero, em que a autora concebe os signos da resistência negra diaspórica e ameríndia ao colonialismo e racismo, sobretudo pelas lutas das mulheres negras; 2) sua reflexão em forma de manifesto presente no texto "Por um feminismo afro-latino-americano", em que propõe o enegrecimento do feminismo a partir da realidade compartilhada das "amefricanas" – termo a partir do qual nomeamos no título do capítulo a própria Lélia Gonzalez; e 3) seus estudos em que concebe a articulação das dimensões de raça, gênero e classe – as quais Lélia define como a "tripla discriminação" (Gonzalez, 2018), paradigma que consideramos aqui como precursor do pensamento interseccional.

A entrevistada Rosalia Lemos, autora da primeira dissertação que teve Lélia como um dos temas centrais, ao ser por nós questionada sobre como Lélia se tornou tema e referencial teórico de sua dissertação, responde:

A Lélia entrou no meu estudo, porque eu ia falar de mulheres negras. Como no Rio de Janeiro você vai falar de mulheres negras se não falar de Lélia? Segundo a gente não prioriza a linguagem escrita. Porque que a maioria das mulheres negras, os homens negros demoram, têm dificuldade de escrever os seus trabalhos de conclusão de curso? Talvez seja porque o nosso DNA, eu também não acredito em darwinismo social, mas fazendo uma paródia, talvez o nosso DNA seja um DNA da oralidade. A gente tem na cultura oral uma identidade de se fazer história, de se ler processo político. E a Lélia era uma das poucas que registravam e a Pedrina de Deus também. Mas se eu tivesse nascido em 1856, 1859 seria Maria Firmina dos Reis. Olha só, Maria Firmina dos Reis fez o primeiro romance no Brasil e ela era uma mulher negra. Antonieta de Barros, né? Caso eu tivesse nascido na época delas...

A gente é produto da nossa época, e na minha época era Lélia Gonzalez. E como você não trazer essa mulher? (Lemos, 2020, p. 4).

Ainda que Lélia não reivindicasse, à sua época, a identificação como feminista negra, pois essa denominação ainda estava em curso no Brasil, atualmente seu rosto, seu nome e sua produção são referência nos estudos de gênero, principalmente pelos empenhos de feministas negras – fato que, em nossa pesquisa, consideramos como um ato de vigilância comemorativa. O pensamento dessa autora vocaliza e tem sido apropriado no interior das diversas frentes do Movimento de Mulheres Negras e do feminismo negro no Brasil, de modo que, como afirma Rosalia Lemos, não é possível conceber sua história e seus traços epistemológicos sem a (re)existência política e intelectual de Lélia Gonzalez.

E o quê nessas três dissertações e três teses insere Lélia no feminismo negro/Movimento de Mulheres Negras? Nesse sentido, os trabalhos levantados no Quadro 2 permitem a reconstituição do processo histórico de formação do feminismo negro brasileiro e do Movimento de Mulheres Negras no Brasil. Na esteira desses estudos, é preponderante a vida, obra e atuação política de Lélia Gonzalez. Aponta-se principalmente para a contribuição de Lélia com um pensamento precursor do que entendemos como feminismo negro brasileiro (Lemos, 1997; Bispo, 2011; Cardoso, 2012; Zambrano, 2017).

Dessa forma, os trabalhos acadêmicos aqui por nós categorizados no Quadro 2 evocam a trajetória e o pensamento dessa intelectual negra em dois momentos, considerados, na maioria dos casos, imbricados: sua participação ativista na construção no Movimento de Mulheres Negras e sua atuação como precursora do feminismo negro brasileiro, em suas bases teóricas e políticas.

Considerações finais

A observação e análise da presença do pensamento, vida e obra de Lélia Gonzalez nas produções acadêmicas brasileiras – dissertações e teses defendidas no Brasil entre 1997 e 2019 – nos permitiram a construção de dois quadros representativos dessa apropriação.

No Quadro 1, identificamos que se destaca a participação de Lélia Gonzalez na rede do que se entende aqui como epistemologia negra ou intelectualidade negra, ao lado de outras pensadoras e pensadores engajados; intelectuais que insurgem apresentando novas possibilidades epistemológicas e vias políticas para a compreensão da realidade racial e do racismo brasileiro, a fim de questionar suas bases e promover transformações.

No Quadro 2, nosso estudo identifica que Lélia emerge no contexto de uma produção acadêmica voltada para os estudos de gênero e raça, preocupados em reconstruir e dar centralidade para a luta e história de mulheres negras – feminismo negro/Movimento de Mulheres Negras. Gonzalez aparece nesta produção como solo fértil a partir do qual germina parte importante dos entendimentos e atuações do feminismo negro. Como demonstrado, há significativo material de envergadura acadêmica que compreende a dimensão da pensadora e intelectual, componente da construção de uma epistemologia negra, também como percursora e pilar político-teórico do feminismo negro e das diversas ambiências ocupadas pelos Movimentos de Mulheres Negras na América Latina.

Embora avaliemos a importância desse conjunto de teses e dissertações identificadas nos Quadros 1 e 2, destacamos ainda ausências que sinalizam caminhos possíveis para pesquisas futuras. Lélia foi uma intelectual pujante e complexa, cuja atuação não se restringiu à militância política e acadêmica: teve experiências na cena cultural como curadora de arte negra e como compositora de escolas de samba (Rios; Ratts, 2016). Além disso, foi expressivamente engajada na política partidária, ensejo no qual lançou candidaturas vanguardistas pleiteando as demandas da luta antissexista e antirracista, contra o patriarcado e o heterossexismo (Rios; Lima, 2020). Do ponto de vista comunicacional, sabendo destas e de outras frentes nas quais Lélia Gonzalez se fez presente, deixamos a sugestão/recomendação de que se realizem arqueologias sobre o impacto da autora e ativista em tais contextos. Acreditamos que respostas poderosas podem emergir ao tomar a vida, obra e trajetória de Lélia Gonzalez em sua magnitude e complexidade, avalizando como uma intelectual negra de prestígio transformou e deixou suas marcas nos processos de comunicação das artes, cultura e política. As dimensões que seu nome e vida carregam precisam ser exploradas em diversos ângulos, a fim de que novos estudos, sob novas abordagens, permitam compreender com mais amplitude o seu impacto.

Concluímos indicando como necessária a ampliação de estudos e pesquisas que visem à plenitude que Lélia buscou como projeto político para si, para a comunidade negra – especialmente para nós, mulheres amefricanas – e para a sociedade brasileira. De toda forma, o presente trabalho nos possibilitou situar o papel ímpar desempenhado por Lélia como uma intelectual amefricana precursora do pensamento interseccional, o que podemos localizar no *corpus* empírico de nossa pesquisa.

Os achados aqui relatados somam aos estudos que seguiremos desdobrando em torno do perfil de jornalistas negras do Brasil, uma vez que temos em destaque o lugar de Lélia Gonzalez e outras feministas negras como marco fundador e fortalecedor do papel das jornalistas negras brasileiras (Moura; Costa, 2018; Moura, 2019, Moura; Almeida, 2019; Moura; Santos, 2020). Seguiremos enquanto ser negra e mulher no Brasil ainda for passar pela "tripla discriminação" identificada por Lélia e que vemos como fundamento do pensamento interseccional (Gonzalez, 2018, p. 44) – a saber, a discriminação do racismo, do sexismo e da opressão social que exclui a mulher negra de uma posição de trabalho digno. Assim, trilhamos caminhos – afinal, a pesquisa é também uma trilha – em busca de vidas plenas e justiça social para nós, mulheres negras amefricanas, pesquisadoras ou não.

Referências

Alves, R. C. *As faces de Maria: ecos de Maria Firmina dos Reis em Lélia Gonzalez, Djamila Ribeiro e Marielle Franco*. Dissertação (Mestrado em Literatura, Cultura e Contemporaneidade) – Centro de Teologia e Ciências Humanas, Pontifícia Universidade Católica do Rio de Janeiro, Rio de janeiro, 2019.

Barreto, R. de A. *Enegrecendo o feminismo ou feminizando a raça: narrativas de libertação em Angela Davis e Lélia Gonzalez*. Dissertação (Mestrado em História Social da Cultura) – Departamento de História, Pontifícia Universidade Católica do Rio de Janeiro, Rio de Janeiro, 2005.

Barreto, R. Lélia Gonzalez, uma intérprete do Brasil. In: Gonzalez, L. *Primavera para as rosas negras: Lélia Gonzalez em primeira pessoa*. São Paulo: Diáspora Africana, 2018. p. 12-27.

Batista, W. V. *Entrevista II*. [Entrevista concedida a] Elen Ramos dos Santos e Dione Oliveira Moura. Arquivo online (3p.). Brasília, set. 2020.

Batista, W. V. *Palavras sobre uma historiadora transatlântica: estudo de trajetória intelectual de Maria Beatriz Nascimento*. Tese (Doutorado Multidisciplinar em Estudos Étnicos e Africanos) – Faculdade de Filosofia e Ciências Humanas, Universidade Federal da Bahia, Salvador, 2016.

Bauer, M.; Gaskell, G. (Ed.). *Pesquisa qualitativa com texto, imagem e som: um manual prático*. Rio de Janeiro: Vozes, 2002.

Bernardino-Costa, J. Decolonialidade, Atlântico Negro e intelectuais negros brasileiros: em busca de um diálogo horizontal. *Revista Sociedade e Estado*, v. 33, n. 1, p. 119-137, 2018.

Bispo, S. S. *Feminismos em debate: reflexões sobre a organização do movimento de mulheres negras em Salvador (1978-1997)*. Dissertação (Mestrado em Estudos Interdisciplinares sobre Mulheres, Gênero e Feminismo) – Faculdade de Filosofia e Ciências Humanas, Universidade Federal da Bahia, Salvador, 2011.

Brito, I. dos A. *Revisitando os percursos intelectuais e políticos de Beatriz do Nascimento e Lélia Gonzalez*. Dissertação (Mestrado em Estudos Étnicos e Africanos)

– Faculdade de Filosofia e Ciências Humanas, Universidade Federal da Bahia, Salvador, 2012.

Cardoso, C. P. Amefricanizando o feminismo: o pensamento de Lélia Gonzalez. *Revista Estudos Feministas*, [S.l.], v. 22, n. 3, p. 965-986, 2014.

Cardoso, C. P. *Outras falas: feminismos na perspectiva de mulheres negras brasileiras*. Tese (Doutorado em Estudos Interdisciplinares sobre Mulheres, Gênero e Feminismo) – Faculdade de Filosofia e Ciências Humanas, Universidade Federal da Bahia, Salvador, 2012.

Chaves, M. N. *As lutas das mulheres negras: identidade e militância na construção do sujeito político*. Dissertação (Mestrado em História) – Instituto de Ciências Humanas, Universidade de Brasília, Brasília, 2008.

Crenshaw, K. Documento para o encontro de especialistas em aspectos da discriminação racial relativos ao gênero. *Revista Estudos Feministas*, Santa Catarina, v. 10, n. 1, 2002.

Fernandes, A. C. dos R. *Vozes subalternas: produções de autoria feminina na pós-colonização do Brasil*. Dissertação (Mestrado em Ciências Sociais) – Faculdade de Ciências e Letras, Universidade Estadual Paulista, Araraquara, 2016.

Figueiredo, A. Epistemologia insubmissa feminista negra decolonial. *Tempo e Argumento*, Florianópolis, v. 12, n. 29, jan.-abr. 2020.

Gonzalez, L. A retomada político-ideológica. In: Gonzalez, L.; Hasenbalg, C. *Lugar de Negro*. Rio de Janeiro: Marco Zero Limitada, 1982. p. 30-42.

Gonzalez, L.; Hasenbalg, C. *Lugar de Negro*. Rio de Janeiro: Marco Zero Limitada, 1982.

Gonzalez, L. *Primavera para as rosas negras: Lélia Gonzalez em primeira pessoa*. Edição da União dos Estudos Pan-Africanistas, UCPA. São Paulo: Diáspora Africana, 2018.

Gonzalez, L. Racismo e sexismo. *Revista Ciências Sociais Hoje*, Anpocs, p. 223-244, 1984.

Grosfoguel, R. A estrutura do conhecimento nas universidades ocidentalizadas: racismo/sexismo epistêmico e os quatro genocídios/epistemicídios do longo século XVI. *Revista Sociedade e Estado*, v. 31, n. 1, p. 23-47, 2016.

Lemos, R. de O. *Entrevista I*. [Entrevista concedida a] Elen Cristina Ramos dos Santos e Dione Oliveira Moura. Arquivo.mp4 (55min). Brasília, ago. 2020.

Lemos, R. de O. *O Feminismo Negro em Construção: a organização das mulheres negras no Rio de Janeiro*. Dissertação (Mestrado em Psicossociologia de Comunidades e Ecologia Social) – Instituto de Psicologia, Universidade Federal do Rio de Janeiro, Rio de Janeiro, 1997.

Lima, T. C. S.; Mioto, R. C. T. Procedimentos metodológicos na construção do conhecimento científico: a pesquisa bibliográfica. *Revista Fatal*, Florianópolis, v. 10, p. 37-45, 2007.

Minayo, M. C. de S. *O desafio do conhecimento: pesquisa qualitativa em saúde*. 11. ed. São Paulo: Hucitec, 2008.

Moura, D. O.; Costa, H. M. R. da. Mulheres jornalistas e o "teto de vidro raça/gênero/classe" a tensionar a carreira das jornalistas negras brasileiras. In: Aguiar, L.; Silva, M. P. da; Martinez, M. (Org.). *Desigualdades, Relações de Gênero e Estudos de Jornalismo*. 1.ed. São Paulo: Life, 2018. p. 193-207.

Moura, D. O. Excluídas dentre as excluídas: as jornalistas negras perante o teto de vidro gênero/raça/classe no processo de feminização do jornalismo no Brasil. In: Belisário, K.; Moura, D. O.; Guazina, L. S. (Org.). *Gênero em pauta: desconstruindo violências, construindo novos caminhos*. 1. ed. Curitiba: Appris, 2019. p. 139-151.

Moura, D. O.; Almeida, T. M. Ancestralidade, Interseccionalidade, Feminismo Afrolatinoamericano e Outras Memórias sobre Lélia Gonzalez. *Revista Arquivos do CDM*, [S.l.], v. 8, n. 2, jul.-dez. 2019.

Moura, D. O.; Santos, E. C. R. dos. O encontro da Vigilância Comemorativa com a epistemologia negra e o feminismo negro: um dos lugares-memória de Lélia Gonzalez. In: Moreira, M.; Santos, I. A. dos. (Org.). *As estruturas dissimuladas do racismo: história, memórias e resistências*. 1. ed. Porto Alegre: Nova Práxis, 2020. p. 167-189.

Rios, F.; Lima, M. Introdução. In: Rios, F.; Lima, M. (Ed.). *Por um feminismo afro-latino-americano: ensaios, intervenções e diálogos*. 1.ed. Rio de Janeiro: Zahar, 2020. p. 9-31.

Rios, F.; Ratts, A. A perspectiva interseccional de Lélia Gonzalez. In: Chalhoub, S.; Pinto, F. (Org.). *Pensadores negros-pensadoras negras do século XIX e XX*. 1. ed. Belo Horizonte: Traço Fino, 2016. p. 387-402.

Rios, F.; Maciel, R. Feminismo negro brasileiro em três tempos: Mulheres Negras, Negras Jovens Feministas e Feministas Interseccionais. *Labrys – Estudos Feministas*, Brasília, n. 1, p. 120-140, 2018.

Teixeira, P. *A organização da informação em plataforma de gestão de referências, a Zotero: a coleção Lélia Gonzalez e o Projeto Memória*. Dissertação (Mestrado em Tecnologia e Sociedade) – Universidade Tecnológica Federal do Paraná, Curitiba, 2017.

Viana, E. do E. S. *Relações raciais, gênero e movimentos sociais: o pensamento de Lélia Gonzalez 1970-1990*. Dissertação (Mestrado em História Comparada) – Instituto de Filosofia e Ciências Sociais, Universidade Federal do Rio de Janeiro, Rio de Janeiro, 2006.

Vinhas, W. Colonialidade e política do esquecimento. *Revista de Teoria da História*, [S.l.], v. 22, n. 2, p. 204-226, dez. 2019.

Zambrano, C. G. *Mulheres negras em movimento: Ativismo transnacional na América Latina (1980-1995)*. Tese (Doutorado em Sociologia) – Faculdade de Filosofia, Letras e Ciências Humanas, Universidade de São Paulo, São Paulo, 2017.

Nós e vínculos: reflexões sobre a produção intelectual que vem de um duplo lugar[1]

Laura Guimarães Corrêa
Lucianna Furtado

Para o desenvolvimento das reflexões que apresentamos aqui, partimos de determinadas premissas. A primeira delas é a de que o mundo social é constituído nas interações comunicativas, nas relações estabelecidas pelas pessoas. Essas relações se dão, obviamente, entre pessoas e grupos diferentes, e grande parte dessas diferenças são construídas a partir de dicotomias e binarismos, que muitas vezes reduzem e limitam a riqueza e a miríade de modos de ser no mundo. Outra de nossas premissas é a de que a essas diferenças e pertencimentos são atribuídos valores diferentes, justificando e reproduzindo hierarquias, que se revelam e se sustentam sob a forma de privilégios, exclusões, silenciamentos, violências físicas e simbólicas, fazendo com que, além de diferentes – o que teórica e idealmente não seria um problema –, sejamos desiguais. Enquanto a diferença é visível, explícita e comentada abertamente, a dimensão da desigualdade tende a ser invisibilizada, oculta e silenciada por aquelas pessoas que querem resguardar sua própria posição nesse sistema.

A racialização consiste na atribuição de um significado racial a uma relação, prática social ou grupo que antes não eram categorizados em termos raciais. O processo de racialização é social, cultural e político; e ocorre quando um grupo (branco) se impõe como a norma – o universal e, portanto, não racializado –, enquanto os outros grupos supostamente têm uma raça. Logo,

---

[1] Este capítulo traz reflexões de pesquisas realizadas por Laura com apoio da Coordenação de Aperfeiçoamento de Pessoal de Nível Superior (Capes), Código de Financiamento 001, e do Conselho Nacional de Desenvolvimento Científico e Tecnológico (CNPq), parcialmente publicadas em artigo (Guimarães Corrêa, 2024). Neste capítulo, também revisitamos e ampliamos questões abordadas por Lucianna em sua tese de doutorado (Furtado, 2023), desenvolvida com bolsa Capes e defendida em 2023.

"raça" constitui-se como relação racial: assim como gênero e outras categorias de diferença – ou avenidas identitárias, como define Akotirene (2018) –, raça é relacional, construída na interação.

Uma outra premissa importante que ainda vale destacar é a de que "raça" não existe biologicamente, e sim de maneira simbólica, constituindo, afetando e refletindo-se em todos os campos: político, afetivo, econômico, demográfico. Assim, por causa do racismo, "raça" é uma categoria com efeitos concretos, trágicos e quantificáveis. Portanto, defendemos a existência e a aplicabilidade do conceito de "raça" como categoria de análise social, como suporte para a elaboração e manutenção de políticas públicas que visem à redução de desigualdades – por exemplo, as ações afirmativas de acesso à educação superior.

Como já apontado por Lélia Gonzalez (1988) e reforçado por Muniz Sodré, o racismo brasileiro (mas não apenas o brasileiro) funciona lado a lado com a sua negação, é um racismo que "não ousa confessar o seu nome" (Sodré, 2023, p. 163). Apesar de extremamente violento e explícito, o racismo aqui é algo que se esconde, que se empurra para debaixo do tapete. Por isso, talvez, algumas pessoas prefiram usar o termo "etnia" para evitar "raça", o que não consideramos adequado, pois não são termos intercambiáveis. Entendemos que negar a existência da raça acaba sendo útil para negar a desigualdade racial. Um grupo étnico é aquele que compartilha práticas culturais, tais como idioma, religião, costumes, podendo ou não coincidir com características físicas. Mesmo que só exista simbolicamente, a categoria "raça" é marcada por características biológicas: pelo fenótipo, aparência, cor da pele, traços, cabelos; além de ser uma categoria social, pois está relacionada a um lugar ocupado na sociedade. Abordagens e abusos policiais acontecem baseados no fenótipo. Por suas características físicas, inúmeras pessoas já foram – e têm sido – "confundidas", presas ou mortas por civis ou por agentes do Estado em várias regiões do Brasil e do mundo.

Seguindo com esse raciocínio introdutório, destacamos que as desigualdades baseadas no pertencimento racial – e suas interseccionalidades – atravessam, com maior ou menor força, todos os lugares e instituições na sociedade brasileira. Isso significa que o racismo existe não apenas em suas formas mais cruas, como no genocídio de jovens negros pelo Estado ou no feminicídio de mulheres negras por homens de todas as raças. O racismo também se concretiza nas escolas, nas universidades, nos partidos políticos de todos os espectros, nas ruas, no comércio, no mundo corporativo, nas redes sociais, nas plataformas digitais, etc.

A última premissa, mas não menos importante, é a de que a questão racial deve ser vista e tratada de forma interseccional. Isso posto, gostaríamos de propor algumas reflexões que vão tratar de dualidades, ambivalências e contradições referentes a relações raciais, provocadas por intelectuais de diferentes áreas. Conflitos e deslocamentos vão caracterizar uma espécie de lugar duplo ocupado por pessoas racializadas que falam a partir de perspectivas peculiares e potencialmente inventivas para refletir sobre questões de comunicação, raça e gênero, especialmente na sociedade brasileira.

Modernidade, colonialidade e a negação do vínculo

A simultaneidade e a coexistência da ideia de modernidade e dos "direitos do homem" – na Europa – e do sequestro, da espoliação, da desumanização, da anomia, e toda a sorte de terrores relacionados à escravidão – nas colônias – é algo que deveria escandalizar qualquer pessoa que estude os últimos séculos.

O Iluminismo dos séculos 17 e 18, desenvolveu ideias voltadas à razão na Europa, defendendo a liberdade, o progresso, a tolerância, a fraternidade, e a separação entre igreja e Estado. Além disso, alguns pensadores defendiam também ideias anticolonialistas. Entretanto, o sistema colonial, que obviamente beneficiou os colonizadores, durou até os séculos 19 e 20, assim como os sistemas escravistas. No funcionamento desses sistemas, as contradições se baseavam numa suposta ausência de vínculo, de relação; na inexistência de uma humanidade comum entre europeu, nativo e escravizado. A concepção branca de humanidade se instituiu, assim, na oposição dos valores autoatribuídos de intelectualidade e civilização à suposta aptidão braçal/sexual e à suposta selvageria dos *outros*, os sub-humanos. Ao racializar e desumanizar estes *outros* por meio de tantas formas de violência para se constituírem como humanos, os colonizadores expuseram a contradição dessa mesma humanidade.

Segundo Anthony Bogues (2012; 2022), a tradição intelectual negra produz questões importantes acerca da vida humana, precisamente por emergir das experiências históricas de desumanização vividas pelos sujeitos africanos e da diáspora africana. Neste contexto, o autor defende não uma ideia de essencialismo racial, mas um pensamento amparado pela experiência histórica construída pelo racismo antinegro – que conduz à abordagem da vida social no contexto dos sistemas de dominação e exploração que fundamentaram a concepção moderna de sujeito. Nesse sentido, o autor argumenta que ser humano e se tornar humano são as grandes questões que constituem a tradição intelectual negra, enfatizando os processos de resistência e de ação criativa para deixar de ser um corpo objetificado, desumanizado, e constituir a própria humanidade. É precisamente por conhecermos a experiência da desumanização que nós, pessoas negras, estamos bem-posicionadas para contestar e reformular a concepção de humanidade e destruir os mecanismos usados pela branquitude para destituí-la.

A ideia do racismo como sintoma de uma neurose, uma doença, uma patologia generalizada está presente na escrita de muitos autores e autoras que pensam a partir das ex-colônias. No *Discurso sobre o colonialismo*, Aimé Césaire (2000, p. 39) que "ninguém coloniza inocentemente; que uma nação colonizadora já é uma civilização doente, moralmente atingida". Ele afirma ainda que "a Europa é indefensável" (p. 32), tecendo denúncias ácidas à hipocrisia e ao relativismo moral cristão, ao humanismo seletivo, parcial, conveniente e conivente de muitos intelectuais com a escravidão que sustentou o colonialismo. A palavra "*négritude*" foi usada pela primeira vez por Césaire, num movimento cultural, literário e crítico nos anos 1930 que questionou a cultura colonizadora francófona e destacou o conjunto de valores culturais da África negra. A proposta inverteu as conotações pejorativas do termo "*nègre*", propondo valorização e resistência anticolonialista.

Toni Morrison afirma que "a vida moderna começa com a escravidão… com fenômenos ocidentais predatórios. Trata-se de uma patologia. A escravidão dividiu o mundo em todos os sentidos, dividiu a Europa, fez deles senhores de escravos, os enlouqueceu. Eles tiveram de desumanizar, não só os escravos, mas a si mesmos" (Morrison citada por Gilroy, 1993, p. 221). Essa desumanização tem efeitos concretos e presentes. É preciso lembrar que o sistema colonial não está enterrado no passado, mas que a colonialidade estrutura o contemporâneo, de formas diversas. A lógica colonial e eurocentrada, assim como o racismo e o sexismo – que estão amalgamados –, está em movimento, renova-se em pleno andamento.

A escravidão não se limita a um fenômeno do passado porque a branquitude continua a desenvolver novas formas de repeti-la e concretizá-la na vida social. Como nos lembra Grada Kilomba (2019), o racismo incorpora uma cronologia atemporal que não apenas reencena o passado colonial, mas silencia a realidade deste trauma no presente. Os privilégios materiais e simbólicos para pessoas brancas e a violência material e simbólica contra pessoas negras evidenciam a permanência da escravidão como forma de configuração das relações sociais.

Se a palavra "negritude" se tornou um termo mais ou menos corrente, que não exige muitas explicações, mesmo no senso comum, a palavra "branquitude" ainda aparece sublinhada, como um vocábulo desconhecido ou mal digitado na minha tela, indicando sua inexistência. Nesse silêncio sobre o termo, mora o pacto narcísico da branquitude apontado por Cida Bento: "Fala-se muito na herança da escravidão e nos seus impactos negativos para as populações negras, mas quase nunca se fala na herança escravocrata e nos seus impactos positivos para as pessoas brancas" (Bento, 2022, p. 23). Ela define branquitude como "um lugar de privilégio racial, econômico e político, no qual a racialidade, não nomeada como tal [...], acaba por definir a sociedade. Branquitude como preservação de hierarquias raciais, como pacto entre iguais [...]" (Bento, 2002, p. 7). Para entender a reação aos governos progressistas no Brasil do início do milênio, assim como o cenário político conservador que possibilitou a ascensão de um presidente de extrema direita, Patrícia Pinho (2021) traz o conceito de *branquitude injuriada*. Ciosa da preservação das hierarquias, a branquitude – ou a aspiração à branquitude – reagiu, de diversas maneiras, às cotas nas universidades, aos médicos vindos de Cuba, à presença de pessoas racializadas em aeroportos, shopping centers e outros lugares pouco abertos a pessoas negras e/ou empobrecidas.

Sobre vínculos, nós e lugares

Um dos conceitos mais conhecidos do antropólogo, cientista social e semioticista Gregory Bateson é o do duplo vínculo (*double bind*), que ele descreveu em 1956 como um tipo de relação que poderia levar à esquizofrenia. O duplo vínculo é um paradoxo na comunicação, na interação, e acontece quando um indivíduo, a "vítima", recebe mensagens contraditórias, conflitantes, de uma mesma pessoa: alguém com quem interage de forma intensa e importante (geralmente a mãe). Uma das mensagens implica um amor, uma proximidade; enquanto outra mensagem – que pode ser verbal ou gestual – diz o oposto, fala de uma aversão e de um distanciamento.

Lélia Gonzalez, filósofa, historiadora, antropóloga e precursora nas reflexões sobre a mulher negra no Brasil, vai conjugar em seu trabalho três tipos de abordagem: decolonial, interseccional e psicanalítica, expondo também uma neurose cultural brasileira em relação à raça. Citando Marilena Chauí (1987), Gonzalez (1995) usa o conceito de *double bind* para explicar dinâmicas do racismo no Brasil numa conferência proferida em 1987 nos Estados Unidos. Nessa fala, publicada como capítulo do livro *African presence in the Americas* em 1995, ela identificou as duas tendências ideológicas que são paradoxais e que "definem a identidade negra na sociedade brasileira: por um lado, a noção de democracia racial e, por outro, a ideologia do branqueamento, resultando em um tipo de *duplo nó*" (Gonzalez, 2020, p. 168, grifo da autora). Gonzalez, que tinha também um mestrado em comunicação, destaca ainda nesse texto que os meios de comunicação vão reproduzir e perpetuar os "valores da cultura ocidental branca (como) os únicos verdadeiros e universais" (p. 143).

A autora nota, assim, que o mito da democracia racial vai fazer elogios à negritude e defender a inexistência do racismo, enquanto a ideologia do branqueamento vai ser marcada por um desejo eugenista de apagamento das características negras e uma suposta melhoria da população brasileira baseada na ideia da superioridade branca. Gonzalez destaca que, nos níveis público e oficial, funciona o mito da harmoniosa democracia racial. Entretanto, no privado, a ideologia do branqueamento prepondera, como nos casos de racismo recreativo (Moreira, 2019). Segundo Chauí (1987) e Gonzalez (1995), nos estereótipos e representações correntes, aparentemente positivas, elogia-se justamente aquilo que a sociedade inferioriza, como a sensualidade, a paixão, a sensibilidade, a natureza, em oposição a atributos valorizados como racionais e intelectuais, a cultura, apertando ainda mais esse duplo nó. O fato de alguém dizer "não ver cor" ou "não ver raça" (democracia racial) não dispensa essa pessoa das exclusões ou dos privilégios que a acompanham dependendo de como é lida racialmente (ideologia do branqueamento). Quem não vê/considera raça tende a não ver/considerar quando a discriminação acontece, gerando o estranho fenômeno do racismo sem racistas, já apontado por Collins (2000) e Bonilla-Silva (2020).

Muniz Sodré, no artigo "Uma lógica perversa de lugar" (2018) e no livro *O fascismo da cor* (2023), também evoca o conceito batesoniano de duplo vínculo para pensar dinâmicas das relações raciais no Brasil, destacando que o racismo no país tem a ver com situações de "corpos em confronto". Assim como fizeram Chauí e Gonzalez, ele identifica como de duplo vínculo a relação das classes claras no Brasil com a população negra. Talvez por desconhecimento, Sodré não cita a reflexão anterior das intelectuais brasileiras nessa direção. O autor enfatiza o caráter topológico, de lugar, do racismo no país: "Eu amo/gosto/aceito o sujeito da pele escura, mas ao mesmo tempo amo/gosto/aceito que permaneça afastado" (2018, p. 15).

Chauí (1987), por sua vez, não citou Bateson nominalmente quando discorreu sobre o duplo nó. Ela justificou a ausência da explicitação de algumas referências por ter desenvolvido essa discussão num livro curto e de pretensões limitadas da antiga coleção "Primeiros Passos" da Brasiliense. De qualquer forma, consideramos reveladora e rica a tradução de *double bind* como "duplo nó" nas reflexões de Chauí e, mais tarde, na tradução de Barbara Cruz em coletânea recente (Gonzalez, 2022), que prefere o termo "nó" ao "vínculo". O nó – principalmente aquele que não se desata, o nó cego, o nó górdio – tem no português uma conotação mais negativa do que vínculo, e aponta para a insolubilidade de algum problema. As condições para o estabelecimento do duplo vínculo, em Bateson, além das mensagens contraditórias, são: 1) a impossibilidade da metacomunicação, como perguntar qual das duas mensagens está valendo ou dizer que aquilo não faz sentido; 2) o contexto de um campo de comunicação do qual a vítima não pode sair; e 3) a punição pelo não cumprimento das regras contraditórias.

Veem-se então as interações numa sociedade racista como um jogo de cartas marcadas (Corrêa; Vaz, 2009). Para Bateson, a cura só é possível quando se questionam as regras desse jogo que não se pode vencer (*can't win*). Mas as regras podem mudar. É por isso que dizem que a melhor – e mais difícil – atitude quando nos contam uma piada racista, sexista, homofóbica, por exemplo, é dizer: "não entendi, você pode me explicar?". Essa pergunta quebra o paradoxo da comunicação em duplo nó, questionando as regras do jogo. A dificuldade aí é que o duplo vínculo é estabelecido por quem tem mais poder na interação: mãe e criança, patrão e empregado, rico e pobre, professor e aluna etc. Assim, desatar o nó não é fácil. Não entender uma piada instaura uma quebra na ordem da interação numa situação supostamente descontraída e amigável. Por isso, Sara Ahmed (2020) fala que a feminista negra é uma estraga-prazer (*killjoy*), ao apontar injustiças e violências. Logicamente, quem quebra essa ordem está sujeita a sanções sociais.

Da experiência à produção de conhecimento

Sem perder de vista os impactos do racismo, sexismo e classismo sobre o trabalho intelectual, impondo barreiras individual e coletivamente para que a escrita se concretize e circule publicamente, bell hooks (2013) destaca como as identidades feminina, negra e de classe trabalhadora não se configuram como fardos ou limitações: ao contrário, expandem sua consciência e compreensão, fortalecendo o trabalho criativo e favorecendo a escrita da *verdade* que conhecemos a partir das experiências que vivemos. Defendemos que a intelectualidade situada no entrecruzamento de vias de opressão oferece perspectivas mais amplas e desafiadoras sobre a sociedade contemporânea, na medida em que o lugar social de opressão é mobilizado como gesto crítico de resistência, ação criativa e intervenção política.

bell hooks (2013) toma a escrita como um impulso necessário para dar sentido ao mundo, para interpretá-lo e reinventá-lo, caracterizando um trabalho que, ainda que realizado de forma solitária, projeta um desejo de conexão e criação de comunidade a partir de sua interação com o público leitor. A autora destaca que, ao longo de sua trajetória, buscou elaborar uma escrita acessível e, ao mesmo tempo, provocativa, capaz de engajar as pessoas com as perspectivas feministas e antirracistas ali presentes, constituindo um convite à transgressão, à reinterpretação do modo como conhecem o mundo e à sua transformação.

Partindo do papel da experiência como instância de reflexão crítica e produção de conhecimento, destacamos as contribuições do pensamento feminista negro para os estudos da comunicação e da cultura, enfatizando a importância das experiências vividas para o processo de produção intelectual (Guimarães Corrêa, 2020). Em nossa visão, a intelectualidade negra permite abordar as informações, impressões e sentimentos da experiência vivida como partes relevantes da construção de conhecimento sobre a vida social, destacando que a experiência dos sujeitos molda e transforma suas formas de ver, sentir, pensar e agir. Nesse contexto, delineamos como autores e autoras conectam suas experiências às suas produções intelectuais, elaborando um quadro epistêmico que centraliza o papel dos sujeitos e sua condição subalternizada – tanto de pesquisados(as) como de pesquisadores(as) – na construção de conhecimento sobre e por meio das produções culturais e midiáticas.

Para Grada Kilomba (2019), posicionar-se como narradora da própria realidade é um ato de resistência das mulheres negras contra o projeto colonial, constituindo-se como sujeito e não mero objeto da realidade descrita por outros, estabelecendo-se como autora e autoridade da própria história. A produção intelectual de mulheres negras tem sido caracterizada pela demarcação de si mesmas como sujeitas na construção de seu pensamento – um movimento constituído não como um gesto ególatra, mas como um recurso para explicitar os modos como as experiências dos sujeitos moldam, impactam e dão sentido às suas formas de apreensão e reflexão sobre o mundo ao seu redor.

Como pontuado por Giovana Xavier (2019), a aproximação entre quem somos e aquilo que produzimos é um passo que se move para além do discurso da neutralidade científica, revelando disputas de narrativas sobre o que é reconhecido como "conhecimento" e quem está autorizado a produzi-lo. Nesse sentido, a autora reivindica que devemos romper com a visão colonial acadêmica de tomar a ciência como algo neutro, distanciado da realidade de quem a produz (Xavier, 2019, p. 102). A reflexão da autora se encontra em sintonia com o pensamento de Kilomba (2019), que destaca que as noções de conhecimento, erudição e ciência estão entremeadas ao poder e à autoridade racial. Nesse sentido, Kilomba descreve o contexto acadêmico não como um lugar neutro ou apenas ligado à sabedoria, mas também como um espaço de violência.

Essa noção de neutralidade científica diz respeito à concepção liberal do sujeito neutro, imparcial, objetivo, racional e universal – concepção esta que vem sendo contestada por movimentos sociais e intelectuais comprometidas(os) com a justiça social, por desconsiderar os modos como as categorias de poder impactam a construção do conhecimento e a legitimidade atribuída ao conhecimento produzido por determinadas pessoas. Na visão de Angela Davis (2018), os sujeitos supostamente universais apresentam atribuições clandestinas de gênero e raça, localizadas nos polos privilegiados das categorias de poder: "Ao longo de grande parte da história, a própria categoria de 'ser humano' não abarcou as pessoas negras e de minorias étnicas. Seu caráter abstrato era formado pela cor branca e pelo gênero masculino" (Davis, 2018, p. 85). Nesse sentido, a autora considera que qualquer tentativa de ação crítica contra a estrutura racista exige a devida compreensão histórica da tirania entremeada a essa noção de *sujeito universal*.

Retomando o famoso discurso de Sojourner Truth, "Ain't I a Woman?", o manifesto do Combahee River Collective e manifestações do pensamento interseccional, Avtar Brah e Ann Phoenix (2004) destacam a potência de tais discussões para contestar a definição da branquitude como norma do imaginário ocidental, por meio da recusa às práticas de silenciamento impostas sob sujeitos subalternizados. Na perspectiva das autoras, um aspecto fundamental dessas e outras contribuições semelhantes é a descentralização do sujeito normativo do feminismo, questionando a noção dominante de um sujeito único autorreferente. Esse processo de contestação se ancora na produção de conhecimento a partir de lugares sociais distintos, de modo a valorizar o papel das experiências das pessoas em suas reflexões críticas.

Collins (2019) delineia duas dimensões significativas dos projetos de resistência nas relações de conhecimento: a *política da identidade*, que valoriza as experiências de sujeitos subordinados como fonte de agência epistêmica, e a *epistemologia do ponto de vista*, que reivindica a autoridade da experiência e da ação social na constituição de ângulos de visão – ou seja, perspectivas – distintos sobre os sistemas de poder de acordo com os lugares sociais de privilégio ou opressão. Para Collins, a experiência como forma de conhecimento não se limita ao status de mera opinião, mas se configura como um testemunho informado, que lança luz sobre a subordinação e o silenciamento aos quais os sujeitos são submetidos.

Na perspectiva apresentada por Collins (2019), uma das principais contribuições da epistemologia do ponto de vista consiste em desvelar os impactos das relações de poder na própria construção do conhecimento. Nesse contexto, a autora destaca o papel da interseccionalidade como um espaço para a aproximação de diferentes projetos epistêmicos de resistência, rompendo com a organização tradicional das relações de conhecimento ao se constituir como uma história narrada *por* pessoas subordinadas, e não apenas *sobre* estas.

Aproximando relatos de experiências cotidianas e de experiências com produtos midiáticos, Collins (2000) identifica atos de resistência no comportamento de mulheres negras frente às manifestações de opressão que lhes são impostas, destacando que essas mulheres não aceitam passivamente as violências operadas nas interações com outras pessoas ou com representações negativas. A autora localiza esses atos individuais de resistência como parte de uma consciência coletiva, autodefinida, característica das mulheres negras – uma consciência construída por meio da rejeição aos estereótipos racistas e sexistas, por meio da recusa aos significados externamente atribuídos a suas vidas. Segundo a autora, em resposta às definições limitadoras reproduzidas pelas mídias e instituições hegemônicas, as mulheres negras se amparam em suas redes familiares e nas instituições da comunidade negra para desenvolverem suas próprias definições.

Nesse contexto, Collins (2000) trata a criação de autodefinições independentes como necessária à própria sobrevivência das mulheres negras, destacando as formas de posicionamento do *self* em relação aos parceiros, à comunidade e ao mundo ao redor como central para as análises das relações sociais. A autora identifica que a construção da individualidade nessa conjuntura não ocorre de forma desvinculada dos outros sujeitos ou em oposição a eles, mas precisamente no contexto da família e da comunidade, por meio das conexões construídas com outras pessoas. Nesse sentido, entendemos que a autodefinição é um processo marcadamente social, realizado em interação, que nos (re)constrói ao mesmo tempo em que (re)constrói nosso vínculo com os outros sujeitos e com o mundo que nos cerca.

Dupla consciência e dupla visão

Pensando nas dualidades num nível mais micro, na pessoa que sofre racismo e/ou sexismo de forma ambivalente, consideramos útil trazer a ideia de ambiguidade, duplicidade, contradição e paradoxo que está no conceito de dupla consciência proposto pelo intelectual negro estadunidense W.E.B.

Du Bois. Historiador, sociólogo, pragmatista, ativista, ele publicou em 1903 o livro *As almas do povo negro*, considerado um clássico fundador da sociologia moderna. Ele também entendia as desigualdades raciais como componentes da modernidade. Nessa obra, ele traz o conceito de dupla consciência, que vem da contradição entre ser "um norte-americano e um negro; duas almas, dois pensamentos, duas lutas inconciliáveis; dois ideais em disputa em um corpo escuro, que dispõe apenas de sua força obstinada para não se partir ao meio" (Du Bois, 2021, p. 23). Essa ideia vem então da percepção de ser diferente e semelhante. O desafio para Du Bois era superar essa dupla consciência, fonte de divisão interna, conflito e sofrimento.

Voltando a esse lugar duplo, trazemos o escritor negro estadunidense Richard Wright (1995), que, em meados do século 20, explora a ideia de uma "dupla visão" proporcionada por uma identidade híbrida. Essa visão não é sempre um problema, nem um privilégio constante. Ele também diz que sua posição é dividida, mas não considera sua visão dupla uma fonte de tormento, como na "dupla consciência", mas um como bem intelectual, permitindo-lhe ver os dois mundos de um outro ponto de vista. Sociólogos como Georg Simmel e Alfred Schütz vão também falar do lugar privilegiado do(a) estrangeiro(a) pela diferença de sua experiência e percepção. Patricia Hill Collins (2016), mais tarde, propõe o conceito de "forasteira de dentro" para analisar o lugar e a contribuição de mulheres negras, esses "corpos estranhos", na academia.

Para um último exemplo de como a experiência pode moldar a vida intelectual, citamos Stuart Hall, que relata uma sensação, desde a infância na Jamaica até a idade adulta na Inglaterra, de estar fora do lugar. De sua incômoda posição dual e fronteiriça, ele conseguiu "ver as conexões e dissonâncias orgânicas entre os dois mundos: o colonial e o pós-colonial" (Hall, 2017, p. 13). Refletindo sobre seu trabalho como professor, intelectual e teórico cultural, Hall (2017) acrescenta que toda a sua trajetória foi permeada pelo seu posicionamento racial. Seu status certamente influenciou as inventivas reflexões sobre o caráter múltiplo e contingente da identidade, compreendendo que esta não é "um conjunto de atributos fixos nem a essência imutável do eu interior, mas um processo de *posicionamento cambiante*" (2017, p. 16).

Esses relatos confirmam a visão de Edward Said (1996) do intelectual como tendo um quê de marginal, exilado, quase sempre fora de lugar, não plenamente pertencente à sociedade em que vive, estabelecendo uma relação de dissonância e dissidência com esta sociedade. Desconfortável com o poder, não alinhado, o intelectual lida com o risco e as contradições do seu lugar no mundo – paralelamente, não deve confortar seus interlocutores e seu público, mas provocá-los, desafiá-los, causar-lhes constrangimento e vergonha, desestabilizá-los. O intelectual deve estender aos demais a inquietação que lhe tira o sono. Para Said (1996), o papel do sujeito intelectual é confrontar visões ortodoxas e dogmáticas, de modo a representar pessoas e questões que costumam ser silenciadas, ignoradas, varridas para debaixo do tapete. Nesse sentido, ele vê a própria condição de marginalidade e exílio como a chave que liberta o intelectual das convenções sociais, para que sua ousadia o impulsione para a mudança e a inovação (Said, 1996).

Repensando as fronteiras do que é intelectualidade

Apesar da representatividade das mulheres negras no espaço acadêmico ainda ser pequena em comparação com nossa proporção na população brasileira, Giovana Xavier (2019) destaca que, com as políticas de expansão e democratização das universidades desenvolvidas nos anos 2000, os sentidos da academia estão em disputa. A autora aponta que a presença e atuação das mulheres negras operam transformações na produção científica, possibilitando emergir novas agendas de pesquisa: "Conhecimentos ligados à memória, oralidade, histórias, trajetórias familiares e demais narrativas das classes trabalhadoras, desqualificadas pela *mainstream*. Menos do que resposta ao racismo institucional, essa nova epistemologia insere-se no desafio de colocar em prática projetos acadêmicos autônomos aos referenciais da ciência hegemônica" (Xavier, 2019, p. 77-78).

Um ponto crucial, portanto, é compreender que a produção de conhecimento das pessoas na diáspora negra não se limita ao ambiente acadêmico – cujo acesso nos foi, historicamente, negado, interditado, limitado. Excluídas de tais espaços, mas não destituídas da capacidade crítica e intelectual, pessoas negras mobilizaram outros formatos para o desenvolvimento de suas intelectualidades. Não se trata somente de produzir conhecimento a partir dessas perspectivas não hegemônicas, mas também de reconhecer seu estatuto legítimo de produção intelectual negra e estudar suas contribuições para pensar a sociedade.

Destacamos, nesse contexto, a produção musical negra como uma fonte de conhecimento, registro histórico e reflexão crítica que emerge de forma central na construção das sociabilidades e intelectualidades negras em nosso país, bem como em outros pontos da diáspora negra. Segundo Collins (2000), em sua condição de grupo social historicamente oprimido, as mulheres negras elaboraram um pensamento social próprio para contestar esse cenário, dando origem a uma vertente de intelectualidade que diverge do pensamento acadêmico tradicional não apenas na forma – podendo emergir na música, poesia e outros formatos textuais artísticos –, mas também no propósito: escapar, sobreviver ou se opor à injustiça social.

Na visão de Collins (2000), o desenvolvimento do pensamento feminista negro como teoria social crítica demanda a inclusão das ideias de mulheres que não costumam ser consideradas como intelectuais, por realizarem seu trabalho fora do espaço acadêmico tradicional. A autora nos convida a desmistificar a falsa dicotomia entre intelectualidade e ativismo, entre pensar e fazer – possibilitando, assim, abordar as mulheres negras na pesquisa acadêmica como sujeitas, analisando suas ideias e ações como dimensões indissociáveis de sua produção de conhecimento. Nesse contexto, a autora destaca o fazer musical negro como um espaço onde as mulheres negras puderam desenvolver suas próprias vozes, em diálogo com a comunidade negra organizada em seus públicos.

Sob essa perspectiva, o pensamento de Collins (2000) dialoga com as contribuições de Angela Davis (2017 [1989]) sobre o papel da música nas culturas africanas ocidentais: segundo Davis, embora sua função social e política seja central para a comunidade negra, esta dimensão da linguagem musical passou despercebida pelo poder branco, escapando à repressão cultural praticada contra as pessoas escravizadas. Davis (2017) destaca que, assim, foi possível o desenvolvimento da música negra como uma comunidade estética de resistência, que, por sua vez, encorajou e nutriu uma comunidade política de luta pela liberdade. Para a autora, a arte progressista é uma forma de construção da consciência social, bem como de aprendizado sobre as desigualdades estruturais e o caráter marcadamente *social* da subjetividade de nossas vidas cotidianas (Davis, 2017).

Em sua pesquisa sobre o blues estadunidense, Angela Davis (1998) busca iluminar as tradições silenciadas da consciência feminista presentes nas comunidades negras de classe trabalhadora – destacando, no entanto, que as conexões entre o legado do blues e o feminismo negro são permeadas por contradições e descontinuidades. Não se trata, assim, de atribuir a essas obras o estatuto de "feministas" nos moldes contemporâneos: como explica a autora, essa aproximação é caracterizada por *pistas* ou *insinuações* de posturas feministas (*hints of feminist attitudes,* no original), que emergem das canções por entre as fissuras dos discursos patriarcais (Davis, 1998). Em pesquisa em que analisamos canções de sambistas negras sobre o amor e as relações afetivo-sexuais, observamos as reflexões dessas mulheres enquanto intelectuais que teorizam e cantam sobre – e a partir de – sua experiência na sociedade (Furtado, 2023).

Davis (1998) contextualiza seu estudo como um esforço de retificação da tendência de pesquisas acadêmicas em investigar a construção histórica do pensamento feminista por meio de publicações de textos escritos, um meio inacessível para a maioria das mulheres negras de classe trabalhadora no século 19. A autora aponta, por outro lado, que algumas dessas mulheres tiveram acesso à publicação de textos *orais*, por meio da gravação e exploração de suas canções pela indústria fonográfica. Nesse sentido, Davis (1998) reafirma que as tradições feministas não se limitam às que foram escritas, devendo contemplar, também, aquelas que foram construídas por meio da oralidade nas comunidades negras.

A partir dessa perspectiva sobre a intelectualidade negra concretizada em outros formatos que não as tradicionais modalidades da produção acadêmica e literária, podemos expandir o acervo da intelectualidade negra brasileira para abranger, também, outras produções artísticas e culturais negras. Para além da música, as artes visuais constituem uma rica amplitude de inventividade crítica negra. Destacamos, especialmente, o grafite de mulheres negras na produção de imagens opositoras aos estereótipos midiáticos racistas e sexistas por meio da poética e política da arte urbana (Corrêa *et al.*, 2020), bem como as intervenções das escritas femininas sobre a cidade (Corrêa, 2022).

Interseccionalidades

A partir de suas experiências, feministas negras serão esse "corpo estranho" a questionar o racismo e o classismo dentro do movimento feminista e o sexismo no movimento negro. A ideia de opressões cruzadas conquista visibilidade na segunda metade e final do século 20, e se consolida com a chegada de mulheres negras, indígenas, queer e latinas nos espaços de poder e conhecimento, como universidades e movimentos sociais e políticos.

Diferentemente dos autores citados no início, somos mulheres negras e, também por estarmos no chamado Sul global, não somos consideradas totalmente ocidentais: assim, faz sentido um feminismo afro-latino-americano, como defendeu Lélia Gonzalez (2020), em perspectiva interseccional, antes deste termo ter sido inventado. Para ela, a amefricanidade é uma categoria político-cultural que ultrapassa fronteiras. Ela defende que, devido à formação histórica de Portugal e Espanha a partir da invasão dos mouros, predominantemente negros, já existia uma experiência entre os ibéricos na articulação da dimensão racial marcada por fortes hierarquias (Gonzalez, 2020, p. 143). Assim, a colonização ibérica traz denominadores comuns, úteis para o estudo das sociedades latino-americanas.

Gonzalez reconhece a enorme importância do feminismo para as lutas, as conquistas, a formação de redes e a busca de outras formas de ser mulher. Ela observa que, no Brasil, houve no movimento feminista um racismo por omissão (2020, p. 141), um tipo de esquecimento da questão racial. Um silêncio ruidoso – quanto às contradições raciais – baseado no mito da democracia racial, mesmo nas esquerdas, que só viam contradições de classe. Segundo ela, isso começa a mudar quando, nos anos 1980, voltam ao Brasil muitos exilados que se descobriram negros no exterior (2020).

Feministas negras vão ressaltar a importância da experiência vivida, que vai trazer informações, impressões, sentimentos que não devem ser ignorados na construção do conhecimento sobre o mundo. Diferentes ângulos têm potencial para desdobramento em métodos críticos. Ver a experiência como produção intelectual, que pode gerar ação política e ativismo, resultando até mesmo em formulação de políticas, que, de maneira circular, podem interferir nas experiências vividas de indivíduos de determinados grupos.

A palavra "interseccionalidade" surge no final do século passado como parte das reflexões do feminismo negro americano, quando Kimberlé Crenshaw (1989) nomeou esses lugares sociais utilizando a metáfora da interseção, do cruzamento. O termo surgiu primeiro em análises no âmbito do Direito, com o argumento de que as dimensões de raça ou gênero não devem ser consideradas separadamente ao examinar casos de pessoas que vivem diferentes opressões – nos casos que ela destacou, a experiência das mulheres negras. A ideia do "cruzamento" traz algo tangível, do cotidiano, comparando relações espaciais com relações simbólicas. Nas interseções das "avenidas" identitárias de raça, gênero, sexualidade, classe, etc. há mais risco e mais vulnerabilidade; são posições perigosas e situações precárias, sujeitas à violência. É preciso cuidado e criatividade para evitar ser atropelado em um cruzamento.

Patricia Hill Collins (2019) pensa a interseccionalidade como uma *teoria social crítica* e, como tal, uma ferramenta intelectual, política e ética para a transformação e justiça social. Com uma maior disseminação do termo, é importante não diluir, embranquecer ou apagar o conceito cometendo epistemicídios, como alerta Sueli Carneiro (2023). É preciso lembrar, citar e marcar sua origem nos estudos das feministas negras, ligado a práticas de empoderamento, ressaltando os aspectos coletivos do empoderar, como entendido por Paulo Freire (1986) e bell hooks (1994). O termo "empoderamento", facilmente apropriado, tende a virar mercadoria na lógica neoliberal, que transforma conquistas coletivas em proezas individuais e individualistas.

Como ferramenta teórica, a perspectiva interseccional é uma lente que pode ser utilizada para a análise crítica do mundo social, em que teoria e prática caminham juntas e se interrelacionam (Collins, 2019, Collins; Bilge, 2020). O conceito é aberto, maleável, adaptável. A interseção, o cruzamento, são lugares de movimento; são também lugares complexos, assim como identidades e subjetividades são complexas. Pesquisas que tratem de desigualdades e não sejam desenhadas de forma interseccional serão limitadas em capturar fenômenos comunicacionais.

Voltando à ideia da comunicação como interação e vínculo, como pensar sobre os vínculos – duplos, triplos, múltiplos? É possível pensar nos nós que, se por um lado nos prendem, por outro, nos vinculam a práticas e táticas que remetem ao quilombismo, pensando no conceito explorado por Abdias e Beatriz Nascimento? É possível e necessário refletir sobre os constrangimentos e principalmente sobre as possibilidades criativas e resistentes, considerando as muitas categorias de opressão.

Há um provérbio congolês que diz que "os pássaros têm asas porque elas lhes foram passadas por outros pássaros". A universidade e outros lugares de saber podem fazer isso, na interação saudável, no aprendizado e no desenvolvimento de pesquisas que alcem novos voos. A filosofia bantu diz que a inteligência deve estar a serviço do aprimoramento da comunidade e da busca pela alegria de seus membros. Para isso, rupturas com dinâmicas excludentes arraigadas serão necessárias. Como disse Foucault (2009, p. 28), "[...] o saber não é feito para compreender, ele é feito para cortar". O pensamento de intelectuais negras e de outros grupos minorizados tem contribuído para entender as práticas comunicativas como algo que possa também desatar – ou mesmo cortar – esse duplo nó górdio do racismo brasileiro que tanto sufoca e mata, de modo que as interações e o saber possam promover vínculos reais e plurais.

Referências

Ahmed, S. Estraga-prazeres feministas (e outras sujeitas voluntariosas). *Revista Eco-Pós*, Rio de Janeiro, v. 23, n. 3, p. 82-102, 2020.

Akotirene, C. *O que é interseccionalidade?*. Belo Horizonte: Letramento; Justificando, 2018.

Bateson, G. *et al.* Toward a theory of schizophrenia. *Behavioral Science*, [S.l.], v. 1, n. 4, p. 251-264, 1956.

Bento, C. *O pacto da branquitude*. São Paulo: Companhia das Letras, 2022.

Bento, C. *Pactos narcísicos no racismo: branquitude e poder nas organizações empresariais e no poder público*. 2002. Tese (Doutorado) – Universidade de São Paulo, São Paulo, 2002.

Bogues, A. And What About the Human?: Freedom, Human Emancipation, and the Radical Imagination. *Boundary 2*, [S.l.], v. 39, n. 3, p. 29-46, 2012.

Bogues, A. Music, Memory and the Black Diaspora. *Samba em Revista*, ano 14, n. 13, edição especial (1º Encontro Internacional Samba, Patrimônios Negros e Diáspora), p. 11-14, dez. 2022.

Bonilla-Silva, E. *Racismo sem racistas: o racismo da cegueira de cor e a persistência da desigualdade da América*. São Paulo: Perspectiva, 2020.

Brah, A.; Phoenix, A. Ain't I a Woman? Revisiting intersectionality. *Journal of International Women's Studies*, v. 5, n. 3, p. 75-86, maio 2004.

Césaire, A. *Discourse on Colonialism*. Trad. J. Pinkham. New York: Monthly Review Press, 2000.

Chauí, M. de S. *Repressão sexual: essa nossa (des)conhecida*. São Paulo: Brasiliense, 1987.

Collins, P. H. Aprendendo com a *outsider within*: a significação sociológica do pensamento feminista negro. *Revista Sociedade e Estado*, [S.l.], v. 31, n. 1, p. 99-127, jan.-abr. 2016.

Collins, P. H. *Black Feminist Thought: Knowledge, Consciousness, and the Politics of Empowerment*. New York, London: Routledge, 2000.

Collins, P. H.; Bilge, S. *Interseccionalidade*. São Paulo: Boitempo, 2020.

Corrêa, L. G. *et al.* Sobre ruas e interseções: o grafite de mulheres negras. *Esferas*, [S.l.], n. 18, p. 202-225, 2020.

Corrêa, L. G.; Vaz, P. B. F. La figure du Noir dans la publicité brésilienne: un jeu de cartes marquées. In: Almeida, S. C. P. de; Fléchet, A. (Orgs.). *De la démocratie raciale au multiculturalisme: Brésil, Amériques, Europe*. 1.ed. Bruxelles: PIE - Peter Lang Bruxelles, 2009. V. 1. p. 171-188.

Corrêa, L. G. Intervenções urbanas em Belo Horizonte: escritas femininas sobre a cidade. In: Meneses, J. N. C.; Starling, H.; Furtado, J. F. (Orgs.). *A cidade capital e a vila colonial*. Belo Horizonte: Fino Traço, 2022. p. 109-134.

Crenshaw, K. Demarginalizing the Intersection of Race and Sex: A Black Feminist Critique of Antidiscrimination Doctrine, Feminist Theory and Antiracist Politics. *University of Chicago Legal Forum*, Chicago, v. 1, art. 8, 1989.

Davis, A. *A liberdade é uma luta constante*. São Paulo: Boitempo, 2018.

Davis, A. *Blues Legacies and Black Feminism: Gertrude "Ma" Rainey, Bessie Smith, and Billie Holiday*. New York: Pantheon Books, 1998.

Davis, A. *Mulheres, cultura e política*. São Paulo: Boitempo, 2017.

Du Bois, W. E. B. *As almas do povo negro*. São Paulo: Veneta. 2021.

Foucault, M. Nietzsche, a genealogia e a história. In: *Microfísica do poder*. Organização de Roberto Machado. Rio de Janeiro: Graal, 2009.

Freire, P.; Shor, I. *Medo e ousadia: o cotidiano do professor*. Tradução de Adriana Lopez. Rio de Janeiro: Paz e Terra, 1986.

Furtado, L. *Cantando e escutando amores: as obras intelectuais de Dona Ivone Lara e de Leci Brandão sobre relações afetivo-sexuais*. Tese (Doutorado em Comunicação Social) – Universidade Federal de Minas Gerais, Belo Horizonte, 2023. Disponível em: http://hdl.handle.net/1843/54430. Acesso em: 10 jul. 2023.

Gilroy, P. *The Black Atlantic: Modernity and Double Consciousness*. London: Verso, 1993.

Gonzalez, L. A categoria político-cultural de amefricanidade. *Tempo Brasileiro*, Rio de Janeiro, n. 92/93, p. 69-82, jan./jun. 1988.

Gonzalez, L. *Por um feminismo afro-latino-americano: ensaios, intervenções e diálogos*. Rio Janeiro: Zahar, 2020.

Gonzalez, L. Racismo e sexismo na cultura brasileira. *Revista Ciências Sociais Hoje*, [S.l.], p. 223-244, 1984.

Gonzalez, L. The Black Woman in Brazil. In: Moore, C. (Org.). *African Presence in the Americas*. Tradução de Barbara Cruz. Trenton: African World Press, 1995. p. 313-28.

Guimarães Corrêa, L. Intersectionality: A challenge for cultural studies in the 2020s. *International Journal of Cultural Studies*, v. 23, n. 6, p. 823-832, 2020.

Guimarães Corrêa, L. Four concepts to think from the South. *International Journal of Cultural Studies*, v. 27, n. 2, p. 143-154, 2024.

Hall, S. *Familiar Stranger: A Life Between Two Islands*. Durham, NC: Duke University Press, 2017.

hooks, b. Intelectuais Negras. *Estudos Feministas*, Florianópolis, v. 3, n. 2, p. 464, jan. 1995.

hooks, b. *Remembered rapture: The writer at work*. New York: Owl Books, 2013.

Kilomba, G. *Memórias da plantação: episódios de racismo cotidiano*. Rio de Janeiro: Cobogó, 2019.

Moreira, A. *Racismo recreativo*. São Paulo: Sueli Carneiro; Pólen, 2019.

Pinho, P. de S. "A casa grande surta quando a senzala aprende a ler": resistência antirracista e o desvendamento da branquitude Injuriada no Brasil. *Confluenze. Rivista Di Studi Iberoamericani*, v. 13, n. 1, p. 32-55, 2021.

Said, E. *Representations of the Intellectual: The 1993 Reith Lectures*. New York: Vintage Books, 1996.

Sodré, M. Uma lógica perversa de lugar. *Revista Eco-Pós*, Rio de Janeiro, v. 21, n. 3, 2018.

Wright, R. *White man, listen!*. New York: Harper Perennial, 1995.

Xavier, G. *Você pode substituir mulheres negras como objeto de estudo por mulheres negras contando sua própria história*. Rio de Janeiro: Malê, 2019.

O que "descolonização" significa para você?

Leonardo Custódio

Neste ensaio,[1] meu objetivo é fazer uma reflexão íntima e política sobre o conceito de "descolonização". É íntima porque meu argumento surge de reações viscerais (Khanna, 2020) que sinto como homem negro brasileiro que acompanha a popularização do verbo "descolonizar" a partir da Finlândia, onde traço minha trajetória acadêmica. Cada vez que ouço "descolonizar" conjugado no imperativo como palavra de ordem para transformações individuais, coletivas, institucionais e estruturais aqui no norte do Norte, meu corpo reage de formas diferentes. De imediato, um calafrio daqueles que precedem o vômito arrepia minha pele. Em seguida, no estômago, uma queimação vulcânica faz meu incômodo e raiva entrarem em erupção e romperem a crosta artificial de objetividade e neutralidade científica na qual a universidade me forçou a me envolver.

Nessas circunstâncias, a reflexão que proponho aqui é um esforço autoetnográfico (Medeiros, 2019) não para conter a reação violenta do meu corpo, mas para compreendê-la e, sobretudo, apresentá-la como combustível do meu processo de construção de conhecimento. Para isso, reflito sobre minha relação de assimilação, desconforto, aprendizado e resistência aos legados coloniais que ainda nos atravessam cotidianamente através da cultura, política, economia, relações sociais e, especialmente no caso deste ensaio, em processos acadêmicos e epistemológicos (Mignolo; Escobar, 2010; Bernardino-Costa; Maldonado-Torres; Grosfoguel, 2020).

---

[1] Agradeço à equipe editorial do livro pelas sugestões construtivas. Agradeço especialmente pela leitura crítica e pelos comentários das irmãs Letícia Santanna (Universidade Federal Fluminense) e Monique Paulla (Universidade Federal Fluminense), com quem tenho o prazer de dialogar e aprender.

O que "descolonizar" significa quando se é um cientista social negro, descendente de pessoas escravizadas no Brasil, no contexto branco dos países nórdicos? Esta pergunta é sobre mim e, assim, me dedico a respondê-la usando a primeira pessoa. No entanto, falar do "eu" não é uma demanda de exclusividade. Ao contrário, como tantas outras vozes negras partem de si para pensar o todo (Gilmore, 2022; Collins, 2022; Kilomba, 2019; Carneiro, 2020; Lorde, 2017; Souza NS, 2021; Davis, 2021; Fanon, 2020; entre outras), trato este ensaio como político. Assim, sua função é provocar outras reflexões sobre outros processos acadêmicos, escolhas epistemológicas e posições de poder nas relações desiguais e hierárquicas no ensino superior. Demandar "descolonização" se torna muito problemático se não se leva em consideração o fato de que o ato de "descolonizar" possui significados que variam de acordo com a relação de cada um com legados coloniais. Desse modo, percebo que questionar o significado de "descolonização" com um olhar a partir de dentro seja um processo fundamental, apesar de todo o seu desconforto, para que possamos avaliar as possibilidades – ou falta delas – de se alcançar um horizonte descolonial em contextos acadêmicos.

"Descolonização" como gatilho epistemológico

Eu comecei a escrita das primeiras versões deste ensaio em 2019, mas o arder nas minhas entranhas começou antes. Em 2016, ano em que conquistei meu diploma de doutorado, eu senti pela primeira vez o caráter visceral das reflexões descoloniais ao escrever um texto sobre minha história de relacionamentos com mulheres brancas – incluindo meu casamento com minha esposa finlandesa (Custódio, 2018). Lidar com as reações de apoio e crítica de outras pessoas negras a um texto tão íntimo e político me fez abrir os olhos para os desafios emocionais de abordar temáticas às quais eu decidira me dedicar no pós-doutorado: negritude e comunicação antirracista. No ano seguinte, em 2017, participei de um simpósio sobre racismo e antirracismo nos países nórdicos. Foi nesse período que o conceito de "branquitude" chegou a mim. Também foi a primeira vez que me vi, como "neguinho atrevido" (Gonzalez, 2020, p. 75-76), discutindo racismo sem me deixar autocensurar pelo receio de ser punido por questionar a estrutura branca na qual estava inserido (Custódio, 2017).

Neste mesmo período, o conceito de "descolonização" ganhou destaque em discursos acadêmicos, ativistas e até mesmo institucionais. Entre acadêmicos no contexto europeu e especificamente nórdico, multiplicou-se o número de conferências, escolas de verão, oficinas, artigos e livros que traziam "descolonização" em seus títulos. Essa popularidade do conceito dentro e fora da academia me levava a um questionamento fundamental: o que "descolonização" significa? Ao mesmo tempo, eu me sentia confuso com o uso do termo em sua forma imperativa. Frases como "descolonize a mente", "descolonize o pensamento" e "descolonize a academia", entre tantas outras palavras de ordem, me desnorteavam. Por muito tempo eu não soube explicar o porquê, mas a razão do meu incômodo já havia se traduzido em pergunta: como pode um conceito que denota transformações tão profundas e amplas virar uma palavra da moda tão confortável e casual?

Felizmente, encontros e conversas com outras pessoas negras atuantes nas encruzilhadas entre pesquisa e militância me fizeram perceber que eu não estava só. Em agosto de 2019, participei de uma conferência de estudos de mídia e comunicação na Suécia. Lá, eu conheci a professora Temi Odumosu, da Universidade de Malmö, onde o evento acontecia. Durante nossa conversa cúmplice e emocionada, típica de corpos negros que se encontram e se reconhecem como pares em ambientes brancos, eu me abri com ela sobre a angústia engatilhada pela popularidade aparentemente acrítica do termo "descolonização". Em resposta aos meus gaguejos, ela ouvia e sorria com um semblante calmo e muita paciência. Em seguida, ela compartilhou experiências que corroboravam minhas suspeitas. Depois me indicou leituras.

Um dos artigos que a professora Odumosu me indicou foi "Descolonização não é uma metáfora" (Tuck; Yang, 2012). No artigo, a doutora Eve Tuck – uma acadêmica indígena da América do Norte – e seu colega K. Wayne Yang denunciam a "domesticação da descolonização" por descendentes de colonizadores colocando em prática seus "movimentos para inocência" no âmbito acadêmico. Com "movimentos para inocência", os autores se referem às "estratégias e posicionamentos que tentam aliviar os sentimentos de culpa e responsabilidade dos colonizadores sem abrir mão da terra ou poder ou privilégio, sem ter que mudar absolutamente nada" (p. 10). Tuck e Yang também argumentam que é difícil usar apenas um grupo de critérios para medir aspectos das dinâmicas entre colonizadores, populações indígenas e povos escravizados em contextos diferentes. Como "descolonizar" isso ou aquilo quando a colonização, até hoje, faz com que tantas pessoas sofram com suas consequências? Como "descolonizar" quando histórias, culturas, terras, comunidades e mentes indígenas foram rasgadas, transplantadas, deslocadas, escravizadas, exploradas e mortas por tantos séculos? Como lidar objetivamente com o conceito de "descolonização" em nossas pesquisas quando sobrevivemos à violência do legado colonial por toda a vida?

A escrevivência como método para problematização de legados coloniais

Um caminho possível para lidar com o conceito de "descolonização" é a ideia de *escrevivência*. No livro *Becos da Memória*, a escritora Conceição Evaristo define escrevivência ao descrever sua obra. Ela explica que:

> [...] nada que está narrado em *Becos da Memória* é verdade, nada que está narrado em *Becos da Memória* é mentira. Ali busquei escrever a ficção como se estivesse escrevendo a realidade vivida, a verdade. Na base, no fundamento da narrativa de *Becos* está uma vivência, que foi minha e dos meus. Escrever *Becos* foi perseguir uma *escrevivência*. Por isso também busco a primeira narração, a que veio antes da escrita. Busco a voz, a fala de quem conta, para se misturar à minha. [...] E como lidar com uma memória ora viva, ora esfacelada? Surgiu então o invento para cobrir os vazios de lembranças transfiguradas. Invento que atendia ao meu desejo de que as memórias aparecessem e parecessem inteiras (Evaristo, 2017, p. 11, grifos da autora).

Ao evocar Conceição Evaristo, eu não sugiro que pesquisadores inventem informações para cobrir buracos narrativos e assim construir seus argumentos. Mesmo ao abraçar subjetividades e ideologias políticas na construção de conhecimento acadêmico, é preciso também respeitar todo o rigor intelectual e compromisso factual que o processo científico demanda (ver Becker, 1967). No entanto, o valor da ideia de escrevivência está em legitimar as memórias coletivas das quais cada um de nós que sobrevivemos aos legados coloniais somos fragmentos. Por exemplo, na adolescência, as maiores aulas de sociologia que eu tive sobre ser negro no Brasil me foram dadas pelos Racionais MCs e tantos outros rappers que cantavam conhecimentos que não víamos nos livros escolares das décadas de 1980 e 1990. Talvez as letras das longas músicas não passassem pelo crivo da revisão cega por pares acadêmicos, mas a emoção catártica entre os meninos negros do meu bairro sentados na calçada enquanto ouvíamos e recitávamos as rimas de "Um homem na estrada" atestavam a veracidade da narrativa. Em outras palavras, a escrevivência é um método de restauração e legitimação de saberes coletivos que revela o âmago como sua principal reserva de materiais para análises empíricas de temas complexos como a "descolonização".

Para colocar a escrevivência em prática diante do incômodo com a domesticação da ideia de "descolonização", um primeiro passo é pensar sobre o conceito em si. O prefixo des- indica negação, separação ou cessação.[2] As convocações para descolonização que me incomodam no norte do Norte não se referem ao processo de independência das poucas colônias ainda existentes, mas ao desmantelamento e extinção de legados coloniais. Neste sentido, o conceito de *colonialidade* (Mignolo; Escobar, 2010) indica que legados são esses. Ao sintetizar um amplo debate sobre legados coloniais a partir da América Latina, o professor porto-riquenho Nelson Maldonado Torres explica que a colonialidade

> [...] se refere a padrões de poder de longa data que emergiram como resultado do colonialismo, mas que definem cultura, trabalho, relações intersubjetivas e produção de conhecimento muito além dos limites restritos das administrações coloniais. Assim, colonialidade sobrevive ao colonialismo. A colonialidade é mantida viva nos livros, nos critérios de performance acadêmica, em padrões culturais, no senso comum, na autoimagem dos povos, nas aspirações de si, e tantos outros aspectos da nossa experiência moderna. De certo modo, como sujeitos modernos, nós respiramos colonialidade o tempo todo, todos os dias (Maldonado-Torres, 2007, p. 243).

O aspecto que eu mais aprecio nesta definição de colonialidade é que ela não restringe a tarefa árdua de descolonizar a nós descendentes de escravizados e aos sobreviventes indígenas. A "descolonização" também inclui as pessoas que se beneficiam por completo da categoria racial *branca* – colonizadores, seus cúmplices e herdeiros. Categoria esta que foi deliberadamente construída, cientificamente legitimada, religiosamente abençoada e violentamente imposta – com ouro, pólvora e chumbo quente – para ocupar o topo da hierarquia racial e, assim, justificar o rastro infinito de fogo e sangue da expansão e dominação colonial (Bento, 2022; Saini, 2019; Irni *et al.*, 2009). Se *todas as pessoas* respiram colonialidade o tempo todo diariamente, o que cada um de nós – incluindo pessoas racializadas como brancas – pode e deve fazer para descolonizar (i) nossas mentes, (ii) nossos pensamentos (epistemologicamente falando), e (iii) o âmbito acadêmico? A seguir, compartilho reflexões sobre cada um desses processos descolonizantes e, usando a escrevivência como método, indico possibilidades e impossibilidades que tenho encontrado no meu caminho.

---

[2] "des", in *Dicionário Priberam da Língua Portuguesa* [em linha], 2008-2024. Disponível em: https://dicionario.priberam.org/des. Acesso em: 25 maio 2024.

Descolonizar a mente

Sob a angústia de ouvir pessoas racializadas como brancas demandando a descolonização de mentes, dois tipos pensamentos me ocorrem. Às vezes, demandas para "descolonizar a mente" soam como aquelas instruções de autoajuda típicas de gurus meio zen, meio corporativos dos nossos tempos neoliberais. Eu fecho os olhos e imagino um homem branco, magro, com uma barba comprida e longos *dreads* loiros sorrindo e sussurrando: "seu bem-estar depende de como você lida com seus próprios problemas. Repita este mantra e guie-se pelo seu 'eu' interior na sua busca por crescimento espiritual". Outras vezes – especialmente se quem fala é uma pessoa negra, indígena ou de outros grupos que brancos historicamente categorizaram como inferiores – eu penso que "descolonizar a mente" representa uma busca por respostas sobre nossa experiência permanente de lidar com o passado, o presente e o futuro da colonialidade.

É isso que o escritor queniano Ngũgĩ wa Thiong'o faz em *Descolonizando a mente: a política da linguagem na literatura africana* (1986). Neste livro, Ngũgĩ produz um manifesto de resistência das línguas nativas contra o imperialismo colonial. Ele explica que

> A linguagem, qualquer linguagem, tem um caráter duplo: ela tanto serve como um meio de comunicação quanto como um condutor de cultura. [...] O colonialismo impôs seu controle sobre a produção social de riqueza através da conquista militar e das ditaduras políticas subsequentes. Mas a área mais importante de dominação foi o universo mental do colonizado; o controle, através da cultura, de como as pessoas se percebiam e como se relacionavam com o mundo. [...] Mas as línguas africanas se recusaram a morrer. [...] Essas línguas, essas heranças nacionais da África, se mantiveram vivas pelos camponeses. [...] Os camponeses e a classe trabalhadora urbana vomitaram cantores. [...] Os camponeses e a classe trabalhadora vomitaram seus próprios escritores [...] que escreviam em línguas africanas [...] (wa Thiong'o, 1986, p. 13-24).

Partindo desse argumento, Ngũgĩ wa Thiong'o combina narrativas de memória com análises sociopolíticas perspicazes para defender o uso das línguas africanas na literatura, teatro e ficção como uma "busca por uma perspectiva liberadora na qual nos vejamos claramente em relação a nós mesmos e a outros 'eus' no universo. [...] Se desejamos fazer alguma coisa sobre nossos seres individuais e coletivos hoje, então devemos olhar fria e conscientemente para o que o imperialismo tem feito em nós e na forma que nos vemos no universo" (1986, p. 87-88). Quase quatro décadas depois da publicação do livro, essa busca se mantém relevante como método de descolonização de nossas próprias mentes. No entanto, Ngũgĩ wa Thiong'o não fala de um problema que é fundamental para compreender os impactos da colonialidade sobre pessoas negras e indígenas em contextos como o Brasil: a *branquitude*.

A branquitude é um elemento constitutivo da colonialidade (Bento, 2022). Não é simplesmente uma questão de pele ou fenótipo, mas uma construção social atrelada historicamente ao poder dos colonizadores e ao imperialismo cultural. De forma resumida, podemos dizer que a branquitude está relacionada à naturalização de tudo imposto pela Europa Ocidental colonizadora como padrões de qualidade para toda a humanidade. O violento processo colonial nos forçou a internalizar a ideia de que a beleza mais pura e inocente é branca; de que quanto mais dominar línguas e culturas europeias, mais a pessoa comprova ser civilizada; de que ser cristão é não ser condenado ao sofrimento e à punição eterna; de que ter gosto pela música e arte ocidental europeia é ter alto valor intelectual; de que o trabalho que exausta é sinônimo de dignidade... Como consequência, quanto mais a pessoa se distancia do tipo ideal determinado pelos critérios da branquitude, mais a pessoa é feia, bárbara, herege, ignorante, subdesenvolvida, preguiçosa e nunca completamente humana (Fanon, 2020).

Mas, como já mencionado, isso não é simplesmente uma questão de pele. Desse modo, inspirado pelo intelectual francês Pierre Bourdieu, eu diria que a branquitude foi historicamente e deliberadamente desenvolvida como um tipo cumulativo e multidimensional de capital que varia conforme a definição de "ser branco(a)" em contextos distintos entre si. Assim, quanto mais elementos da branquitude uma pessoa consegue reproduzir em si e seus atos, mais poder e condições de se beneficiar da branquitude essa pessoa tem. Isso se manifesta no Brasil, por exemplo, ao aproximar o "moreno" do branco como forma de distanciá-lo do negro. Ou, como vivenciei em primeira-mão, na apropriação de músicas, línguas e modas brancas para evitar, o máximo possível, os efeitos do racismo nos ambientes brancos (escola, cursinhos, etc.) para onde o sacrifício dos meus pais me levou (Gonzalez, 2020, p. 232-241).

Esse poder é medido, certamente, em relação a outras pessoas. Assim, pessoas racializadas como brancas tem uma grande vantagem fenotípica mesmo sem querer ou perceber. Como na piada racista que diz que "um negro correndo é ladrão, um branco correndo está atrasado". Se um policial vê os dois, a pele seria critério para o tiro. Como um sistema cultural complexo de significados compartilhados socialmente, a branquitude não é um problema para pessoas brancas. Ao contrário, é uma fonte permanente de benefícios. Uma rede simbólica de segurança que protege corpos brancos e assegura oportunidades. O fato da branquitude ter sido naturalizada com tanto sucesso através dos séculos talvez explique o porquê de pessoas brancas terem tanta dificuldade em entender e aceitar discussões sobre "privilégio branco" e "fragilidade branca" (Bento, 2022).

Ao mesmo tempo, pessoas e comunidades que não podem usufruir de nenhum nível de branquitude como capital e/ou lutam contra sua violência sofrem consequências brutais. Sobre nós, negros, por exemplo, a intelectual portuguesa Grada Kilomba fala de traumas psicológicos em *Memórias da plantação* (2019). Em *Peles negras, máscaras brancas* (2020), Franz Fanon fala da alienação e da exclusão sociopolítica. Abdias do Nascimento (2016) e Achille Mbembe (2018) falam de formas diferentes de genocídios históricos. Nesse sentido, fica evidente que "descolonizar da mente" é um processo diferente entre pessoas negras e indígenas, e brancas. Para as brancas, é um aprendizado que pode ou não fazê-las se tornar pessoas mais respeitosas em suas interações sociais. Para nós, é um diagnóstico e tratamento de tantas feridas abertas até que, curados, sejamos humanos plenos e sãos da forma que nos foi negada há séculos.

Com tudo isso, como nós, descendentes de escravizados e sobreviventes indígenas forçados a assimilar e resistir à branquitude, podemos sair por aí "descolonizando nossas mentes"? Talvez um primeiro passo necessário seja identificar os legados coloniais em nossas próprias vidas mesmo antes de nascermos. Para isso, proponho um exercício: listar momentos históricos do Brasil com o ano do nosso nascimento como forma de explicitar o quanto a colonialidade e a branquitude, tão arraigadas na nossa sociedade, nos afetam nocivamente através das gerações. Por exemplo, na Finlândia é comum que famílias tenham livros com árvores genealógicas com séculos de registros de todos os parentes vivos e mortos. Inspirado por esses livros impossíveis para minha família, desenvolvi o texto a seguir como uma genealogia sócio-histórica própria que uso para me apresentar em algumas ocasiões acadêmicas no norte do Norte.

> Eu nasci em 1979, 479 anos depois que os primeiros colonizadores atracaram suas naus no litoral do território que os povos indígenas chamavam de Pindorama. Sob as bênçãos da Igreja Católica, os colonizadores logo depois deram início a um dos maiores genocídios da história da humanidade.
>
> Eu nasci 439 anos depois de as primeiras pessoas negras escravizadas em África serem acorrentadas aos porões de navios e transplantadas

para as terras indígenas tratadas como Novo Mundo e batizadas como América. Abençoados pela Igreja Católica e financiados com recursos naturais arrancados de solos destas mesmas terras, o tráfico e a exploração de milhões de corpos negros prosseguiu.

Eu nasci 171 anos depois que a família real portuguesa e toda sua corte transferiram-se às pressas para o Rio de Janeiro. Essa transferência ajuda a entender o porquê de o Brasil ter uma relação com a branquitude e a supremacia branca diferente das outras colônias. Um ano depois, a Polícia Militar do Rio de Janeiro foi criada como um poderoso instrumento de repressão sistemática dos negros, pobres e outros grupos sociais vistos como ameaça ao bem-estar e a prosperidade dos europeus e suas proles.

Eu nasci aproximadamente 150 anos depois de a família real facilitar e promover a primeira onda de imigração subsidiada de seus pares europeus como mão-de-obra qualificada para trabalhar na terra e na indústria do Brasil. Em 1888, 91 anos antes de eu nascer, a escravidão foi oficialmente abolida. Porém, a liberdade no papel não significou que os libertos seriam tratados como cidadãos. Ao contrário da imigração subsidiada, negros libertos encontraram o descaso e a repressão estatal sistemática.

Eu nasci 84 anos depois que a primeira ocupação urbana de predominância negra e parda surgisse como a primeira favela do Brasil. Milhares seguiram sobretudo para os arredores de áreas onde havia oferta de trabalho remunerado em casas brancas, comércios e indústrias. Em 1918, 61 anos antes de eu nascer, homens brancos fundaram a Sociedade Eugênica de São Paulo, influenciada e influente na disseminação da ideia de embranquecimento da população brasileira. Suas ideias contribuíram para que ideias racistas se estabelecessem no discurso midiático e nas políticas e ações públicas em saúde, desenvolvimento urbano e segurança pública.

Eu nasci 49 anos depois que Getúlio Vargas chegou ao poder e instituiu políticas populistas de proteções trabalhistas que afetaram duas gerações da família anteriores a mim. Na década de 1940, Vargas permitiu a abertura do mercado brasileiro para que empresas de mídia e comunicação dos Estados Unidos investissem em grupos de mídias brasileiros para que se implementasse e desenvolvesse o rádio e, em seguida, a televisão como meios de comunicação de massa no Brasil. As décadas seguintes viram a popularização de produtos audiovisuais da indústria cultural branca dos EUA, que, impulsionada pelos ideais anticomunistas da ditadura militar (1964–1985), se tornou parte fundamental da minha infância e adolescência nas décadas de 1980 e 1990. Neste mesmo período, em 1989, quando eu tinha 10 anos, pessoas analfabetas no Brasil – em sua maioria negras e pardas – finalmente puderam votar.

A importância desse tipo de exercício reflexivo está em nos colocar como parte constituída e constitutiva de contextos e processos sócio-históricos. É nessa história de branquitude violenta e venenosa que, através da linguagem e das nossas interações sociais, nós construímos os sentidos que nos definem. Assim, ao nos colocarmos como parte do todo, criamos possibilidades de avaliar, sem culpa, o quanto os legados coloniais ativamente influenciam nosso bem-estar e cotidiano.

Ressaltar essa relação intrínseca que temos com a estrutura social se faz fundamental quando temos que lidar com pessoas nos demandando que "descolonizemos nossas mentes". Essa demanda parece sugerir que basta rever nossos conceitos e mudar nossas atitudes. Talvez a reflexão autocrítica baste para pessoas brancas. Mas para nós, descendentes de escravizados e sobreviventes indígenas, ela é apenas um início. Para nós, "descolonizar a mente" é um processo individual e coletivo de autorreflexão constante, dinâmico e transformador apesar de todo o desconforto e dor que causa. Refletir faz outros questionamentos brotarem. Como descoloniza-se a mente quando tudo que a forjou como colonial é atravessado intrinsicamente pela colonialidade e suas consequências simbólicas, materiais e físicas desde antes do seu nascimento? Como descoloniza-se a mente quando os nomes brancos em corpos negros informam mais sobre o sofrimento dos nossos antepassados do que sobre nossa ancestralidade? Como descoloniza-se a mente de quem atrelou a ideia de "futuro promissor" à assimilação de elementos da branquitude nos ombros sacrificados dos pais? Como descoloniza-se a mente de quem, pela fé no Deus dos europeus, aprendeu a ver a crença ancestral dos seus pares como heresia? Como descoloniza-se a mente de quem cresceu envergonhado de si por ver, no branco, valores sonhados que nunca poderia ter? Como descoloniza-se a mente alimentada com o poder da branquitude por toda a vida?

A angústia transparecida nessas perguntas demonstra que elas não são retóricas e muito menos simples de se responder. Além disso, o processo de "descolonizar a mente" parece não ter fim para descendentes de pessoas escravizadas e sobreviventes indígenas: como decretar que uma mente já não mais é colonizada? Há cura definitiva? Sinto que não. Mas é possível curar-se gradualmente ao usar o conhecimento sobre os efeitos da colonialidade para criar exercícios e hábitos de práticas descolonizantes. Um outro exercício que proponho é usar a escrevivência como método para identificar momentos em nossa biografia que possam ter contribuído para nosso processo de descolonização antes mesmo de termos um conhecimento racional sobre colonialidade.

Como pano-de-fundo para as minhas reflexões a seguir, tome em consideração a obra *Tornar-se negro*, de Neusa Santos Souza (2021).

Hoje, eu sinto que tenho uma relação muito mais feliz e saudável com minha negritude do que na infância. Mas o que atiçou minha percepção crítica da nocividade da branquitude em mim não foram minhas leituras acadêmicas como adulto, mas as confusas experiências de incômodo e raiva na adolescência. Eu sou filho de uma família católica de classe trabalhadora sindicalizada de Magé, Baixada Fluminense. A estabilidade trabalhista e o sacrifício dos meus pais garantiram a mim e a minha irmã níveis de nutrição, educação, saúde, lazer e tempo livre muito melhores do que os das gerações que nos antecederam e da maioria das crianças negras na nossa cidade. Ou seja, em casa a ascensão social se materializou em nós. Naquele contexto e momento histórico, essa ascensão social, na prática, significou ocupar espaços que até então eram majoritariamente brancos: escolas particulares e cursos extracurriculares (ex.: idiomas e informática). Ao mesmo tempo, a rua e a família se mantiveram majoritariamente negras.

Ainda criança, crescendo entre espaços e relações sociais brancos e negros, eu já possuía táticas de proteção contra a branquitude e tantos legados coloniais que afetavam as interações o tempo todo. Infelizmente, eram táticas opressoras que eu adaptava para me proteger da opressão. Na rua, a comida, o conforto e o conhecimento que meus pais me deram me serviam para manipular ou humilhar outros meninos negros, mais pobres, porém muito mais sagazes no cotidiano da rua do que eu. Na escola, eu normalmente aceitava o racismo que me humilhava como piada; eu ria de quem implicava comigo ou reproduzia piadas racistas com os outros poucos meninos negros. Nos raros momentos em que eu reagia ao racismo dos meninos brancos, eu tinha explosões de palavrões que geravam mais risos do que a dor que eu almejava que meus algozes sentissem. Essas táticas se juntavam ao preconceito contra as religiões de matriz africana, à vergonha do samba tão tradicional na minha família, à tristeza submissa por não ser tão bonito como os meninos brancos, ao medo dos meninos negros e à constante sensação de não pertencimento: muito branco entre os negros, muito preto entre brancos. Em resumo, a vergonha da minha pele, os ataques de raiva e agressividade, a postura submissa diante das pessoas brancas e o medo invejoso dos outros meninos negros fazem parte das minhas memórias emocionais da infância.

Porém, ao passar da infância para a adolescência, vivenciar a cultura midiática branca e a cultura popular negra simultaneamente contribuiu para que minha fase "aborrecente" fosse, percebo hoje, meu despertar descolonial.

A cultura midiática branca era muito valiosa na minha Magé do início dos anos 1990. Eu me lembro de quando fui à loja de tecidos com minha mãe para comprar flanela e fazer uma bermuda *grunge* como as que vestiam as bandas Nirvana e Pearl Jam (as "originais" vendidas nos *shoppings* eram muito caras). Quando a costureira entregou a bermuda pronta, eu detestei porque ela não fazia eu me sentir parecido o suficiente com Kurt Cobain e Eddie Vedder. Gradualmente, a raiva passou a ser constante. Por exemplo, eu odiava quando era ignorado pelas meninas brancas quando os casais se formavam nas festas americanas. Ao mesmo tempo, a raiva afogada em branquitude me cegava para o interesse que as meninas negras demonstravam por mim (Custódio, 2018). Gradualmente, a vergonha ao rejeitar e ser rejeitado virou questionamentos. Por que eu fico me humilhando desse jeito por pessoas que me tratam tão mal? Por que trato tão mal pessoas que me querem tão bem?

Foi nesse período que a cultura popular negra, para a qual eu me fechara com vergonha, serviu como antídoto contra os efeitos da branquitude em mim. Por mais que eu dissesse rejeitar a música negra, classificando-a como chata e inferior, ela nunca saiu do meu cotidiano, como se não desistisse de mim. Meus pais, tias, tios e primos ouviam sambas constantemente. Ao mesmo tempo, os(as) adolescentes negros(as) do meu bairro já contavam experiências épicas de corpo e espírito que vivenciavam nos bailes funk. Por mais que eu desdenhasse dessas experiências, ouvir sambas e rir das aventuras dos(as) outros(as) jovens negros(as) amenizava os efeitos da raiva que eu sentia o tempo todo. Foi nessa época que um pagode em especial, entre tantas músicas, me tocou especialmente. Não lembro quando ouvi "Identidade" (1992), de Jorge Aragão, um dos artistas favoritos dos meus pais. Mas me lembro de ela me tocar muito. Primeiro como bronca. Depois, e desde então, como acolhimento. Sua letra diz:

> Se preto de alma branca pra você
> É o exemplo da dignidade
> Não nos ajuda, só nos faz sofrer
> Nem resgata nossa identidade
>
> Elevador é quase um templo
> Exemplo pra minar teu sono
> Sai desse compromisso
> Não vai no de serviço
> Se o social tem dono, não vai
>
> Quem cede a vez não quer vitória
> Somos herança da memória

Temos a cor da noite
Filhos de todo açoite
Fato real de nossa história (Aragão, 1992).

Ao ouvir a música na adolescência, eu senti a dor e a vergonha de perceber que Jorge Aragão, que eu sempre associara à geração dos meus pais, cantava para mim. Eu era o "preto de alma branca" da música.

Gradualmente decidi não me deixar mais humilhar. Certo dia, depois que meu grupo de jovens da igreja – majoritariamente branco – mentiu para mim para que eu não fosse a uma festa que eles organizaram, eu decidi dar um basta. No domingo seguinte, ao invés de ir para a missa, eu fui para o baile funk. Por parecer bem mais velho que meus treze ou quatorze anos, não tive problema em entrar. Ali, no caos de corpos em vários tons de negro suados vibrando juntos com o poder das ondas sonoras das paredes de som, eu me lembro de sorrir e rir como se chorasse. Os(as) meninos(as) da rua, ao me ver no baile, se admiraram: "você aqui?" e sorriram como se fossem irmãos e irmãs acolhendo o irmão pródigo que os abandonara. Com eles(as), aprendi a dançar, flertar, beber, sorrir e a gradualmente ser feliz apesar de continuar vivendo o cotidiano doentio da branquitude. Foi nesse período que me vi bonito pela primeira vez.

Porém, o despertar descolonial de pessoas negras e indígenas nutridas desde o nascimento – ou antes – pela branquitude e colonialidade é o início de um processo sem fim. Cada momento de (auto)descoberta é uma caixa de pandora em si. O quanto, de fato, podemos "descolonizar nossas mentes" e manter aquilo que entendemos nos definir como identidade quando esta é forjada em e por legados coloniais? Não há elementos em minha mente que não sejam coloniais: meu nome, minha língua-mãe, meus pratos favoritos, a religião que media tantos relacionamentos, o território ocupado... tudo que vivo é forjado na branquitude. No entanto, se penso que "descolonizar a mente" é um processo para a vida, vivê-lo é liberador apesar de confuso e conflitante.

Descolonizar o pensamento

A ideia de "descolonizar o pensamento" eleva a discussão sobre legados coloniais do nível do "eu" para o patamar epistemológico. Porém, acredito que a escrevivência também sirva como método para um processo de autorreflexão e desconstrução coletiva da colonialidade tanto na produção de conhecimento quanto nas interações sociais no âmbito acadêmico.

Uma das primeiras vezes que ouvi a demanda para "descolonizar o pensamento" foi durante um simpósio da Associação Finlandesa de Pesquisadores (*Tutkijaliito*), em agosto de 2019. Com a ideia de "descolonização do pensamento" como tema central, o simpósio convidava os participantes a refletir sobre a pergunta: "Estaria a tradição do pensamento ocidental, em sua tendência universalizante, irreparavelmente alinhada às opressões coloniais, incluindo suas próprias estruturas, conceitos e categorias? Se este é o caso, como 'descolonizá-la'?". Para refletir sobre essa questão, além de doutorandos, pesquisadores e professores brancos, havia pesquisadores negros – eu e colegas africanos – e estudantes de partes diferentes da Ásia e Oriente Médio, incluindo jovens que haviam chegado à Finlândia como refugiadas do Afeganistão no início dos anos 2000. Os debates, como esperado, foram acalorados sobretudo pelo choque entre as ideias abstratas e a "inocência" sobre branquitude entre colegas brancos, e o consequente ultraje de nós que sempre tivemos que lidar com as piores consequências da colonialidade.

Porém, como brasileiro no exterior, o que mais me interessou foi o fato de que uma das inspirações para o simpósio tenha sido o trabalho do antropólogo brasileiro Eduardo Viveiros de Castro. Na ocasião, a tradução em finlandês do seu livro *Metafísicas canibais: elementos para uma antropologia pós-estrutural* (2018) acabara de ser lançada. Apesar de reconhecer o seu sobrenome de uma das ruas mais importantes de Copacabana, Rio de Janeiro, eu nunca havia lido seu trabalho. Através do simpósio, eu aprendi que em várias publicações Viveiros de Castro vem desafiando as fundações da política e do discurso da antropologia como disciplina ao refletir sobre a descolonização do pensamento como um processo permanente. Numa conversa com o acadêmico Peter Skafish, Viveiros de Castro explica:

> [A descolonização] do pensamento pode ser conduzida pela antropologia como um projeto intelectual. Se o pensamento de outros povos e dos Outros em geral são condições necessárias de pensamento, então não se pode mais dizer "nós" sem especificar quem diabos "nós" somos. "Nós" é um pronome muito mais perigoso do que "eu" porque – quem liga para quem sou eu? Afinal, "eu" se refere só a mim ou a você. Porém, quando dizemos "nós", uma afirmação é feita com o apoio de uma certa identidade coletiva global. E filósofos tem muito, muito apreço por dizer "nós" sem especificações adicionais. O "nós" dos filósofos inclui os Bororo? Os Arapesh? Jane Roberts? Os condenados da terra? Ou o "nós" só conta os acadêmicos da tradição liberal, ou os cidadãos americanos? O que, e quem, são o "nós"? Acredito que a antropologia poderia ser definida como a ciência da especificação das condições necessárias do dizer "nós" (Skafish, 2016, p. 414).

Os questionamentos urgentes que Viveiros de Castro faz podem ser estendidos – como já foram e continuam sendo – para outras disciplinas nas ciências sociais e humanas. Fenômenos como o eurocentrismo, o tecnocentrismo e a contaminação da cultura acadêmica pelo neoliberalismo somam-se ao academicismo para fazer com que a colonialidade continue atravessando as percepções de si, as relações sociais e a produção de conhecimento na academia. Assim, não há dúvida de que o argumento de Viveiros de Castro se faz urgente e necessário.

No entanto, eu argumentaria que em sociedades de legados coloniais e desigualdades cotidianas como o Brasil, o caminho para chegar ao nível de esclarecimento que Viveiros de Castro tem sobre a colonialidade no âmbito acadêmico é diferente para aqueles que sofreram os efeitos nocivos da colonialidade durante toda a vida. Em outras palavras, parafraseando Viveiros de Castro, as condições para entrar na academia e desafiar suas fundações refletem múltiplas desigualdades consequentes dos legados coloniais nos dias de hoje. Como exemplo, vou descrever uma trajetória típica de negros periféricos usando dados autobiográficos como fio condutor. Em contraponto, descrevo também aspectos típicos da trajetória acadêmica branca e herdeira de privilégios muitas vezes econômicos, mas sobretudo socioculturais e políticos. Meu objetivo com essa comparação é demonstrar como a colonialidade se manifesta e afeta vidas no contexto brasileiro e, deste modo, indicar como desigualdades sociais históricas fazem com que o ato de "descolonizar o pensamento" seja muito diferente entre brancos e negros. Ao ler, tomem como pano de fundo as análises sobre desigualdades históricas no Brasil no trabalho de Jessé Souza (2012; 2018; 2021).

Em muitos casos no Brasil, o caminho para o ensino superior já está pavimentado desde o nascimento. Faz sentido. Antes do sistema de cotas no início dos anos 2000, não havia um processo institucional que fomentasse a entrada sistemática de pessoas negras, indígenas e assalariadas em processos de construção de pensamento epistemológico nas universidades públicas brasileiras. Com isso, as universidades dedicadas à pesquisa foram por décadas espaços predominantemente brancos. Parte significativa das famílias de classe média e alta, descendentes de colonizadores e imigrantes europeus, possui um longo histórico de participação quase exclusiva na construção do pensamento acadêmico brasileiro.

Assim, nascer neste tipo de família historicamente gerou condições e incentivos para incluir o ensino superior como parte do processo educacional. Por exemplo, há estrutura para desenvolver pensamento crítico desde a infância. Estas mesmas famílias, muitas com gerações com formação acadêmica, preparam suas proles em escolas tradicionais, garantem acesso a bibliotecas, e fomentam amplas visões de mundo ao valorizar línguas estrangeiras, muitas vezes com temporadas no exterior. Há também liberdades intelectuais e comportamentais para explorar ideias e ações que às vezes significam atos de rebeldia contra a cultura das classes abastadas. Em geral, não há a obrigação de trabalhar para complementar a renda familiar. Assim, o ensino do jardim de infância ao doutorado tende a seguir a temporalidade adequada ao crescimento biológico e amadurecimento intelectual dos indivíduos.

No outro lado das desigualdades sociais brasileiras, a relação com o pensamento crítico tende a ser muito diferente. Reflito sobre o meu caso sabendo que, apesar de especificidades individuais, os aspectos estruturais vão soar familiares para quem possui uma biografia semelhante.

Eu nasci em Magé, um município predominantemente negro e pardo de classe trabalhadora na Baixada Fluminense, no Rio de Janeiro. Por sorte, nasci em uma família estável em que ambos os adultos trabalhavam em funções sindicalizadas. Com pai e mãe em trabalhos permanentes, eu e minha irmã tivemos tempo e apoio para estudar exclusivamente, sem precisar trabalhar cedo para ajudar no orçamento da casa como alguns de meus amigos tiveram que fazer. O preço do meu estudo de inglês foram os planos e desejos sacrificados dos meus pais. No entanto, nas conversas e broncas sobre a importância de se dedicar aos estudos, eu ouvia sobre como estudar serviria para conseguir bons empregos (ex.: trabalhos em pequenos escritórios em Magé ou, com sorte e dedicação, um trabalho – especialmente público – na capital). A ideia de aprender a pensar e ser intelectual não existia. Em paralelo à motivação para estudar havia os avisos para evitar más companhias, pois existia o risco real de ser preso ou morto como víamos acontecer a olhos nus com tantos jovens negros. Por exemplo, o uso de drogas ilícitas que víamos como recreação entre jovens brancos nas praias da Zona Sul era tratado como prática criminosa na Magé onde cresci. A punição variava entre humilhação pública, estigmatização, ostracização e morte, como no caso do tio do meu pai que foi assassinado por um grupo de extermínio por fumar maconha na década de 1960.

Em casa, nós tínhamos livros na estante. A maioria eram enciclopédias daquelas vendidas de porta em porta. Na nossa sala de estar, as publicações serviam mais como decoração organizada por cor. Raramente abríamos. Minhas leituras cotidianas eram revistas em quadrinhos e álbuns de figurinhas. A principal fonte de informação sobre o país e o mundo eram a TV e o rádio que, constantemente ligados, faziam do silêncio, tão necessário para o hábito de leitura, algo raro em nossa casa. A escola particular para famílias de renda média, onde cursei o ginásio e segundo grau, não tinha biblioteca. Pensamento crítico também não era prioridade. O importante era tirar boas notas para passar de ano e reduzir as chances de perder tempo estudando quando chegasse a idade de trabalhar. O segundo grau técnico era o objetivo de quase todos. Poucos – geralmente brancos de famílias mais abastadas – tinham condições financeiras ou mesmo o desejo de se aventurar na capital ou em Niterói para cursar uma universidade.

Aos 17 anos, novamente por sorte, comecei a trabalhar como professor de inglês em cursinhos locais de idioma apesar de minha experiência de vida e visão de mundo serem muito restritas à minha cidade natal. Naquele momento, eu decidi parar de estudar. Seis anos depois, busquei a universidade quando minha chefe ameaçou demitir quem não tivesse um diploma. Qualquer diploma. Tentei um curso pré-vestibular para universidades federais enquanto trabalhava, mas não consegui acompanhar a intensidade intelectual e horário integral das aulas. Desisti. Com meu salário e o apoio financeiro dos meus pais, eu me inscrevi numa universidade particular apesar dos 150 km de trânsito pesado entre trabalho, universidade e casa diariamente. Aos 27 anos, eu me casei com minha esposa finlandesa e, por sorte, consegui uma vaga no mestrado ao me mudar para a Finlândia. Aos 30, comecei o doutorado como uma tentativa de conseguir renda através de bolsas de estudo e participações em projetos de pesquisa. Somente aos 40 anos eu acredito que tenha alcançado a compreensão do que significa "pensamento crítico" e uma certa confiança – ainda um tanto insegura – para me considerar um "intelectual".

O que esses dois tipos de trajetória representam em relação ao ato de "descolonizar o pensamento"? Em famílias brancas herdeiras de colonizadores e imigrantes europeus, aprende-se, desde o nascimento, sobre a importância do pensar crítico como parte do desenvolvimento intelectual e profissional. As habilidades (ex.: leitura, reflexão) e condições fundamentais (ex.: tempo, silêncio, acessos) para ser capaz de entender e construir o pensamento acadêmico existiram em sua vida desde a infância. Para pessoas como eu – e tantas outras que tiveram muito menos oportunidades e sortes do que eu – essas vidas existiam na ficção televisiva, não na vida real. Para nós, em geral, a ideia de sucesso estava na assimilação, mesmo que a contragosto, de múltiplos legados coloniais. Afinal, nós sabíamos que existiam consequências por desafiar as manifestações concretas da colonialidade (ex.: desemprego, repreensões por autoridades, represálias em interações sociais com pessoas hierarquicamente superiores, etc.).

Veja a academia, por exemplo. Pessoas negras e indígenas que conseguem romper legados coloniais e entrar no ensino superior tendem a viver situações sufocantes ao serem moldadas epistemologicamente por instrutores, professores e supervisores para se adequar aos critérios de avaliação. Ao mesmo tempo, aquelas de nós que decidem confrontar desigualdades enraizadas em práticas institucionais tendem a ser questionadas não em torno de nossas ideias, mas em relação à nossa adequação às normas acadêmicas. Algumas reprimendas que recebi no doutorado foram: "você não pode usar a primeira pessoa em textos acadêmicos"; "você deve citar referências que nós conhecemos ou conseguimos ler"; "eu não posso avaliar suas referências se elas estão num idioma que eu não entendo"; "experiências pessoais são irrelevantes para artigos avaliados por pares".

Em outras palavras, "descolonizar o pensamento" para herdeiros de colonizadores e imigrantes europeus significa ler e criticar ideias e métodos. Pares são, em termos de colonialidade, iguais. Para pessoas como eu, "descolonizar o pensamento" inclui ler e criticar ideias e métodos, mas também significa lidar com hierarquias institucionais, egos e o senso de superioridade ocidental que colegas mais versados em tradições europeias tendem a demonstrar com frequência. Dessa forma, este processo pode causar obstáculos estruturais e dúvidas sobre nossas próprias capacidades na construção da carreira. O que acontece se desafiarmos superiores que podem se sentir ofendidos por nossas críticas? Devemos *ser ingratos* e questionar pessoas que foram tão benevolentes ao nos ajudar? Será que eu vou conseguir trabalho em algum lugar? Será que minhas ideias são legítimas? Eu sei de fato expressar pensamento crítico e construir conhecimento? Eu sei mesmo teorizar? Por isso que é tão importante para nós, descendentes de pessoas escravizadas e resistentes indígenas, ler intelectuais como nós que se estabeleceram e se posicionam politicamente na academia.

Para acadêmicos racializados brancos, eu perguntaria, parafraseando Tuck e Yang: é possível descolonizar o pensamento ou qualquer coisa sem abrir mão de poder ou correr o risco de colocar a carreira em perigo? É possível construir uma carreira acadêmica sem reproduzir lógicas coloniais de opressão, sem menosprezar outras formas de conhecimento ou sem se apropriar – mesmo com boas intenções – de conhecimentos de povos historicamente oprimidos? Diante da popularização do conceito de "descolonização" entre acadêmicos brancos, deixo aqui a provocação feita pela acadêmica indígena--boliviana Silvia Rivera Cusicanqui em suas reflexões sobre práticas e discursos em torno do ato de "descolonizar".

> As elites [latino-americanas] adotam a estratégia de se travestir e articular novas formas de cooptação e neutralização. Dessa forma, elas reproduzem "inclusões condicionais", uma cidadania mitigada de segunda-classe que molda as identidades e imaginários subalternos a exercer o papel de

> ornamentos através do qual massas anônimas performam a teatralidade de suas próprias identidades. O que então é a descolonização? [...] Não pode haver um discurso de descolonização, uma teoria de descolonização, sem a prática da descolonização (Rivera Cusicanqui, 2012).

Descolonizar a academia: um convite

Como eu espero ter conseguido explicitar até aqui, acredito que a "descolonização" é um processo sem fim que possui dimensões psicológicas, coletivas, sociais, epistemológicas, estruturais e culturais. Para mim, tornar-me "descolonizado" é impossível. A "descolonização", dessa forma, me parece um horizonte para o qual caminhamos e, ao caminhar, nos transformamos. Por isso, prefiro pensar em termos de *ideias e práticas descolonializantes*. Ao pensar a descolonização como processo prático, podemos vê-lo como possível, desejável e, para pessoas como eu, urgente.

Assim, encerro este ensaio não com uma reflexão sobre como descolonizar a academia, mas com um convite. Todos nós atuantes no ensino superior – descendentes de pessoas escravizadas, resistentes indígenas e brancos – temos responsabilidade em conduzir a universidade ao horizonte descolonial. Porém, a definição de quais ideias e práticas descolonializantes que colocaremos em ação deve ser feita por cada um de nós considerando nossas biografias, o contexto no qual estamos inseridos e nossa posição nas hierarquias de poder. Cabe a cada um de nós olhar para dentro e refletir sobre como a colonialidade nos afeta e como nós a reproduzimos. Cabe a nós decidirmos que pensamentos nós queremos e podemos descolonizar ao construir nossa trajetória acadêmica. Cabe a nós, principalmente, nos inserir em relações de aprendizado mútuo e troca de conhecimento para que a caminhada ao horizonte descolonial seja coletiva enquanto respeitosa de individualidades e desigualdades.

Por fim, é importante lembrar que "descolonizar" não é só questão de ações afirmativas. Ideias e práticas descolonializantes são fundamentalmente questões de diversificação de ambientes acadêmicos, de transformações de fundamentos epistemológicos, de desmantelamento de canhões disciplinares e de valorização de outras formas de conhecimento que não se encaixam nas normas e restrições acadêmicas. Todos nós temos a responsabilidade de agir. Um primeiro passo é se fazer uma pergunta que é simples, porém muito difícil, como tentei demonstrar neste ensaio: o que descolonização significa para você?

Referências

Aragão, J. Identidade. In: *Chorando estrelas*. Rio de Janeiro: Som Livre, 1992. CD (3min52).

Becker, H. S. Whose side are we on? *Social Problems*, [S.l.], v. 14, n. 3, p. 239-247, 1967.

Bento, C. *O pacto da branquitude*. São Paulo: Companhia das Letras, 2022.

Bernardino-Costa, J.; Maldonado-Torres, N.; Grosfoguel, R. (Orgs.). *Decolonialidade e pensamento afrodiaspórico*. Belo Horizonte: Autêntica, 2020.

Carneiro, S. *Escritos de uma vida*. São Paulo: Jandaíra, 2020.

Collins, P. H. *Black feminist thought: Knowledge, consciousness, and the politics of empowerment*. New York: Routledge, 2022.

Custódio, L. Como palmiteiros nascem? Uma reflexão de quem sempre palmitou. *Portal Geledés*, São Paulo, 7 fev. 2018. Disponível em: https://www.geledes.org.br/como-palmiteiros-nascem-uma-reflexao-de-quem-sempre-palmitou/. Acesso em: 4 maio 2022.

Custódio, L. The silencing force of whiteness. *Raster*, Helsinque, 28 jun. 2017. Disponível em https://raster.fi/2017/06/28/the-silencing-force-of-whiteness/. Acesso em: 4 maio 2022.

Davis, A.Y. *An autobiography*. London: Hamish Hamilton, 2021.

Evaristo, C. *Becos da memória*. Rio de Janeiro: Pallas, 2017.

Fanon, F. *Peles negras, máscaras brancas*. São Paulo: Ubu, 2020.

Gilmore, R.W. *Abolition geography: Essays towards liberation*. London: Verso, 2022.

Gonzalez, L. *Por um feminismo afro-latino-americano*. Rio de Janeiro: Zahar, 2020.

Irni, S. *et al. Complying with Colonialism: Gender, Race and Ethnicity in the Nordic Region*. Farnham: Ashgate, 2009.

Khanna, N. *The visceral logics of decolonization*. Durham, Londres: Duke University Press, 2020.

Kilomba, G. *Memórias da plantação: episódios de racismo cotidiano*. Lisboa: Orfeu Negro, 2019.

Lorde, A. *Your silence will not protect you*. London: Silver Press, 2017.

Maldonado-Torres, N. On the coloniality of being. *Cultural studies*, [S.l.], v. 21, n. 2-3, p. 240-270, 2007.

Mbembe, A. *Necropolítica*. São Paulo: N1, 2018.

Medeiros, M. B. Espelho: autoetnografia de trajetória na vida, no trabalho e na militância. *Diversidade e Educação*, [S.l.], v. 7, n. Especial, p. 44-67, 2019.

Mignolo, W.; Escobar, A. (Orgs.). *Globalization and the decolonial option*. London: Routledge, 2010.

Nascimento, A. *O genocídio do negro brasileiro: processo de um racismo mascarado.* São Paulo: Perspectiva, 2016.

Rivera Cusicanqui, S. Ch'ixinakax utxiwa: A reflection on the practices and discourses on decolonization. *The South Atlantic Quarterly*, [S.l.], v. 111, n. 1, p. 95-109, 2012.

Saini, A. *Superior: The return of race science.* Londres: 4th Estate, 2019.

Skafish, P. The metaphysics of extra-moderns: On the decolonization of thought: A Conversation with Eduardo Viveiros de Castro. *Common Knowledge*, [S.l.], v. 22, n., p. 393-414, 2016.

Souza, J. (Coord.) *A ralé brasileira.* São Paulo: Contracorrente, 2021.

Souza, J. *A construção social da subcidadania: para uma sociologia política da modernidade periférica.* Belo Horizonte: Ed. da UFMG, 2012.

Souza, J. *Como o racismo criou o Brasil.* Rio de Janeiro: Estação Brasil, 2018.

Souza, N. S. *Tornar-se negro: ou as vicissitudes da identidade do negro brasileiro em ascensão social.* Rio de Janeiro: Zahar, 2021.

Tuck, E.; Yang, K.W. Decolonization is not a metaphor. *Decolonization: Indigeneity, Education and Society*, [S.l.], v. 1, n. 1, p. 1-40, 2012.

Viveiros de Castro, E. *Metafísicas canibais: elementos para uma antropologia pós--estrutural.* São Paulo: Ubu, 2018.

Wa Thiong'o, N. *Decolonizing the mind: The politics of language in African literature.* Londres: Currey, 1986.

A interface entre Comunicação e Saúde, a partir de um olhar interseccional

Vívian Tatiene Nunes Campos

Introdução

Neste capítulo, trato da temática de saúde pública a partir de um olhar comunicacional e atravessado pela interseccionalidade. Meu interesse em estudar a interface entre comunicação e saúde pública relaciona-se ao fato de ser um campo de estudo que me afeta e me mobiliza há muito tempo, tanto como profissional de comunicação, área em atuo há mais de 15 anos dentro da saúde pública, quanto como pesquisadora, pois trabalhei com as campanhas publicitárias de enfrentamento à dengue da Secretaria Estadual de Saúde de Minas Gerais durante o mestrado.

Foi ainda na época do meu mestrado, em 2014 e 2015, que chegou ao conhecimento da população brasileira que, além da dengue, outras duas doenças poderiam ser transmitidas pelo *Aedes aegypti* – a febre chikungunya e o zika vírus – e elas também constituíam uma preocupação tanto para a área da saúde pública, quanto para a Comunicação Social. O zika, a chikungunya e a dengue apresentam sinais clínicos parecidos, como febre, dores de cabeça e nas articulações, enjoo e manchas vermelhas pelo corpo. Mas, para além dos aspectos clínicos de cada doença, o que reforçou meu interesse por esse campo relacionou-se ao impacto nas práticas sociais e comunicativas dos sujeitos que experienciaram a doença causada pelo zika vírus e sua mais grave consequência: a síndrome congênita, que ficou popularmente conhecida como microcefalia.

Minha atenção também foi convocada para a questão da vulnerabilidade social das mulheres, das pessoas negras, das pobres e das com deficiência em relação às doenças transmissíveis, em especial às negligenciadas.[1] Trata-se

---

[1] "As doenças negligenciadas são aquelas causadas por agentes infecciosos ou parasitas e são consideradas endêmicas em populações de baixa renda" (Valente, [s.d.]).

de uma realidade que quanto mais escura for a pele, quanto mais pobre for a pessoa, quanto mais longe dos grandes centros urbanos morar e se for do gênero feminino, maior será a possibilidade de não receber a assistência em saúde adequada e de sua voz ser desconsiderada ou até mesmo silenciada.

Diante dessa constatação, interessei-me em saber se as mães das crianças vítimas da síndrome congênita do zika vírus se expressavam em algum lugar, pois até então o que era possível notar era que sempre havia pessoas falando por elas. Profissionais de saúde, governos, políticos e pesquisadores eram recorrentemente as vozes escutadas, e quando as mães falavam, a elas era concedida quase sempre uma posição de vítima, de alguém sem agência, sobrevivente de uma fatalidade, uma pessoa resignada e que dependeria totalmente das benesses do poder público.

Foi a partir dessa indagação que pesquisei sobre a temática e encontrei alguns grupos em redes sociais midiáticas concebidos pelas principais afetadas por esse grave problema de saúde: as mães dos bebês. Assim, cheguei a uma página que está hospedada na rede social midiática Facebook, a UMA – União de Mães de Anjos, de Recife/PE, que foi o objeto de estudo da minha pesquisa de doutoramento (Campos, 2023).

Dito isso, neste capítulo falo da transversalidade e das aproximações que há no campo de estudos da comunicação e da saúde, a partir de um olhar interseccional. Penso a comunicação como uma ação dialógica e relacional, na qual as pessoas que participam do processo comunicativo são interlocutoras, sujeitas sociais e de fala e apresentam para o meio social, por meio de suas experiências e ações, as suas conformações sociais. A partir desse ponto de partida, aproprio-me do conceito de comunicação praxiológica desenvolvido por Louis Quéré (2018), que se contrapõe ao epistemológico, herdado do século 17, que é o modelo representacionista e informacional, ligado mais fortemente às teorias de comunicação que dão destaque à transferência de informações, como a teoria matemática. O modelo praxiológico – ao qual me alinho – defende que o mundo comum é constituído pela ação ou pela construção da realidade e atribui à linguagem uma dimensão além da de representação.

Importante acrescentar também que o processo comunicativo tem uma natureza híbrida, e pode ser examinado em interfaces com diversas áreas do conhecimento, como a Política, a Antropologia, a Psicologia, a Sociologia e a Saúde. Somado a isso, é necessário explicitar que os meios de comunicação são também um lugar de disputa de poder, de discursos e de sentidos, tendendo a prevalecer os discursos hegemônicos. Desse modo, para examinar os fenômenos comunicativos não podemos desconsiderar todos esses elementos.

Em relação à área de saúde, é fundamental refletirmos sobre a maneira como se dá o acesso aos serviços de saúde, de que maneira o racismo estrutural interfere nesse processo, como as relações de gênero e as questões sociais impactam no direito de acesso às políticas públicas, quais discursos prevalecem quando as questões de saúde são tratadas e de que modo os governos e instituições informam à população sobre esses temas.

Enfim, todos esses elementos nos auxiliam a compreender o fenômeno comunicacional de uma forma mais ampla. Conforme comentei, a Comunicação está em interface e é transversal com outras áreas de conhecimento e contextos sociais. Sendo assim, apresento neste capítulo as articulações que se estabelecem entre a Comunicação e o campo da Saúde, bem como a pertinência de nos apropriarmos do enfoque interseccional para aproximar e interpretar o objeto em estudo.

A interface entre Comunicação e Saúde

De acordo com Inesita Araújo e Janine Cardoso (2007), o campo de estudo intitulado "Comunicação e Saúde" (C&S) é constituído por elementos da Comunicação e da Saúde e que estão em conexão, não existindo, portanto, prevalência de uma área sobre a outra. As autoras relacionam a comunicação a uma sala de conversa que possibilita o acolhimento de todas as pessoas, tendo como pré-requisito que todas sejam ouvidas. Embora a constituição da C&S enquanto campo de conhecimento seja somente reconhecida como um conjunto de elementos articulados no início da década de 1990, a relação entre comunicação e saúde já vem de muito tempo. Conforme as autoras ressaltam, esse vínculo tem sido articulado desde que o Departamento Nacional de Saúde Pública (DNSP), criado em 1920, incluiu a propaganda e a educação sanitária como estratégias para divulgar as medidas de saúde pública para controle das epidemias da época.

Naquele momento, as medidas de saúde pública adotadas pelos governos foram muito influenciadas pelos avanços científicos da microbiologia, da bacteriologia e da parasitologia, que possibilitaram a identificação dos agentes causadores das doenças, bem como do modo como as doenças eram transmitidas. Em consequência, a atenção passou a se concentrar no comportamento das pessoas, pois o conhecimento científico daquela época levava a crer que o fator que poderia explicar o surgimento das doenças seria o ambiente social no qual o indivíduo vivia. Então, os cientistas chegaram à conclusão de que as doenças poderiam ser evitadas a partir da mudança de comportamento das pessoas. Tal posicionamento resultava em reconhecer as estratégias de comunicação como ferramentas fundamentais para traduzir o conhecimento científico e difundir para as pessoas as informações sobre saúde. Acreditava-se que, a partir do processo simples de transferência de informações, as pessoas iriam se apropriar dos dados, compreender por si só que cultivavam hábitos de saúde não adequados e se sentiriam motivadas a mudar suas condutas em relação aos cuidados com a saúde.

Apesar de Araújo e Cardoso (2007) mencionarem que essa visão da comunicação fez parte de uma lógica informacional, instrumental e inserida em um contexto social de uma época, não podemos desconsiderar que ainda hoje percebemos que essa perspectiva prevalece em falas e em algumas políticas públicas de saúde. Ou, ainda, na ausência dessas políticas, pois alguns governantes brasileiros seguem acreditando e defendendo que seriam as próprias pessoas as únicas responsáveis pelas doenças, desconsiderando completamente os cenários sociais, raciais, de gênero, ambientais e epidemiológicos, por exemplo. Pensamento e prática que podem, inclusive, determinar a vida e a morte de grande parte da população, especialmente daqueles socialmente vulnerabilizados.

Biopoder, necropolítica e saúde

Para Michel Foucault (2018), o capitalismo, que se desenvolveu no final do século 18 e início do século 19, socializou o corpo do indivíduo e o transformou em força de trabalho. A partir daquele momento, o controle que a sociedade exerceria sobre as pessoas passou a se operar pelo corpo. Foucault (2005) lembra que naquele período surgia uma nova tecnologia de poder, nomeada por ele como "biopolítica", a qual se refere a todo um conjunto de processos biológicos, como a quantidade de nascimentos, mortes, as taxas de reprodução e de fecundidade de uma população, que passaram a ser controlados e acompanhados pelo Estado. "Foi no biológico, no somático, no corporal que, antes de tudo, investiu a sociedade capitalista. O corpo é uma realidade biopolítica. A medicina é uma estratégia biopolítica" (Foucault, 2018, p. 144).

A biopolítica seria, portanto, desempenhada pelo biopoder, isto é, o poder sobre a vida da população. Se no absolutismo o soberano tinha o direito da vida sobre seus súditos, podendo ocasionar a morte deles; na modernidade surge a tecnologia do biopoder, que atua sobre a população e que tem o arbítrio de fazer viver. "A soberania fazia morrer e deixava morrer. E eis que agora aparece um poder que eu chamaria de regulamentação e que consiste, ao contrário, em fazer viver e deixar morrer" (Foucault, 2005, p. 294). Foucault pondera que o mesmo Estado que deve garantir que sua população viva, também pode deixar seus cidadãos morrerem, e ele entende que o racismo é o critério utilizado pelo Estado para escolher quem vive e quem é deixado a morrer.

De acordo com Foucault (2005), embora o racismo já estivesse presente na sociedade em outros momentos históricos, foi com a emergência do biopoder que se incorporou como mecanismo do Estado, fazendo com que "não haja funcionamento moderno do Estado que, em certo momento, em certo limite e em certas condições, não passe pelo racismo" (Foucault, 2005, p. 304). O racismo introduziu uma distinção entre aqueles que são merecedores de viver e aqueles que não o são, tendo como metodologia de escolha para essa seleção a hierarquia das raças: aquelas consideradas superiores teriam o direito de se manterem vivas. A classificação das raças como superiores ou inferiores causa uma fragmentação entre a própria espécie humana e essa seria a primeira função do racismo, conforme Foucault, "fragmentar, fazer cesuras no interior desse contínuo biológico a que se dirige o biopoder" (Foucault, 2005, p. 304).

O autor também menciona uma segunda função que o racismo tem para justificar quem deve viver ou ser deixado a morrer, que é a relação guerreira: "para viver, é preciso que você massacre seus inimigos" (Foucault, 2005, p. 305). Essa argumentação está dentro de uma lógica que pensa que, se há pessoas consideradas inferiores em relação a um outro grupo de indivíduos vistos como superiores, quanto menos pessoas "inferiores" existirem, mais forte se tornará a espécie que prevalecerá. O dispositivo do racismo atuaria a partir dessa perspectiva sobre a população, determinando quem estaria qualificado para viver e quem deveria ser deixado para morrer.

É importante ressaltar que a visão de Foucault sobre o racismo estava focada especialmente na experiência alemã, com o antissemitismo e o holocausto judeu. Em relação a isso, Muniz Sodré (2018) aponta que o antissemitismo cristão foi a matriz do racismo. Ainda que se tenha utilizado como pretexto as diferenças religiosas, foi o preconceito "racial" o que impulsionou o antissemitismo. Apesar de hoje sabermos que do ponto de vista biológico não existam raças, a argumentação da existência de "raças" inferiores foi a justificativa para o antissemitismo. Tal raciocínio também foi empregado para justificar a prática do racismo sobre os povos colonizados, especialmente aqueles do continente africano, compostos, em sua maioria, por uma população negra, considerada inferior devido à raça e, portanto, menos humana. O racismo infiltra-se sob a forma de um valor eurocêntrico e pleno, supostamente universal, que cria a falsa universalidade do inumano pleno, o diverso. Pelo paradigma da branquitude, ser branco tornou-se modernamente uma injunção moral, e a segregação racial instituiu-se como fato civilizatório (Sodré, 2018, p. 11).

Dentro dessa acepção de que o racismo desumaniza aquele grupo social considerado inferior em razão da raça, Sodré (2018) apresenta o exemplo do racismo brasileiro, que é marcado pelo duplo vínculo, conceito desenvolvido por Gregory Bateson (1963). Sodré emprega esse termo porque, de forma geral, o racismo brasileiro é atravessado simultaneamente pela aceitação e rejeição. Ele ilustra afirmando que ao mesmo tempo em que uma pessoa gosta ou aceita outra pessoa negra, ela quer que esse mesmo indivíduo permaneça afastado. Dito de outra maneira, o racista deseja que a pessoa negra, que ele considera inferior, fique em seu "lugar", que seria o de subserviência. Entretanto, essa mesma pessoa branca não se vê como racista. "O racismo brasileiro é mais uma lógica de lugar do que de sentido. É dela que de fato têm hoje saudade os que acham um escândalo liberal proteger as vítimas históricas da dominação racial" (Sodré, 2018, p. 15).

Ainda refletindo sobre o poder sobre a vida e a morte de corpos negros, Sueli Carneiro (2015) também toma como ponto de partida a noção de biopoder de Foucault, mas expande o entendimento. De acordo com ela, Foucault não considerou o racismo como um dispositivo de poder e disciplina atuando em sociedades multirraciais. Tal lógica concebe a pobreza como uma circunstância crônica da existência negra, isso porque a mobilidade entre classes passa a ser controlada pela racialidade. Conforme Carneiro (2005), o biopoder aciona o dispositivo de racialidade para determinar quem deve morrer e quem deve viver.

Já Achille Mbembe (2018) ressalta que a função do racismo é regular a distribuição da morte e viabilizar as funções assassinas do Estado. Mbembe também acredita que a expressão máxima do poder – ou da soberania – está na capacidade de determinar quem pode viver e quem deve morrer. Entretanto, ele defende que a ideia do biopoder de Foucault é insuficiente para dar conta das formas mais atuais de submissão da vida ao poder da morte. Mbembe alarga a noção de biopoder e nomeia como "necropolítica" todas as formas contemporâneas que subjugam a vida ao poder da morte: "Propus a noção de necropolítica e de necropoder para dar conta das várias maneiras pelas quais, em nosso mundo contemporâneo, as armas de fogo são dispostas com o objetivo de provocar a destruição máxima de pessoas e criar 'mundos de morte', formas únicas e novas de existência social, nas quais vastas populações são submetidas a condições de vida que lhes conferem o estatuto de 'mortos-vivos'" (Mbembe, 2018, p. 71).

A necropolítica é, portanto, uma política da morte adaptada, seja por soberanos, colonizadores ou Estados, sendo também possível perceber que a necropolítica está presente nas práticas de saúde. Carneiro (2005) menciona que o país vivenciou, a partir do século 19, a emergência de novos procedimentos de saúde coletiva, que tinham por base a raça, tendo na orientação eugenista[2] a diretriz para "corrigir" aquilo que era visto como promiscuidade por parte da população negra, especialmente do ponto de vista sexual; pensamento esse herdado do período da escravidão. Carneiro entende que a racialidade determina o processo de saúde, doença e morte, isso porque os estudos sobre as desigualdades raciais identificam a união de fatores sociais, de gênero, regionais e de raça como condicionantes das desigualdades raciais, que estão presentes em diversas dimensões da vida e especialmente no que se refere à saúde da população negra.

Jurema Werneck, em entrevista concedida em 2011, comenta que o racismo no Brasil é essencialmente patriarcal, o que garante grande privilégio aos homens brancos. Ela também destaca que as consequências dessa lógica racista patriarcal têm sido devastadoras para as mulheres negras em vários aspectos, também no âmbito da saúde. Em virtude do racismo estrutural presente nos sistemas de saúde, as mulheres negras perdem anos de vida, por mortes no parto, diagnósticos errados, negligência, entre outros fatores (Werneck, 2011).

Em relação ao racismo estrutural, compreendemos o conceito a partir do entendimento de Sílvio Almeida (2019), que ressalta que o racismo é sempre estrutural, porque está na estrutura, na formação de nossa sociedade. O racismo está inserido em um processo histórico e político que estabelece um campo propício para que os grupos raciais considerados minoritários representativamente sofram a discriminação de maneira sistemática. De acordo com Almeida (2019), o racismo estrutural transcende o racismo individual e o institucional, pois nunca pode ser observado como um simples "ato isolado" de um indivíduo, ou, ainda, como parte somente de algumas instituições, isso porque as instituições refletem os conflitos característicos da sociedade em que elas estão inseridas. Portanto, o racismo institucional está constituído dentro do racismo estrutural, de modo que é relevante perceber que atos racistas

---

[2] A palavra "eugenia" é derivada do grego *eugenes* – "bem-nascido" ou "hereditariamente dotado de qualidades nobres" – e foi elaborada em 1883 pelo antropólogo, geólogo e matemático inglês sir Francis Galton, primo de Charles Darwin. Ele, diferente de Darwin, propunha a seleção artificial das espécies, de modo a desenvolver uma raça que, conforme seu julgamento, seria geneticamente mais apta à vida humana. O conceito de eugenia ficou muito conhecido na época do nazismo (1933-1945) e estava relacionado à ideia de uma "higiene racial", que resultaria em uma raça de humanos supostamente superior. Disponível em: http://www.bioetica.org.br/?siteAcao=BioeticaParaIniciantes&id=34. Acesso em: 2 jul. 2024.

fazem parte de uma engrenagem maior e sistêmica, que conforma o racismo enraizado de nossa sociedade.

Necropolítica e saúde pública

É importante evidenciar que as reivindicações da população negra – e, em especial, dos movimentos das mulheres negras – por melhorias no acesso ao sistema de saúde já existem há muitos anos, com destaque para o período pós-abolicionista. Várias mulheres negras estiveram presentes nesse processo e vieram ao longo dos anos contribuindo com o movimento de Reforma Sanitária[3] no Brasil e a posterior criação do Sistema Único de Saúde (SUS), em 1988. Mas, ainda assim, suas contribuições não foram consideradas em sua totalidade para garantir um sistema de saúde realmente público e livre dos mecanismos do racismo.

A lógica da necropolítica na área de saúde pode ser comprovada também por meio das estatísticas. De acordo com dados de 2018 do Instituto Brasileiro de Geografia e Estatística (IBGE), quase 55% da população brasileira é formada por pessoas negras, englobando as pretas e pardas. Na Pesquisa Nacional por Amostra de Domicílios (PNAD) contínua de 2019, foram apontadas importantes discrepâncias entre o rendimento mensal entre pessoas negras e brancas e também entre homens e mulheres. A média mensal de rendimentos entre as pessoas brancas era de R$ 2.999, já entre as pardas era de R$ 1.719, enquanto entre as pretas, de R$ 1.673 (IBGE, 2020).

Vale pontuar que quanto menor for o rendimento familiar, menos acesso as pessoas terão a uma alimentação de qualidade, lazer, artigos de limpeza e higiene, água potável, esgoto tratado e condições razoáveis de moradia, elementos essenciais para se garantir uma boa qualidade de vida e de saúde física e mental. Em relação ao gênero, o rendimento de todos os trabalhos dos homens ficava em R$ 2.555, sendo 28,7% mais alto que o das mulheres, que ficava em torno de R$ 1.985. Ou seja, quanto mais próximo da base da pirâmide social – isto é, ser mulher e negra –, menor o rendimento do indivíduo.

Conforme dados de 2020 do Instituto de Pesquisa Econômica Aplicada (IPEA), a população negra representa 67% das pessoas que são atendidas no Sistema Único de Saúde (SUS). Além disso, a maior parte dos atendimentos realizados pelo SUS se concentra em usuários(as) com faixa de renda entre

---

[3] "A expressão foi usada para se referir ao conjunto de ideias que se tinha em relação às mudanças e transformações necessárias na área da saúde" (Fiocruz, [s.d.]).

1/4 e 1/2 salário mínimo, o que demonstra que a população usuária exclusivamente do SUS é majoritariamente composta por pessoas negras e/ou com menor renda. Assim, as pessoas negras e pobres são a maioria das usuárias do SUS, sendo dependentes exclusivas do sistema público de saúde.

Sobre a situação epidemiológica dos(as) brasileiros(as), conforme dados do Ministério da Saúde (Brasil, 2017a), a doença que mais acomete a população negra (de 6% a 10%) é a anemia falciforme, que atinge de 2% a 6% da população brasileira em geral. O diabetes mellitus (tipo II) é mais frequente entre os homens negros (9% a mais que os homens brancos) e entre as mulheres negras (em torno de 50% a mais do que as mulheres brancas). Já a hipertensão arterial é mais destacada entre os homens e tende a ter maiores complicações entre as pessoas negras, de ambos os sexos. A deficiência de glicose-6-fosfato desidrogenase apresenta frequência relativamente alta em negros do continente americano (13%).

Em 1947, a Organização Mundial da Saúde (OMS) definiu que saúde é um estado de completo bem-estar físico, mental e social e não apenas a ausência de doença ou enfermidade. A Lei Federal n.º 8080, de 1990, conhecida como Lei Orgânica da Saúde, também afirma que as ações de saúde devem garantir às pessoas e à coletividade condições de bem-estar físico, mental e social. Desse modo, percebemos o quanto a manutenção da saúde das pessoas depende também de outros aspectos, que se desdobram em diversos campos, sejam eles sociais, comunicacionais, raciais, regionais ou de gênero.

As múltiplas opressões e a "microcefalia"

Considerando os dados expostos, fica manifestado o quanto o racismo afeta negativamente a saúde das pessoas negras no Brasil. As injustiças sociais e as comunicacionais, em virtude da desigualdade no acesso aos meios de comunicação, são ainda mais intensificadas quando entram em cena, além das questões raciais, as de gênero, as sociais, as regionais e a deficiência física ou intelectual. Todos esses elementos devem ser analisados conjuntamente, quando voltamos o olhar para refletir sobre o que o zika vírus provocou no país, especialmente no que se refere à mais séria consequência desse vírus, a síndrome congênita causada pelo zika vírus (SCZV), que ficou popularmente conhecida por "microcefalia".

Em 2023, ano de escrita deste texto, oito anos após a chegada do vírus ao país, observamos uma geração de crianças sobrevivendo com SCZV, especialmente no Nordeste do país, região em que se observou a maior concentração da síndrome em bebês, especialmente em Pernambuco e na Paraíba (BBC News Brasil, 2018). Conforme Garcia (2018) em estudo sobre o tema, a evolução da doença demonstrou dificuldades do país para controlar o vetor, e a insuficiência nas ações voltadas ao planejamento familiar, bem como as discrepâncias sociais historicamente presentes no país e nas regiões Norte e Nordeste, contribuíram para que o zika e sua consequência mais devastadora, a SCZV, se tornassem males endêmicos que atingiram principalmente famílias pobres, negras e residentes das regiões menos desenvolvidas do país.

Conforme dados de publicação do Ministério da Saúde (Brasil, 2017b), que analisou a epidemia pelo vírus Zika e por outras doenças transmitidas pelo *Aedes aegypti* nos anos 2015 e 2016, na semana epidemiológica 32, que corresponde ao período de 3/1/2016 a 13/8/2016, foram registrados 196.976 casos prováveis de zika vírus no país (taxa de incidência de 96,3 casos/100 mil hab.), distribuídos em 2.277 municípios. As regiões Centro-Oeste e Nordeste apresentaram as maiores taxas de incidência da doença na população: 270,1 e 172,1 casos/100 mil hab., respectivamente. Vale lembrar que a região Nordeste tem uma densidade demográfica populacional bem superior à da Centro-Oeste (IBGE, 2010).

Como destaca Garcia (2018), a epidemia do vírus Zika apresentou consequências mais graves para mulheres jovens, negras, pobres e residentes das regiões mais empobrecidas do país: "São essas mulheres que absorvem a maior parte dos cuidados domésticos, além de, muitas vezes, serem abandonadas por seus companheiros diante da situação do nascimento de uma criança com microcefalia" (Garcia, 2018, p. 40). Em resumo, a doença atingiu em proporções maiores as mulheres, as negras, as jovens e em idade fértil, e as regiões Centro-Oeste e Nordeste.

De acordo com informações presentes no boletim "A epidemia de zika e as mulheres negras", preparado pela médica Jurema Werneck (2016a), diretora executiva da Anistia Internacional no Brasil e uma das fundadoras da ONG Criola, as mulheres negras estão muito expostas ao zika vírus e às demais doenças transmitidas pelo Aedes *aegypti*, que são de alta incidência em regiões onde a falta de saneamento básico e a necessidade de guardar água potável criam um ambiente favorável para a reprodução do mosquito. Essas regiões também são os locais mais empobrecidos do país e com o maior número de mulheres negras. Segundo a médica, o descumprimento do direito básico de moradia, o fornecimento irregular de água e a coleta inadequada de lixo são os fatores por trás das seguidas epidemias de dengue nos últimos 30 anos e da multiplicação do zika e da chikungunya, mais recentemente.

Em consonância com o boletim sobre a epidemia de zika e as mulheres negras, o relatório produzido pela *Human Rights Watch* (HRW) e divulgado em julho de 2017, "Esquecidas e desprotegidas: o impacto do vírus zika nas meninas e mulheres do nordeste do Brasil" (Wurth; Bieber; Klasing, 2017), revelou a vulnerabilidade das mulheres, pobres, negras e nordestinas à doença. Conforme o relatório, os impactos do surto do zika vírus foram desproporcionais para essas mulheres; sendo que 75% delas, foco das entrevistas, se identificaram como sendo pretas ou pardas.

As pesquisas para produção do relatório foram realizadas no fim de 2016 e início de 2017 em dois estados da região Nordeste do Brasil, Pernambuco e Paraíba. A maior parte das entrevistas ocorreram em duas cidades: Recife, em Pernambuco, e Campina Grande, na Paraíba. No total, a *Human Rights Watch* entrevistou 181 pessoas para o relatório. Deste somatório, foram 96 mulheres e meninas de 15 a 63 anos, incluindo 44 que estavam grávidas ou tiveram filhos naquele momento e 28 mulheres com crianças com síndrome do zika; nove homens, de 19 a 62 anos, que viviam em comunidades afetadas pelo surto da doença – quatro dos quais eram parceiros de mulheres e meninas entrevistadas para o relatório; 25 prestadores de serviços de saúde; e outros 28 eram especialistas, como promotores públicos, defensores públicos, pesquisadores acadêmicos e representantes de organizações não governamentais (ONGs).

Além desse grupo, foram ouvidas autoridades de saúde e saneamento de entidades governamentais nos âmbitos federal, estadual e municipal, incluindo o Ministério da Saúde, o Ministério das Cidades, as Secretarias de Saúde de Pernambuco e da Paraíba, as Secretarias de Saúde e Saneamento de Recife, entre outros, totalizando 181 pessoas ou representantes escutados. O relatório demonstrou que o surto do zika vírus gerou graves consequências para as mulheres e meninas, intensificando os problemas já existentes naquelas regiões do país, como o pouco acesso à água e ao saneamento básico, as desigualdades raciais, sociais e econômicas nos serviços de saúde, e exacerbando as limitações referentes ao acesso aos direitos sexuais e reprodutivos das mulheres.

Todos esses dados atestam que é indispensável olhar para essa realidade com uma lente interseccional, porque entendemos que a manutenção da saúde das pessoas depende de outros aspectos que envolvem diversos campos, sejam eles sociais, raciais, regionais ou de gênero. Nesse sentido é que o conceito de interseccionalidade delineia-se como uma ferramenta teórico-metodológica que nos oferece subsídios para compreender a realidade de uma maneira múltipla, tentando contemplar as complexidades e diversidades dos seres humanos.

Sobre o conceito de interseccionalidade, é importante compreender que ele é oriundo de todo um contexto e caminhada empreendidos por várias intelectuais, que foram estabelecendo uma sensibilidade interseccional ao longo dos anos até culminar na sistematização do termo pela advogada negra estadunidense Kimberlé Crenshaw. Ela usou a denominação pela primeira vez em artigo publicado em 1989: "*Demarginalizing the intersection of race and sex: a black feminist critique of antidiscrimination doctrine, feminist theory and antiracist politics*". Em 1991, trabalhou novamente com o termo em artigo que discutia as políticas de identidade e a violência contra as mulheres negras: "Mapeando as margens: interseccionalidade, políticas de identidade e violência contra mulheres de cor". Já em 2002, no texto "Documento para o encontro de especialistas em aspectos da discriminação racial relativos ao gênero", Crenshaw reforça a necessidade do uso da interseccionalidade como uma ferramenta teórico-metodológica para se pensar as múltiplas opressões.

Crenshaw (2002) usa a metáfora da intersecção para fazer uma analogia aos vários eixos de poder que atuam de maneira simultânea e interligados, como avenidas que se interseccionam. Para ela, a interseccionalidade é uma chave analítica que nos ajuda a compreender e explicar a complexidade das experiências humanas, que muitas vezes são marcadas por uma multiplicidade de opressões e que necessitam ser interpretadas por uma lente multifocal e dinâmica, capaz de perceber que várias forças costumam atuar concomitantemente sobre um indivíduo. Assim, segundo o paradigma interseccional, deve-se considerar a raça, o gênero, a classe, a sexualidade, entre outros fatores de opressão, como essenciais para compreender as vivências das pessoas.

> A interseccionalidade é uma conceituação do problema que busca capturar as consequências estruturais de dinâmicas da interação entre dois ou mais eixos da subordinação. Ela trata especificamente da forma pela qual o racismo, o patriarcalismo, a opressão de classe e outros sistemas discriminatórios criam desigualdades básicas que estruturam as posições relativas de mulheres, raças, etnias, classes e outras. Além disso, a interseccionalidade trata da forma como ações e políticas específicas geram opressões que fluem ao longo de tais eixos, constituindo aspectos dinâmicos ou ativos de desempoderamento (Crenshaw, 2002, p. 177).

Para Crenshaw, o racismo é diferente do sexismo, que é distinto da opressão por classe, por exemplo. A interseccionalidade entende que esses vários eixos de opressão se cruzam e algumas vezes se sobrepõem, mas que não devemos hierarquizá-los. É importante observar também, conforme

Crenshaw (1991) indica, que as narrativas de gênero, até então, eram na maioria das vezes baseadas nas experiências das mulheres brancas e de classe média; já as de raça, nas experiências do homem negro. Assim, as mulheres negras e pobres eram invisibilizadas em grande parte das análises sociais e dos estudos sobre raça e gênero. Ao se ter uma visão monofocal, que desconsidera que as pessoas sofrem ao mesmo tempo diversas opressões, ou, ainda, quando se tem um olhar universalista, que considera como parâmetro universal somente as experiências dos homens e brancos, outras opressões e vivências tendem a ser omitidas ou colocadas em lugares marginais.

Considerações finais

As reflexões presentes neste capítulo integraram minha pesquisa de doutoramento, na qual busquei compreender, a partir de um olhar interseccional, de que maneira as mulheres que vivenciam a experiência de serem mães de crianças com a síndrome congênita causada pelo zika vírus, doença que ficou popularmente conhecida como microcefalia, representam a maternidade por meio de postagens em páginas da rede social digital Facebook. Na pesquisa, analisei uma página do Facebook, a UMA – União de Mães de Anjos, de Pernambuco (Campos, 2023).

Estudar uma temática que tem intersecção com o campo da saúde é algo muito rico, porque aprendemos que para garantir a manutenção de boas condições de saúde em um indivíduo é necessário mobilizar diversas áreas de conhecimento. Para ter bons hábitos de saúde, por exemplo, uma pessoa precisa estar suficientemente informada, compreender amplamente que suas ações e rotinas podem interferir em seu bem-estar e se convencer que precisa adotar determinadas medidas. Mas sem uma comunicação horizontal, dialógica e propositiva dificilmente um indivíduo irá conseguir se sentir afetado por uma informação de saúde, que pode lhe parecer, em um primeiro momento, algo muito técnico e distante de sua realidade de vida. Por outro lado, se uma pessoa estiver verdadeiramente motivada e convencida, mas o acesso aos serviços de saúde for dificultado seja por questões geográficas, seja pela falta de profissionais – que não queiram trabalhar em regiões periféricas ou até mesmo em razão de um tratamento excludente e racista dispensando uma unidade de saúde –, por exemplo, inevitavelmente ela ficará impedida de ter acesso a esses serviços de maneira plena.

Assim, pensar o campo da Comunicação e da Saúde em interconexão com o pensamento interseccional tem a potência de nos ajudar a perceber melhor a complexidade das desigualdades sociais, raciais e de gênero (só para citar algumas) e a assimilar as causalidades da relação entre saúde e doença. Em relação a isso, Werneck (2016b) acredita que a interseccionalidade promove um entendimento mais aprimorado das noções de diferença, diversidade e discriminação. De acordo com ela, a interseccionalidade "permite visibilizar as diferenças intragrupo, inclusive entre aqueles vitimados pelo racismo, favorecendo a elaboração de ferramentas conceituais e metodológicas mais adequadas às diferentes singularidades existentes" (Werneck, 2016b, p. 543).

Werneck também argumenta que o conceito de interseccionalidade é uma chave de interpretação que nos ajuda a compreender e dialogar com os princípios teóricos e legais que regem o SUS: a *universalidade*, que determina que a saúde é um direito de todos e é um dever do poder público garanti-la a todas as pessoas; a *integralidade*, que defende que a saúde deve levar em consideração as necessidades específicas de pessoas ou grupos sociais, ainda que minoritários em relação ao total da população; e a *equidade*, que reafirma a necessidade de reduzir as disparidades sociais e regionais existentes no país, por meio das ações e dos serviços de saúde (Brasil, 2000).

Referências

Almeida, S. de. *Racismo estrutural*. São Paulo: Sueli Carneiro; Pólen, 2019.

Araújo, I.; Cardoso, J. *Comunicação e Saúde*. Rio de Janeiro: Fiocruz; 2007.

BBC News Brasil. Como vive a 1ª geração de bebês com microcefalia por zika. *YouTube*, 12 dez. 2018. Disponível em: https://www.youtube.com/watch?v=1nbe8kTLCP8. Acesso em: 4 ago. 2020.

Braga, J. L. Constituição do Campo da Comunicação. *Verso e Reverso*, [S.l.], v. 25, n. 58, jan.-abr., p. 62-77, 2011.

Brasil. Ministério da Saúde. *Política Nacional de Saúde Integral da População Negra Uma Política do SUS*. Brasília: Ministério da Saúde, 2017a. Disponível em: https://bvsms.saude.gov.br/bvs/publicacoes/politica_nacional_saude_populacao_negra_3d.pdf. Último acesso em: 1 jul. 2024.

Brasil. Ministério da Saúde. Secretaria Executiva. *Sistema Único de Saúde (SUS): princípios e conquistas*. Brasília: Ministério da Saúde, 2000. Disponível em: https://bvsms.saude.gov.br/bvs/publicacoes/sus_principios.pdf. Acesso em: 8 dez. 2020.

Brasil. Ministério da Saúde. *Saúde Brasil 2015/2016: uma análise da situação de saúde e da epidemia pelo vírus Zika e por outras doenças transmitidas pelo Aedes aegypti*. 2017b. Disponível em: https://bvsms.saude.gov.br/bvs/publicacoes/saude_brasil_2015_2016_analise_zika.pdf. Acesso em: 2 jul. 2024.

Campos, V. T. N. *Mães de anjos e guerreiras: a representação da maternidade de mães de crianças com microcefalia em postagens no Facebook.* Tese (Doutorado em Comunicação Social) – Universidade Federal de Minas Gerais, Belo Horizonte, 2023.

Carneiro, S. *A construção do outro como não-ser como fundamento do ser.* Tese (Doutorado) – Universidade de São Paulo, São Paulo, 2005.

Crenshaw, K. Mapping the margins: Intersectionality, identity politics, and violence against women of color. *Stan. L. Rev.*, [S.l.], v. 43, p. 1241, 1991.

Crenshaw, K. Demarginalizing the Intersection of Race and Sex: A Black Feminist Critique of Antidiscrimination Doctrine, Feminist Theory and Antiracist Politics. *The University of Chicago Legal Forum*, Chicago, v. 1989, p. 139-167, 1989.

Crenshaw, K. Documento para o encontro de especialistas em aspectos da discriminação racial relativos ao gênero. *Estudos Feministas*, [S.l.], ano 10, n. 1, p. 171-188, 2002.

França, V. R.V.; Simões, P.G. *Curso básico de teorias da comunicação.* Belo Horizonte: Autêntica, 2016.

Fundação Oswaldo Cruz (Fiocruz). Reforma sanitária. *PenseSus*, [s.d.]. Disponível em: https://pensesus.fiocruz.br/reforma-sanitaria. Acesso em: 22 jul. 2020.

Foucault, M. *Em defesa da sociedade: curso no Collège de France (1975-1976).* Tradução de Maria Ermantina Galvão. São Paulo: Martins Fontes, 2005.

Foucault, M. *Microfísica do poder.* São Paulo: Paz e terra, 2018.

Garcia, L. P. *Epidemia do vírus zika e microcefalia no Brasil: emergência, evolução e enfrentamento.* Brasília, Rio de Janeiro: IPEA, 2018.

Instituto Brasileiro de Geografia e Estatística (IBGE). *Desigualdades sociais por cor e raça*, 2018. Disponível em: https://www.ibge.gov.br/estatisticas/sociais/populacao/25844-desigualdades-sociais-por-cor-ou-raca.html?=&t=resultados. Acesso em: 20 jul. 2020.

Instituto Brasileiro de Geografia e Estatística (IBGE). PNAD Contínua 2019: rendimento do 1% que ganha mais equivale a 33,7 vezes o da metade da população que ganha menos. *Agência de Notícia IBGE*, 2020. Disponível em: https://agenciadenoticias.ibge.gov.br/agencia-sala-de-imprensa/2013-agencia-de-noticias/releases/27594-pnad-continua-2019-rendimento-do-1-que-ganha-mais-equivale-a-33-7-vezes-o-da-metade-da-populacao-que-ganha-menos. Acesso em: 20 jul. 2020.

Instituto Brasileiro de Geografia e Estatística (IBGE). *Sinopse do Censo Demográfico*, 2010. Disponível em: https://censo2010.ibge.gov.br/sinopse/index.php?dados=10&uf=00. Acesso em: 11 fev. 2022.

Instituto de Pesquisa Econômica Aplicada (IPEA) *et al. Retrato das desigualdades de gênero e raça.* 4.ed. Brasília: IPEA, 2011. Disponível em: https://www.ipea.gov.br/retrato/pdf/revista.pdf. Acesso em: 20 jul. 2020.

Mbembe, A. *Necropolítica: biopoder, soberania, estado de exceção.* Rio de Janeiro: N-1, 2018.

Quéré, L. De um modelo epistemológico a um modelo praxiológico da comunicação. In: França, V. R. V.; Simões, P. G. (Orgs.). *O modelo praxiológico e os desafios da pesquisa em comunicação.* Porto Alegre: Sulina, 2018. p. 15-48.

Sodré, M. Uma lógica perversa de lugar. *Revista Eco-Pós*, Rio de Janeiro, v. 21, n. 3, p. 9-16, 2018.

Valente, R. *Doenças negligenciadas.* Agência Fiocruz de Notícias, [S.l.], [s.d.]. Disponível em: https://agencia.fiocruz.br/doenças-negligenciadas. Acesso em: 7 abr. 2022.

Werneck, J. A epidemia de zika e as mulheres negras. Instituto Odara, [S.l.], fev. 2016a. Disponível em: https://jornalmulier.com.br/jurema-werneck-medica-e-coordenadora-da-organizacao-nao-governamental-criola/. Acesso em: 2 jul. 2024.

Werneck, J. Jurema Werneck – médica e coordenadora da Organização não governamental Criola. *Jornal Mulier*, [S.l.], n. 85, fev. 2011. Disponível em: https://jornalmulier.com.br/jurema-werneck-medica-e-coordenadora-da-organizacao-nao-governamental-criola/. Acesso em: 22 jul. 2020.

Werneck, J. Racismo institucional e saúde da população negra. *Saúde Soc.*, São Paulo, v. 25, n. 3, p. 535-549, 2016b.

Wurth, M.; Bieber, J.; Klasing, A. Esquecidas e desprotegidas: o impacto do vírus Zika nas meninas e mulheres no nordeste do Brasil. *Human Rights Watch*, [S.l.], 12 jul. 2017. Disponível em: https://www.hrw.org/pt/report/2017/07/13/306163. Acesso em: 6 ago. 2020.

"Cultura do cancelamento" e silenciamento histórico

Shakuntala Banaji
Tradução de *Lucianna Furtado*

O que é cancelamento e quais são as implicações do uso do termo

Em abril de 2021, apenas alguns meses antes de a final do Campeonato Europeu de Futebol de 2020 desencadear uma avalanche de racismo público (Mason, 2021) contra jovens atletas negros do time da Inglaterra, levando a reivindicações para que os torcedores racistas fossem banidos dos jogos (Elgot; Walker, 2021), eu participei de um debate em um *podcast* de um colega para um episódio intitulado "Liberdade de Expressão" (Duck - Rabbit, 2021). Ao longo da discussão, a expressão "cultura do cancelamento" foi utilizada, em muitas situações, como um termo coringa para designar uma censura política injusta e, em outras, foi equiparada à noção de *bullying*. O que ficou subentendido em cada um desses casos é que os sujeitos que estavam sendo cancelados eram as vítimas, apesar de serem pessoas ligadas aos governos britânico e estadunidense. Nós discutimos intensamente sobre a história e as práticas associadas a esse termo, bem como sobre os comportamentos e valores que podem desencadear aquilo que se convencionou chamar de "cancelamento" ou "lacração".[1] No entanto, nós mal discutimos a ponta do *iceberg* da politização da noção de "liberdade de expressão" e do uso desonesto do termo como uma arma por parte de sujeitos e organizações de direita e extrema direita – o que fica explícito nas proibições de livros e cursos sobre igualdade, diversidade e inclusão, sobre relações raciais, de gênero e sexualidade contemporâneas na

---

[1] O termo original usado pela autora é "calling out", no sentido de advertir, repreender ou questionar alguém. Nesse contexto, optei pelo termo "lacrar" por sua conotação pejorativa (similar a "cancelar" alguém) e por seu uso corrente por setores conservadores para deslegitimar denúncias que desafiam seus privilégios, especialmente nas redes sociais. (N. T.)

Flórida e em outros estados americanos, bem como em países como o Afeganistão, Índia, Paquistão, Uganda, Gana, Hungria e Polônia.

As discussões sobre quem pode falar publicamente e as condições de moderação destas contribuições são sempre tensas, na medida em que elas atingem o cerne político de como vivemos e queremos organizar nossas sociedades. Portanto, não é surpresa que os questionamentos em torno da legitimidade do "cancelamento" – ou "boicote cultural", segundo Lisa Nakamura (Bromwich, 2018) – apareçam cada vez mais. O medo e a ansiedade de ser cancelado também se tornaram mais comuns, especialmente entre sujeitos em meios profissionais bem-sucedidos.

No entanto, não há consenso em relação ao que significa "cancelamento". Embora esteja circulando há algum tempo, como discutido em uma matéria informativa e relativamente equilibrada da *Vox* (Romano, 2019), o termo "cancelar" atraiu mais atenção a partir de 2017, quando foi apropriado por comentaristas de direita nos Estados Unidos na época em que o movimento #MeToo estava crescendo tanto em visibilidade como em impacto. A pesquisadora de culturas digitais Pippa Norris afirma:

> O conceito de "cultura de cancelamento" pode ser definido, de forma mais ampla, como as tentativas de ostracizar alguém por violar normas sociais. Essa noção também é compreendida, mais especificamente, como uma "prática de deixar de apoiar (ou cancelar) figuras públicas e empresas por terem feito ou dito algo considerado questionável ou ofensivo" (Lizza, 2020). Esta prática se compara à tática dos boicotes de consumidores... uma forma comum de ativismo político (Norris, 2020, p. 2).

Em uma versão mais recente do artigo, intitulada "Cultura de cancelamento: mito ou realidade" ("Cancel Culture: Myth or Reality", no original), Norris (2021) conclui que

> ...em sociedades industrializadas, grupos socialmente conservadores gradualmente passaram de um status hegemônico, nas décadas passadas, para se tornar um ponto de vista minoritário, nos dias atuais, especialmente nas universidades, mas também na sociedade de forma mais ampla. Nesse contexto cultural, os relatos de experiência de um clima de exclusão velada no espaço acadêmico entre pesquisadores de direita parecem refletir um clássico fenômeno da espiral de silêncio (Norris, 2021, p. 28).

Partindo das leis autoritárias contra direitos civis – proibindo o acesso ao aborto, casamentos LGBTQ e/ou casamentos interreligiosos, acesso à saúde para pessoas trans – e dos assassinatos de ativistas de direitos humanos e direitos civis ao redor do mundo, o que fica explícito é que os ideais de extrema direita se tornaram hegemonicamente aceitos nas políticas, na legislação e também junto aos eleitores. Esta tendência de aceitação pública da discriminação e desumanização, que eram antes consideradas abomináveis, se confirma nas evidências empíricas dos enquadramentos midiáticos analisados em nossa pesquisa (Banaji, 2018; Banaji; Bhat, 2019; Banaji; Bhat, 2022). Nesse sentido, podemos apontar como um mito essa ideia de que os vocabulários liberais ou progressistas sobre a igualdade entre raças, gêneros e sexualidades, junto a suas respectivas políticas e enquadramentos midiáticos populares, se tornaram tão arraigados na Europa e nos Estados Unidos a ponto de não poderem ser questionados. Ao investigarmos as origens desse mito, a análise mostra que ele foi criado e disseminado globalmente por políticos de direita e extrema direita e por *think tanks*. Argumentamos, ainda, que esse mito foi perpetuado por meio da produção acadêmica que se ampara em métodos de questionários autoaplicados que não questionam aquilo que as pessoas chamam de "esquerda", "direita" ou "politicamente correto".

Apesar de nossa visão crítica em relação a algumas das conclusões do artigo citado, Norris traz um argumento relevante para esta discussão no que diz respeito às normas sociais e à projeção política dos sujeitos que desafiam tais normas. Certamente, tanto pessoas cidadãs excessivamente obedientes como aquelas dissidentes têm sido excluídas, marcadas e punidas por se recusarem a seguir as normas sociais (e/ou religiosas) de determinadas sociedades em determinadas épocas. As normas sociais não são fixas e, muitas vezes, abrangem comportamentos desumanos e abusivos, como os crimes de honra ligados a relações sexuais ou afetivas de jovens, a lavagem cerebral legalizada de crianças *queer* por organizações conservadoras, as punições físicas contra adolescentes, bem como a subjugação, tortura ou assassinato de manifestantes contra ocupações militares. O que diferencia o policiamento de normas sociais em regimes orientados por valores majoritariamente progressistas de outros regimes orientados por valores autoritários de direita é, de modo geral, a severidade e a forma do ostracismo e das consequências enfrentadas pelos sujeitos que rompem com as normas. Quando os protocolos normativos de uma sociedade igualitária são rompidos por pessoas com objetivos sectários, autoritários e discriminatórios, a expectativa é que eles sejam verbalmente contestados por seus pares em arenas públicas e nos tribunais, ou que eles sejam suspensos de posições de prestígio mediante uma investigação, mas é muito improvável que eles percam suas casas e suas fontes de renda a ponto de passarem por situações de miséria, ou que sofram assédio e violência física direta. Idealmente, o objetivo final desta sociedade é a reabilitação.

Historicizando a onda: quando o privilégio é ameaçado, ele reage

Para compreender melhor a política por trás do que chamam de "cultura do cancelamento", é essencial conectar a nova onda de debates em torno dela a históricos de opressão e repressão, como as tentativas de proibir greves e agredir ou desconsiderar trabalhadores organizados em sindicatos; o uso de balas de borracha, jatos d'água e gás lacrimogêneo contra manifestantes democráticos; o encarceramento de ativistas e informantes e outros exemplos dessa natureza. O poder do Estado, incluindo a mídia, as universidades, os aparatos jurídicos e milícias, é empregado para reprimir ativistas de direitos humanos de comunidades marginalizadas sem ser enquadrado na conotação depreciativa de "cultura do cancelamento". Quando fui questionada sobre o suposto "cancelamento" de acusados de violência sexual na mídia indiana, amparei minha argumentação em históricos antigos, citando os objetivos e as conquistas de diversos movimentos de boicote – em especial, o *apartheid* na África do Sul (Talwar, 2018).

Replicando o método acadêmico em relação a históricos de repressão e dissidência – desde o sistema de castas, a colonização e a escravidão até as lutas decoloniais, o movimento por direitos civis e as políticas de desencarceramento (Aiken; Silverman, 2021; Rodriguez, 2023) – é importante pontuar *os usos e a direção* do verdadeiro poder político e econômico nesses debates. Muitas das pessoas acusadas de praticar *bullying* e de "cancelar" outras pessoas vêm de grupos historicamente marginalizados e oprimidos ou, muitas vezes, de uma interseção entre esses grupos. Isso não as torna infalíveis, mas sugere a legitimidade das reivindicações em questão.

Em contrapartida, muitas das celebridades cujas reclamações sobre serem "canceladas" são amplificadas pela mídia – por exemplo, Chris Pratt, Jeremy Clarkson e Laurence Fox[2] – tinham recebido, anteriormente, pedidos de colegas preocupados ou de seus públicos para diminuir o tom de seu preconceito ou deixar de apoiar e disseminar discursos capacitistas, racistas, misóginos, gordofóbicos, sexistas, homofóbicos e/ou transfóbicos. Quando solicitadas, de

---

[2] Sobre o contexto desses casos, consultar: Sopelsa (2019), Jeremy Clarkson… (2015) e Kelly (2020).

maneira privada, para levar em consideração os prejuízos causados por suas falas e suas ações, essas pessoas famosas não manifestaram nenhuma vontade de refletir a respeito. Quando foram encurraladas pela repercussão negativa breve, mas intensa, na mídia e nas redes sociais, essas figuras públicas dotadas de segurança econômica ou poder político tomaram medidas jurídicas e outras providências para resguardar suas reputações. Em muitos casos, seu número de seguidores aumentou (Sweney, 2020) e eles fecharam contratos ainda mais lucrativos. Ironias como essas motivaram Danielle Butler (2018) a chamar a "cultura do cancelamento" de "*dog whistle*"[3] e de "histeria mal direcionada", que é "paradoxal na medida em que seus opositores dão um jeito de argumentar que ela é tanto uma ferramenta fortemente punitiva como uma sinalização de virtude meramente performativa". Grupos poderosos alertando grupos subalternizados para terem cuidado com sua linguagem e seu tom não é nenhuma novidade; tampouco são novidades a recusa em ser responsabilizados e a tentativa de difamar aqueles que tentam responsabilizá-los.

Um contexto politizado para um conceito falso

Em 2020, estranhamente no auge dos protestos do movimento *Black Lives Matter* (Vidas Negras Importam), um contexto que deveria ter motivado uma reflexão coletiva por parte dos sujeitos em posições de poder (Loofbourow, 2020), a revista *Harper's* publicou uma carta aberta (A Letter on..., 2020) lamentando os riscos da suposta cultura do cancelamento. Alguns dos signatários são pessoas que já atuaram em defesa de causas de justiça social, o que concedeu à carta uma aparência superficial de legitimidade. A carta, repleta de afirmações apocalípticas sobre "punições desproporcionais" e "restrição do debate", fortaleceu um ponto chave da dissimulação típica do discurso de direita: a noção de que um grupo egocêntrico e afeito à censura composto por esquerdistas e liberais com consciência social – muitas vezes chamados, coletivamente, de Guerreiros da Justiça Social (*Social Justice Warriors* ou *SJWs*, no original) – estavam interferindo nos direitos dos verdadeiros patriotas.

Para ser mais precisa, a cultura de censurar ou banir pessoas de espaços profissionais ou de outras esferas da vida pública por suas opiniões, escolhas e/ou suas vestimentas é algo extremamente comum: pessoas que usam véus

---

[3] O termo "*dog whistle*" designa um código secreto, uma mensagem política dissimulada e direcionada para grupos específicos que, ao ser contestada, passa como algo inofensivo para evitar a responsabilização dos envolvidos. (N. T.)

em seus locais de trabalho acabam sendo demitidas ou envolvidas em controvérsias na França (Quinn, 2016), e, no Reino Unido, pessoas que reivindicam justiça para os palestinos acabam sendo impiedosamente humilhados na mídia por seus oponentes políticos e até mesmo denunciados à polícia por meio do *Prevent*, um canal de denúncias fortemente islamofóbico no Reino Unido, supostamente destinado ao combate à radicalização (Malak, 2019).

No entanto, somente quando as tentativas de proibição são associadas a grupos que lutam por direitos civis e pelo politicamente correto é que esses termos exagerados, como "mentalidade das multidões", "linchamento virtual" e "assassinato social", são utilizados – com o intuito de isentar as celebridades e figuras políticas que foram responsabilizadas publicamente por suas falas e ações preconceituosas contra comunidades historicamente oprimidas e marginalizadas. A carta da *Harper's* também foi alvo de críticas (McNamara, 2020), especialmente de intelectuais e comentaristas que analisaram as estruturas de poder de forma muito mais substancial e demonstraram uma percepção mais sofisticada sobre históricos de censura, discriminação e discursos de ódio.

Determinadas pessoas sempre foram canceladas, censuradas, silenciadas e policiadas

Dentre os textos mais concisos e acessíveis sobre a genealogia conflituosa da "cultura do cancelamento", citamos especialmente o de Aja Romano (2021), intitulado "The second wave of cancel culture: How the concept has evolved to mean different things to different people" ("A segunda onda da cultura de cancelamento: como o conceito evoluiu até significar coisas diferentes para pessoas diferentes"). Romano (2021) destaca que, embora as fronteiras do discurso público e privado sempre tenham sido contestadas, recentemente, um número muito maior de pessoas tradicionalmente excluídas do discurso e debate públicos passaram a poder expressar suas questões e reivindicar seus direitos em relação a grupos que usufruem de séculos de privilégios. Se, por acaso, nós pertencemos a um grupo historicamente marginalizado e oprimido, se somos negras ou de outra comunidade racializada em uma nação majoritariamente dominada por brancos e/ou viemos de uma casta, religião ou classe subalternizada, se somos mulheres em um campo dominado por homens e/ou somos pessoas neurodiversas em busca de empregos tradicionalmente selecionados por pessoas de origem rica, neurotípica, do grupo racial ou religioso dominante, é muito provável que nosso sucesso tenha demandado algum nível de autossilenciamento ou autorrestrição. Isto pode acontecer sob a forma de tentativas de adequar ou suprimir nossas paixões e desejos, de ignorar a exaustão e o trauma de ser submetido à discriminação, ou até mesmo de disfarçar nossa aparência e comportamento por meio da adaptação dos nossos modos de falar e se vestir para nos aproximarmos dos hábitos de um grupo dominante.

Se somos adolescentes ou jovens adultas *queer* questionando nosso próprio gênero ou sexualidade em comunidades majoritariamente conservadoras, há grandes chances de reproduzirmos um autopoliciamento e autocensura, ou de sermos coagidas a nos encaixarmos em uma determinada aparência. Isto pode acontecer até mesmo nos espaços comunitários ou familiares mais íntimos. A recusa em se conformar a essas regras e a tentativa de ser você mesmo pode levar à perda de oportunidades de emprego, à expulsão de casa ou à violência física e emocional, depressão e ansiedade.

Embora seja simplista demais afirmar que nenhuma pessoa comum ou bem-intencionada possa ser envolvida nas "tretas" das redes sociais e que não há nada que possamos fazer para tornar as redes sociais e a grande mídia menos perversas, é igualmente equivocado achar que as culturas de silenciamento (atualmente chamada de cultura do cancelamento) são uma prerrogativa da esquerda ou dos liberais online. Práticas de "trollar", assediar e expor informações pessoais, bem como incitar à violência contra alguém, são apenas algumas das formas de ódio nas redes sociais que silenciam e afastam da esfera pública as mulheres e as minorias raciais ou religiosas. No livro *Social Media and Hate* (*Redes sociais e ódio*), eu e Ram Bhat (2022) analisamos centenas de entrevistas e publicações em redes sociais que evidenciam como as formas de identidade e expressão de si são punidas por meio de uma variedade de práticas odiosas e desumanizadoras online e offline. Todas as grandes plataformas e aplicativos multiplataformas, desde o Twitter e Facebook até o Instagram, YouTube e TikTok, permitem um fenômeno denominado como "avalanche" de ódio. Isto não é algo que "escapa" aleatoriamente: ao contrário, exerce uma função disciplinar em relação a determinados usuários e aos grupos e identidades a que tais usuários pertencem.

A configuração da moderação de conteúdo, o treinamento algorítmico e as mensagens dos proprietários e diretores convergem na abertura de um espaço para que isso aconteça. Muitas vezes, a motivação é agradar diretamente a governos e públicos reacionários; outras vezes, para atender aos vieses ideológicos dos proprietários e das lideranças de tecnologia. Por meio da análise das conexões entre os históricos de violência discriminatória e as cruéis práticas de "trollagem" contra ativistas, intelectuais e usuários comuns das redes sociais que se manifestam a favor da igualdade e justiça, propomos a noção da uma "hierarquia do ódio" (Banaji; Bhat, 2022, p. 21-24).

Essa hierarquia do ódio que identificamos significa que determinados grupos de pessoas que se expressam na esfera pública sempre se sentiram dotados do direito à liberdade de expressão, enquanto outros são ativamente atacados por ganharem visibilidade ou por desafiarem normas sociais que prejudicam seus pares.

Seguindo em frente: quem puder aprender, deve aprender; quem não puder, deve ser responsabilizado

Não há respostas fáceis quando se trata de transformações sociais justas e igualitárias, bem como do desconforto que tais transformações podem trazer para determinados sujeitos comuns e das incertezas que podem causar para pessoas em posições de poder. Sempre será necessário lutar pela liberdade de expressão de maneira equilibrada com outras liberdades, como o direito à vida e o direito de viver com dignidade. Determinados grupos vão defender a continuidade de práticas de opressão e exploração que eles consideram como tradições culturais, afirmando tais práticas como fundamentais na definição da identidade de sua comunidade. Eles podem afirmar, ainda, que a extinção ou enfraquecimento destas práticas implica uma desvalorização da comunidade como um todo.

Esse tipo de furor culturalista faz parte da experiência de muitos ativistas *dalits*[4] na Índia e na diáspora indiana que estão lutando contra a discriminação de casta, bem como da vivência de muitas feministas sul-asiáticas na luta contra a prática do dote e a violência doméstica. Hindus de castas superiores, especialmente os brâmanes, parecem tomar sua posição na hierarquia de castas na Índia e na diáspora como um direito divino, reagindo às reivindicações pelo fim da discriminação contra *dalits* com violência, no país, e com acusações de "hindufobia" contra agentes internacionais que se manifestaram pela igualdade em defesa dos *dalits* ou dos muçulmanos (Feminist..., 2021). Cabe enfatizar que, ironias à parte, a linguagem da decolonização foi cooptada por

---

[4] O sistema de castas na Índia divide os hindus em quatro categorias ligadas a suas funções e deveres na sociedade, em ordem de superioridade: os brâmanes, professores e intelectuais; os *kshatriyas*, guerreiros e governantes; os *vaishyas*, comerciantes; e os *shudras*, destinados aos trabalhos braçais. Abaixo dessas castas, estão os *dalits*, conhecidos como intocáveis. (N. T.)

muitos hindus de extrema direita para descrever por que eles se eximem de responsabilidade pela discriminação de castas ou pela islamofobia. Redes de articulação de estudantes e intelectuais indianos de extrema direita infiltraram os *campi* de universidades nos Estados Unidos e no Reino Unido, e estão trabalhando arduamente para construir uma percepção de que as denúncias contra o ódio de castas ou o ódio islamofóbico são parte de um novo imperialismo ou da velha linguagem colonial (Werleman, 2022). Desse modo, eles tentam enfraquecer o próprio fundamento da solidariedade antirracista global e tentam turvar a visão daqueles que desconhecem o assunto.

Se esses argumentos não forem questionados caso a caso, outros sujeitos terão seu direito à dignidade, à vida ou à expressão cada vez mais comprometidos pela adesão a uma posição de relativismo cultural no que diz respeito a determinadas tradições. No entanto, também nesse caso, muitos de nós falhamos em nossa compreensão dos privilégios dos quais usufruímos (em arenas comunicativas e outros espaços) por meio de determinados aspectos de nossas identidades, ao mesmo tempo em que estamos profundamente atentos aos modos como nós fomos ou estamos sendo oprimidos em benefício de outras pessoas. Uma sociedade justa e igualitária lança luz sobre essas tensões e se move na direção de soluções de longo prazo, sem sacrificar os direitos humanos e direitos civis de determinados sujeitos para garantir o direito absoluto à liberdade de expressão para outros.

A descoberta de que prejudicamos alguém por causa de um preconceito coletivo irrefletido, ou de nossa tendência em falar em nome de outras pessoas ao invés de escutar, pode ser profundamente desconcertante. Ser corrigido em público – seja pessoalmente, seja por meio da rápida e onipresente ferramenta das redes sociais – pode ser humilhante e causar ansiedade; ao mesmo tempo em que perder um emprego ou um contrato em decorrência disso pode ser uma experiência traumática e não necessariamente irá conduzir ao tipo de transformação profunda que queremos promover na percepção social das pessoas.

No entanto, de modo geral, essas experiências inesperadas de vergonha e desconforto ou a sensação de traição e ressentimento, vividas por sujeitos que se consideravam progressistas e se perceberam em discordância do seu próprio lado, ou por sujeitos que foram publicamente cobrados por seus próprios preconceitos irrefletidos e sua tendência a microagressões, não podem ser equiparadas à posição de vítimas de preconceitos estruturais e interpessoais continuamente legitimados (Winters, 2021), de discriminação e de opressão (Dhillon, 2020); tampouco podem ser tomadas como motivo válido para permitir que pessoas em posições de poder – e seus seguidores –

que explicitamente ofendem outras, reforçam esses preconceitos e/ou alimentam a violência, possam se eximir de sua responsabilidade e de lidar com as consequências.

Muitos de nós podemos aprender a agir melhor na tarefa de assumir nossa própria responsabilidade e responsabilizar pessoas em posições de poder pela injustiça, bem como na missão de trabalhar rumo a uma transformação libertadora coletiva. Sem dizer aos outros como eles podem ou não podem falar, nós podemos prestar mais atenção nos modos como *o que nós falamos e como falamos* (tanto online como offline) afeta a saúde mental das outras pessoas e se é ou não é efetivo na construção da solidariedade. As polêmicas políticas prejudicavam movimentos progressistas muito antes da internet. Nesses casos, podemos nos amparar no trabalho da ativista política antirracista Loretta. J. Ross, que incentivava seus companheiros de luta a refletirem sobre como "convidar para o diálogo" pode ser mais efetivo do que "lacrar" em uma discussão (Ross, 2021).

Nós precisamos de tempo e espaço para aprender, para organizar e para avaliar a relativa destrutividade de alguém usando um termo ofensivo de forma irrefletida ou deliberada, de alguém acidentalmente deixando transparecer sua ignorância sobre a linguagem contemporânea da justiça e igualdade mas se corrigindo em seguida, ou de alguém agindo de uma forma que consistentemente desumaniza, assedia e viola pessoas de outro grupo social. Salas de aula dotadas de compaixão, amor e capacidade crítica – onde elas existem – podem ser lugares importantes para esforços desconfortáveis como esse, bem como os artigos acadêmicos, a criação ficcional e os movimentos sociais: eu aprendi muito com alunas e alunos, com a leitura e com as comunidades com as quais eu trabalhei ao longo das últimas três décadas.

O impulso de responsabilizar indivíduos, empresas e governos por meio de boicotes culturais e políticos emerge dos prejuízos vivenciados por históricos, ainda em curso, de silenciamento racista, colonial, misógino, classista e homofóbico. No entanto, não existe uma conexão automática entre esses boicotes como um método cívico e uma política de igualdade: eles podem ser e têm sido empregados contra figuras progressistas, políticas corporativas e governos nacionais. Mais importante, quando boicotes são mobilizados como ferramentas políticas pela direita, não são chamados de cultura do cancelamento. Portanto, uma análise fundamentada e genuinamente reflexiva sobre os riscos da dita "cultura do cancelamento" para sujeitos e para a democracia como um todo não tem outra conclusão além desta: *seus prejuízos e seus riscos foram deliberadamente exagerados* em comparação com as experiências e históricos contínuos de preconceito, discriminação, desumanização e violência estrutural (Anistia Internacional, 2017; Bailey *et al.*, 2020; Human Rights Watch, 2001; 2023; Johnson, 2021).

Agradecimentos: Agradeço a Akile Ahmet, Bingchun Meng e Wendy Willems pelos comentários na versão preliminar deste capítulo.

Referências

A Letter On Justice and Open Debate. *Harper's Magazine*, 7 jul. 2020. Disponível em: https://harpers.org/a-letter-on-justice-and-open-debate/. Acesso em: 27 maio 2023.

Aiken, S.; Silverman, S. J. Decarceral Futures: Bridging Immigration and Prison Justice towards an Abolitionist Future. *Citizenship Studies*, [S.l.], v. 25, n. 2, p. 141-161, 2021.

Anistia Internacional. Myanmar: Rohingya trapped in dehumanizing apartheid regime. *Amnesty International*, 20 nov. 2017. Disponível em: https://www.amnestyusa.org/reports/myanmar-rohingya-trapped-in-dehumanizing-apartheid-regime/. Acesso em: 27 maio 2023.

Bailey, Z. D.; Feldman, J. M.; Bassett, M. T. How Structural Racism Works – Racist Policies as a Root Cause of U. S. Racial Health Inequities. *The New England Journal of Medicine*, [S.l.], v. 384, n. 8, p. 768-773, 2020.

Banaji, S. Vigilante publics: orientalism, modernity and Hindutva fascism in India. *Javnost - The Public: Journal of the European Institute for Communication and Culture*, [S.l.], v. 25, n. 4, p. 333-350, 2018. Disponível em: https://doi.org/10.1080/13183222.2018.1463349. Acesso em: 27 maio 2023.

Banaji, S. *et al. WhatsApp vigilantes: an exploration of citizen reception and circulation of WhatsApp misinformation linked to mob violence in India.* Department of Media and Communications, London School of Economics and Political Science. Londres, 2019. Disponível em: https://www.lse.ac.uk/media-and-communications/assets/documents/research/projects/WhatsApp-Misinformation-Report.pdf. Acesso em: 27 maio 2023.

Banaji, S.; Bhat, R. *Social Media and Hate*. Londres, Nova York, Nova Delhi: Routledge, 2022.

Bromwich, J. E. Everyone Is Canceled: It only takes one thing – and sometimes, nothing – for fans to dump a celebrity. *The New York Times*, Nova York, 28 jun. 2018. Disponível em: https://www.nytimes.com/2018/06/28/style/is-it-canceled.html. Acesso em: 27 maio 2023.

Butler, Danielle. The Misplaced Hysteria About a 'Cancel Culture' That Doesn't Actually Exist. *The Root*, 23 out. 2018. Disponível em: https://www.theroot.com/

the-misplaced-hysteria-about-a-cancel-culture-that-do-1829563238. Acesso em: 26 jun. 2024.

Dhillon, A. Coming out as Dalit: how one Indian author finally embraced her identity. *The Guardian*, [S.l.], 19 fev. 2020. Disponível em: https://www.theguardian.com/global-development/2020/feb/19/coming-out-as-dalit-how-one-indian- author-finally-embraced-her-identity. Acesso em: 27 maio 2023.

Duck - Rabbit: Freedom of speech. Entrevistador: Paul Dolan. Entrevistados: Matthew Syed, Ash Sarkar, Shakuntala Banaji e Rory Sutherland. Londres: Mother Come Quickly, 28 abr. 2021. *Podcast*. Disponível em: https://play.acast.com/s/duck-rabbit/freedom-of-speech. Acesso em: 27 maio 2023.

Elgot, J.; Walker, P. Social media racists will be banned from football matches, says Johnson. *The Guardian*, [S.l.], 14 jul. 2021. Disponível em: https://www.theguardian.com/politics/2021/jul/14/keir-starmer-accuses-boris-johnson-of-trying-to-stoke-culture-war-over-taking-a-knee. Acesso em: 27 maio 2023.

Feminist Critical Hindu Studies Collective. Hinduphobia is a smokescreen for Hindu nationalists. *Religion News Service*, [S.l.], 10 set. 2021. Disponível em: https://religionnews.com/2021/09/10/hinduphobia-is-a-smokescreen-for-hindu-nationalists-dismantling-global-hindutva-conference/. Acesso em: 27 maio 2023.

Human Rights Watch. *Report on Caste Discrimination*. [S.l.], 2001. Disponível em: https://www.hrw.org/reports/2001/globalcaste/caste0801-03.htm. Acesso em: 27 maio 2023.

Human Rights Watch. *Global Report on India*. [S.l.], 2023. Disponível em: https://www.hrw.org/world-report/2023/country-chapters/india. Acesso em: 27 maio 2023.

Jeremy Clarkson dropped from Top Gear, BBC confirms. *BBC News*, [S.l.], 25 mar. 2015. Disponível em: https://www.bbc.com/news/entertainment-arts-32052736. Acesso em: 27 maio 2023.

Johnson, S. 'Epidemic of violence': Brazil shocked by 'barbaric' gang-rape of gay man. *The Guardian*, [S.l.], 9 jun. 2021. Disponível em: https://www.theguardian.com/global-development/2021/jun/09/epidemic-of-violence-brazil-shocked-by-barbaric-gang-rape-of-gay-man. Acesso em: 27 maio 2023.

Kelly, E. Laurence Fox claims Rebecca Front has 'cancelled' him after Lewis co-star blocks him due to All Lives Matter claims. *Metro News*, [S.l.], 10 set. 2020. Disponível em: https://metro.co.uk/2020/09/10/laurence-fox-claims-rebecca-front-has-cancelled-him-after-lewis-co-star-blocks-him-due-to-all-lives-matter-claims-13251372/. Acesso em: 27 maio 2023.

Lewis, R. Alternative Influence: Broadcasting the Reactionary Right on YouTube. *Data & Society*, [S.l.], 2018. Disponível em: https://datasociety.net/library/alternative-influence/. Acesso em: 27 maio 2023.

Lizza, R. Americans tune in to 'cancel culture' — and don't like what they see. *Politico*, 22 jul. 2020. Disponível em: https://www.politico.com/news/2020/07/22/americans-cancel-culture-377412. Acesso em: 26 jun. 2024.

Loofbourow, L. The Cancel Culture Trap: Can Black Lives Matter accomplish what Me Too couldn't?. *Slate News and Politics*, [S.l.], 27 jul. 2020. Disponível em: https://slate.com/news-and-politics/2020/07/black-lives-matter-me-too-cancel-culture-blacklash.html. Acesso em: 27 maio 2023.

Malak, A. Prevent: Silencing Palestine on Campus. *Feminist Dissent*, [S.l.], n. 4, p. 194-201, 2019. Disponível em: https://doi.org/10.31273/fd.n4.2019.304. Acesso em: 27 maio 2023.

Mason, R. Johnson and Patel accused of hypocrisy over racist abuse of England footballers. *The Guardian*, [S.l.], 12 jul. 2021. Disponível em: https://www.theguardian.com/uk-news/2021/jul/12/tory-mp-sorry-jibe-marcus-rashford-euros-penalty-miss. Acesso em: 27 maio 2023.

McNamara, M. Column: 'Cancel culture' is not the problem. The Harper's letter is. *Los Angeles Times*, Los Angeles, 9 jul. 2020. Disponível em: https://www.latimes.com/entertainment-arts/story/2020-07-09/cancel-culture-harpers-letter. Acesso em: 27 maio 2023.

Norris, P. Closed Minds? Is a 'Cancel Culture' Stifling Academic Freedom and Intellectual Debate in Political Science? *HKS Faculty Research Working Paper Series*, [S.l.], HKS Working Paper n. RWP20-025, 3 ago. 2020. Disponível em: http://dx.doi.org/10.2139/ssrn.3671026. Acesso em: 27 maio 2023.

Norris, P. Cancel Culture: Myth or Reality? *Political Studies*, [S.l.], v. 71, n. 1, p. 145-174, 2021.

Quinn, B. French police make woman remove clothing on Nice beach following burkini ban. *The Guardian*, [S.l.], 24 ago. 2016. Disponível em: https://www.theguardian.com/world/2016/aug/24/french-police-make-woman-removeburkini-on-nice-beach. Acesso em: 27 maio 2023.

Rodriguez, S. M. Forging Black safety in the carceral diaspora: perverse criminalization, sexual corrections, and connection-making in a death world. *Social Justice*, [S.l.], 2023. No prelo.

Romano, Aja. Why we can't stop fighting about cancel culture: Is cancel culture a mob mentality, or a long overdue way of speaking truth to power?. *Vox*, [S.l.], 30 dez. 2019. Disponível em: https://www.vox.com/culture/2019/12/30/20879720/what-is-cancel-culture-explained-history-debate. Acesso em: 27 maio 2023.

Romano, A. The second wave of "cancel culture": How the concept has evolved to mean different things to different people. *Vox*, [S.l.], 5 maio 2021. Disponível em: https://www.vox.com/22384308/cancel-culture-free-speech-accountability-debate. Acesso em: 27 maio 2023.

Ross, L. J. Don't call people out – call them in. *TED Talks*, Monterey, ago. 2021. Disponível em: https://youtu.be/xw_720iQDss. Acesso em: 27 maio 2023.

Sopelsa, B. Chris Pratt responds to Ellen Page calling his church 'anti-LGBTQ'. *NBC News*, [S.l.], 12 fev. 2019. Disponível em: https://www.nbcnews.com/feature/nbcout/chris-pratt-responds-ellen-page-calling-his-church-anti-lgbtq-n970651. Acesso em: 27 maio 2023.

Sweney, M. Harry Potter books prove UK lockdown hit despite JK Rowling trans rights row. *The Guardian*, [S.l.], 21 jul. 2020. Disponível em: https://www.theguardian.com/business/2020/jul/21/jk-rowling-book-sales-unaffected-by-transgender-views-row. Acesso em: 27 maio 2023.

Talwar, S. To Shun or Not to Shun: Dealing with Artworks of #MeToo Offenders. *The Quint World*, [S.l.], 20 out. 2018. Disponível em: https://www.thequint.com/lifestyle/art-and-culture/metoo-should-we-boycott-films-of-nana-patekar-aloknath-rajat-kapoor-sajid-khan. Acesso em: 27 maio 2023.

Werleman, C. J. A silent invasion: How Hindutva infiltrated US politics. *TRT World*, [S.l.], 30 ago. 2022. Disponível em: https://www.trtworld.com/opinion/a-silent-invasion-how-hindutva-infiltrated-us-politics-12785356. Acesso em: 27 maio 2023.

Winters, M.-F. Black Fatigue: How Racism Erodes the Mind, Body, and Spirit. *InfoQ*, [S.l.], 16 abr. 2021. Disponível em: https://www.infoq.com/presentations/black-fatigue/. Acesso em: 27 maio 2023.

SEÇÃO 2

Discutindo o antirracismo hoje

O antirracismo como gestão das emoções:
Karol Conká, do cancelamento ao autoconhecimento

Igor Sacramento

Karol Conká é uma das maiores artistas do rap nacional. Iniciou a carreira na indústria musical em 2001, com o lançamento do EP *Karol Conka*. Sua música alcançou repercussão nacional com o single "Tombei", lançado em 2014, numa parceria com Tropkillaz. A música se tornou tema de abertura do seriado da TV Globo *Chapa Quente*, estrelado por Ingrid Guimarães e Leandro Hassum, em 2016. O sucesso da música foi enorme. Popularizou a expressão "tombamento" para designar, em forma de elogio, o processo se tornar com atitude, arrasar e causar frisson. Junto com o videoclipe, a música catapultou a artista como ícone da moda, referência no rap/hip hop e no ativismo feminino negro e apresentadora de TV, tendo iniciado sua trajetória em programas do canal GNT, do Grupo Globo: *Superbonita* (2017-2018) e *Prazer Feminino* (2020-).

Em 2021, participou do reality show da TV Globo *Big Brother Brasil* (BBB21). Suas atitudes no programa, especialmente com o ator e rapper Lucas Penteado, fizeram-na alvo de inúmeras críticas, ódio e comentários preconceituosos. Sua eliminação do programa se tornou, com 99,17% dos votos, um recorde. Até hoje, 30 de novembro de 2022, poucos meses antes da estreia da edição 23 do programa, é a maior rejeição da história do programa. Fora dele, a artista, em diversas entrevistas e num documentário produzido e veiculado pela Globoplay, *A vida depois do tombo,* reconheceu os erros cometidos, a necessidade de melhorar como pessoa e a importância do tratamento psicológico na sua recuperação. Mas ressaltou igualmente o quanto o que passou foi uma ruptura abrupta em direção à autocrítica e à mudança de comportamento. A artista, frequentemente lembrada pelo empoderamento feminino negro e pela atitude vigorosa na música e demais posicionamentos públicos, passou a uma postura de busca pelo autoconhecimento, mais centrada em si mesma, concentrada no autoaprimoramento e numa postura cordata, muito diferente da altivez que apresentou no reality show.

A prática de cancelamento a que foi submetida diz respeito a uma "constante vigilância e punição em termos de verificação da inteira aderência a causas sociais partindo de um ponto de vista único – aquele determinado por um expressivo grupo como o correto" (Rufino; Segurado, 2022, p. 626). O cancelamento envolve, num contexto marcado pelas redes sociais online, primeiramente, uma vigilância da conduta de alguém em consonância com um conjunto de valores entendidos como justos, bons e corretos por determinados grupos sociais. Posteriormente, a punição de quem erra, segundo aquele conjunto de valores dados, é uma forma de afirmação de um ideal de "eu" e de demonstração pública das consequências àqueles que não atingem ou desviam muito de tal expectativa. No entanto, não há como desassociar o cancelamento sofrido por Karol Conká do racismo. Afinal, especialmente no contexto atual de midiatização da sociedade, as redes sociais online se tornaram "caixas de ressonância de discursos de ódio" (Trindade, 2022, p. 83). Isso evidencia que tais redes se tornaram "uma arena virtual que permite às pessoas destilarem toda sorte de discursos racistas, misóginos e discriminatórios contra diversos grupos sociais" (Trindade, 2022, p. 77), sendo tais atos publicamente colocados como parte do direito à liberdade de expressão. Além disso, a cultura do cancelamento é tributária de práticas judiciais. Nesse tribunal, busca-se vigiar e punir ações que não demonstrem processos de purificação pessoal a partir de um senso moral comum. Assim são os tribunais virtuais que fornecem aos usuários a oportunidade de atuar "não apenas como confessandos emocionais ou voyeurs das emoções alheias, mas também como analistas e juízes" (Freire Filho, 2017, p. 75).

No BBB21, além de Karol Conká, Lumena Aleluia, jovem negra integrante das "pipocas" (pessoas desconhecidas do público, diferentemente dos "camarotes", que são celebridades) que se tornou bastante próxima da artista, também foi cancelada. No caso dela, o cancelamento esteve especialmente associado ao fato de considerarem, nos tribunais morais das redes sociais online, que ela "militava errado" em diversas causas sociais fundamentais, como a (trans)feminista e a antirracista (Mori, 2021). Ambas foram vítimas de uma enxurrada de ofensas racistas nas redes. O filho da artista, Jorge Conká, com 15 anos à época, também sofreu inúmeros ataques racistas, o que culminou na decisão pela exclusão de seus perfis nas redes (Filho..., 2021).

Neste capítulo, analiso uma entrevista de Karol Conká à revista *Capricho* por meio de uma postagem no Instagram em 17 de setembro de 2021.

A análise, de inspiração foucaultiana, destaca as posições de sujeito tomadas por ela no seu discurso de justificativa e explicação para seu comportamento durante o programa. Em que posição ela se coloca? Como vítima? Como algoz? Como ela é convocada a se posicionar? Como ela narra o que passou? Também analiso de que maneira ela relaciona o racismo à prática de cancelamento sofrida. Busco, além disso, observar o quanto do que Michel Foucault (2008) observara sobre a governamentabilidade neoliberal insta que pessoas negras como Karol Conká tomem o racismo como uma questão de autogestão de emoções. A análise abrange o que é dito, como é dito, em que cenário é dito e dentro de quais recursos audiovisuais é dito. Tais marcas enunciativas mobilizam e materializam a relação entre texto e contexto, em que a narrativa da experiência pessoal é ao mesmo tempo parte do dispositivo contemporâneo de poder sobre um corpo negro, nesse caso em particular. A autogestão produz subjetividades precisamente quando pretende afirmar que a invenção do eu é baseada em um ato de vontade e autocontrole. No que diz respeito às transformações da subjetividade neoliberal, observo a insistência no papel desempenhado pelo autoconhecimento como lócus estratégico no qual os investimentos em si se transformam em competências e, portanto, em capital humano.

O capítulo está dividido em três partes, além desta introdução e das considerações finais: uma versa sobre a metodologia de análise empregada e a particularidade de analisar uma entrevista realizada pelo Instagram; depois, concentradas na entrevista-postagem, outra sobre a cultura racista do cancelamento e a última sobre a relação entre o enfrentamento do racismo e o autogerenciamento das emoções. Opto por uma análise discursiva a partir das marcas de enunciação em busca dos processos sociais. Parto para o objeto e na sua análise exploro as dimensões socioculturais de que ele participa. O contexto aqui não é prévio. Dá-se, ao mesmo tempo em que se mostra, pela análise do texto, e pelas estruturas sociais que participam das condições de possibilidades enunciativas.

A entrevista que será aqui analisada foi dada à revista *Capricho*. Realizada em 17 de setembro de 2021, a entrevista-postagem de Karol Conká para Isabella Otto, no perfil do Instagram da revista *Capricho* e publicada no site, numa versão resumida, foi parte da estratégia de "descancelamento" da artista depois de sua participação no BBB21.[1] A entrevista foi realizada no âmbito da

---

[1] A revista *Capricho* foi lançada em 18 de junho de 1952, pelo Grupo Abril. Com circulação quinzenal, em formato pequeno, seu conteúdo inicial eram as fotonovelas, na época

promoção do "Setembro Amarelo"; sob a hashtag #SetembroAmarelo, a revista estava buscando promover uma reflexão sobre a relação entre a cultura do cancelamento, o linchamento virtual e os danos à saúde mental.[2] Acrescenta no texto de apresentação do vídeo da entrevista-postagem que no caso da Karol Conká seu cancelamento era motivado pelo racismo.

A entrevista midiática como
dispositivo de subjetivação e objeto de análise

Como sustenta Leonor Arfuch (1995, p. 54), a entrevista conta com um caráter dialógico que produz um espaço propício ao trabalho narrativo, à reflexão, à autoafirmação e à objetivação da própria experiência. No caso da entrevista, o "eu" não é uma instância de mera transmissão e coleta de informações, mas uma atividade performativa, criadora de significados e posições subjetivas que se articulam como efeito de troca discursiva. A entrevista também tem o efeito performativo de criar um tipo específico de vínculo, uma relação entre o entrevistador e o entrevistado. A atividade reflexiva de narrar a própria experiência que ocorre na entrevista é inseparável de um relacionamento com outro. Afinal, contar a própria história já é agir, pois contar é um tipo de ação, realizada com algum destinatário, generalizado ou específico, como traço implícito (Butler, 2015). É uma ação dirigida ao outro e que também o exige, uma ação que pressupõe o outro.

A afirmação sobre a entrevista como uma "invenção dialógica" (Arfuch, 1995) destaca a importância da presença do entrevistador na construção da história. A sua atividade modalizadora manifesta-se nos temas propostos para o diálogo, na seleção das questões e nas questões cruzadas. Fundamentalmente, o autor enfoca a entrevista como a criação de um acontecimento porque "[...] o

---

chamadas "Cinenovelas". Além das cinenovelas, a revista apresentava histórias de amor desenhadas em quadrinhos. Em novembro de 1952, numa decisão pessoal, Victor Civita aumentou o formato da revista, passando a editá-la mensalmente e a abordar outros tópicos, como moda, beleza, comportamento, contos e variedades. No final da década de 1990, iniciou operações de licenciamento, levando sua marca a bens de consumo, como fragrâncias, maquiagens, material escolar, mochilas, lingerie e roupas. Tornou-se a principal referência de publicação voltada para mulheres adolescentes e jovens (Freire Filho, 2005). Em 2015, a revista passou a existir somente em seu portal na internet, sem a versão impressa.

2   "Setembro Amarelo" é uma campanha brasileira de prevenção ao suicídio, iniciada em 2015. O mês de setembro foi escolhido para a campanha porque, desde 2003, o dia 10 de setembro é o Dia Mundial de Prevenção do Suicídio.

que o pesquisador vai buscar não se realiza em nenhum outro lugar, se produz sob o olhar, digamos, na atual evolução de diálogo, ainda que a memória e o arquivo estejam em jogo. Mais uma vez, a vida adquirirá forma e significado apenas na armadura da narrativa" (Arfuch, 2010, p. 200).

Para explicar como o biopoder constrói a individualidade, Foucault (2008) se vale da longa história das tecnologias de si para apontar como elas foram associadas no biopoder. Como posso brevemente resumir, para fins desta análise, o biopoder baseia-se na sobreposição entre tecnologias de dominação e tecnologias de si, de modo que a subjetivação e o autocontrole funcionam não como um contraponto ao poder, mas como um produto a ele associado que, ao mesmo tempo, o favorece. É o que Foucault (2008) chama de "gover-namentalidade": o vínculo entre o autocontrole e o controle dos outros que permite superar a dicotomia poder-liberdade, transformando-a em uma relação de dependência mútua, até exacerbação mútua. Para empoderar-se, o poder deve empoderar o objeto sobre o qual se descarrega, ou seja, a vida, e torná-lo sujeito de sua própria submissão: assim, o governo e o controle dos corpos – sobretudo em regime de governamentalidade neoliberal – pressupõe e produz a liberdade de seus governados. Essa governamentalidade requer uma série de "técnicas de poder voltadas para os indivíduos e destinadas a governá-los contínua e permanentemente" (Foucault, 1990, p. 305). Se se pode dizer que "as vidas humanas são percorridas e constantemente atravessadas, das mais diversas formas, pelos saberes e poderes que compõem uma determinada época" (Sibilia, 2002, p. 198), ou seja, que tal coisa como uma vida natural não é jamais separada ou anterior aos saberes, poderes e práticas que a atravessam e a cons-tituem, é necessário olhar no desenvolvimento dessas modernas tecnologias de biopoder – e as resistências a elas – a história das formas existentes de vida, e também deter a chave de leitura da ascensão contemporânea de um certo tipo de subjetividade que supõe a chamada "virada (auto)biográfica" (Arfuch, 2010).

E é justamente isso que Foucault vai propor: o discurso não é uma mera "roupagem" de posições de sujeito, mas – e é o importante – nem a própria experiência do sujeito pode ser deixada de lado em relação ao que é concebi-do como verdadeiro: os discursos que acompanham cada forma ética são "a própria forma de uma experiência: o tipo de relação que pode ocorrer entre a subjetividade e a codificação dos comportamentos, a relação de verdade que o sujeito estabelece para si próprio através da sua relação com a codificação dos seus próprios comportamentos" (Foucault, 2014, p. 223).

Essa afirmação não é baseada em um suposto "sujeito que escolhe" nem na ideia de um "sujeito que existe de forma absolutamente independente dos padrões regulatórios ao qual ele se opõe". Em vez disso, paradoxalmente, o processo de subjetivação possibilita ao sujeito não só não se opor a ditas normas, mas também ao que foi possibilitado, se não já produzido, por aquelas mesmas normas, razão pela qual entendo que não é possível analisar as narrativas autobiográficas sem considerar a prática reiterativa de regimes sociais regulatórios. O processo subjetivação tem a ver com o que se impõe e delimita nos indivíduos possibilidades de ação. A partir dessa posição, o sujeito se comporta de maneira diferente em diferentes laços sociais ao longo do tempo. Por um lado, somos instados a imaginar que construímos identidades cada vez mais individualizadas, o que nos coloca na posição de sujeitos de desejos, iniciativas e ações, e, consequentemente, faz com que se gerem desejos de posse e controle. Mas, por outro, é necessário que continuemos reproduzindo valores e práticas sociais nos processos de formação de identidade, já que esse modo de identidade sempre nos retorna à posição de objetos de poder. Segundo Judith Butler, essa noção nos permite entender que "o poder opera na constituição da própria materialidade do sujeito, no princípio de que simultaneamente ela forma e regula o sujeito da sujeição" (Butler, 2019, p. 63). Ela concebe o poder como algo que também forma o sujeito, que lhe fornece a própria condição de sua existência e a trajetória de seu desejo; então, "poder não é apenas algo a que nos opomos, mas também, de forma muito marcada, algo de que dependemos para a nossa existência e que abrigamos e preservamos nos seres que somos" (Butler, 2019, p. 12).

Essa perspectiva me permitirá compreender o que estava em jogo no processo de narrativa sobre si em Karol Conká durante a entrevista para a revista *Capricho*; em parte é uma ampla estratégia comunicativa de reposicionamento da imagem dela depois do processo de cancelamento sofrido. Quando pergunto o que está em jogo, estou aqui trazendo fortemente, em primeiro lugar, as tecnologias de si possíveis – e hegemonicamente desejáveis para ela – naquele momento, tudo aquilo que, recorrendo mais uma vez a Foucault (1990, p. 48), permite aos indivíduos fazer, por conta própria ou com a ajuda de terceiros, "um certo número de operações em seu corpo e alma, pensamentos, comportamentos ou qualquer forma de ser, obtendo assim uma transformação de si mesmo a fim de alcançar um certo estado de felicidade, pureza, sabedoria, moralidade". O arrependimento público dela sobre seu comportamento está relacionado ao imperativo contemporâneo do autoaprimoramento, num contexto social marcado pelo *ethos* terapêutico e pela governamentalidade neoliberal.

Ou seja, dentro da gramática da governamentalidade neoliberal, o indivíduo é moralmente responsável por trafegar pelo campo social, velando-se de cálculos de custo-benefício e escolhas racionais. Cobra-se o investimento no treinamento compulsório para o desenvolvimento pessoal e gestão de si. O discurso terapêutico instaura um aumento desmedido da crença do poder pessoal, o que faz com que a autoajuda se defina mais como um poder pessoal do que a necessidade de aconselhamento (Illouz, 2011). Nesse sentido, "o investimento em si ou o empresariamento da vida de cada indivíduo é efeito de um tipo de pensamento que toma a empresa como modelo que oferece uma base para a solução dos problemas" (Sacramento, 2018, p. 13). Além disso, a empresa é considerada, na racionalidade neoliberal, como um modelo ideal de conduta para o indivíduo, já que ela é tida como símbolo de eficácia, de cálculo objetivo e de iniciativas inovadoras. A vida do indivíduo não tem de apenas se inscrever como vida individual no âmbito de uma empresa, mas pode se inscrever numa multiplicidade de empresas encaixadas e entrelaçadas. Além disso, a maior mudança diz respeito ao fato de "a própria vida do indivíduo – como, por exemplo, sua relação consigo mesmo, com o futuro, com sua propriedade privada, com sua família, com seus amigos, com o grupo social – ter de fazer dele algo como uma espécie de empresa múltipla e permanente" (Foucault, 2008, p. 331-332).

Sam Binkley (2010), baseado em Foucault (2008), ressalta ainda que o discurso do "ser feliz" se configura sobre o alicerce do governo de si. Isto é, colocar-se como sujeito do empreendimento neoliberal, sujeito que é fruto da sua própria autonomia, tornou-se a norma da condução da existência, em que "a felicidade é uma tarefa, um regime, uma incumbência diária na qual o indivíduo modela suas próprias emoções da mesma forma como um guru do fitness modela um determinado grupo muscular" (Binkley, 2010, p. 102).

Em termos operacionais de análise, mostrarei nas falas, gestos, enquadramentos, considerações e rememorações como Karol Conká se posiciona como sujeito, busca compreender "quem é" e "quem gostaria de ser" ou de não mais ser, está procurando melhorar como pessoa, classifica ou não seu cancelamento como racista e é instada na conversa a gestar seu sofrimento em público. Se a identidade é uma narrativa que permite a construção de uma imagem de si, a subjetivação – ou seja, o processo pelo qual os sujeitos são produzidos – impõe limites a essa imagem, diz ao sujeito até onde pode ir, a quê se dobrar ou a quê se pode impor. Entre ser sujeito e ter identidade há um jogo permanente que distancia o ser da possibilidade de ser uno, indivisível, constante, porque a mudança é permanente e a pausa é inexistente no processo de construção de si mesmo. É justamente os mecanismos narrativos de posicionamento e reposicionamento de si que procuro estudar aqui.

É importante ressaltar ainda que estou lidando com uma postagem no Instagram como entrevista. A possibilidade de entrevista por meio dessa tecnologia de comunicação a distância, em que entrevistador e entrevistado não ocupam o mesmo espaço físico, produz desafios e novidades para a entrevista midiática. Uma delas é a produção de intimidade entre entrevistador e entrevistado que, se antes era encenada principalmente pelo toque, pela proximidade ou pelo ambiente doméstico, por exemplo, passa a ser dada na interação verbo-visual entre eles durante a entrevista mediada por tal plataforma e com o visionamento do público online. Trata-se de uma outra forma de produção de intimidade, proximidade e, consequentemente, de autenticidade para a experiência narrada.

A cultura racista do cancelamento

Logo no início do vídeo, aos 00:47:00, ela afirma que está na sua jornada em busca do descancelamento e da compreensão dentro do seu papel como negra: "Eu estou fazendo meu papel como todo negro, que já nasce meio que sendo cancelado e tem que passar a vida inteira provando que serve para alguma coisa". É interessante aqui observar o deslocamento semântico proposto por Karol Conká. Se o cancelamento, como vimos anteriormente, está associado fundamentalmente a promoção de avaliações, julgamentos e sanções a determinadas pessoas famosas por determinadas atitudes e comportamentos, envolvendo em muitos casos o ostracismo e a tentativa sistemática de exclusão do cancelado do convívio social amplo, impondo-lhe restrições, o racismo fragmenta o contínuo biológico, dividindo-o em raças e grupos sociais de acordo com uma determinada hierarquia dada e em vigor na estrutura social específica, ligando ao funcionamento de uma sociedade se servir da raça, da eliminação das raças e da purificação da raça para exercer poderes e formas de controle e governo. A luta antirracista, nos termos de Karol Conká, é igualmente uma forma de luta pelo descancelamento.

O vídeo postado no perfil da *Capricho* no Instagram é montado a partir de falas de Karol Conká para a jornalista Isabella Otto. Intitulado "A cultura racista do cancelamento", o vídeo começa com a artista problematizando o cancelamento:

> O cancelamento te traz o medo de ser real, o medo de apenas ser. Na minha opinião, e eu sempre fui dessa opinião, antes mesmo de tudo que aconteceu comigo, é que o que a gente cancela não são pessoas, mas são atitudes. Se a gente ficar cancelando todo mundo que erra,

não vai sobrar ninguém no planeta. Eu fui uma canceladora. Eu não cancelava pessoas na internet. Mas eu entrei no programa e fui uma canceladora. Eu me cancelei, eu cancele pessoas lá dentro. Não foi legal (Conká, 2021).

O que está sendo negociado aqui é que deve haver uma diferença entre cancelar pessoas e cancelar atitudes. Fundamental diferenciação entre tais práticas é reconhecer no cancelado a capacidade de melhoramento do seu comportamento e de sua interação social. Mas está guardada aqui a possibilidade do cancelamento de atitudes. É assim porque a prática do cancelamento vem sendo, pelo menos há uma década, vista como uma forma de conquista democrática de grupos socialmente marginalizados, que, de fora dos centros de poder, poderiam usar a internet para promover sanções, boicotes, denúncias, reclamações e críticas de atitudes de pessoas públicas e empresas no que se refere à ética vigente no que se chama "politicamente correto".[3] Poderiam, enfim, vocalizar insatisfações e promover resistências ao modo como centros de poder produzem violências e restrições a corpos, grupos e práticas consideradas à margem. A reação no cancelar é moralista, cuja moral está na ética do politicamente correto. Desse modo, a cultura do cancelamento demonstra como a circulação de conteúdo por meio de plataformas digitais facilita "respostas rápidas e em grande escala a atos considerados problemáticos, muitas vezes fortalecendo grupos tradicionalmente marginalizados no momento, mas também destaca a falta de avaliações e debates consideráveis" (Ng, 2020, p. 625). Se por um lado a boa-fé alegada por aqueles que cancelam se expressa segundo um tribunal que irrompe uma forma de condenação sumária do cancelamento,

---

[3] Segundo Robert Stam e Ella Shohat (2006), o termo "politicamente correto" está cercado de polêmica desde sua origem, pois não se sabe se ele se refere a uma atitude esquerdista em relação a políticas indefensáveis ou a uma estratégia direitista a opositores ideológicos. Em geral, evocando um comedimento ou uma atitude de censura em relação à língua e a representações culturais, essa forma de expressão atua como um código diplomático capaz de regular as relações entre comunidades, povos e etnias sem laços sociais estabelecidos. Ela sugere, grosso modo, "um tipo de política da tolerância cuja origem revolucionária contém ainda um vasto potencial emancipatório" (Stam; Shohat, 2006, p. 445), mas que ao mesmo tempo parece expressar, a depender dos usos instrumentais feitos pela cultura midiática, um tipo de pasteurização das diversidades transnacionais. Além disso, segundo os autores, "[m]esmo que a louvável intenção por trás do politicamente correto seja a de estimular o respeito e o diálogo mútuo em uma reciprocidade que leva em conta opressões passadas, na prática o politicamente correto frequentemente se degenera em autoflagelações sadomasoquistas de liberais culpados ou em uma competição pelo título de oprimido entre os subalternos – a vitimização e a culpa como capital cultural em um mercado de identidades flutuantes" (Stam; Shohat, 2006, p. 443).

por outro, há uma ânsia social por "retirar a atenção de alguém ou algo cujos valores, em ações ou discursos, são tão ofensivos que não se deseja mais agraciá-los com presença, tempo e dinheiro" (Clark, 2020, p. 1). Desse modo, a condenação ao ostracismo entre pessoas pode gerar formas de mágoa e raiva que não permitem ao indivíduo refletir sobre a causa do conflito social. Outras formas de reação à rejeição estão baseadas no desejo de retaliação às desculpas consideradas insinceras. Quando o cancelado vem a público se desculpar pelas suas atitudes, buscando o descancelamento, abre-se um novo processo de julgamento do público, que passa agora a julgar se há sinceridade nas desculpas proclamadas. Foi o que aconteceu com Karol Conká, para que ela pudesse retomar sua carreira e reverter o cancelamento: uma romaria de entrevistas pedindo desculpas e procurando provar que estava sendo sincera não só no desejo de mudança, mas na mudança em si.

Quando a artista insiste que o racismo estruturou o seu cancelamento, ela é enfática:

> A gente vê uma diferença quando o cancelamento é com uma pessoa preta, um artista preto, um influencer ou qualquer outra pessoa pública preta e quando é com uma figura pública branca. Aí a pessoa preta vira um termômetro. As pessoas falam: "mas nada supera o da Karol, nada supera". Esse tipo de coisa é uma verdade que eu não pego para mim, porque, assim, é só tirar o preconceito dos olhos para você conseguir enxergar, botar numa balança, e verá que não é dessa forma. Não sou a maior vilã do mundo, assim como não vou sair apontando quem é o maior vilão. Eu acho que a gente tem que apontar quais são as falhas e tentar arrumar, porque não adianta a gente falar de empatia, acolhimento, como é legal, sendo que as atitudes não são essas. A gente está sempre julgando. A gente acolhe um e julga o outro. Eu não consigo essa dinâmica. Aí você vê que um artista branco pede desculpas e em seguida é desculpado, enquanto eu, uma artista negra, e no caso de outras pessoas pretas parece que temos que ficar cumprindo uma sentença. Mesmo que na justiça real eu não tenha nada para responder, o público faz disso um circo (Conká, 2021).

A artista se posiciona aqui como vítima de um cancelamento racista. Embora tenha implicitamente reconhecido que na prática de cancelamento há uma forma de retirada de qualquer tipo de apoio (visualização, mídias sociais, compras de produtos endossados pela pessoa, etc.) para aqueles que foram identificados pelos públicos da internet por terem dito ou feito algo inaceitável ou altamente problemático, geralmente de uma perspectiva de justiça social especialmente alerta para sexismo, heterossexismo, homofobia, racismo, bullying e questões relacionadas, Karol Conká afirma que há uma incongruência entre o discurso contemporâneo de empatia e acolhimento e as práticas de cancelamento. Para pessoas públicas pretas, segundo ela, o cancelamento, senão irreversível, é uma forma de afirmação do racismo. É, portanto, o momento a partir do qual as pessoas esperam erros nas atitudes de pessoas pretas para se sentirem livres para emitir toda sorte de ofensas e injúrias raciais.

Desse modo, preciso lembrar que a estrutura social brasileira se baseia fundamentalmente nas desigualdades raciais. Como afirma Cida Bento (2022), o medo da perda de privilégios e o da responsabilização pelas desigualdades raciais constituem o substrato psicológico que gera a projeção do branco sobre o negro, carregada de negatividade. O negro é inventado como um "outro" inferior, em contraposição ao branco que se tem e é tido como superior; e esse outro é visto como ameaçador. Além disso, como aponta Fernanda Carrera (2020), os graus de brancura alcançam significados mais amplos: quanto mais branca é a mulher, mais virtuosa, sendo inclusive mais propensa a ser alvo de empatia e a percepções de ter sido condenada injustamente (Dirks; Heldman; Zack, 2015), assim como mais sujeita à infantilização e à percepção de necessidade de proteção masculina (Goffman, 1979); quanto mais escura a cor da sua pele, menos a mulher é reconhecida nesses parâmetros e mais associada ao trabalho, à força física e à criminalização (Carneiro, 2003).

Enquanto escrevo este capítulo, vejo chegar ao fim a décima quarta edição do reality show *A Fazenda*. O programa da TV Record protagonizou cenas de ameaça, xingamento e debates verbais intensos promovidos por Deolane Bezerra. A advogada criminalista ficou conhecida por ter se noivado com o rapper Mc Kevin. Rapidamente, depois de sua morte em 16 de maio de 2021, ela ultrapassou 10 milhões de seguidores no Instagram. Ao final do programa, contava, no dia 16 de dezembro de 2022, com 15,8 milhões. Embora suas atitudes tenham sido consideradas condenáveis, ela não recebeu o mesmo nível de cancelamento que Karol Conká, que viu sua carreira ameaçada. Deolane é uma mulher branca e loira. Talvez seja interessante futuramente realizar uma reflexão sobre como a raça pode ter sido uma das dimensões definidoras da diferença do cancelamento das duas famosas. Obviamente, há outros fatores – as emissoras, os programas, as narrativas construídas, as formas de envolvimento dos fãs e dos haters, o capital cultural e midiático acumulados por elas. Mas apostar na raça como diferenciação poderá trazer debates interessantes.

Embora Karol Conká tenha que ter vindo a público recorrentemente pedir desculpas, o mesmo não ocorre com Deolane. Essa é uma questão central. Deolane se considera certa e perseguida pela emissora. Karol foi protegida pelo Grupo Globo, tendo tido direito a um documentário, tamanho o estrago que aquela repercussão poderia fazer à sua carreira. A cantora, na conversa com a jornalista da *Capricho*, prossegue:

> Eu não nego nada do que tenha acontecido, eu não ignoro, esse assunto fica na minha cabeça o tempo todo, todo dia, e aí eu fico buscando formas de me manter sã, diante de tanta gente cheia de achismos, que acha que sabe tudo, vive dando laudos para todo mundo, e aí eu estou procurando uma forma de lidar com essa situação, de me comunicar com as pessoas, e lidar com essa situação sem sair tão machucada. Eu não quero machucar, eu não quero ser machucada, ninguém quer machucar. Eu não quero ser vilã. Ninguém quer ser vilão. Todo mundo é diferente quando é acuado e só tem aquela maneira de se defender. Então, tiveram muitos vilões. No caso do meu cancelamento, as pessoas foram piores do que eu (Conká, 2021).

O que Karol está querendo dizer aqui é que há problemas psicológicos também naqueles que a cancelaram. Ela não se isenta de responsabilidade pelos seus atos, mas indica que aqueles que a ofendem racialmente, sobretudo, também precisam de tratamento. O enfoque na dimensão das relações inter-subjetivas do racismo daria ênfase na determinação dos modos pelos quais os sujeitos reforçam o racismo em suas atitudes e comportamentos. Nesses termos, a ocorrência do racismo estaria vinculada à manifestação, explícita ou implícita, individual ou grupal, de preconceito e de discriminação. A circunscrição de tal dimensão é relevante para a compreensão dos mecanismos afetivos e dos discursos de defesa de um senso racial de grupo, porém é incompleta uma vez que a sua interpretação é comumente vinculada a uma "disposição psicológica individual" (Bonilla-Silva, 2014, p. 7). Bonilla-Silva (2014) aponta para os riscos em se adotar a perspectiva do racismo como ex-pressão de preconceitos: essa "psicologização do racismo" tenderia a alocá-lo a par da estrutura da sociedade e como resultado de comportamentos irracionais ou incivilizados explicitados. Assim, o racismo seria algo limitado à análise de pessoas racistas e algo a ser resolvido com o passar do tempo através da educação ou do tratamento psicológico, por exemplo.[4]

---

[4] Em outro trabalho, no qual analisei testemunhos sobre racismo no programa *Encontro com Fátima Bernardes* (Sacramento, 2017), observei pelas falas que a relação entre

A questão remanescente desse problema é a seguinte: se não mais houvesse pessoas preconceituosas, continuaria havendo racismo? Em outras palavras, o preconceito e a discriminação são causas ou consequências do racismo? É a partir desses questionamentos que é possível conceber uma dimensão sistêmica na abordagem do racismo. O racismo estrutural é a normalização e a legitimação de uma série de dinâmicas – históricas, culturais, institucionais e interpessoais – que rotineiramente beneficiam os brancos enquanto produzem desigualdades cumulativas e sistêmicas baseadas na diferença de raça. É um sistema de hierarquia e desigualdade, caracterizado principalmente pela supremacia branca – o tratamento preferencial, privilégio e poder para pessoas brancas em detrimento de negros, indígenas e outras pessoas racialmente oprimidas. Na concepção estrutural, o racismo é parte da estrutura social, que serve como base para instituições e subjetividades. Para Silvio Almeida (2019, p. 50), "é uma decorrência da própria estrutura social, ou seja, do modo "normal" com que se constituem as relações políticas, econômicas, jurídicas e até familiares, não sendo uma patologia social e nem um desarranjo institucional". Isso evidencia que o racismo estrutura concretamente os modos de nascer, viver e morrer, além de estipular historicamente os discursos públicos e privados sobre as relações raciais. Em sua dimensão sistêmica, o racismo não é apenas o resultado de atores sociais preconceituosos e discriminadores,

---

autocontrole e autoestima se tornou tão intensa, num contexto de psicologização da sociedade, que até mesmo questões sociais graves e estruturais como o racismo são transformadas em bullying. Mais do que isso, cobra-se da vítima uma gestão emocional tal que permita resistência e recuperação diante das manifestações e situações preconceituosas. Assim, a autoestima tornou-se algo como uma "vacina social" que habilita as pessoas a viverem uma vida responsável, segura e afortunada (Cruikshank, 1996, p. 232). Isso, certamente, reforça a reorientação da resolução de problemas sociais em torno do eu. Afinal, o discurso contemporâneo de autoestima leva a governamentalidade ainda mais para dentro da esfera íntima, interiorizada, da própria formação do ideal atual de subjetividade, no qual o eu se torna a um só tempo subjetivação, controle e imagem. Os indivíduos são cada vez mais instados a assumir, assim, o objetivo de aprimorar a si mesmos, a fim de alcançar a realização pessoal e para cumprir sua obrigação com os preceitos da sociedade atual. O discurso da autoestima é parte de uma tecnologia de poder que molda a subjetividade contemporânea e guia os indivíduos na condução de suas vidas, com o auxílio de uma variedade de profissionais – psicólogos, terapeutas e autores de autoajuda na literatura, mas também celebridades, jornalistas e apresentadores – e de um conjunto diversificado de técnicas para desenvolver a autoestima e o autocontrole. Nesse sentido, não surpreende que durante o programa a psicanalista Lígia Coelho, uma mulher branca, recorrentemente tenha sugerido às vítimas de preconceito racial que "treinem" a sua capacidade de resiliência. Mas também que o artista negro Serjão Loroza tenha afirmado que, para vencer o racismo, "a autoestima é muito importante".

mas é, ao contrário, a estrutura e a ideologia que ordenam a sociedade. Essa perspectiva não procura desresponsabilizar os indivíduos de atos racistas com uma noção de estrutura na qual a ação humana é só reprodução, mas entende que o racismo estrutura a vida em sociedades – sentimentos, valores, normas, práticas, organizações, desigualdades e diferenciações, grupos sociais, vínculos.

Quando Karol Conká se volta para as pessoas que a acusaram como piores do que ela, está se referindo tanto ao teor das agressões quanto à situação psicológica em que se encontram para serem tão preconceituosas. Aqui, a dimensão estrutural do racismo dá lugar enfaticamente a uma prática interpessoal, que privilegia sobretudo princípios morais. Segundo a moralidade hoje hegemônica, o que configura como ato desviante é o preconceito. Afinal, é o preconceito que faz o indivíduo adoecer. Ou, ainda, agora o indivíduo deve se libertar do preconceito, e não se ajustar a ele. Desse modo, a "distância do anormal" e a "distância do preconceituoso" requerem figuras de identificação tanto positivas quanto negativas. Portanto, "conceituar a subjetividade contemporânea requer atentar não apenas para a substituição do pastor secular pela celebridade, mas também para a ocupação pelo preconceituoso da posição anteriormente ocupada pelo anormal" (Vaz, 2014, p. 34). Em vez de lutar para poder revelar o que realmente deseja, a artista buscou nessa entrevista foi desqualificar seus presumidos juízes como preconceituosos para poder se posicionar parcialmente como vítima, embora responsável e crítica de seus atos.

Anne Rothe (2011) argumenta que o melodrama é o modo narrativo dominante para representar experiências de vitimização e sofrimento, discutindo como o kitsch e o sentimentalismo são codificados no modo paradigmático de recepção. Um grande problema da cultura do trauma, como vários críticos apontam, é que ela ofusca as distinções entre vítimas e não-vítimas, essencialmente universalizando o status de vitimização. "Cultura do Trauma", Anne Rothe (2011, p. 52) resume, "é caracterizada pela fusão de sofrimento e vitimização como todos quem sofre é considerado uma vítima". Sua noção quintessencial é "eu sofro, logo existo", ou melhor, "sofro, logo sou uma vítima" (Rothe, 2011, p. 57). O recurso à figura da vítima é uma estratégia para relativizar a responsabilidade e para hierarquizar violências: as cometidas por ela no programa e as cometidas contra ela especialmente pelas redes sociais online.

Na contemporaneidade, trauma não é apenas uma categoria clínica, é também um termo metafórico para nomear a resposta à infelicidade. Isso significa, no entanto, que em troca a vítima se reconhece através do trauma? Isso é difícil de afirmar e os comentaristas desenvolveram rápido demais – e talvez com certo cinismo – a ideia da "vitimização da sociedade", como se os indivíduos reconhecidos como vítimas de violência aderissem necessária e inteiramente a essa figura compulsória.[5]

Mas Karol Conká não está meramente ocupando o lugar de vítima para despertar compaixão ou reverter o cancelamento. Há mais do que isso no seu posicionamento. Como ela diz, o racismo é muito maior do que seu cancelamento:

> Existem aqueles que acham que o racismo é uma muleta para eu escapar das minhas responsabilidades, dos meus atos. E não é. A gente tem que saber separar. Eu reconheço as minhas falhas, reconheço que eu errei, mas eu também reconheço a minha contribuição para a cultura brasileira. O que aconteceu também é que foram cobrar de artistas mulheres pretas um posicionamento recheado de acusação: "você deve ser igual a Karol". A gente não vê isso quando se trata de uma artista branca, quando uma artista branca erra. Ninguém fica comparando (Conká, 2021).

Nesse convite a uma conscientização racial crítica sobre seu cancelamento, Karol promove uma denúncia do racismo brasileiro. O discurso

---

[5] Estou me referindo aqui a trabalhos importantes nessa caracterização. Pascal Bruckner (1995) define a inocência como uma doença do indivíduo contemporâneo que consiste em querer escapar das consequências de seus atos, gozar dos benefícios da liberdade sem sofrer os inconvenientes. Para ele, o homem moderno queria ser autônomo, conquistador e responsável. Como desfrutar da independência esquivando-nos dos nossos deveres? Segundo o autor, por duas saídas, infantilismo e vitimização, as doenças do indivíduo contemporâneo. O infantilismo ameaça agora, todos querendo aproveitar na idade adulta os privilégios da infância e da juventude e gozar de segurança sem estarem sujeitos à menor obrigação. Segundo ele, o progresso da vitimização se manifesta na multiplicação de mártires autoproclamados. No entanto, a dignidade humana procede antes da vontade de resistir e se desfigura na denúncia. Acima de tudo, a vitimização excessiva induz à impostura. Nessa mesma linha de análise, Guillaume Erner (2005) acredita que um sinal de uma profunda transformação das nossas sociedades democráticas está na mudança de status das vítimas: outrora as vítimas tinham vergonha da sua condição, hoje o reconhecimento deste estatuto tornou-se uma questão, dando origem a uma nova categoria social. Segundo ele, em torno das vítimas, estabeleceu-se um consenso compassivo, através do qual a mídia, os políticos, as celebridades, as ONGs e certos intelectuais trazem a uma opinião pública consentida sua parcela diária de sofrimento. Enquanto nossa sociedade defende o culto ao vencedor, a figura da vítima passou a ocupar a do herói. Segundo eles, a unanimidade compassiva está se tornando a expressão máxima dos laços sociais, e as demandas de reparação são cada vez maiores e diversas. No entanto, é preciso ter cuidado com a reprodução das afirmações desses ensaios cujos autores não realizaram trabalhos empíricos e não levaram em consideração as habilidades sociais dos agentes, inclusive na resistência ao infantilismo e à vitimização, em dinâmicas sociais concretas e específicas.

racista brasileiro diz que ser branco nesta sociedade é ocupar uma posição de sujeito nas práticas sociais que corresponde ao elemento não marcado, ao sujeito universal, ao fundador de humanidade. A branquitude corresponde ao não étnico, ao neutro da humanidade, via de acesso facilitadora às estruturas políticas, econômicas e jurídicas. Assim, a experiência da própria identidade branca é vivida imaginadamente como se fosse uma essência herdada e um potencial que confere ao indivíduo poderes, privilégios e aptidões intrínsecas (Frankenberg, 2004). Já o "ser negro" permanece como sinônimo de subalternização, marcado pela negatividade, pela opressão, pela exclusão, pela discriminação e pela desigualdade.[6] Nesse ponto, os atos reprováveis de pessoas brancas famosas são individuais e não comparáveis. Os de Karol Conká eram de um grupo: de todos os negros e negras. Essa marcação é parte do poder circulante do racismo estrutural em nossa sociedade. Para ela, "o racista não aceita nada de bom. Se o artista negro não dá motivo para ser atacado, então, eles ficam esperando" (Conká, 2021).

O enfrentamento do racismo como autogestão das emoções

No decorrer da entrevista, a jornalista pergunta sobre o que Karol Conká entende por descancelamento. Ela afirma que se trata de um acolhimento, de um entendimento, "quando as pessoas passam a se olhar de igual para igual". Afinal, "quando você descancela alguém, você está dando a oportunidade para ela se reinventar". Ela afirma, então, o seguinte:

> O descancelamento é a oportunidade que eu posso me dar, ou que alguém pode dar para outra pessoa, para se rever, para melhorar, para lidar com uma experiência ruim, transformando-a em algo positivo, em algo bom, em algo melhor, que pode levar ao crescimento pessoal. Todo mundo tem um lado bom. A mesma energia que eu tive para causar, eu tenho para fazer coisas legais. Eu passei mais de 10 anos de carreira fazendo coisas legais, que as pessoas gostam. É óbvio que

---

[6] É preciso haver mais esforços para entender como a qualidade "branca" se formou partindo de uma ficção ideológica essencializadora, a-histórica e metafísica, muitas vezes ignorada por aqueles que a veem como óbvia. Não há, contudo, nada de óbvio na identidade branca, ela não está simplesmente lá, mas, antes, azeita a máquina daquilo que Frantz Fanon (1980) chama de "hierarquização sistematizada implacavelmente perseguida" que tem como base a raça. Assim é que o termo branco/a passou a designar quem poderia ser escravizado, tornar-se cidadão, estudar, votar, frequentar certos ambientes, ter certos empregos, ser padrão de beleza e assim por diante.

não dá para reduzir a uma coisa, a uma energia, a um momento, a um pico de nervosa, de extrema soberba que eu fiquei. E está tudo bem. Eu fiquei assim mesmo. Por quê? Eu não sei. Eu fiquei louca, eu fiquei nervosa. Foi a maneira que eu encontrei de comunicar. Agora eu estou trabalhando outras maneiras. Essa reflexão tem que ser feita tanto pelo cancelado tanto por quem cancela (Conká, 2021).

A força da noção de resiliência em nossa cultura atravessa a fala da artista aqui. O conceito de resiliência nos impede de conectar o sofrimento à visão moral de que existe uma dor imerecida e injustificada, que tal dor é resultado do mal e que tal sofrimento é escandaloso. Em vez de enfatizar a conexão do sofrimento a determinações sociais – racismo, neste caso –, o discurso terapêutico contemporâneo nos ordena "a reciclar o sofrimento em uma visão heroica e positiva de nós mesmos" (Illouz, 2020, p. 83). No final, o conceito de resiliência leva a uma negação da experiência do sofrimento, e trabalha para substituir automaticamente o espetáculo perturbador do infortúnio pelo glamour de uma psique conquistadora que é alheia a si mesma. É justamente por isso que Karol Conká acredita que tal experiência de cancelamento pode levá-la ao crescimento pessoal.

A resiliência é uma propriedade psicológica de certos indivíduos que se mostram capazes de enfrentar as adversidades e de se adaptar às tragédias. Pessoas resilientes têm pensamentos positivos e a positividade constitui uma espécie de tampão contra as adversidades, dando a sensação de ser alguém competente, que não pode ser esmagado pelo mundo. Ser resiliente também significa ser capaz de mostrar adaptabilidade, ser capaz de aprender com os erros e pedir ajuda aos outros. Finalmente, a resiliência envolve a capacidade de refrear a reatividade emocional, ou seja, controlar as próprias reações e diminuir sua intensidade.

A promessa de autoaprimoramento de Karol Conká se baseia na promoção de protocolos emocionais. Uma dessas configurações será considerada para as maneiras pelas quais estilos emocionais aparentemente opostos alcançam uma espécie de ato de equilíbrio: a raiva, muitas vezes expressa por pessoas negras vitimadas pelo racismo, e a postura de escuta empática, praticada por brancos em resposta a tais situações. Esse conjunto emocional muitas vezes atinge um certo equilíbrio funcional, uma estabilidade delicada na qual as posições racializadas são reproduzidas e administradas, mesmo quando estão sendo ostensivamente contestadas.

Como um esquema cultural, a narrativa terapêutica produz modos de identificação de pensamentos e comportamentos patológicos para localizar a fonte oculta dessas patologias dentro do passado do sofredor, para dar voz a uma história de sofrimento e, finalmente, para triunfar sobre o passado por meio da reconstrução de um eu emancipado e independente (Illouz, 2003). Há, também, a concepção de todo o sofrimento como intencional, ou seja, o resultado de má gestão de emoções que pode, em última análise, ser reparado ao nível da autorrealização. Sendo assim, a pessoa que sofre é compelida a fazer de sua dor uma narrativa convincente de identidade, para lidar com a dor e fazer a partir dela um significativo projeto de vida. O *ethos* terapêutico parece ser um recurso cultural que ajuda os indivíduos a alcançarem formas de bem-estar. Enquanto a felicidade ou a superação são características de um sujeito ativo e pleno de capacidade de autogestão, o discurso terapêutico produz sujeitos que se sentem em diversas experiências da vida cotidiana (casamento, escola, trabalho, reunião familiar) vulneráveis, frágeis ou em risco de perderem a si mesmos diante de um mundo repleto de adversidades e tormentos (Furedi, 2004).

É assim que se dá, por exemplo, o lançamento da música e do clipe de "Dilúvio". Ela marca um retorno. Aqui, autoaperfeiçoamento – no contexto da vida diária – não é apenas conotado com sucesso, mas também com recuperação – no contexto do tratamento após uma crise emocional.[7] Isso adiciona outra camada à sua narrativa de saúde de celebridade, pois a alinha com uma cultura terapêutica generalizada e seu discurso popular de trauma, empoderamento, autoestima, resiliência e autocuidado (Illouz, 2003). A estratégia de merchandising que caracteriza a narrativa de saúde da celebridade de Karol Conká pode ser interpretada como uma "celebritização do autocuidado" – sua história de retorno é reembalada pela indústria de autoaperfeiçoamento e vendida como um conselho de saúde mental e de resiliência. Isso resulta em uma coalescência ideológica do individualismo competitivo da cultura das celebridades: a promoção do bem-estar emocional e a recuperação após uma crise emocional. "Dilúvio" – como um exemplo de mercadoria que pode

---

[7] Assim que saiu do programa, Karol Conká foi ao *Domingão do Faustão*, em 28 de fevereiro de 2021. Ela afirmou que "teve uma crise de ansiedade e um distúrbio". Seguiu: "dá para perceber pelo meu semblante. As pessoas que me conhecem aqui fora não me reconheciam [dentro da casa]. Estava muito amarga, me afundando na amargura e descontando minha frustração em todo mundo que estava ali. Não tem justificativa. Me sentia mal e amarga". Ela, para o apresentador Fausto Silva, afirmou: "Estou chorando em casa, tive crise hoje pela manhã. A gente erra, mas não precisa definhar. Não cometi um erro tão grande a ponto de acabarem com minha trajetória. Quem nunca se excedeu, passou dos limites e pediu perdão no dia seguinte? Estou nesse processo de me perdoar" (Faustão recebe Karol Conká no Domingão. *Gshow*, 28 fev. 2021).

ser situado na tradição da autoajuda – mostra como essa celebritização do autocuidado toma forma.

O clipe apresenta a artista com um visual completamente diferente da imagem ousada tão característica. Atitude e irreverência são as palavras que melhor definem a identidade visual de Karol Conká como conhecíamos até hoje. Porém, a mesma imagem de força e coragem que ajudou a alavancar sua carreira passou a ser associada ao comportamento explosivo e hostil que causou sua eliminação do *Big Brother Brasil* com rejeição recorde no reality e na vida real. Mais de dois meses depois da eliminação, a cantora assume uma imagem completamente diferente. As cores, antes fortes e chamativas, agora são suaves e iluminadas e buscam traduzir harmonia e otimismo. Entoa, em forma de autoajuda, "só mais um dia de luta, depois do dilúvio". Segue cantando: "Se pra vencer/ Tem que superar ou sofrer/ Supero sem esquecer/ Do real motivo pra viver" (Conká; Justi, 2021). Assim, Karol Conká adiciona à sua história de força e resistência no ativismo feminista negro um capítulo sobre transformação e resiliência. "Dilúvio" se tornou um sucesso instantâneo e se consagrou como o maior e melhor lançamento de toda a história da carreira dela (Karol Conká..., 2021).

Pelo contrário, a artista conseguiu se reinventar como a personificação da autoconfiança, do autoaperfeiçoamento e da recuperação, incorporando sua crise, diagnóstico e tratamento à sua imagem de celebridade. Essa "celebritização do autocuidado" resulta em uma fusão de celebridade, bem-estar emocional e recuperação de transtornos psicológicos. Como tal, reproduz uma ideologia hiperindividualizada e neoliberal de meritocracia que apresenta todas as formas de realização – incluindo a recuperação de situações desafortunadas, violências, abusos e transtornos psicológicos – como resultado do individualismo competitivo.

As implicações dessa celebritização para o autocuidado vão além da especificidade do caso de Karol Conká, pois apontam para uma tendência cultural mais difundida na cultura das celebridades. A confissão de celebridades e a afirmação pública de seu diagnóstico, ou do autodiagnóstico no caso em questão, pode significar muito mais do que apenas um apelo à conscientização ou um processo de controle de danos (King, 2008): esses são exemplos de uma recalibração fundamental da imagem de celebridade em termos de cuidados bem-sucedidos para o eu mentalmente vulnerável. A autogestão da saúde emocional, em outras palavras, tem sido aproveitada a serviço do que se poderia chamar de gestão da imagem de celebridade.

Outra implicação estreitamente relacionada à história de Karol Conká é que ela lança uma nova luz sobre a natureza de gênero das narrativas de doenças mentais de celebridades. Afinal, a recuperação da artista como celebridade rompe radicalmente com a tendência de associar a turbulência psicológica das estrelas masculinas com determinação, força de vontade e autenticidade artística, e equiparar o colapso mental das celebridades femininas com instabilidade, fracasso e histeria. Conká, como uma artista feminina negra, consegue abraçar seus alegados momentos de estresse e ansiedade enquanto continua a ser percebida como "no controle", altamente produtiva e autodirigida – notavelmente, evitando que sua feminilidade seja patologizada publicamente.

A artista finaliza a entrevista falando sobre sua saúde mental:

> Não é fácil chegar lá e simplesmente ver um post sobre positividade. A gente ouve muito falar sobre a positividade tóxica, algo que chega a irritar as pessoas que estão em depressão profunda, que não conseguem se libertar. Não é tão simples assim. Então, tem que ter uma paciência. Eu conto com a paciência da minha equipe. Eu tenho pessoas muito boas perto de mim. São empáticas, carinhosas. Eu achei uma terapeuta muito legal, ela tem me ajudado muito. Nossa, eu criava um monstro sobre mim na minha cabeça! E para quem não tem condições para fazer uma boa terapia eu recomendo uma rotina de leituras sobre saúde mental (Conká, 2021).

Inicialmente, Karol não simplifica a terapia às narrativas de autoajuda que têm a positividade e autoestima como imperativos. A artista se posiciona de maneira crítica a essa atmosfera penetrante de positividade tóxica: uma injunção superegoica de manter uma disposição feliz e sem queixas, mesmo diante de um mundo repleto de problemas, desigualdades e violências. O que a psicologia positiva e grande parte da indústria da autoajuda nos ensina é que a felicidade é um poder da mente: ter "pensamentos felizes" de alguma forma magicamente leva ao sucesso no trabalho, nos relacionamentos, no sexo, na vida, como nos é ordenado para vivê-la. É tóxico, nessa interpretação, na medida em que é brutalmente normativo. Se alguém se recusa a se alinhar com esse bando de pensadores positivos, considera-se que escolheu o sofrimento, o adoecimento e a marginalização.

A postura de Karol Conká nesta entrevista dialoga com o projeto #VemKCuidardaMente. Durante os meses de junho e julho de 2021, a artista, por meio do seu perfil no Instagram, conduziu entrevistas com especialistas em saúde mental sobre "temas universais" (ansiedade, estresse, depressão, pandemia, relações raciais), como traz no vídeo de apresentação publicado em 11 de junho de 2021. Logo na abertura do episódio, em 15 de junho, ela diz que é o primeiro momento em que ela se abre e que pode finalmente olhar para dentro de si mesma profundamente. A artista, a partir de sua experiência, buscou se colocar como uma referência no debate sobre saúde mental, numa lógica de celebritização do autocuidado e de reversão do cancelamento.

Considerações finais

A presença da psicologia positiva em nossa sociedade procura explicar a perpetuação de atos racistas por meio de atributos psicológicos de "desamparo" e "baixa autoestima" em relação a pessoas negras, e não por racismo e desigualdade social; enquanto para as pessoas brancas que reproduzem e praticam racismos, tais atitudes são vistas como resultado da falta de empatia. A predominância do discurso terapêutico é particularmente marcante em deliberações sobre problemas sociais estruturais como o racismo. Se no passado os críticos do racismo enfatizavam economia, desigualdade, discriminação e violência, hoje existe uma tendência a adotar a linguagem terapêutica da vitimização. Em sua entrevista para a revista *Capricho*, Karol Conká resiste, mas tem sua fala atravessada pelo discurso terapêutico e pela governamentabilidade neoliberal. Resiste, na medida em que insiste em definir o racismo presente em seu cancelamento; adere, na medida em que se apresenta como alguém que está se valendo de uma experiência negativa como uma forma de melhoramento pessoal. Ainda, adere quando se posiciona como vítima do racismo, e nessa posição – de vítima – procura empatia, acolhimento e compaixão.

Se o cancelamento é uma forma de responsabilizar figuras públicas por comportamentos considerados ofensivos, imorais ou injustos, os processos de descancelamento precisam da avaliação da sinceridade das desculpas dadas, da veracidade do arrependimento sentido e do compromisso com o autoaperfeiçoamento. Karol Conká insiste que para artistas negras isso não é nada fácil. Enquanto brancas podem ser descanceladas com mais agilidade, o erro para as pessoas famosas negras parece ser imperdoável. Afinal, elas, no Brasil, já seriam exceção – ou concessão? – por serem famosas.

As lutas na tensão entre cancelamento e descancelamento não se relacionam apenas com questões de raça e gênero, como trouxe a artista em sua fala, mas também se estendem a concepções de verdade e autenticidade. Dada a pressão para ser "autêntico" nas mídias sociais em nossa sociedade, atos de engano e falta de autenticidade são frequentemente tratados como violações morais no mesmo nível que racismo, misoginia e abuso. Karol Conká precisava ser convincente de seu arrependimento e de seus movimentos para mudanças e melhoramentos. Não foi à toa todo o investimento em mudança da imagem da artista (novas músicas, novo clipe, novo figurino, nova maquiagem). Nessa performance de autenticidade, a narrativa de saúde de Karol Conká incorpora sofrimento psicológico à crítica social em sua marca de uma forma que garantiu que pudesse ser percebida como um exemplo de autoestima e resiliência, depois de tudo que passou. Histórias de traumas e dificuldades servem para tornar as celebridades mais autênticas e identificáveis, exemplificando uma vulnerabilidade lucrativa em que assuntos difíceis se tornam parte integrante da sua marca principal. E foi o que ela fez com música, documentário, clipes, álbum, entrevistas.

A autenticidade se torna um dos elementos mais importantes que determinam o valor de uma celebridade, além dos papéis desempenhados ou da música criada, a marca de celebridade de hoje se baseia em convencer os consumidores da autenticidade de seu "ser" inerente além dos holofotes. Talvez tenha sido justamente por isso que, num *show de realidade*, as pessoas tenham se deparado com a pessoa que não gostariam de ver na artista. A artista, a partir do seu cancelamento, procurou maior intimidade com o público em suas redes sociais online, nas inúmeras entrevistas que realizou, ao mesmo tempo em que isso também esteve ligado a uma história mais longa de monetização de toda a vida da celebridade, apresentando uma imagem "real" como forma de capital.

Com efeito, o mercado de competências que compõem o capital humano é baseado, como qualquer outro mercado, em preços em alta e em queda e na exclusão daqueles incapazes de jogar o jogo. O novo perigo que ameaça o corpo social das sociedades neoliberais é o indivíduo incapaz de se engajar no mecanismo de competição, incapaz de desenvolver suas habilidades e se autoavaliar. O racismo sob as regras do neoliberalismo é reduzido a um discurso privatizado que busca apagar qualquer vestígio de injustiça racial e de desigualdades estruturais, negando a própria noção do social e as operações de poder através da qual a política de racialização da vida cotidiana é organizada e legitimada. A privatização dos processos de racialização sinaliza não o fim do racismo, mas, sim, a sua transformação estrutural. Especificamente, o racismo num contexto de governamentalidade neoliberal envolve tanto a proteção de exclusões racialmente motivadas na esfera privada, na qual são colocadas fora dos limites da intervenção do Estado, bem como a reformulação de lógicas e técnicas raciais, na promoção do bem-estar pessoal. Sendo assim, menos do que motivado pelo racismo, o cancelamento de Karol Conká transmuta-se – na sua fala, em busca de aceitação e de reversão do cancelamento – em uma oportunidade de apresentação pública de melhoramento pessoal.

Referências

Almeida, S. *Racismo estrutural*. São Paulo: Sueli Carneiro; Pólen, 2019.

Arfuch, L. *La entrevista, una invención dialógica*. Barcelona: Paidós, 1995.

Arfuch, L. *O espaço biográfico: dilemas da subjetividade contemporânea*. Rio de Janeiro: Ed da UERJ, 2010.

Bento, C. *O pacto da branquitude*. São Paulo: Companhia das Letras, 2022.

Binkley, S. A felicidade e o programa de governamentalidade neoliberal. In: Freire Filho, J. (Org.). *Ser feliz hoje: reflexões sobre o imperativo da felicidade*. Rio de Janeiro: FGV, 2010. p. 83-104.

Bonilla-Silva, E. *Racism without racists: color-blind racism and the persistence of racial inequality in the United States*. Lanham: Rowman and Littlefield, 2014.

Bruckner, P. *La tentation de l'innocence*. Paris: Le Livre de poche, 1996.

Butler, J. *Corpos que importam: os limites discursivos do sexo*. São Paulo: N-1, 2019.

Butler, J. *Relar a si mesmo: crítica da violência ética*. Belo Horizonte: Autêntica, 2015.

Carneiro, S. Enegrecer o feminismo: a situação da mulher negra na América Latina a partir de uma perspectiva de gênero. In: *Racismos contemporâneos*. Rio de Janeiro: Takano, 2003. p. 49-58.

Carrera, F. Raça e privilégios anunciados: ensaio sobre as sete manifestações da branquitude na publicidade brasileira. *Eptic On-Line* (UFS), [S.l.], v. 22, p. 6-28, 2020.

Clark, M. D. Drag them: a brief etymology of so-called "cancel culture". *Communication and the public*, [S.l.], v. 5, p. 88-92, 2020.

Conká, K. A cultura racista do cancelamento. [Entrevista concedida a] Isabella Otto. *Capricho*, Instagram [online], 17 set. 2021. Disponível em: https://www.instagram.com/tv/CT75_nGFRPc/?utm_source=ig_web_copy_link. Acesso em: 18 nov. 2022.

Conká, K.; Justi, L. Dilúvio. In: *Dilúvio*. Rio de Janeiro: Sony Music Entertainment Brasil, 2021.

Cruikshank, B. Revolutions within: self-government and self-esteem. In: Barry, A.; Osborne, T.; Rose, N. (Orgs.) *Foucault and Political Reason*. London: Routledge, 1996. p. 231-251.

Dirks, D.; Heldman, C.; Zack, E. "She's White and She's Hot, So She Can't Be Guilty": Female Criminality, Penal Spectatorship, and White Protectionism. *Contemporary Justice Review*, [S.l.], v. 18, n. 2, p. 160-177, 2015.

Erner, G. Lá *Société des victimes*. Paris: La Découverte, 2005.

Fanon, F. Racismo e cultura. In: *Em defesa da revolução africana*. Lisboa: Fernando A. S. Araújo Editor, 1980.

Faustão recebe Karol Conká no Domingão. Gshow, 28 fev. 2021. Disponível em: https://gshow.globo.com/programas/domingao-do-faustao/episodio/2021/02/28/videos-do-episodio-de-domingao-do-faustao-de-domingo-28-de-fevereiro-de-2021.ghtml#video-9308532-id. Acesso em: 09 jul. 2024.

Filho de Karol Conká é atacado na web e desabafa: "Imagine se xingassem a sua mãe". *Marie Claire*, [S.l.], 8 fev. 2021. Disponível em: https://revistamarieclaire.globo.com/Celebridades/noticia/2021/02/filho-de-karol-conka-e-atacado-na-web-e-desabafa-imaginem-se-xingassem-sua-mae.html. Acesso em: 30 nov. 2022.

Foucault, M. *Nascimento da biopolítica*. São Paulo: Martins Fontes, 2008.

Foucault, M. *Subjetividade e verdade*. São Paulo: Martins Fontes, 2014.

Foucault, M. *Tecnologias del yo: y otros textos afines*. Barcelona: Paidós Ibérica, 1990.

Frankenberg, R. A miragem de uma branquitude não marcada. In: Ware, V. (Org.). *Branquitude: identidade branca e multiculturalismo*. Rio de Janeiro: Garamond, 2004. p. 307-338.

Freire Filho, J. Correntes da felicidade: emoções, gênero e poder. *MATRIZES*, [S.l.], v. 11, p. 61-81, 2017.

Freire Filho, J. Seja diferente. Seja você: romantismo, pós-feminismo e consumismo nas páginas da Revista Capricho. *Logos*, [S.l.], v. 12, n. 22, p. 166-186, 2005.

Furedi, F. *Therapy culture: cultivating vulnerability in an uncertain age*. Londres: Routledge, 2004.

Goffman, E. *Gender Advertisements*. Cambridge: Harvard University Press, 1979.

Illouz, E. *Oprah Winfrey and the glamour of misery: an essay in popular culture*. New York: Columbia University Press, 2003.

Illouz, E. *O amor nos tempos do capitalismo*. Rio de Janeiro: Zahar, 2011.

Illouz, E. Resilience: the failure of success. In: Nehring, D. *et al*. (Orgs.). *The Routledge international handbook of global therapeutic cultures*. Routledge: Taylor & Francis, 2020. p. 83-91.

Karol Conká cresce 978% em streaming após lançamento de 'Dilúvio'. *G1*, [S.l.], 7 maio 2021. Disponível em: https://g1.globo.com/pop-arte/musica/noticia/2021/05/07/karol-conka-cresce-978percent-em-streaming-apos-lancamento-de-diluvio.ghtml. Acesso em: 19 dez. 2022.

King, B. Stardom, celebrity and para-confession. In: Redmond, S. (Ed.). *The star and the celebrity confession*. Londres: Routledge, 2011. p. 115-132.

Mori, L. BBB21: Se um negro erra, racismo condena população negra inteira sem 2ª chance, diz pesquisadora. *BBC News Brasil*, São Paulo, 23 fev. 2021. Disponível em: https://www.bbc.com/portuguese/geral-56164314. Acesso em: 30 nov. 2022.

Ng, E. No grand pronouncements here...: reflections on cancel culture and digital media participation. *Television & New Media*, [S.l.], v. 21, p. 621-627, 2020.

Prado, J. L. A. *Convocações biopolíticas dos dispositivos comunicacionais*. São Paulo: EDUC/FAPESP, 2013.

Rothe, A. *Popular trauma culture: selling the pain of others in the mass media*. Londres: Rutgers University Press, 2011.

Rufino, M.; Segurado, R. Cultura do cancelamento: uma análise de Karol Conká no BBB 21. *PragMATIZES – Revista Latino-Americana de Estudos em Cultura*, Niterói, v. 12, n. 22, p. 616-640, 2022.

Sacramento, I. "A autoestima é muito importante": a retórica da salvação pessoal nos relatos de celebridades sobre o bullying. *LUMINA*, [S.l.], v. 11, p. 55-74, 2017.

Sacramento, I. O trauma na televisão: ethos testemunhal e discurso terapêutico num talk show. *ALCEU*, [S.l.], v. 18, p. 5-20, 2018.

Sibilia, P. *O homem pós-orgânico: corpo, subjetividade e tecnologias digitais*. Rio de Janeiro: Relume-Dumará, 2002.

Stam, R.; Shohat, E. *Crítica da imagem eurocêntrica: multiculturalismo e representação*. São Paulo: Cosac Naify, 2006.

Trindade, L. V. *Discurso de ódio nas redes sociais*. São Paulo: Jandira, 2022.

Vaz, P. Na distância do preconceituoso: narrativas de bullying por celebridades e a subjetividade contemporânea. *Galáxia*, [S.l.], v. 14, p. 32-44, 2014.

Antirracismo das testemunhas, comunicação e mídia

Francisco Leite

> *Na transformação do silêncio em linguagem e em ação, é essencial*
> *que cada uma de nós estabeleça ou analise seu papel nessa*
> *transformação e reconheça que seu papel é vital nesse processo.*
>
> Audre Lorde, 2019
>
> *Para ser antirracista é preciso se meter no problema.*
>
> Vilma Reis, 2021

Direcionado e atravessado pelo fio condutor dos sentidos que essas epígrafes convocam, a proposta deste capítulo visa avançar com as discussões sobre as expressões do racismo e antirracismo nos espaços midiáticos da comunicação no Brasil (Leite, 2022; Leite; Batista, 2019; Corrêa, 2019; Batista; Leite, 2011; entre outros).

Nessa direção, este texto objetiva apresentar e explorar as noções conceituais de antirracismo da testemunha ou, conforme a literatura internacional, *"bystander anti-racism"* (Nelson; Dunn; Paradies, 2011) ou *"upstander anti--racism"* (Dunn, 2009);[1] e refletir sobre os papéis e as implicações que essas

---

[1] Os termos ingleses *bystander* e *upstander* podem ser traduzidos para o português, de modo geral, a partir das ideias de "testemunha" e/ou "espectador" (Lopes Neto, 2005; Silva, 2010; etc.). Nota-se ainda na literatura o uso menos recorrente de outras variações como "observador", "plateia" ou "audiência". Em suma, como se buscará apontar cuidadosamente ao longo deste capítulo, essas palavras inglesas buscam abarcar e expressar os sentidos acerca da capacidade de agência da testemunha para além da proeminência do ver, isto é, esses termos tentam salientar a dinâmica do comportamento de transformação da testemunha ocular (*bystander*) em uma testemunha defensora efetiva (*upstander*); por

testemunhas, de modo individual e/ou coletivo, poderiam mobilizar socialmente para fomentar mudanças de mentalidade e a construção de intervenções antirracistas. Por fim, com base nessas reflexões, busca-se também articular um raciocínio que viabilize perceber a potencialidade que a prática do antirracismo da testemunha poderia operar para contestar e reivindicar a aceleração do desenvolvimento de uma comunicação midiática que se verse antirracista, em suas políticas e práticas, de modo a contribuir com o despertar moral (Bauman, 2010) da sociedade brasileira para o combate efetivo do racismo.

Com efeito, associados ao antirracismo, os sentidos que delineiam a ideia de testemunha (*bystander* e *upstander*), como serão explanados *a posteriori* com mais atenção, vêm demarcando as sutilezas acerca da capacidade de agência e comportamentos de ajuda – ou omissão – desses indivíduos endereçados às vítimas de situações racistas. Nesse contexto, este capítulo se articula para tentar responder, especificamente, às seguintes questões: quais os significados, as proposições e as dinâmicas que mobilizam o conceito de testemunha (*bystander* e *upstander*) implicado pelo antirracismo? Como os desdobramentos teóricos e práticos que envolvem tais conceitos podem apoiar e fortalecer as reflexões acerca da ideia de comunicação antirracista?

Para atender aos seus objetivos e encaminhar respostas que elucidem tais indagações, metodologicamente, este capítulo organiza-se a partir da articulação de um levantamento não exaustivo da literatura, no qual são considerados especialmente – não exclusivamente – alguns trabalhos identificados e oriundos do campo da Comunicação e de outras áreas do saber, como a Educação e a Psicologia Social. Nesse proceder, ao longo deste texto, como objetos de exemplificação, alguns casos também serão apresentados.

Assim, avança-se com o raciocínio deste capítulo demarcando, na sua primeira parte, algumas orientações que facilitam a compreensão introdutória sobre os conceitos-chave de racismo e antirracismo, que atravessam as reflexões agendadas neste texto. Posteriormente, na segunda e terceira parte, de modo respectivo, são compartilhados os contornos conceituais de testemunha (*bystander* e *upstander*), enredando-os ao potencial do antirracismo. E, por fim, exercita-se a observação das expressões e repercussões da articulação de tais ideias nos horizontes midiáticos da comunicação brasileira.

---

exemplo, de uma vítima de opressão racista. Postas essas noções introdutórias, prioriza-se neste texto o uso da tradução dos termos em português considerando a ideia-chave de "testemunha" e suas implícitas possibilidades de comportamentos, embora em alguns momentos as locuções em inglês possam ser utilizadas.

Racismo e antirracismo

O racismo, segundo Collins (2019), reflete um sistema de poder e privilégio díspares, no qual os indivíduos são divididos em grupos ou "raças", e vantagens, benefícios e cortesias são distribuídos de modo desigual, considerando a classificação racial/étnica desses indivíduos. Semelhantemente, Carneiro (2022) define o racismo como uma ideologia articulada "para produzir privilégios para um grupo em detrimento de outro. Privilégios para um grupo que é instituído como superior em detrimento de outro grupo considerado inferior". Os indivíduos brancos são os alvos privilegiados por esse sistema e ideologia, que materializam o racismo mediante políticas e práticas cotidianas de discriminação racial.

Historicamente, no Brasil, a população negra, que é hoje a maioria do país, vem sendo vítima da opressão e violência que o racismo sustenta de modo recorrente. Entre as suas formas de manifestação, o racismo "pode ser expresso mediante crenças (p.ex. estereótipos negativos e imprecisos), emoções (p.ex. medo ou ódio) ou comportamentos/práticas (p.ex. tratamento injusto) [...]" (Nelson; Dunn; Paradies, 2011, p. 263, tradução própria), entre outros. Em suma, é esse sistema e ideologia que, conforme Carneiro (2022), organizam tradicionalmente a existência da sociedade brasileira.

O antirracismo, por sua vez, pode ser entendido, de acordo com Bonnett (2000), como formas de pensamento e/ou práticas que buscam combater, erradicar e/ou aliviar o racismo em todas as suas expressões e dimensões sociais (estrutural, cultural, institucional, individualista, cotidiana, etc.). Dessa maneira, capitalmente, o parâmetro que operacionaliza a construção de sentidos do antirracismo inerentemente versa-se pela ação, ou melhor, conforme a perspectiva freireana, pela *práxis* (ação-reflexão-transformação) produtiva e responsiva (Freire, 1975) direcionada, portanto, a desmantelar o racismo.

Dessarte, frente às formas de expressão do racismo, segundo Lynch, Swartz e Isaacs (2017), o impacto de práticas antirracistas poderia buscar provocar, por exemplo, as seguintes consequências: 1) *visibilizar* (denunciar, contestar, etc.) o racismo sistêmico; 2) estimular processos que possibilitem *reconhecer* a intencionalidade ou não da omissão e/ou cumplicidade individual ou institucional com práticas racistas, mediante a conscientização e autorreflexão sobre a posição social (p.ex. tensionando as vantagens condicionadas pela branquitude); e, de modo contínuo, 3) *estrategiar* o desenvolvimento de práticas e contramovimentos que colaborem para acelerar mudanças individuais, institucionais e sociais que detenham e transformem as disparidades raciais.

Para alinhavar esse raciocínio, é oportuno ainda chamar atenção para o fato de que, em sua visada crítica, o antirracismo precisaria também considerar, assegurar e refletir em suas *práxis* "[...] um sentido 'desessencializado' (Hall, 1992) das identidades, na medida em que reconheceria e incorporaria a noção de 'diferença' dentro e entre grupos de pessoas. Também perfuraria a bipolaridade de brancos *versus* negros e, assim, lidaria com as várias e variadas maneiras pelas quais o racismo é experimentado dentro e entre grupos de pessoas racializadas" (Carrim; Soudien, 1999, p. 186, tradução própria).

Nesse sentido, as práticas e os estudos críticos antirracistas (Gillborn, 2006) precisariam também intrinsecamente acionar, tensionar e enfrentar as questões interseccionais (Crenshaw, 1989; Corrêa, 2020). Eles demandariam, portanto, refletir e incorporar perspectivas de múltiplos modelos teóricos ou não que, por exemplo, sustentem práticas e análises sobre as questões de gênero, raça, classe, sexualidades, entre outros marcadores identitários e sociais. Atento a essas sensibilidades, as expressões do antirracismo poderiam dessa forma "fornecer uma compreensão integradora da opressão – [sobre] como as relações sociais de gênero, raça e classe [etc.] se cruzam na vida das pessoas" (Leah, 1995, p. 105, tradução própria), fomentando assim o desenvolvimento de práticas, talvez, mais fortalecidas de combate ao racismo.

No enquadramento dessas dinâmicas, sem a proposta de estabelecer manuais de regras ou um modelo antirracista, Gillborn alinha que o antirracismo enfaticamente "[...] deve permanecer uma perspectiva crítica preocupada com a análise radical [ampla] do poder e a sua operação por meio de processos racializados de exclusão e opressão [...]. O racismo é complexo, contraditório e rapidamente mutável [...]" (Gillborn, 2006, p. 26, tradução própria). Logo, o antirracismo, da mesma forma, pontua esse autor, precisaria ser igualmente dinâmico em suas manifestações.

É nesse horizonte, especificamente – considerando os espaços cotidianos das interações sociais, isto é, dos encontros privados (com a família, amigos, etc.) e públicos, que demandariam e propiciariam negociações e intervenções individuais e/ou coletivas de combate ou não ao racismo –, que os estudos emergentes sobre a abordagem do antirracismo da testemunha (*bystander* e *upstander*), de acordo com Aquino (2020), vem se edificando, demonstrando as suas potencialidades e os desafios a serem enfrentados para o desenvolvimento de *práxis* transformativas.

Posto isso, no próximo tópico, para a compreensão adequada dessa abordagem, exercita-se a oportunidade de enquadrá-la e desdobrá-la, previamente, considerando de início o conceito geral de *bystander* (testemunhas ou espectadores) e, posteriormente, os sentidos nevrálgicos do conceito de *upstander* (testemunhas ou espectadores que se transformam em defensores efetivos). Esse cuidado se mostra didático e profícuo, tendo em vista o expressivo registro na literatura internacional de trabalhos (Nelson; Dunn; Paradies, 2011; Nelson; Pedersen, 2013; etc.) que não observam as distinções entre os conceitos e acabam, geralmente, integrando as sutilezas peculiares das dimensões dos seus significados apenas na ideia insuficiente de *bystander*. No entanto, outros trabalhos (Dunn, 2009; Grantham, 2011; etc.) vêm se esforçando para delinear e informar as dissimilitudes de sentidos entre essas expressões que são conexas, porém denotam implicações distintas no processo de testemunhar, para além da proeminência do ver, como se pontuará com mais cuidado a seguir.

Antirracismo da testemunha: aspectos-chave e desafios para tomadas de decisão

Os estudos acerca das potencialidades da testemunha, expressivamente, têm as suas bases no campo da Psicologia Social (Darley; Latané, 1968; Rosenthal, 1964; entre outros). Paull, Omari e Standen (2012), observando os contextos de crise e opressão que configuram a relação diádica entre opressor e oprimido, chamam atenção para o papel de testemunha ou espectador que poderia ser desempenhado por indivíduos presentes, neutra, passiva ou ativamente, nos contextos dessa relação.

Segundo Padgett e Notar (2013), a ideia de testemunha (*bystander*) não se refere à vítima direta e nem ao perpetrador da situação de opressão, mas, sim, às ações de ajuda que poderiam ser adotadas por indivíduos terceiros para responder e intervir contra os atos de violência física ou simbólica que eles testemunham. Salmivalli *et al.* (1996) ressaltam quatro papéis que indivíduos que observam situações de violência, como o racismo, o *bullying*, a homofobia, o machismo, etc. poderiam desempenhar, a saber: 1) o assistente do opressor/agressor na situação de violência; 2) o reforçador que atua para fortalecer e estimular a situação de opressão, torcendo ou incentivando que outros indivíduos também a assistam/apoiem; 3) o alheio à situação (*outsider*); e 4) o defensor do oprimido/vítima – e, especificamente, é neste último papel da testemunha que consta refletida a ideia de *upstander*, como se adensará apropriadamente a seguir. Ainda conforme os estudos de Salmivalli *et al.* (1996), as testemunhas diante de situações de opressão, geralmente, atuariam como reforçadoras, *outsiders* ou defensoras.

Para Twemlow, Fonagy e Sacco (2004), a expressão "testemunha" (*bystander*) vem sendo utilizada para delinear um papel que seria maior do que simplesmente o de um espectador, pois posicionar-se como testemunha implicaria uma escolha, ou escolhas, por parte do indivíduo. Nesse sentido, Bauman (2010) salienta que ser um *bystander* significa estar exposto a um enorme desafio ético, isso porque ver a opressão em ação pode atormentar e ferir a consciência, tornando latentes questões como: "Eu poderia fazer algo para pará-la? Minhas ações (ou minha inação, aliás) fariam alguma diferença? Elas talvez ajudariam, ainda que indiretamente, o mal a ser feito?" (Bauman, 2010, p. 96, tradução própria).

Esse desafio ético, que Bauman aponta, também pode ser observado nas reflexões de Latané e Darley (1970), quando apresentam o clássico modelo de cinco estágios de intervenção da testemunha. Segundo esses autores, para uma testemunha interferir em uma determinada situação de violência é necessário: a) notar a situação; b) defini-la como uma emergência;[2] c) assumir a responsabilidade pessoal para ajudar; d) sentir-se competente para ajudar; e f) ajudar.

Com base em Levine (1999) e Rigby e Johnson (2006), ao analisar esse modelo, Dunn (2009) adverte que ele expressaria algumas implicações de passividade, bem como ele não levaria em consideração as normas e os valores sociais e culturais associados à intervenção, como a aceitabilidade de intervir. As testemunhas, de modo individual ou coletivo, poderiam atribuir valores diferentes à aceitabilidade (tomada de decisão) de intervir na situação de crise e violência, tornando mais difícil ou mais fácil aceitar tal responsabilidade.

Nesse sentido, Dunn (2009) oferece algumas contribuições para os desdobramentos desses pontos ao destacar cinco razões que poderiam estimular e levar as testemunhas (*upstanders*) a enfrentar o desafio ético e intervir em situações de opressão, a saber: a) empatia; b) consciência moral; c) senso de dever; d) confiança; e e) satisfação. Segundo a autora, ao tomar a decisão de intervir, é provável que as testemunhas avaliem consciente ou inconscientemente os seus motivos para intervir e os riscos de intervir. As razões para intervir nem sempre superam os riscos (Dunn, 2009). Por exemplo, ainda de acordo com Dunn (2009), algumas testemunhas poderiam escolher não intervir quando identificam um risco maior para si. Outras decidiriam intervir, mas

---

[2] Dunn (2009) observa que nem toda situação que exige intervenção pode ser caracterizada como de emergência, desse modo, seguindo essa autora, opta-se neste trabalho pela utilização dos termos "situação de crise" ou "situação de opressão".

optariam por uma estratégia menos arriscada, como denunciar a situação de violência e opressão para uma autoridade.

Compartilhadas essas noções gerais, é central para os interesses deste trabalho também explorar a profícua aproximação entre essas abordagens acerca dos papéis da testemunha e das proposições do antirracismo; ou, com outras palavras, as reflexões deste capítulo detidamente desdobram-se para pensar sobre os sentidos de antirracismo da testemunha. Segundo Nelson, Dunn e Paradies (2011), em linha com os estudos *a priori* observados, o antirracismo da testemunha pode ser definido como a ação tomada por um indivíduo ou indivíduos (não diretamente envolvidos como alvo [vítima] ou perpetrador) para falar ou tentar envolver outros indivíduos na resposta (direta ou indiretamente, imediata ou posteriormente) contra opressões racistas.

Ainda conforme esses autores, o antirracismo da testemunha seria uma forma ímpar de ação que deliberadamente envolve comportamentos ou práticas, que podem ser observados como mecanismo "perturbador" na medida em que desestruturam situações de opressão racistas até então normalizadas. Como um processo ativo, o antirracismo da testemunha refletiria assim uma ação performada por um indivíduo ou indivíduos para desafiar, impedir e combater o racismo.

Agregando ao contexto das discussões organizadas neste texto, Nelson, Dunn e Paradies (2011) também salientam alguns possíveis facilitadores e obstáculos à ação da testemunha. Nesse direcionamento, no que tange aos fatores facilitadores da ação, os autores apontam: a) o conhecimento do que é racismo; b) a conscientização dos danos causados pelo racismo; c) a percepção da responsabilidade de intervir; d) a capacidade percebida para intervir – habilidades (otimismo, autoeficácia/eficácia coletiva); e) o desejo de educar o agressor; f) as respostas afetivas ao racismo (empatia, indignação, desaprovação, etc.); e g) as normas sociais antirracistas.

Já no que versa aos obstáculos, têm-se: a) a identidade de grupo exclusiva; b) o medo de violência ou difamação, de tornar-se o alvo do agressor; c) a percepção de que a ação seria ineficaz; d) a falta de conhecimento sobre como intervir; e) as prescrições de papéis de gênero para mulheres; f) o gerenciamento das impressões para preservar relações interpessoais; g) o desejo de evitar conflitos; h) a liberdade de expressão/correção antipolítica; e i) as normas sociais que são tolerantes com o racismo.

Nelson, Dunn e Paradies (2011) destacam também o modelo *Confronting Prejudiced Responses* (Confrontando Respostas Preconceituosas), desenvolvido por Ashburn-Nardo, Morris e Goodwin (2008). Esse modelo busca direcionar e refletir na prática a teoria e pesquisa da psicologia social clássica sobre a intervenção da testemunha. Esse modelo se articula em cinco estágios, que demarcam "uma descrição instrutiva dos processos envolvidos na ação da testemunha em nível individual" (Nelson; Dunn; Paradies, 2011, p. 276, tradução própria).

Os cinco estágios do referido modelo, que denotam um processo de tomada de decisão (fatores cognitivos) para a intervenção antirracista da testemunha, são: 1) um incidente/situação deve ser interpretado como racismo ou discriminação; 2) a testemunha deve decidir se o incidente/situação merece resposta/confronto; 3) a testemunha precisa assumir a responsabilidade de intervir ou confrontar o perpetrador/opressor; 4) uma vez que a testemunha assume essa responsabilidade, ela é obrigada a decidir como confrontar ou intervir na situação, tendo em vista uma autoavaliação de que possui habilidade e capacidade para tal tarefa; e 5) a testemunha entra em ação, e isso pode envolver uma análise de custo-benefício.

De modo geral, ao analisarem esse modelo, Nelson, Dunn e Paradies (2011) inscrevem ao seu racional a importância de ele espelhar e tensionar as influências cognitivas, afetivas e contextuais que devem ser levadas em consideração no desdobramento do processo que ele abarca. Desse modo, conforme o Quadro 1, esses autores entrelaçam no referido modelo a importância do contexto, os efeitos *in-group* e as funções sociais do racismo. Didaticamente, eles também compartilham algumas sugestões sobre como o antirracismo da testemunha pode ser aprimorado por meio da prontidão institucional e do estabelecimento de normas antirracistas mais concretas (Nelson; Dunn; Paradies, 2011). Por fim, com o objetivo de torná-lo mais instrutivo, tendo em vista a importância do contexto e das normas, os autores sugerem ainda a alteração da ordem dos passos 4 e 5 do modelo original de Ashburn-Nardo, Morris e Goodwin (2008). De modo didático, o Quadro 1 está organizado a partir das dimensões de sentidos do modelo originário, porém o(a) leitor(a) pode exercitar essa alteração da ordem dos pontos 4 e 5, sugerida por Nelson, Dunn e Paradies (2011), no ato da leitura do texto, orientando-se pelas dinâmicas das setas indicadas no Quadro 1.

Quadro 1 – Modelo de Confrontação de Respostas Preconceituosas implicado por influências cognitivas, afetivas e contextuais

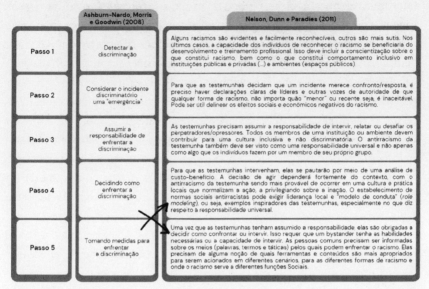

Fonte: Elaboração própria.

No enquadramento dessas reflexões, de modo latente, emerge a ideia de um efeito testemunha (*bystander effect*). Grantham (2011) explana que esse conceito vem denotando a análise de respostas de indivíduos a outros diante de "situações de crise ou emergência (Cramer, McMaster, Bartell e Dragna, 1988; Darley & Latané, 1968; Latané & Darley, 1968; Latané & Nida, 1981; Rutkowski, Gruder, & Romer, 1983; Shaffer, Rogel, & Hendrick, 1975; Shotland & Huston, 1979; Thornberg, 2007). Em geral, *o efeito testemunha está associado à intervenção de um indivíduo ou à falta dela em situações de emergência*" (Grantham, 2011, p. 265, tradução própria, grifo nosso).

Com base na literatura, Grantham (2011) ainda explica que se algo realmente ruim está acontecendo, de modo geral, as testemunhas seriam mais propensas a ficarem paradas e assistir ou a seguirem o seu caminho ao invés de intervir na situação. Esses comportamentos podem ter as suas raízes em diversas causas, no entanto, cinco principais razões se destacariam, conforme esse autor: 1) autopreservação: instintos naturais ou disposições aprendidas para remover-se do dano ou se situar para buscar ou sustentar benefícios em meio a uma crise; 2) incapacidade percebida: crença de que alguém não tem habilidades, competência ou recursos para enfrentar uma crise; 3) ambiguidade da situação: compreensão pouco lúcida das circunstâncias que cercam a evolução ou a urgência da crise; 4) difusão de responsabilidade: dissociando-se de papéis e deveres em uma situação de crise; e 5) ignorância pluralista: usar ou interpretar erroneamente a resposta do grupo ao redor para justificar os sentimentos, as crenças e as intervenções relacionados à ação de evitar uma crise.

Paull, Omari e Standen (2012), considerando os comportamentos das testemunhas frente às situações de opressão, destacam treze categorias implicadas e manifestadas por expressividades mais fracas e mais fortes, que poderiam ser desempenhadas passiva ou ativamente, tendo em vista as influências positivas ou negativas da situação de crise/opressão. Essas categorias são: 1) testemunha instigadora: configura ações de intimidação; incitada, cria a situação; 2) testemunha manipuladora: procura influenciar as ações de opressão, tira proveito da situação existente; 3) testemunha colaboradora: participa ativamente da opressão, auxilia o opressor; 4) testemunha facilitadora: dá audiência (linha tênue para participação na opressão), pode ocorrer inadvertidamente; 5) testemunha abdicadora: silenciosamente permite que a situação de violência continue sem fazer nada, apesar de estar em posição de poder fazer algo; 6) testemunha evasiva: afasta-se da situação de violência, seguindo o seu caminho; 7) testemunha interventora: toma medidas para deter a opressão ou prevenir retaliação; 8) testemunha desarticuladora: envolve-se preventivamente, com diálogo e negociação, para desarmar a escalada da situação de violência; 9) testemunha defensora: posiciona-se para defender a vítima; 10) testemunha empática: apenas identifica-se com a vítima, porém não diz e não faz nada; 11) testemunha simpatizante: identifica-se com a vítima, porém permanece em silêncio por medo de se tornar alvo, oferecendo conforto e apoio em privado; 12) testemunha parceira: torna-se companheira da vítima na situação de opressão; e 13) testemunha suplente: submete-se como vítima substituta.

É relevante pontuar "que as testemunhas podem se mover entre as categorias à medida que sua compreensão da situação aumenta: as categorias descrevem papéis ou comportamentos não tipos de personalidades fixos" (Paull; Omari; Standen, 2012, p. 4, tradução própria). Desse modo, as testemunhas podem: assumir mais de uma função ao mesmo tempo; interpretar diferentes papéis em diferentes circunstâncias; e alternar entre os papéis à medida que o curso de uma série de eventos ou problemas [...] evolui" (Paull; Omari; Standen, 2012, p. 9, tradução própria).

Para reorganizar e acomodar a diversidade dessas dimensões conceituais, bem como facilitar a compreensão dos sentidos que elas envolvem e movimentam, Dunn (2009) e Grantham (2011) chamam atenção para o recente uso na literatura internacional da palavra *"upstander"*. Esse termo, segundo os autores, vem sendo adotado para efetivamente nominar, abarcar e enfatizar as testemunhas que, para além de observar, se levantam e agem contra as situações de crise e violência, isto é, de opressões e injustiças sociais.

Para Dunn (2009), é relevante entender, primeiramente, que o termo *"bystander"* (testemunha ocular) de forma lúcida se refere ao indivíduo que se comporte como qualquer um que presencie passivamente uma situação de violência, já *"upstander"* (testemunha defensora) é definido como qualquer indivíduo que opte por agir positivamente ao testemunhar alguma injustiça social ou situações em que indivíduos precisam de assistência. Grantham (2011), de modo semelhante, postula que *upstanders* são aqueles que se posicionam e se engajam em papéis proativos para lidar com as injustiças em diversos cenários de opressão.

hooks (2021), a partir das suas reflexões sobre o pensamento feminista negro, chama atenção para o conceito de "testemunha iluminada", originalmente explorado por Miller (1990). Essa ideia, muito próxima das noções de testemunha defensora efetiva (*upstander*), segundo hooks, busca denotar a testemunha que fica ao lado de quem está sendo oprimido, oferece ajuda e propõe um modelo diferente de interação para findar a situação de opressão.

Pascoe (2019), por exemplo, considerando os contextos de guerra, elucida que os *bystanders* são aqueles que testemunham e não interferem nas atrocidades dos conflitos. Já os *upstanders* são aqueles indivíduos que testemunham e se levantam para defender o que sabem ser moralmente certo, independentemente do risco, exibindo um alto nível de coragem moral. Nesse enquadramento, o autor ainda esclarece que a ideia de "'moralmente correto' significa aqui estar em conformidade com os princípios internacionais de direito geralmente aceitos" (Pascoe, 2019, p. 196, tradução própria).

Em suma, de modo didático, Dunn (2009) salienta que as distinções e sutilezas entre as expressões dos sentidos que qualificam a ideia de testemunha (*bystander* e/ou *upstander) "são definidas pela ação*: um *upstander* age em resposta ao testemunhar um evento negativo, enquanto um *bystander* testemunha o evento, mas não toma nenhuma ação. Essencialmente, todas as testemunhas de uma situação de violência, como o *bullying* [, a discriminação racial, o machismo, a homofobia, etc.], são *bystanders* até que ajam" (Dunn, 2009, p. 149, tradução própria, grifo nosso).

Nessa direção, Chapin e Stern (2021) ressaltam que ao agir as testemunhas (*upstanders)* são motivadas por um senso de moralidade, pela valorização da comunidade e pelo desejo de tornar o mundo um lugar melhor. Esses autores também alertam que "isso parece simples e descomplicado, mas outros fatores entram em jogo" (Chapin; Stern, 2021, p. 85, tradução própria) como os apontados neste texto anteriormente.

Dunn (2009), Barnett *et al.* (2019) e Ho *et al.* (2020) reforçam, levando em consideração os elementos que poderiam engajar e motivar testemunhas à ação, que esse comportamento de ajuda poderia ser fomentado, por exemplo, pela oferta de ferramentas e incentivos para a conscientização e treinamento de tais indivíduos. A proposta seria oferecê-los suporte informativo de modo a encorajá-los no desenvolvimento de competências que os levassem a ações antirracistas, por exemplo. As informações organizadas no Quadro 1, bem como os pontos explanados ao longo deste tópico, oferecem importantes pistas para os primeiros passos desses exercícios.

Enfim, com o apoio desse aporte teórico, avança-se com o raciocínio deste capítulo para no próximo tópico refletir sobre as expressões e as potencialidades que a ideia de antirracismo da testemunha pode refletir e inscrever nas dimensões da comunicação, especificamente, considerando pensar sobre as formas que o desenvolvimento e a adoção de *práxis* antirracistas poderiam afetar as dinâmicas das relações sociais implicadas pelas materialidades midiáticas.

Comunicação e mídia

Para encaminhar esse exercício, retoma-se as reflexões de Bauman (2010) sobre o desafio ético que envolveria e atormentaria as testemunhas quando essas presenciam situações de crise e opressão social. Em suas ponderações, Bauman (2010) sinaliza algumas pistas sobre as contribuições que as expressões da mídia poderiam operar em tais situações. Para ele, entre os méritos da mídia consta, por exemplo, a sua possibilidade de apresentar e difundir no enquadramento das suas produções a representação e informações que fomentem a compreensão sobre esse "desafio ético que pode, em princípio, levar ao despertar moral" (Bauman, 2010, p. 99, tradução própria) de combate às situações e práticas de opressão no cotidiano.

Bauman (2010) ainda chama atenção para o fato de que, no geral, em suas práticas atuais, a mídia vem fazendo pouco para provocar esse despertar. No contexto brasileiro, como se pontuará a seguir, no que tange especialmente às questões antirracistas, esforços são constrangedoramente parcos. Bauman ressalta, no entanto, que essa compreensão que poderia ser adequadamente ofertada pela mídia, seria "condição preliminar para elevar as testemunhas ao nível de ator moral" (Bauman, 2010, p. 99, tradução própria), ou seja, para desempenhar ações como *upstanders*. No entanto, criticamente, esse autor também observa que se deve ter cuidado para não colocar a culpa dessas questões apenas na porta da mídia. "É concebível que haja mais coisas que [a mídia] possa fazer para auxiliar a compreensão; mas ela não faz o suficiente e, na maioria das vezes, faz o oposto do que poderia e deveria ser feito. Mas há limites para o que a mídia pode fazer. A compreensão é, de fato, a condição preliminar da ação moral – mas não a única; uma condição necessária, mas não suficiente" (Bauman, 2010, p. 99, tradução própria).

Em suma, refletindo sobre essa questão da tomada de decisão frente ao desafio ético das testemunhas (ação *versus* inação), Bauman cirurgicamente alinhava que no extremo "*a escolha é nossa – e a mídia pode ajudar bastante a nos inspirar a escolher o caminho certo*" (Bauman, 2010, p. 101, tradução própria, grifo nosso), mas a deliberação e a virada de chave para a realização desse processo de ação são, geralmente, individuais.

Ao evidenciar a compreensão como a condição preliminar para a ação moral, Bauman (2010) fortalece e aproxima-se dos diálogos organizados *a priori* neste texto sobre o papel basilar da conscientização para estimular o comportamento de ajuda das testemunhas. Desse modo, ao implicar a mídia, no contexto dessas discussões, o autor facilita a percepção de que ela – assim como outras instituições – poderia colaborar, de modo mais efetivo, com o exercício contínuo dessa compreensão e conscientização ao ensinar e oferecer, a partir dos estímulos das suas produções, informações e representações que orientem e estimulem os indivíduos a perceberem, desvelarem, intervirem e transformarem as situações de opressão que testemunham no cotidiano das suas existências.

Nesse horizonte, com lentes críticas, Sodré complementa que a mídia e suas materialidades discursivas são elementos fundamentais a serem considerados nessa dinâmica, pois eles conformam "[...] um lugar onde as identificações se fazem, como a questão do negro, por exemplo" (Sodré, 2019, p. 882). Nesse sentido, no Brasil, esse é um ponto crítico tendo em vista a baixa representatividade imposta, tradicionalmente, à população negra (pretos e pardos), grupo majoritário do país, nos espaços de poder da mídia. Espaços esses que abarcam tanto os lugares profissionais quanto os simbólicos que, como apontado por Sodré (2019) e Bauman (2010), poderiam viabilizar materialidades midiáticas que difundidas poderiam salientar e implicar referências para além de positivas, diversas para o pensamento social.

Desse modo, é preciso observar nesse contexto que a própria mídia brasileira, historicamente, conforme Borges e Borges (2012) e Corrêa (2019), em seus espaços e produções, reverbera o racismo. Batista e Leite (2011), especificamente, reforçam essa percepção na publicidade; Carrança e Borges (2004), no jornalismo; Rodrigues (2011), no cinema; Araújo (2000), na telenovela brasileira; entres outros. Diante dessa conjuntura de opressão, o desafio ético observado por Bauman (2010) provavelmente se complexificaria no Brasil, onde a maioria da população testemunha segue não se identificando e não se encontrando nos espaços da sua mídia. Desse modo, é notória a necessidade de uma reorientação antirracista nos espaços institucionais da comunicação midiática brasileira.

Mas como pensar, a partir dessas ideias – e considerando o potencial do antirracismo da testemunha –, os sentidos de uma comunicação midiática que se verse antirracista? Como intervir, fomentar e articular contramovimentações antirracistas nas e a partir das dimensões da comunicação midiática, considerando sensibilizar e engajar a sociedade a combater o racismo?

Como discutido em outra oportunidade (Leite, 2022) – apoiada pelos estudos do antirracismo e outros "conhecimentos de resistência" (Collins, 2019, p. 459), bem como levando em consideração os objetivos e limites das suas expressões, deliberadamente –, uma comunicação antirracista versa-se por desenvolver, difundir e fomentar socialmente ideias e práticas de intervenção que busquem colaborar para desmantelar o racismo sistemático e pervasivo em todos os seus níveis e formas sociais micro (racismo individualista/cotidiano), meso (racismo institucional) e macro (racismo estrutural/cultural) (Almeida, 2019; Kilomba, 2020; Jones, 1997), por exemplo.

Nesse sentido, imaginar uma comunicação antirracista exige compreendê-la, identificá-la e produzi-la no envolvimento de exercícios que mobilizem "estratégias sensíveis" (Sodré, 2006)[3] capazes de organizar, direcionar e difundir ideias e práticas com valores antirracistas que sensibilizem os indivíduos em sociedades estruturalmente racistas, como a brasileira, para ações transformativas contínuas de combate ao racismo.

Portanto, pensar uma comunicação antirracista efetiva, categoricamente, precisa abarcar e movimentar os espaços de poder institucionais midiáticos da comunicação e, de modo particular, as áreas e os profissionais responsáveis (Corrêa, 2020) pelo desempenho das suas "práticas logotécnicas" (Sodré, 2015, p. 121) – jornalismo, publicidade, relações públicas, cinema e audiovisual etc.[4]

---

[3] Para Sodré, essas estratégias se referem "[...] aos jogos de vinculação dos atos discursivos às relações de localização e afetação dos sujeitos no interior da linguagem" (Sodré, 2006, p. 10). Versa, portanto, "[...] um regime comunicativo em que o sentido troca a lógica circulação de valores do enunciado pela copresença somática e sensorial dos actantes" (Sodré, 2014, p. 257-258) no relacionamento social.

[4] Esforços nessa direção podem ser observados em Carrança e Borges (2004), Batista e Leite (2011), Leite e Batista (2019), Corrêa (2019), etc.

São essas práticas que produzem, ajustam e fazem circular na sociedade, no enquadramento das representações das suas materialidades, ideias de dominação e narrativas racistas que, tradicionalmente, vêm implicando os laços vinculativo e social (Sodré, 2014) que conformam e atravessam os relacionamentos dos indivíduos cotidianamente. Essas ideias e narrativas articulam "imagens de controle" (Collins, 2019) estereotipadas que, geralmente, são associadas à população negra e especialmente às mulheres negras, como alerta o pensamento feminista negro.

No entanto, nesse contexto, contramovimentações sociais de testemunhas vêm pressionando o cenário midiático brasileiro por mudanças. Nesse sentido, apesar de ainda circunscritas longe do ideal, esses esforços já permitem identificar alguns resultados entre as materialidades midiáticas que passam a tangenciar em suas abordagens e representações informações e expressões que, segundo Bauman (2010), podem sugerir caminhos certos e inspirar a sociedade a compreender e se engajar, por exemplo, em intervenções antirracistas concretas.

Para exemplificar esses esforços e contramovimentações, a partir do contexto brasileiro, a seguir são compartilhadas brevemente algumas produções midiáticas recentes que, de modo direto ou indireto, abordam e expressam com pertinência esse relevante movimento colaborativo de apoio e inspiração que, conforme aponta Bauman (2010), poderia contribuir para o desenvolvimento de compreensões sociais que instiguem o despertar moral da sociedade para ações transformativas.

Os primeiros exemplos espelham as materialidades jornalísticas produzidas para os quadros televisivos "Vai Fazer o quê?" (2015) e "Meu filho nunca faria isso" (2019), ambas as produções veiculadas nacionalmente pela revista eletrônica *Fantástico*, da Rede Globo de Televisão. Esses quadros, distintamente, apresentaram experimentos sociais que demonstram e informam sobre a importância da intervenção e comportamentos de ajuda (ou não) desempenhados por testemunhas diante de situações de opressão como o racismo[5] e o *bullying* escolar motivado por questões gordofóbicas e racistas.[6]

---

[5] Trata-se do episódio "Pai não aceita namorado negro da filha", "Vai fazer o Quê?" (Rede Globo, 2015). Disponível em: https://globoplay.globo.com/v/4268540/. Acesso em: 1 maio 2022.

[6] Refere-se ao episódio "Que atitude os jovens vão tomar diante de um *bullying*?", "Meu Filho Nunca Faria Isso". (Rede Globo, 2019). Disponível em: https://globoplay.globo.com/v/8057379/. Acesso em: 1 maio 2022.

Objetos exemplificativos também, nessa direção, podem ser as matérias jornalísticas que oferecem visibilidade aos casos de racismo. Essas produções, geralmente, ao visibilizar tais fatos, orientam a sociedade sobre como acionar os dispositivos legais para combater e denunciar o racismo. É importante reforçar que no Brasil o racismo é crime. A Figura 1 apresenta um mosaico com publicações recentes com esse foco.

Figura 1 – Materialidades jornalísticas sobre casos de racismo e como denunciá-los

Fonte: (da esq./por coluna) Freitas (2021), Racismo... (2016), Saiba... (2021), Gerente... (2021), Marinho (2021), Camargo e Pescarini (2022) e Barros (2022).

Entre as matérias jornalísticas que integram a Figura 1, as duas notícias da última coluna se destacam para adensar as reflexões deste capítulo, tendo em vista que elas registram o suposto caso de racismo sofrido por uma mulher negra devido ao seu cabelo, em 2 maio de 2022, em um vagão do metrô da cidade de São Paulo. A acusada é uma mulher branca que teria pedido para a mulher negra afastar o seu cabelo de perto dela porque ele poderia passar alguma doença. A vítima, segundo os relatos das matérias, ficou em choque e sem reação frente ao ocorrido, porém, as testemunhas da situação se levantaram coletivamente para defendê-la. Desse modo, agindo como testemunhas antirracistas, esses indivíduos começaram a filmar a situação com os seus celulares, a compartilhar instantaneamente esses registros nas redes sociais e a protestar coletivamente *in loco* entoando, por exemplo, a expressão: "Racistas não passarão!". O corpo de profissionais de segurança do metrô e as autoridades policiais foram acionados e o caso tornou-se alvo de investigação formal, gerando significativa cobertura da mídia nacional.

Nesse contexto, é oportuno notar que as tecnologias da internet e os recursos dos dispositivos móveis, como a gravação de vídeos pelos celulares, bem como a conexão, a difusão e o alcance que as redes sociais digitais operam no contemporâneo, vêm apoiando a manifestação do antirracismo das testemunhas ao redor do mundo ao facilitar a realização de registros de imagens que suportam denúncias e levantes da sociedade contra o racismo (e outras contestações sociais diversas). Nessa oportunidade, é conveniente ainda lembrar que foram esses recursos tecnológicos, utilizados também por uma adolescente negra *upstander*, Darnella Frazier (Adolescente..., 2020), que deflagraram o giro e o fortalecimento do movimento de luta antirracista global, após o assassinato de George Floyd, em 25 de maio de 2020, por policiais brancos, nos Estados Unidos da América.

Frazier, à época com 17 anos, por dez minutos e nove segundos, gravou com o seu celular a brutal situação de violência sofrida por Floyd até a sua morte. Posteriormente, com apoio da sua família, ela tornou esse registro público ao postá-lo inicialmente no Facebook.

O registro do vídeo de Frazier antecede uma série de outros semelhantes realizados por testemunhas antirracistas contra a violência racial daquele país.[7] Silva e Silva (2019), por exemplo, analisam três desses vídeos registrados por testemunhas estadunidenses, em 2016. Esses autores apontam que esses vídeos amadores, significativamente "colaboraram para a difusão do movimento contra a violência racial no país" (Silva; Silva, 2019, p. 38), tendo em vista que "os dispositivos móveis associados aos registros que suportam possibilitam a denúncia de crimes, a sensibilização das audiências [...], o compartilhamento de informações que podem colaborar para movimentos de resistência e dar voz a multidões" (Silva; Silva, 2019, p. 53).

Retornando ao caso George Floyd, foi a divulgação do registro do vídeo de Frazier que fez os policiais assassinos serem acusados formalmente por homicídio. É importante ressaltar isso, pois até a veiculação do vídeo nenhum

---

[7] No contexto brasileiro, conforme Mattos (2017), casos semelhantes também são observados, como os registros em vídeo feitos por testemunhas antirracistas dos assassinatos de Amarildo de Souza, Cláudia Ferreira da Silva e do adolescente Alan de Souza Lima. Todas essas vítimas foram cidadãos brasileiros negros, moradores da periferia do Rio de Janeiro, que foram mortos por policiais entre 2013 e 2015, segundo Mattos (2017). Pontua-se que devido aos limites deste espaço não será possível uma discussão mais aprofundada sobre esses episódios, desse modo recomenda-se a leitura do trabalho de Mattos (2017), que, competentemente, faz uma análise sobre esses casos brasileiros e outros ocorridos também nos Estados Unidos da América.

deles tinha sido indiciado. Esse vídeo também fez o mundo ouvir e testemunhar explicitamente a brutalidade e a materialização da necropolítica (Mbembe, 2018) do racismo sistêmico em operação contra o corpo de um homem negro.

O impacto do assassinato de Floyd desencadeou ondas de protestos locais e globais liderados pelo movimento Black Lives Matter[8] e despertou a comoção e a solidariedade internacional para ações mais efetivas de combate ao racismo em todas as suas formas. Esse lamentável fato histórico, na expressão das suas implicações, reforça e permite perceber a importância que o antirracismo da testemunha pode operar, dentro de seus limites e oportunidades contextuais, para intervir e modificar situações de opressão.

A comoção e o choque social pelo assassinato de Floyd também repercutiram, de modo significativo, no Brasil, especialmente nos espaços midiáticos, que com mais atenção vêm se movimentando para se posicionar e comunicar em suas produções valores antirracistas. Nessa direção, como as iniciativas do jornalismo *a priori* indicadas, algumas ações publicitárias também puderam ser observadas aplicando tais abordagens, como as desenvolvidas pela marca de beleza O Boticário, em 2020.

Essa referida produção publicitária conforma a minissérie "Como ser antirracista", protagonizada pela filósofa e escritora Djamila Ribeiro. Em seus quatro episódios, veiculados na TV aberta e disponibilizados nas redes sociais da marca,[9] a produção apresenta Ribeiro pedagogicamente ensinando e compartilhando informações para estimular a reflexão, a compreensão e o engajamento da sociedade para a importância da luta de combate ao racismo. Entre os temas abordados nessa ação de marca têm-se: o racismo estrutural e a luta antirracista; branquitude e privilégios; subjetividades negras e feminismos e masculinidades negras.

Outras ações de marcas que também refletem essas proposições contribuitivas foram desenvolvidas, como a campanha institucional "Essa é minha cor", da Avon, que exalta compromisso antirracista da marca (Avon…, 2020) e a campanha de lançamento do teclado consciente e antirracista da empresa de telefonia móvel Tim Brasil. Segundo os profissionais responsáveis pela comunicação da marca, o objetivo do dispositivo, oferecido gratuitamente, foi

---

[8] O Movimento de Luta pela Liberdade, Libertação e Justiça #BlackLivesMatter foi fundado em 2013 em resposta à absolvição do assassino de Trayvon Martin. Disponível em: https://blacklivesmatter.com/. Acesso em: 28/02/2023.

[9] Disponível em: https://www.youtube.com/watch?v=zLwdJxk3Wz0. Acesso em: 1º maio 2022.

identificar e propor a substituição de expressões preconceituosas, buscando inspirar e contribuir para a desconstrução do racismo estrutural no Brasil (Havas…, 2020).

Recentemente, em 2022, a também empresa de telefonia móvel Vivo lançou a campanha e o projeto #PresençaPreta. Essa iniciativa, visando produzir mais inclusão nos espaços de música e entretenimento, destinou às pessoas negras ingressos para que elas participassem do festival Lollapalooza Brasil, que a empresa patrocina. A campanha respondia ao mote "Nossos holofotes estão na plateia. Nosso olhar, no futuro". Entre suas peças, há um filme inspirador protagonizado pelo celebrado cantor de rap Djonga, uma das atrações musicais do festival. Segundo os profissionais da empresa, essa ação da marca refletiu os debates em curso sobre a representatividade negra no *line-up* e no público dos principais festivais no mundo (Com Djonga…, 2022).

Essas iniciativas midiáticas, especificamente as advindas da publicidade, vêm despertando muitos questionamentos sobre os seus propósitos, que flertariam entre a oportunidade e o oportunismo. Devido aos objetivos e aos limites de espaço deste texto, não será possível adensar essa discussão, mas para além desse debate e com a consciência que o objetivo-fim da publicidade é mercadológico, registra-se neste capítulo o reconhecimento crítico de ser, sim, importante a realização de tais iniciativas também pelo campo publicitário, tendo em vista que, como pontua Fry (2002), esse é, queiram ou não, um dos espaços de difusão de ideias mais potente no Brasil contemporâneo.

Essas ações, enfim, poderiam ser observadas como oportunidades e aberturas para que "outras/novas" produções similares sejam desenvolvidas, bem como um ponto referencial e indicativo nítido do progresso ou retrocesso, da autenticidade ou hipocrisia dessas e outras empresas que buscam se vincular aos valores antirracistas. Valores esses que, como já pontuado neste texto e em outras oportunidades (Leite; Batista, 2019, 2023; Leite, 2021), exigem das instituições políticas e práticas que sustentem e comuniquem autênticas contribuições transformativas.

Com efeito, reforça-se que essas ideias dialogam fortemente com os pensamentos sobre as contestações sociais (Wottrich, 2019; Hall, 1997) das testemunhas e as possibilidades de a sociedade também enfrentar e responder a sua mídia (Braga, 2006), interpelando-a a partir dos espaços dos "consumos midiatizados" (Trindade; Perez, 2016) para, por exemplo, reivindicar mudanças em suas expressões e representações racistas. Nesse contexto, três casos contemporâneos se destacam como exemplos, um envolvendo a marca Colgate (2018) e os outros dois se desdobrando da cobertura jornalística brasileira, em 2020, dos canais de televisão Globo News e CNN Brasil, acerca da pauta "racismo" e os protestos gerados após o assassinato de George Floyd.

Em 2018, a Colgate convidou um grupo de onze influenciadores digitais para serem embaixadores da marca e participarem da campanha do creme dental Luminous White. Entre esses criadores de conteúdo, apenas um indivíduo era negro. Essa ação sofreu contestações sociais de testemunhas antirracistas, especialmente organizadas e lideradas pela também influenciadora negra, Ana Paula Xongani. Ela articulou e movimentou socialmente, com o apoio de mais vinte e quatro influenciadores digitais negros, o Coletivo Influência Negra e a campanha #InfluenciaNegra. A Colgate interpelada por esse expressivo movimento, que ganhou amplo apoio nas redes sociais, abriu-se para o diálogo e, por fim, convidou alguns desses influenciadores negros para integrar as ações da marca como cocriadores e auxiliar a anunciante a reorientar as suas comunicações de modo a conectá-las autenticamente com toda a população brasileira (Eiras, 2018).

Já em meados de 2020, no ápice da comoção social, dos debates e dos protestos antirracistas desencadeados pelo já referido assassinato de Floyd, a imprensa nacional ao abordar essa pauta foi duramente interpelada pelo antirracismo das testemunhas (telespectadores), tendo em vista que, sem constrangimento, todos os jornalistas que estavam cobrindo o acontecimento, como de praxe, eram brancos. Diante desse notório embaraço, alguns veículos, pressionados pelas contestações das redes sociais, se movimentaram para responder a tais interpelações.

Por exemplo, o canal de televisão por assinatura Globo News, especificamente, o programa *Em Pauta*, que iniciou a cobertura desse fato apenas com jornalistas brancos, frente ao levante e protestos nas redes sociais, viabilizou um importante, porém lamentável, feito histórico em um país majoritariamente negro. Pela primeira vez, o referido e celebrado programa jornalístico foi conduzido inteiramente por profissionais negros: com a apresentação de Heraldo Pereira e comentários de Zileide Silva, Flávia Oliveira, Maria Julia Coutinho, Aline Midlej e Lilian Ribeiro. Posteriormente ao constrangimento desse episódio, a empresa ampliou o seu *casting*, incluindo mais jornalistas negros ao longo da sua programação (Vieira, 2020).

Outra situação emblemática, nesse mesmo período de cobertura jornalística, se estabeleceu ao vivo durante o telejornal *CNN 360°*, quando, ao ser entrevistada, Alexandra Loras, jornalista e ex-consulesa da França no Brasil, se posicionou criticamente ao fato de a emissora ter colocado o jornalista William Waack, um dos âncora do jornalismo do canal, para cobrir e comentar o levante popular mundial contra o racismo. Loras recordou, ao vivo, que Waack tinha sido demitido da Rede Globo de Televisão, em 2017, após o vazamento de um vídeo em que o jornalista foi racista, bem como alertou enfaticamente sobre a importância de o canal ter mais diversidade racial entre os seus jornalistas e comentaristas (Na CNN…, 2020).

Compartilhados esses poucos exemplos, que tentam ilustrar alguns dos atravessamentos de sentidos propostos neste trabalho sobre o antirracismo das testemunhas, à guisa de conclusão, retomam-se as vozes de Lorde (2019) e Reis (2021) acionadas na epígrafe deste capítulo. As reflexões dessas autoras abraçaram o raciocínio deste texto e o apoiaram a expressar o fundamental papel que as testemunhas (individual ou coletivamente), mesmo sem garantias, podem conduzir para fomentar o enfrentamento do racismo.

Desse modo, o antirracismo da testemunha, como visto, a partir da compreensão e conscientização das questões raciais, pode ser desempenhado em diversas direções que vislumbrem, por exemplo, o desenvolvimento de processos de intervenção que permitam visibilizar, reconhecer e estrategiar (Lynch; Swartz; Isaacs, 2017) a construção de formas de pensamentos e práticas que desmantelem o racismo. Contudo, radicalmente, os processos ativos de transformar o silêncio em linguagem e ação, o intrometer-se no problema, falando, questionando e intervindo sobre ele, seguem sendo, apesar dos riscos, os caminhos mais poderosos para o desenvolvimento de mudanças sociais autênticas, sustentáveis e contra opressões.

Referências

Adolescente que filmou últimos momentos de George Floyd será premiada por coragem. *G1*, [S.l.], 29 nov. 2020. Disponível em: https://g1.globo.com/mundo/noticia/2020/11/29/adolescente-que-filmou-ultimos-momentos-de-george-floyd-sera-premiada-por-coragem.ghtml. Acesso em: 28 fev. 2023.

Almeida, S. *Racismo estrutural*. São Paulo: Sueli Carneiro; Pólen, 2019.

Araújo, J. Z. *A negação do Brasil: o negro na telenovela brasileira*. São Paulo: Senac, 2000.

Ashburn-Nardo, L.; Morris, K. A.; Goodwin, S. A. The Confronting Prejudiced Responses (CPR) Model: Applying CPR in Organizations. *Academy of Management Learning & Education*, [S.l.], v. 7, n. 3, p. 332-342, 2008.

Avon lança "Essa é Minha Cor" e exalta compromisso antirracista. *Propmark*. [S.l.], 12 nov. 2020. Disponível em: https://propmark.com.br/avon-lanca-essa-e-minha-cor-e-exalta-compromisso-antirracista/. Acesso em: 28 fev. 2023.

Bandeira, C. de M.; Hutz, C. S. Bullying: prevalência, implicações e diferenças entre os gêneros. *Psicologia Escolar e Educacional*, [S.l.], v. 16, n. 1, jan. 2012.

Barnett, J. *et al.* Promoting upstander behavior to address bullying in schools, *Middle School Journal*, [S.l.], v. 50, n. 1, p. 6-11, 2019.

Barros, H. S. Vítima de racismo no metrô de SP diz que protesto a ajudou a denunciar caso. *Universa* (Uol), [S.l.], 3 maio 2022. Disponível em: https://www.uol.com.br/universa/noticias/redacao/2022/05/03/mulher-branca-negra-metro-sp-injuria-racial-racismo-cabelo-crespo.htm. Acesso em: 28 fev. 2023.

Batista, L. L.; Leite, F. (Orgs.). *O negro nos espaços publicitários brasileiros: perspectivas contemporâneas em diálogo.* São Paulo: ECA/USP, 2011.

Bauman, Z. Media, Bystanders, Actors. In: Ognjenovic, G. (Ed.). *Responsibility in Context: perspectives.* Dordrecht, Heidelberg, London, New York: Springer, 2010. p. 95-101.

Bonnett, A. *Anti-racism.* London & New York: Routledge, 2000.

Borges R. C. S.; Borges, R S. (Org.). *Mídia e racismo.* Brasília: ABPN, 2011.

Braga, J. L. *A Sociedade Enfrenta Sua Mídia. Dispositivos sociais de crítica midiática.* São Paulo: Paulus, 2006.

Camargo, C.; Pescarini, F. Polícia de São Paulo investiga caso de racismo em vagão do metrô. *Folha de S.Paulo*, São Paulo, 3 maio 2022. Disponível em: https://www1.folha.uol.com.br/cotidiano/2022/05/policia-de-sp-investiga-caso-de-racismo-em-vagao-do-metro.shtml. Acesso em: 28 fev. 2023.

Carneiro, S. Mano Brown recebe Sueli Carneiro. [Entrevista concedida a] Mano Brown. *PodCast Mano a Mano*, Spotify, [online], 26 mai. 2022. Disponível em: https://open.spotify.com/episode/2eTloWb3Nrjmog0RkUnCPr. Acesso em: 2 jun. 2022.

Carrança, F.; Borges, R. da S. (Orgs.). *Espelho infiel: o negro no telejornalismo brasileiro.* São Paulo: Imprensa Oficial do Estado de São Paulo, 2004.

Carrim, N.; Soudien, C. Critical antiracism in South Africa. In: May, S. (Ed.). *Critical multiculturalism: Rethinking multicultural and antiracist education.* London: Falmer, 1999.

Chapin, J.; Stern, A. Upstander Intervention and Parenting Styles. *Journ Child Adol Trauma*, n. 14, p. 85-91, 2021.

Collins, P. H. *Pensamento feminista negro: conhecimento, consciência e a política de empoderamento.* Tradução de J. P. Dias. 1 ed. São Paulo: Boitempo, 2019.

Com Djonga, Vivo fala de representatividade em filme do Lollapalooza. *Propmark.* 15 mar. 2023. Disponível em: https://propmark.com.br/com-djonga-vivo-fala-de-representatividade-em-filme-do-lollapalooza/. Acesso em: 28 fev. 2023.

Corrêa, L. G. Intersectionality: A challenge for cultural studies in the 2020s. *International Journal of Cultural Studies.* 1–10, 2020.

Corrêa, L. G. (Org.). *Vozes negras em comunicação: mídia, racismo, resistências.* Belo Horizonte: Autêntica, 2019.

Crenshaw, K. Demarginalizing the Intersection of Race and Sex: A Black Feminist Critique of Antidiscrimination Doctrine, Feminist Theory and Antiracist Politics. *The University of Chicago Legal Forum*, Chicago, v. 1989, p. 139-167, 1989.

Darley, J. M.; Latané, B. Bystander intervention in emergencies: Diffusion of responsibility. *Journal of Personality and Social Psychology*, v. 8, p. 377-383, 1968.

Dunn, S. T. M. *Upstanders: Student experiences of intervening to stop bullying*. Tese (Doutorado em Filosofia) – Department of Educational Psychology, Faculty of Graduate Studies and Research, University of Alberta, Edmonton, 2009. Disponível em: https://central.bac-lac.gc.ca/.item?id=NR55337&op=pdf&app=Library&oclc_number=741397716. Acesso em: 2 jun. 2022.

Eiras, N. Influencer negra, Ana Paula Xongani, chama a atenção de grandes marcas. *Universa*. Uol. 5 nov. 2018. Disponível em: https://www.uol.com.br/universa/noticias/redacao/2018/11/05/empresaria-da-zona-leste-de-sp-cria-marca-de-moda-afro-e-veste-celebridades.htm. Acesso em: 28 fev. 2023.

Freire, P. *Pedagogia do oprimido*. 2. ed. Rio de Janeiro: Paz e Terra, 1975.

Freitas, C. Mais do que divulgar nas redes, é preciso denunciar. Saiba como. *Ecoa*. Uol. 20 out. 2021. Disponível em: https://www.uol.com.br/ecoa/amp-stories/racismo-e-crime-saiba-como-denunciar/. Acesso em: 28 fev. 2023.

Gerente da Zara é indiciado por racismo em caso de delegada negra barrada em loja de Fortaleza. *G1*, Fortaleza, 18 out. 2021. Disponível em: https://g1.globo.com/ce/ceara/noticia/2021/10/18/gerente-de-loja-e-indiciado-por-racismo-em-caso-de-delegada-negra-barrada-em-loja-no-ceara.ghtml. Acesso em: 28 fev. 2023.

Gillborn, D. Critical Race Theory and Education: Racism and anti-racism in educational theory and práxis. *Discourse: studies in the cultural politics of education*. v. 27, n. 1, 2006.

Grantham, T. C. New Directions for Gifted Black Males Suffering From Bystander Effects: A Call for Upstanders. *Roeper Review*, v. 33, n. 4, p. 263-272, 2011.

Hall, S. New ethnicities. In: Donald, J.; Rattansi, A. (Eds.). *"Race", Culture, and Difference*. London: Sage, 1992. p. 252-259.

Hall, S. The Spectacle of the "Others". In: *Representation: Cultural representations and Signifying Practices*. London: Sage, 1997. p. 223-258.

Havas lança teclado antirracismo para a TIM. *Propmark*. 17 nov. 2020. Disponível em: https://propmark.com.br/havas-lanca-teclado-antirracismo-para-a-tim/. Acesso em: 28 fev. 2023.

Ho, C. P. *et al*. Mitigating Asian American Bias and Xenophobia in Response to the Coronavirus Pandemic: How You Can Be an Upstander. *J Am Coll Radiol*, v. 17, n. 12, p. 1692-1694, 2020.

hooks, b. *Ensinando comunidade: uma pedagogia da esperança*. Tradução de Kenia Cardoso. São Paulo: Elefante, 2021.

Jones, J. M. *Prejudice and racism*. Sydney: McGraw Hill, 1997.

Kilomba, G. *Memórias da plantação: episódios de racismo cotidiano*. Tradução de Jess Oliveira. Rio de Janeiro: Cobogó, 2020.

Latané, B.; Darley, J. M. *The unresponsive bystander: Why doesn 't he help?*. New York: Appleton-Century-Crofts, 1970.

Leah, R. Anti-Racism Studies: An Integrative Perspective. *Race, Gender & Class*, v. 2, n. 3, p. 105-122, 1995.

Leite, F. Comunicação Antirracista: notas crítico-reflexivas e propositivas. In: Encontro Anual da Compós, 31, 2022, Imperatriz. *Anais...* São Luiz: UFMA, 2022. p. 1-21.

Leite, F. Pode a publicidade ser antirracista? *Contemporanea – Revista de Comunicação e Cultura*. v. 19 n. 3, p. 13-42, 2021.

Leite, F.; Batista, L. L. Anti-Racism and Social Marketing: Paths for Research and Intervention. *Social Marketing Quarterly*, v. 29, n. 1, p. 3-27, 2023.

Leite, F.; Batista, L. L. (Orgs.). *Publicidade Antirracista: reflexões, caminhos e desafios*. São Paulo: ECA-USP, 2019.

Lynch, I.; Swartz, S.; Isaacs, D. Anti-racist moral education: A review of approaches, impact and theoretical underpinnings from 2000 to 2015. *J. of Moral Education*, v. 46, n. 2, 2017.

Lopes Neto, A. Bullying: comportamento agressivo entre estudantes. *Jornal de Pediatria*, v. 81, n. 5, nov. 2005.

Lorde, A. *Irmã outsider*. Tradução de Stephanie Borges. Belo Horizonte: Autêntica, 2019.

Marinho, W. Racismo e injúria racial: saiba como fazer a denúncia em ambos os casos. *CNN Brasil*. 10 fev. 2021. Disponível em: https://www.cnnbrasil.com.br/nacional/racismo-e-injuria-racial-saiba-como-fazer-a-denuncia-em-ambos-os-casos. Acesso em: 28 fev. 2023.

Mattos, G. Flagrantes de racismo: imagens da violência policial e as conexões entre o ativismo no Brasil e nos Estados Unidos. *Revista de Ciências Sociais*, Fortaleza, v. 48, n. 2, p. 185-217, jul.-dez., 2017.

Mbembe, A. *Necropolítica*. 3.ed. São Paulo: N-1, 2018.

Miller, A. *Banished knowledge: facing childhood injuries*. London: Virago, 1990.

Na CNN, entrevistada critica comentários de William Waack sobre racismo. *Catraca Livre*, [S.l.], 3 jun. 2020. Disponível em: https://catracalivre.com.br/entretenimento/na-cnn-entrevistada-critica-comentarios-de-william-waack-sobre-racismo. Acesso em: 28 fev. 2023.

Nelson, J. K.; Dunn, K. M.; Paradies, Y. Bystander Anti-Racism: A Review of the Literature. *Analyses of Social Issues and Public Policy*, [S.l.], v. 11, n. 1, p. 263-284, 2011.

Neto, Y. F.; Pedersen, A. No Time Like The Present: Determinants Of Intentions To Engage In Bystander Anti-Racism On Behalf Of Indigenous Australians. *Journal of Pacific Rim Psychology*, [S.l.], v. 7, p. 36-49, 2013.

Padgett, S.; Notar, C. E. Bystanders are the Key to Stopping Bullying. *Universal Journal of Educational Research*, [S.l.], v. 1, n. 2, p. 33-41, 2013.

Pascoe; B. C. Bosnia and Herzegovina: Upstanders and Moral Obedience. In: Schockman, H. E.; Hernández, V.; Boitano, A. (Orgs.). *Peace, Reconciliation and Social Justice Leadership in the 21st Century: The Role of Leaders and Followers*. Bingley: Emerald Publishing Limited, 2019. Building Leadership Bridges. v. 8. p. 193-205.

Paull, M.; Omari, M.; Standen, P. When is a bystander not a bystander? A typology of the roles of bystanders in workplace bullying. *Asia Pacific Journal of Human Resources*, [S.l.], v. 50, p. 351-366, 2012.

Racismo: saiba como denunciar e o que fazer em caso de preconceito. *Catraca Livre*, [S.l.], 17 fev. 2016. Disponível em: https://catracalivre.com.br/cidadania/racismo-como-denunciar/. Acesso em: 28 fev. 2023.

Reis, V. Debate do Grupo Prerrogativas sobre violência sistêmica, letalidade policial contra a população negra e o racismo estrutural no Brasil. *O Poder360*, [S.l.], 2021. Disponível em: https://www.poder360.com.br/brasil/para-ser-antirracista-e-preciso-se-meter-no-problema-diz-vilma-reis-ao-prerrogativas. Acesso em: 2 jun. 2022.

Rigby, K.; Johnson, B. Playground heroes. *Greater Good Magazine*, v. 3, n. 2, 2006.

Rodrigues, J. C. *O negro brasileiro e o cinema*. Rio de Janeiro: Pallas, 2011.

Rosenthal, A. M. *Thirty-eight witnesses*. New York: McGraw-Hill, 1964.

Saiba como denunciar casos de racismo e de injúria racial. *G1*, São Paulo, 21 out. 2021. Disponível em: https://g1.globo.com/sp/sao-paulo/noticia/2021/10/21/saiba-como-denunciar-casos-de-racismo-e-de-injuria-racial.ghtml. Acesso em: 28 fev. 2023.

Salmivalli, C. *et al.* Bullying as a group process: Participant roles and their relations to social status within the group. *Aggressive Behavior*, [S.l.], v. 22, p. 1-15, 1996.

Silva, T. G.; Silva, T. T. Black Lives Matter: o uso de dispositivos móveis no registro, denúncia e mobilização contra a violência racial nos Estados Unidos. *Aurora: revista de arte, mídia e política*, São Paulo, v. 11, n. 33, p. 38-55, out. 2018/jan. 2019.

Silva, A. B. B. *Bullying: mentes perigosas nas escolas*. Rio de Janeiro: Objetiva, 2010.

Sodré, M. *As estratégias sensíveis: afeto, mídia e política*. Petrópolis: Vozes, 2006.

Sodré, M. A comunicação eletrônica é epistemóloga. [Entrevista concedida a] Rafael Grohmann. *Parágrafo*, [S.l.], v. 1, n. 3, p. 120-128, jan./jun. 2015.

Sodré, M. *A ciência do comum: notas para o método comunicacional*. Petrópolis: Vozes, 2014.

Sodré, M. Do lugar de fala ao corpo como lugar de diálogo: raça e etnicidades numa perspectiva comunicacional. [Entrevista concedida a] Roberto Abib. *Reciis – Rev Eletron Comun Inf Inov Saúde*, [S.l.], v. 13, n. 4, out.-dez. 2019.

Twemlow, S. W.; Fonagy, P.; Sacco, F. C. The role of the bystander in the social architecture of bullying and violence in schools and communities. *Annals of the New York Academy of Sciences*, [S.l.], v. 1036, p. 215–232, 2004.

Trindade, E.; Perez, C. Para pensar as dimensões do consumo midiatizado: teoria, metodologia e aspectos empíricos. *Contemporanea: Comunicação e Cultura*, [S.l.], v. 14, n. 3, p. 385-397, set.-dez., 2016.

Vieira, R. Em movimento histórico, GloboNews reage a críticas e inclui jornalistas negros no horário nobre. *Observatório da TV*, [S.l.], 3 jun. 2020. Disponível em: https://observatoriodatv.uol.com.br/noticias/em-movimento-historico-globonews-reage-a-criticas-e-inclui-jornalistas-negros-no-horario-nobre. Acesso em: 3 jun. 2023.

Wottrich, L. *A publicidade em xeque: práticas de contestação dos anúncios*. Porto Alegre: Sulina, 2019.

SEÇÃO 3

Imagens, representações e contrarrepresentações

Por dentro da caixa-preta: vulnerabilidade escópica, algoritmos e a codificação sociotécnica da (in)visibilidade negra

Maria Aparecida Moura

E se a pretitude for o nome dado ao campo social e à vida social de uma capacidade alternativa e ilícita de desejar? Sendo direto, penso que a pretitude é exatamente essa capacidade. Quero que ela seja meu estudo constante. Eu a escuto em toda parte. Ou, pelo menos, eu tento escutar.

Moten, 2021, p. 187

Introdução

Nos últimos anos, o vestígio (Sharpe, 2023), a pretitude (Moten, 2021) e a fabulação crítica (Hartman, 2022) têm se solidificado como um conjunto robusto de instrumentos analíticos que emergem das subjetividades pretas contemporâneas. Essas ferramentas têm viabilizado uma produção crítica e inventiva que se vale da potência vívida do traço memorial e incontornável da experiência da travessia atlântica. Essa vivacidade se revela na vigilância da iminência e imanência dos vestígios, na imaginação não circunscrita ao racialmente previsível e na potência transgressora dos arquivos, para além das práticas rotinizadas nos protocolos disciplinares que exigem transcender a simples reificação da posse do corpo racializado, material e simbolicamente.

Nessa perspectiva, temos hoje a oportunidade de examinar as experiências de inovação sociotécnica considerando os efeitos e as interseções moldadas pela epistemologia da ignorância. Portanto, não é mais suficiente explicar o impacto tecnológico isoladamente; é crucial incorporar abordagens decoloniais que auxiliem na compreensão dos fenômenos à luz da historicidade.

Sabe-se que o viés interseccionado de raça, gênero, sexualidade e classe social há muito orienta os objetivos e as soluções tecnológicas. Apesar da tendência a enfatizar os dispositivos sociotécnicos como instrumentos impulsionadores da igualdade de oportunidades, observa-se, na maioria das vezes, que eles tendem a reafirmar "o poder brutal" ao manipular a tecnologia de forma desfavorável à nossa autonomia.

Para Benjamin (2019, p. 99), as tecnologias de visualidade têm desempenhado historicamente um papel significativo na estratificação e classificação da diferença humana. A sensibilidade racial subjacente às tecnologias visuais gera dilemas em relação à codificação da desigualdade. Nesse contexto, observa-se que, por um lado, muitas tecnologias falham ao reconhecer e incorporar a negritude como código, enquanto, por outro lado, uma vez codificada, a negritude permanece confinada a uma forma persistente de superexposição e hipervisibilidade, influenciando o acesso, as restrições e a necropolítica. Nesse aspecto, "longe de serem neutras ou simplesmente estéticas, as imagens têm sido uma das armas primárias que atuam no reforço da opressão social" (Benjamin, 2019, p. 99), na medida em que os códigos algorítmicos integram a maquinaria que reverbera e reitera os arquivos visuais de longa duração.

Na economia do visual, que se realiza especialmente em ambientes digitais, os dispositivos de racialidade são digitalizados e distorcidos pelo legado ambíguo do universalismo orientado à branquitude.

Benjamin (2019, p. 101) afirma que no contexto da (in)visibilidade mediada por tecnologias instaura-se um tipo de "vulnerabilidade escópica" que será central na experiência da pessoa racializada. "Essa história revela para nós que a característica principal da vida negra em sociedades racistas é a constante ameaça de exposição, e ser mal interpretado, e que ser exposto é também um processo de enclausuramento, uma forma de sufocamento por constrangimento social" (Benjamin, 2019, p. 101).

A ideia de sujeição e de morte ontológica dos corpos racializados segue sendo manejada pelo arquivamento "do horrível e do terrível" presente, sobretudo através da reiteração da existência bifurcada dos corpos negros, outrora propriedade, e, nos dias atuais, seres codificados como visíveis ou invisíveis sob a mesma pletora tecnológica. Desse ponto de vista, as tecnologias garantem por contiguidade a sujeição racial.

Observa-se também que as configurações-padrão adotadas nos dispositivos tecnológicos são reiteradamente distorcidas por lógicas racistas. Em termos tecnológicos, até a década de 1970, a indústria de produção de equipamentos e insumos fotográficos teve papel determinante na circulação desequilibrada de imagens de negros e negras. Durante décadas as tecnologias ópticas e químicas tomaram os corpos brancos como referência cromática.

Em 1940, a Kodak começou a produzir fichas de referência para ajustes de cores de impressões fotográficas que deveriam orientar as atividades técnicas dos laboratórios. No entanto, os cartões de Shirley, como ficaram conhecidos, eram impressos com fotografias de mulheres caucasianas e passaram a determinar uma normalidade visual imaginária. "A pele Shirley tornou-se um padrão da indústria nos laboratórios de fotografia da América do Norte que eram dominados por funcionários do sexo masculino nas décadas de 1940 e 1950. Não é surpresa, então, que a pessoa que foi imaginada no cartão de Shirley tivesse uma aparência e cor de pele para se adequar a uma noção masculina e popular de beleza, provavelmente definida a partir de uma perspectiva ocidental/europeia" (Roth, 2009, p. 6).

O padrão adotado impedia o reconhecimento das gradações cromáticas das peles negras e resultava na produção de imagens em que os corpos negros apareciam como borrões indiscerníveis. Desse modo, os cartões Shirley produziam reiteradamente o *design* da discriminação.

> Na década de 1990, quando comecei a tirar fotos, odiava fotografar pele morena em filme colorido. Os resultados impressos falharam em representar com precisão os assuntos fotografados, suas sombras obscurecidas, seus sorrisos estourados. Eu entendi que parte disso tinha a ver com a harmonização dos componentes básicos da grande criação de imagens a partir do equipamento: velocidade do filme, abertura e o fantasma que todos perseguimos, a luz.
>
> As inconsistências eram tão gritantes que, por um tempo, pensei que era impossível obter uma imagem decente de mim que capturasse minha semelhança. Comecei a me afastar de situações envolvendo fotos de grupo. Mas parecia que a tecnologia estava contra mim. Eu só sabia, embora não entendesse o porquê, que quanto mais claro você fosse, mais provável era que a câmera – o filme – acertasse sua imagem (McFadden, 2014).

As nuances de cores que favorecem a visibilidade da pele negra só foram possíveis anos depois, entre 1970 e 1990, devido às exigências da indústria de chocolates que na época desejava destacar e discernir os diferentes tons de marrom nas imagens de seus produtos.

Uma outra abordagem tecnológica com implicações políticas notáveis envolveu o uso massivo da câmera Polaroid ID2 como instrumento de fotoidentificação nos passes (passbook) utilizados pela população negra durante o regime do *apartheid*. O papel político desempenhado pela Polaroid foi veementemente criticado pelo Polaroid Revolutionary Workers Movement (PRWM), o African National Congress (ANC) e outros grupos *antiapartheid*, que conduziram uma intensa campanha resultando na retirada da Polaroid da África do Sul em 1977. Em um dos panfletos produzidos pelo movimento, fica evidente o viés racial presente na tecnologia, cuja mensagem declarava: "Polaroid aprisiona a população negra em 60 segundos" (Benjamin, 2019, p. 107).

Benjamin (2019) destaca que o racismo antecede as inovações tecnológicas, e no âmbito das tecnologias voltadas para a visualidade há uma clara propensão para a dominação, a vigilância e a formação de julgamentos que podem alterar a percepção da sociedade em relação aos indivíduos racializados.

Um exemplo recente e significativo dessas nuances sociotécnicas envolveu a deputada estadual Renata Souza (PSOL), cuja imagem foi gerada por inteligência artificial generativa. Nesse contexto de infoentretenimento, a partir de um comando escrito, no qual foi especificada a necessidade de integrar a imagem da deputada em um cenário associado a uma favela ao fundo, resultou na produção de uma proposta visual em que ela aparece segurando uma arma.

Quadro 1 – A Inteligência Artificial e a geração de imagens negras

Comando da imagem	Imagem gerada em IA
Pôster do filme inspirado na Disney Pixar com o título "Renata Souza". A personagem principal é uma mulher negra com cabelo afro preso e vestindo um blazer estilo africano. A cena deverá ser no estilo de arte digital distinto da Pixar, uma favela ao fundo, com foco nas expressões dos personagens, cores vibrantes e texturas detalhadas características de suas animações, com o título "Renata Souza".	 Fonte: *O Globo* (Após..., 2023).

Fonte: Elaboração própria.

Observa-se que na imagem gerada tanto a figura da mulher negra quanto o espaço geográfico foram justapostos na formulação de uma sugestão de semiose em que se associam os elementos ao crime. Para a deputada, "Essa é uma evidência muito forte do racismo algorítmico que algumas pesquisas científicas já demonstraram existir. Essa ilustração criada por uma inteligência artificial expressa o forte viés de criminalização da negritude e da favela no funcionamento da inteligência artificial, como indicador do racismo dos seus dirigentes e programadores. Não há neutralidade nas novas tecnologias', afirmou a parlamentar" (Vidon, 2023).

Em tais circunstâncias, nota-se a marca reiterada da colonialidade do ver. Essa perspectiva de colonialidade se organiza em torno da composição de um modelo semiótico orientado à produção, ao enquadramento e à circulação de imagens disciplinadoras capazes de produzir e reiterar subordinações e confortos ontológicos que tendem a conformar e a regular as relações sociais.

Para Barriendos (2019, p. 47), "As cartografias imperiais, a protoetnografia eurocêntrica e a mercantilização transatlântica da alteridade canibal devem ser consideradas, por consequência, como constitutivas da colonialidade do ver. [...] essa nova territorialização do que é monstruoso suscitou um tipo de violência epistêmica e etnorracial hierarquizante, profundamente imbricada com o desenvolvimento dos imaginários comerciais transatlânticos".

A colonialidade do ver, proposta por Barriendos (2019), supõe a intermediação de "maquinarias geoepistêmicas" que buscam organizar o imaginário e o olhar na construção de efeitos semióticos no enquadramento e na circulação de imagens disciplinadoras capazes de produzir a inferioridade ontológica de certos grupamentos sociais.

Imagens de controle e racismo estrutural

A compreensão do racismo em sua dimensão estrutural nos permite avançar rumo ao entendimento sobre o modo como suas ramificações se articulam em torno da normalização de um projeto de poder racialmente estruturado.

Almeida (2020) enfatiza que o racismo tem caráter sistêmico e, como poder, ultrapassa as ações individuais ao se manifestar nos contextos institucionais como um projeto de dominação mais difuso e longevo assimilado como ordem social, que se realiza por intermédio de regramentos formais ou assimilados tacitamente. Por não se tratar de uma ação isolada, é possível observar seus desdobramentos estruturais nas relações sociais, políticas e econômicas, na medida em que atua como vetor de naturalização da desigualdade pautado na racialização do conforto e do privilégio.

O enquadramento sistemático do projeto semiótico colonial assenta-se, em termos visuais, na produção de evidências e reconhecimentos de uma certa civilidade fantasmagórica que ordena e etiqueta os "de dentro" e os "de fora".

Historicamente, é possível observar o caso de Sarah Saartjie Baartman (1789-1815), uma mulher negra sul-africana cujo corpo foi amplamente explorado em imagens e exposições racistas e sexistas na Europa entre os séculos 19 e 20. Sujeita a atrocidades e à brutalidade de anatomistas, naturalistas e museus, Baartman teve partes de seu corpo expostas até 1974. O seu corpo tornou-se objeto de controvérsias internacionais entre a França e a África do Sul, sendo somente repatriado em 2002, encerrando assim um ciclo de quase duzentos anos de exploração de sua imagem.

Figura 1 – Saartjie Baartman

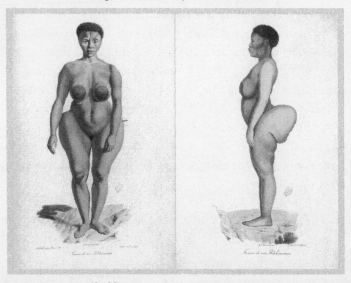

Fonte: Saartjie Baartman, ([s.d.]).

Nesse âmbito, o conceito de imagens de controle proposto por Collins (2009) assinala a circunscrição e a violência reservadas às mulheres negras no interior dos sistemas de poder, que funcionam como um dispositivo que consolida a matriz de dominação em que operam simultaneamente o patriarcado, o colonialismo, o racismo e o sexismo. Segundo Bueno (2020, p. 73), "As imagens de controle são a dimensão ideológica do racismo e do sexismo compreendidos de forma simultânea e interconectada. São utilizados pelos grupos dominantes com o intuito de perpetuar padrões de violência e dominação que historicamente são constituídos para que permaneçam no poder".

A objetificação pressuposta nas imagens de controle contribuem para o ocultamento da existência, o tratamento desumanizante e o recrudescimento das opressões interseccionais.

As imagens de controle descritas por Collins organizam-se na compreensão do papel das mulheres negras associadas às *mammies*, às beneficiárias do assistencialismo e à Jezebel. Em tais imagens são justapostos estereótipos (solidão, deferência e abnegação ao branco, submissão, lascívia) que podem fixar imagens, orientar percepções e circunscrever papéis sociais.

Quadro 2 – Imagens de controle e mulheres negras

Socialite russa posa para foto sentada sobre manequim de mulher negra
Fonte: Socialite... (2014).

Corpo de Cláudia Silva Ferreira é arrastado pelas ruas do Rio de Janeiro por viatura da polícia em 2014.
Fonte: Viatura... (2014).

Manifestação de mulheres no Dia Internacional da Mulher Negra Latino-Americana e Caribenha
Fonte: Dia... (2021).

Fonte: Elaboração própria.

As imagens de controle associadas às *mammies* produzem uma percepção essencializada e coisificada das mulheres negras como trabalhadoras incansáveis e seres devotados ao outro, ou como precarizadas, agressivas e desprovidas de feminilidade, na versão matriarca.

A imagem associada às usuárias de serviços de assistência social estatais articula-se ao controle de fertilidade das mulheres, diante do papel exercido no regime escravista como reprodutoras de mão de obra escravizada. Isso implica no estabelecimento de uma conexão direta entre a precarização das políticas estatais de redistribuição de renda e as mulheres negras, que são frequentemente retratadas como as principais beneficiárias dessas políticas.

A imagem de controle vinculada à *"black lady"* circunscreve as mulheres negras que acessam os processos de qualificação profissional, se instruem e ascendem profissionalmente no enredamento previsto para as *mammies*. Nesse sentido, organizam-se as imagens e os sentidos relacionados às mulheres negras "bem-sucedidas", mas, ao mesmo tempo, extenuadas pelo trabalho e sem tempo para se dedicar à vida pessoal.

A Jezebel encarna uma imagem de controle associada à objetificação, à hipersexualização, à lascívia e à agressividade que alcança historicamente as mulheres negras, e tem, como desdobramento, a oportunidade de exploração econômica e o enredamento histórico para justificar as violências sexuais e a miserabilidade de afetos a que são submetidas.

As imagens de controle nos permitem perceber os estereótipos e a dinâmica de intersecção entre raça, classe, sexualidade e gênero e seus desdobramentos nos contextos sociais, assim como seus efeitos na rede de significados e "sugestões" de semiose. Pensar o protagonismo das mulheres negras através do deslocamento das imagens de controle parece fundamental para a compreensão das matrizes de dominação que se instauram por intermédio da instrumentalização e racialização do regime de visualidade.

Tradução intersemiótica, semiose e visualidades

A fotografia, tão amplamente utilizada na atualidade, teve o seu reconhecimento público em 1826, em imagem atribuída ao francês Joseph Nicéphore. Por muitos anos, esteve associada a uma perspectiva icônica de verdade por trazer em si parte do objeto, embora já fosse possível construir discursos imagéticos que contrariavam a referência. A ideia de espelhamento foi sempre questionada.

Atualmente, com os avanços aportados pelas tecnologias digitais, vive-se sob a égide da pós-fotografia, em que a imagem capturada pode se descolar tecnicamente do seu referente e ampliar ainda mais o seu espectro semiósico em outras narrativas possíveis.

A objetividade, historicamente atribuída às fotografias, tornou-se esmaecida. Em face dos atravessamentos digitais, fotografar nesses tempos significa também estabelecer a cópula entre os referentes presumidos, as tecnologias e as latências semióticas.

Conforme destacou Arlindo Machado (1993), "A imagem se oferece agora como um 'texto' para ser decifrado e 'lido' pelo espectador e não mais como paisagem a ser contemplada". Nesses contextos, há uma forte tendência a construir um discurso homogêneo e alheio às poéticas dissidentes. Contudo, essas ações não acontecem sem resistência, interpelação e contranarrativas.

A exacerbação da cultura visual é um traço marcante da contemporaneidade. O desejo de imagens, o consumo e a expressividade visual atravessam e orientam as práticas sociais.

Abril (2012) assinala que a leitura de imagens não se limita aos estímulos semióticos imediatos, mas conta com a experiência colateral do intérprete para apoiar a compreensão do signo.

O sujeito do conhecimento semiótico não detém a primazia do processo e performa em meio a uma pletora de signos sempre dependentes do seu potencial para significar. Assim, o signo possui um potencial interpretativo a ser acionado por um intérprete espaço-temporalmente situado.

A semiose é um produto resultante do processo natural do signo, ou seja, a geração *ad infinitum* dos interpretantes. Tais interpretantes remetem, sempre, o destino e a completude da cadeia sígnica, apresentando um tipo de opacidade que não nos permite capturá-la de modo definitivo.

No que se refere à visualidade, Abril (2012) destaca que há um conjunto de interações que auxiliam na conformação e na leitura da imagem: o que se deseja ver, o que se sabe e se crê e o que se faz com o que se vê.

O que se deseja ver: associa-se aos elementos salientes ao registro e que podem provocar a identificação do sujeito com os elementos retratados ao realizar a leitura. Essa identificação suscita, em certa medida, a presença projetada na cena.

O que se sabe ou crê sem o apoio de uma visualidade explícita: orienta-se pelos conhecimentos e memórias acionados pelo leitor na ação de interpretar. Nesse caso, a cultura, os valores sociais, os sistemas simbólicos e as múltiplas pertenças projetam possibilidades de interpretação não necessariamente presentes na superfície da cena em análise.

O que se faz com o que se vê: coloca em interação possibilidades interpretativas repertoriadas e propostas pelo autor das imagens e que serão atualizadas, ou não, pelos leitores na instância receptiva.

É necessário assinalar, contudo, que os elementos desse modelo de interações não são autocontidos e podem ocorrer de forma combinada em contextos de múltiplos agenciamentos. Desse ponto de vista, exclui-se a possibilidade de uma ideia imanentista associada originalmente à imagem.

Para Pinto (2009):

> Fica bem fácil presumir que o que presenciamos é um comércio de sentidos distribuídos socialmente por dispositivos midiáticos que, conquanto tendo sempre existido, adquirem agora um peso que cresce exponencialmente e quase oblitera a espontaneidade do psiquismo intersubjetivo para carregar nas tintas de uma interobjetividade simbólica. Além do mais, forçoso é reconhecer que esse item do nosso álbum de memória de imagens já convencionais, sempre retroalimentado pelas nossas relações interobjetivas, espraia-se para além dos limites de uma arte para se disseminar e alcançar outros domínios da experiência (Pinto, 2009, p. 46).

A contemplação de imagens, conforme ressalta Abril (2012), realiza-se em um contexto de prática sociodiscursiva. Para ele, a ação contemplativa não se encerra ou limita no sujeito que contempla, na medida em que a própria imagem sugestiona e faz alusões a um certo "poder técnico, cognitivo, normativo e estético" para sugerir atualizações e leituras possíveis.

Nesse contexto, a contemplação colonial – uma instância de poder de quem olha, educa e determina o olhar do outro – é fortemente acentuada por um projeto semiótico que toma a naturalização da opressão e a hierarquização da diferença como parte do processo. É dessa forma que a contemplação racista, sexista, patriarcal e de classe funciona como semiose *mainstream*. "A dimensão da contemplação concerne à conformação do tempo e do espaço, aos lugares da subjetividade e as formas de subjetivação que possibilita, dando lugar a determinados regimes de direito e deveres, a modos de apropriação simbólica e a modalidades do exercício da contemplação que vão desde o imperialismo panóptico, o poder de mirar a todos sem ser visto, à contemplação submetida ao recato por efeito de algum monopólio político do ver" (Abril, 2012, p. 28-29).

O monopólio político do ver assinalado por Abril (2012) se fortalece consideravelmente nesses processos pela ausência protagonista de atores sociais diversos com condições de realizar o enfrentamento, a produção e a oferta plural de imagens a partir de uma perspectiva contra-hegemônica.

Nesse contexto, a tradução intersemiótica é a efetivação de um trânsito entre linguagens criativas ancoradas no tempo. Nesse âmbito, a linguagem, propriedade coletiva, exerce papel primordial por integrar privacidade e consciência coletiva. Plaza (2003, p. 31) recorda, no entanto, que "todo signo, mesmo o mais icônico, existe no tempo. Nessa medida, embora o signo estético se proponha como completo, ele não pode ser lançado para fora da cadeia semiótica que é a cadeia do tempo. Entre o signo original e o tradutor interpõe-se essa diferença".

O gesto tradutório é um esforço de compreensão do esgarçamento do sentido em processos de transmutação de redes sígnicas. Nesses termos, um dado objeto estético é retomado em propostas de transcriação em que elementos são reiterados e outros são justapostos, levando o interlocutor a acessar esteticamente o deslizamento do sentido.

No caso das fotografias, o gesto tradutório desliza entre o enquadramento de uma dada realidade ou cena composta sob a forma de um signo estético para sugerir novas semioses na instância receptiva.

A intermediação dos objetos técnicos no processo de captura e de posterior intervenção na imagem pode alterar a percepção sobre as informações nela contidas. Assim, por meio da fotografia, como signo estético, estabelece-se um esquema fugidio na significação em que se que reitera, sugere, extrapola ou fixa os sentidos manejados socialmente.

Nesse contexto, identificam-se três modalidades de tradução intersemiótica: tradução icônica, indicial e simbólica. A tradução icônica fundamenta-se na similaridade estrutural que se pretende transcrir, guiando-se pela busca de uma conjunção icônica. Esse tipo de tradução destaca a complexidade, a imprevisibilidade, a originalidade e a fragilidade do ato tradutório e do objeto resultante, caracterizando-se por uma carga elevada de informação estética e pela tentativa de mimetizar sensações.

A tradução indicial estabelece uma relação de contiguidade entre o original e a tradução. Nesse caso, o caráter qualitativo do objeto em tradução é adensado pelas camadas de significação naturais do processo tradutório e varia de um homeomorfismo parcial, demarcado pelo deslizamento relativo dos significantes, até a transformação qualitativa que leva à transposição por invenção.

Por fim, a tradução simbólica opera na estrutura lógica do signo durante o processo tradutório. A ação tradutória relaciona-se à transcodificação, gerando regularidade no processo de transcriação e permitindo que o sensível e o inteligível se alimentem mutuamente.

No contexto da fotografia, a ação tradutória frequentemente oscila entre a tradução icônica e a indicial, dada a ampla margem poética que essas traduções podem proporcionar.

Quadro 3 – Tradução criativa e invenção

Traduções	Características	Consciência sintética
Tradução icônica	• Elevada carga de informação estética • Similaridade e conjunção icônica • Ruptura com a ideia de fidelidade	• Dependência da experiência e da associação dos elementos que constituem o signo estético • Dentro dos limites é pura similaridade • Retenção do instante epifânico
Tradução indicial	• Contiguidade entre o objeto e a tradução • Homeomorfismo parcial • Transposição por invenção	• Foco na contiguidade • Compulsão para os elementos exteriores ao signo que possam auxiliar na composição do sentido • Põe em ação o atrito de forças conflitivas
Tradução simbólica	• Transcodificação da estrutura lógica • Regulação de algumas qualidades do signo de origem	• Orienta-se para a constituição de um hábito

Fonte: Síntese baseada em Plaza (2003).

A tradução simbólica, ao manipular objetivamente a estrutura lógica do signo, pode propor percursos semiósicos que escapam da autorreferência da imagem capturada originalmente. Nesse sentido, restabelece o lugar da invenção. Assim, "Mesmo quando o signo cria seu próprio objeto, ele não se livra de indicar para algo que está fora dele, pois qualquer signo está marcado pelas condições de sua temporalidade, isto é, de sua produção. A leitura do original exige também a leitura das suas condições de produção" (Plaza, 2003, p. 35).

A tradução criativa, intrínseca ao fluxo semiótico vinculado à fotografia, suscita uma série de indagações acerca da regulação da semiose. Paralelamente, proporciona reflexões sobre temporalidade, historicidade, meios de reprodução e escolhas sociopolíticas que orientam o gesto tradutório, bem como as reminiscências, atualizadas ou não, na instância receptiva.

Portanto, acredita-se que abordar o gesto criativo das fotógrafas negras por meio da lente da tradução intersemiótica pode contribuir para a compreensão das diversas camadas criativas, identitárias e históricas, mas ao mesmo tempo utópicas, ficcionais, estranhas, contra-hegemônicas e dissidentes em relação à distração e à fugacidade do ciclo reprodutivo de imagens na contemporaneidade. Discutir a especificidade do gesto e da produção dessas profissionais implica situar a potência da contiguidade que sensivelmente articula as artistas com seu universo, as imagens e as vicissitudes do percurso criativo.

Ativismo visual, agência e poéticas insurgentes

> *I wanted to use my face so that people will always remember just how important our black faces are, when confronted by them.*
>
> Zanele Muholi, 2018.[1]

Há várias décadas, a supremacia colonial eurocêntrica, o privilégio de acessos (*white pass*) e a prevalência das lógicas coloniais adotadas na interpretação do mundo têm sido colocados sob suspeição em virtude da opressão renitente a eles associados.

A colonialidade que estrutura o mundo contemporâneo pode ser observada no discurso universal calcado na branquitude, na europeidade, no sexismo e na violência, e suas imagens, na normatização da diferença e na consequente desigualdade de oportunidades oferecidas aos sujeitos racializados, migrantes, mulheres e de sexualidades dissidentes.

Nessa esfera, a imagem é compreendida como importante substrato simbólico que apoia a compreensão, a prefiguração e a disseminação de visões de mundo. Por essa razão, é preocupante observar presenças naturalizadas e ausências silenciadas ao realizarmos gestos banais como folhear revistas, livros e jornais ou zapear acervos audiovisuais. Nesses registros imagéticos, observa-se a incidência de assinaturas semióticas contínuas que tendem a banalizá-los e domesticá-los, associando-os às esferas regulares do consumo sem que se vislumbre um desencaixe em relação à facticidade de nossa existência social. Naturalizam-se assimetrias, privilegiam-se pontos de vista.

No entanto, bell hooks (2019) destaca a importância de uma autoria negra e de um olhar negro que não apenas questione, mas também promova mudanças significativas. Ela enfatiza que os espectadores não deveriam se contentar com menos, instigando uma postura crítica e a busca por narrativas e perspectivas mais abrangentes e transformadoras:

---

[1] Trecho da fala de Zanele Muholi retirado de Berger (2018).

> Não é uma questão de "nós" e "eles". A questão é de ponto de vista. A partir de qual perspectiva política nós sonhamos, olhamos, criamos e agimos? [...] É também uma questão de transformar as imagens, criar alternativas, questionar quais tipos de imagens subverter, apresentar alternativas críticas e transformar nossas visões de mundo e nos afastar de pensamentos dualistas acerca do bom e do mau. Abrir espaço para imagens transgressoras, para a visão rebelde fora da lei, é essencial em qualquer esforço para criar um contexto para a transformação. E, se houve pouco progresso, é porque nós transformamos as imagens sem alterar os paradigmas, sem mudar perspectivas e modos de ver (hooks, 2019, p. 32).

Nesse contexto, considerar o saber situado implica compreender que o mundo é uma entidade ativa, habitada por atores materiais semióticos que possuem agência e exercem sua efetividade na interação social.

O saber situado, entendido como uma epistemologia feminista que aborda a localização específica do conhecimento, constitui um apelo à ruptura necessária com a lógica estruturante da ciência. Essa lógica, ao objetivar o mundo, busca consolidar mitos e valores do colonialismo supremacista promovido pelo homem branco como um ideal a ser alcançado.

Ao abordar a visão e os sistemas sociotécnicos a ela associados, Haraway (1995) destaca a potência dos saberes situados, que marcam a reflexividade da objetividade feminina, constituindo-se como uma importante perspectiva crítica e reflexiva:

> Os olhos têm sido usados para significar uma habilidade perversa – esmerilhada à perfeição na história da ciência vinculada ao militarismo, ao capitalismo, ao colonialismo e à supremacia masculina – de distanciar o sujeito cognoscente de todos e de tudo no interesse do poder desmesurado. Os instrumentos de visualização na cultura multinacional, pós-moderna, compuseram esses significados de des-corporificação. As tecnologias de visualização aparentemente não tem limites; o olho de um primata comum como nós pode ser infindavelmente aperfeiçoado por sistemas de sonografia, imagens de ressonância magnética, sistemas de manipulação gráfica vinculados à inteligência artificial, microscópios eletrônicos com scanners, sistemas de tomografia ajudados pelo computador, técnicas de avivar cores, sistemas de vigilância via satélite, vídeos domésticos e no trabalho, câmeras para todos os fins, desde a filmagem da membrana mucosa do estômago de um verme marinho vivendo numa fenda entre plataformas continentais até o mapeamento de um hemisfério planetário

em outro lugar do sistema solar. A visão nesta festa tecnológica transforma-se numa glutoneria desregulada; todas as perspectivas cedem passagem a uma visão infinitamente móvel, que parece ser não mais apenas a respeito do truque mítico de deus de ver tudo de lugar nenhum, mas da transformação do mito em prática comum. E, como o truque de deus, este olho fode o mundo para criar tecno--monstros. Zoe Sofoulis (1988) o chama de olho canibal dos projetos extraterrestres masculinistas para um renascimento excremental (Haraway, 1995, p. 18-19).

Em face dos apontamentos de Haraway (1995), observa-se que o gesto fotográfico das mulheres negras é por tal razão interseccional, por ser poético e crítico, ao oferecer lentes amplas para percebermos o mundo. As imagens produzidas em tais circunstâncias apontam para a reflexividade e a ação política. A operação de sobrevivência criativa realizada por essas mulheres busca romper com os eixos de subordinação e violência simbólica que tendem a naturalizar a estética branca.

> A estética preta ativa uma dialética de retenção luxuriante – abundância e falta empurram a técnica para além do limite da recusa, de modo que o problema com a beleza, que é a própria animação e emanação da arte, é sempre e em todo lugar problematizado de novo e de novo. Nova técnica, nova beleza. Ao mesmo tempo, a estética preta não tem a ver com técnica, ela não é uma técnica, embora um elemento fundamental da terrível negação anestética de "nossa terribilidade" seja o sampleamento eclético de técnicas de performatividade preta em prol da não problemática asserção despossessiva de uma diferença, complexidade ou sintaxe interna que foi sempre e em todo lugar tão aparente, que a asserção é um tipo de excesso [superfluity] autoindulgente, autoexpiatório (Harney; Moten, 2019, p. 114).

Pensar na ação de mulheres negras no contexto de produção visual implica falar das estruturas múltiplas e dinâmicas da opressão. Tais estruturas apoiam a normatização da violência material e simbólica em diferentes âmbitos, especialmente na esfera da produção estética.

Nos tempos atuais, a reivindicação por um lugar de fala, o barateamento dos equipamentos e a ampliação do acesso aos meios digitais para o registro e difusão de imagens e informações em rede tornaram possível a ampliação da presença das mulheres negras na fotografia com a consequente ruptura com a colonialidade do olhar e "suas gramáticas de morte e captura". Hoje é possível perceber a circulação de imagens articuladas por assinaturas heurísticas e interseccionais. Essas imagens são produzidas por mulheres negras reais, desde as suas "avenidas identitárias" e estéticas. Jota Mombaça (2019, p. 48) nos lembra da *unstoppability* desse gesto.

O ativismo visual surge, nesse contexto, como uma instância de atuação política e criativa que busca ampliar a agenda temática da cultura visual global na direção de sujeitos, temas e cenários pouco representados.

Combater a invisibilidade, a semiose colonial do olhar, os estereótipos e o desprezo subsumidos na cultura visual contemporânea tornou-se a agenda de várias artistas que produzem e põem em circulação um repertório imagético ampliado em que, não raro, elas próprias ocupam a cena.

Pode-se dizer que o ativismo visual assumido por grande parte das artistas visuais negras contemporâneas, seja através da agenda de questões ou do registro de suas performances, acaba por gerar um produto imagético multimodal em que conceito, cena e documento se amoldam e organizam o olhar em outras poéticas possíveis.

Para Martins (2003, p. 64), o corpo é o portal da alteridade e da inscrição de saberes. Nesse aspecto, coloca em movimento o entrecruzamento pluriepistêmico de estruturas profundas (Schechner, 1994 citado por Martins, 2003, p. 65) que permite acessar utopias reparadoras. Conforme destaca Martins (2003, p. 66), "O corpo em performance é, não apenas, expressão ou representação de uma ação, que nos remete simbolicamente a um sentido, mas principalmente local de inscrição de conhecimento, conhecimento que se grafa no gesto, no movimento, na coreografia, nos solfejos da vocalidade, assim, como nos adereços que performaticamente recobrem".

Nessa abordagem, as ativistas visuais estendem os limites do cenário imagético predominante, adicionando novas camadas, e, por meio de suturas, interpõem historicidade e novos significados políticos e enunciativos às imagens. Apesar da potência política desses gestos, persiste o risco de uma subsequente apropriação das imagens por outros círculos caucasianos, como destacado pelo artista Masimba Hwati:

> Atualmente, nossos ativismos, protestos e posturas de resistência são tolerados nas estruturas ocidentais porque são considerados entretenimento. Não há nada tão castrador quanto permitir que um artista nativo furioso desabafe sua raiva na presença do opressor. É, de fato, um ambiente controlado e seguro, no qual o artista nativo realmente recebe remuneração. Além disso, isso favorece a imagem do opressor culpado, que se mostra como uma entidade inclusiva aberta aos erros do passado (Hwati, 2019, p. 106).

A dualidade – arte e ativismo – que se instaura na esfera de produção e circulação dessas imagens assinala, sobretudo, a necessidade de recuperação da perspectiva de agência endógena aos processos criativos e ao contexto de origem dessas imagens. Não se trata, nesse caso, de uma guerrilha imagética, mas de estabelecer maior equilíbrio na ecologia social que constitui o imaginário, reposicionando, desse modo, as legibilidades dos corpos negros, o reconhecimento de seu lugar de fala e a autodeterminação informativa dos herdeiros dos "legados culturais imprevistos".

A seguir, apresentarei um conjunto de ativistas visuais negras atuantes na cena internacional que, por meio de diversas perspectivas e abordagens, promovem a circulação de meios para expandir a agenda temática da cultura visual global. Elas buscam representar sujeitos, temas e cenários historicamente sub-representados, ao mesmo tempo em que desafiam os repertórios previsíveis e precários.

No âmbito da ação das artistas visuais negras, *Carrie Mae Weems* é uma destacada artista afro-americana que tem dedicado o seu trabalho a pensar as relações familiares, a identidade cultural, o sexismo, a classe, os sistemas políticos e o poder. Nascida em Portland em 1953, Carrie integra a Academia Americana de Artes e Ciências, dedica-se à fotografia artística e, ao longo de sua trajetória, tem questionado fortemente o lugar do negro na comunicação.

Em 1995 e 1996, em função de seus estudos sobre a diáspora negra, a fotógrafa realizou o projeto fotográfico "From Here I saw what happened and I cried", que tomou como referência retratos objetificados dos escravizados no século 19. Nesse trabalho, a artista realizou intervenções nas imagens históricas com o propósito de ampliar o debate sobre os usos das corporeidades negras na fotografia. "Apesar da variedade de minhas explorações, ao longo de tudo isso tenho afirmado de que a minha responsabilidade como artista é trabalhar, 'to sing for my supper', fazer arte, bela e poderosa, que adiciona e revela; para embelezar a confusão de um mundo confuso, para curar os doentes e alimentar os desamparados; para gritar bravamente nos telhados e atormentar as portas entrincheiradas e expressar as especificidades do nosso momento histórico", explica Weens (Domingues, 2016).

Zanele Muholi, de 51 anos, destaca-se como ativista visual e membro da comunidade LGBTQ na África do Sul. Internacionalmente reconhecida, a artista concentra suas práticas no universo imagético, com ênfase nas temáticas de raça, gênero e sexualidade. Seu propósito central é ampliar a visibilidade das mulheres lésbicas na África do Sul pós-*apartheid*. Atualmente, Muholi empenha-se na construção de um arquivo dinâmico, destinado às gerações presentes e futuras, documentando a luta das mulheres contra a intolerância, a homofobia e os persistentes casos de violência de estupro corretivo ainda praticados no país. Segundo Muholi,

> Meu trabalho enfoca a expressão de gênero [diferenças não biológicas entre mulheres e homens] e política de gênero. É importante compartilhar esses documentos visuais e documentos de nossas vidas. Trata-se de nossa cidadania e de algumas políticas, como, por exemplo, políticas anti-homossexuais ou transgêneros que continuam a tirar muitas pessoas de seus países de origem. Muitas vezes, é simplesmente a falta de entendimento que torna as pessoas violentas. Meu trabalho faz parte da educação, por exemplo, quando as pessoas aprendem a história dos direitos fundamentais. Depois que as pessoas entendem melhor LGBT [lésbicas, gays, bissexuais e transgêneros]. Fazemos parte de nossos países democráticos. É muito importante divulgar nossa história, criar obras que ninguém havia feito antes... (Muholi, 2018, [s.d.]).

Ayana Velissia Jackson é socióloga, fotógrafa e cineasta, nascida em New Jersey, Estados Unidos. A abordagem visual adotada pela artista está associada ao estudo da história das representações do corpo negro na construção da identidade, com especial atenção ao papel da fotografia e das artes nos séculos 19 e 20.

Como outras fotógrafas negras vinculadas ao ativismo visual, Ayana também performa e se implica nas imagens produzidas, especialmente com o apoio dos meios digitais. Na exposição "Projection Surface", realizada em 2011, a fotógrafa argumenta que teve como propósito

> questionar ideias rebatidas/refletidas na pele negra. A premissa central é que o corpo empobrecido no sul global muitas vezes serve como superfície de projeção para a perpetuação de um conjunto limitado de narrativas. Identidades estáveis são preferidas às mais sutis. Na série Black Madonna Tabloid, analisamos isso através da mídia. Ao me apropriar da tipografia e do *layout* dos tablóides, inverto papéis e questiono a ética em torno do uso de um bebê como um local para a promoção de causas filantrópicas (Jackson, 2018).

O trabalho fotográfico de Ayana Jackson revela um olhar incisivo sobre a diferença. Ele é fruto de um diálogo intenso e crítico com a arte, a história e as questões sociais contemporâneas. Nele é possível observar questões sobre a sociedade ocidental e suas marcas de violência e a determinação dos destinos das corporeidades negras.

Yagazie Emezi é uma fotógrafa documental, nascida em 1989, em Aba, Nigéria. Desde 2015, tem trabalhado em diferentes projetos pessoais e editoriais. Suas fotos foram divulgadas em publicações internacionais como *Al-Jazeera, New York Times, Time, Vogue, The Guardian*, entre outras.

A artista, licenciada em Antropologia da Cultura e Estudos Africanos, tem como foco os direitos humanos, a educação, os temas que envolvem as mulheres africanas e a fotografia de moda. Em um projeto recente, "Re-learning Bodies", Yagazie apresenta registros de imagens de pessoas que tiveram seus corpos marcados e histórias relacionadas à convivência, adaptação e aprendizados para conviver com essas marcas corporais.

> Fotografar cicatrizes não é um conceito novo, mas percebi que muitas das imagens que vi de mulheres em particular, com cicatrizes, foram obtidas através de alguma forma de violência ou abuso. Nem toda história em torno de pessoas de cor precisa ser esse evento super trágico, mesmo que trauma seja trauma no final do dia. Concentrei-me mais em mulheres que ficaram com cicatrizes de acidentes cotidianos e no processo em que aprenderam a reconhecer seus corpos novamente depois disso. O objetivo inicialmente era e ainda é compartilhar isso com um público mais amplo, porque acho que muitas mulheres negras em particular sofrem silenciosamente quando se trata do modo como lidamos com nossos corpos. O projeto explora as diferentes fases de cura dessas mulheres (Emezi, [s.d.]).

Nona Faustine integra o conjunto de artistas negros que, de forma simultânea, promovem ativismo visual, autobiografia fotográfica e tradução criativa. Nascida no Brooklyn, Nova York, em 1977, Faustine concluiu seu curso em Artes Visuais em 2013 pela Escola de Artes Visuais e pelo Centro Internacional de Fotografia, no programa MFA do Bard College.

A artista direciona seu olhar para temas como a identidade, a representação, a historicidade e o papel da mulher no século 21. Uma de suas obras mais emblemáticas, intitulada "White Shoes", datada de 2016, consiste em uma série de fotografias capturadas em espaços públicos marcados pela escravidão e pelos processos coloniais que impactam as corporeidades negras, bem como pelos desdobramentos do patriarcado. Nessas imagens, Faustine incorpora personagens distintos que apontam para os sistemas sistêmicos e interseccionais de opressão que historicamente afetam as populações negras. A artista aparece de forma nua, utilizando sapatos brancos como referência aos corpos dissidentes e à violência perpetrada pelo patriarcado branco.

Segundo a artista,

São autorretratos nus em vários lugares que remetem aos 250 anos da história oculta da escravidão em Nova York, lugares desconhecidos ou esquecidos, enterrados sob o asfalto que caminhamos todos os dias. Usando apenas esses scarpins brancos simbólicos, localizo um documento em que a história se mostra de forma tangível. Um conjunto de memórias atuando ao mesmo tempo em protesto contra a escravidão e em solidariedade com aquelas pessoas cujos nomes foram esquecidos e cuja contribuição não é reconhecida até hoje. Por alguns momentos me planto como uma cortina do tempo, destruindo dimensões, evocando a memória e o espírito daqueles que construíram a cidade de Nova York, chorando por eles e celebrando-os como seres humanos (Faustine, 2016).

Na fronteira entre a desobediência civil e o ativismo visual, ao registrar seu corpo em espaços associados à violência escravista, Nona Faustine busca denunciar a presença rarefeita do negro na história da arte em narrativas que se dizem universalistas e que promovem a regulação da invisibilidade.

A assinatura criativa da artista tem sido marcante no cenário contemporâneo de autoria negra internacional, destacando a relevância das questões de repertório esquadrinhadas por suas lentes sagazes e historicamente ancoradas.

Considerações sankofas

O surgimento da fotografia como tecnologia, registro histórico e expressão artística alcançou o fluxo do comércio atlântico de escravizados. No período de 1501 a 1866, foram comercializadas, como escravizadas, cerca de 12.521.337 pessoas (Slave Voyages, [s.d.]). É bastante recente, portanto, a mudança da condição de produto para ser humano, ainda hoje submerso nos traumas e marcas seculares da escravização e em um cenário pós-colonial inóspito, violento e atávico.

As tecnologias da visibilidade seguem orientando-se à promoção de vulnerabilidades escópicas em que sujeitos interseccionados pela pobreza, gênero, sexualidade e raça são mais expostos a processos de monitoramento e geração de dados e à coleta e propagação de imagens à sua revelia. Somente nos tempos mais recentes, o ativismo negro tem se voltado para a devida consideração do uso estratégico da (in)visibilidade negra e suas implicações políticas diante da expansão das tecnologias preditivas que codificam a negritude como um indicador criminal (Benjamin, 2019, p. 124).

Diante desse amplo cenário, não parece plausível que o acesso aos meios de produção e de expressividade artística tenha ocorrido como dádiva para as mulheres negras. A interseccionalidade dos regimes de opressão opera incisivamente também no mundo das Artes, onde os membros dos círculos caucásicos ainda se revezam nos assentos de privilégio. O privilégio branco, como "uma mochila invisível e sem peso", e o biopoder coordenam os dispositivos que asseguram a disciplina e a regulação em diferentes instâncias da vida.

As políticas de enunciação plurais, associadas à poética insurgente produzida por artistas negras, têm sido uma das condições de possibilidade para a ruptura com o monopólio político do olhar na cultura visual contemporânea.

Em tais circunstâncias, não se defende, obviamente, o aprisionamento poético do gesto artístico desenvolvido pelas artistas negras. Ao contrário, busca-se, no alargamento das bordas, adensar o universo imagético com novas questões, estéticas, semioses, discursos e sensibilidades.

Referências

Abril, G. Tres dimensiones del texto y de la cultura visual. *IC – Revista Científica de Información y Comunicación*, [S.l.], n. 9, p. 15-35, 2012.

Após ter imagem gerada por inteligência artificial com uma arma em favela, deputada do Rio denuncia: 'racismo algorítmico'. *O Globo*, Rio de Janeiro, 26 out. 2023. Disponível em: https://oglobo.globo.com/rio/noticia/2023/10/26/apos-ter-imagem-gerada-por-inteligencia-artificial-com-uma-arma-em-favela-deputada-do-rio-denuncia-racismo-algoritmico.ghtml. Acesso em: 3 jun. 2024.

Almeida, S. *Racismo estrutural*. São Paulo: Sueli Carneiro; Jandaíra, 2020.

Barriendos, J. A colonialidade do ver. *Epistemologias do Sul*, [S.l.], v. 3, n. 1, p. 38-56, 2019.

Benjamin, R. *Race after technology: abolitionist tools for the New Jim Code*. Cambridge: Polity, 2019.

Berger, M. Zanele Muholi: Paying Homage to the History of Black Women. *The New York Times*, Nova York, 3 dez. 2018. Disponível em: https://www.nytimes.com/2018/12/03/lens/zanele-muholi-somnyama-ngonyama-south-africa.html. Acesso em: 3 jun. 2024.

Bueno, W. *Imagens de controle: um pensamento de Patricia Hill Collins*. Porto Alegre: Zouk, 2020.

Dia da Mulher Negra, Latino-Americana e Caribenha: uma ode à ancestralidade. *Brasil de Fato*, Porto Alegre, 23 jul. 2021. Disponível em: https://www.brasildefators.com.br/2021/07/23/dia-da-mulher-negra-latino-americana-e-caribenha-uma-ode-a-ancestralidade. Acesso em: 3 jun. 2024.

Domingues, C. Carrie Mae Weems. *Nítida: fotografia e feminismo*, [S.l.], 7 abr. 2016. Disponível em: https://nitidafotografia.wordpress.com/2016/04/07/carrie-mae-weems/. Acesso em: 3 jun. 2024.

Emezi, Yagazie. *Yagazie Emezi*. Disponível em: https://www.yagazieemezi.com/3808667-home. Acesso em 5 jul.2024.

Faustine, N. Artista faz autorretratos nus em palcos da violência escravagista nos EUA. [Entrevista concedida a] Rodolfo Lucena. *Folha de S.Paulo*, São Paulo, 31 maio 2016. Disponível em: https://www1.folha.uol.com.br/ilustrada/2016/05/1776542-artista-faz-autorretratos-nus-em-palcos-da-violencia-escravagista-nos-eua.shtml. Acesso em: 3 jun. 2024.

Haraway, D. Saberes localizados: a questão da ciência para o feminismo e o privilégio da perspectiva parcial. *Cadernos Pagu*, [S.l.], v. 5, p. 7-41, 1995.

Harney, S.; Moten, F. Pretitude e governança. *Arte & Ensaios*, Rio de Janeiro, n. 37, p. 113-121, mar. 2019. Disponível em: https://revistas.ufrj.br/index.php/ae/article/view/24607/13605. Acesso em: 30 nov. 2023.

Hartman, S. *Vidas rebeldes, belos experimentos: histórias íntimas de meninas negras desordeiras, mulheres encrenqueiras e queers radicais*. São Paulo: Fósforo, 2022.

Hwati, M. Escaping the violence of nomenclatures: we need new terms and new philosophical postures for the now. *Minorit'Art*, [S.l.], n. 3, abr. 2019.

Jackson, A. V. Mettre à l'honneur les femmes et les identités noires, l'activisme par l'image d'Ayana V. Jackson. *Konbini*, 2018. Disponível em: https://www.konbini.com/arts/mettre-honneur-femmes-identites-noires-activisme-image-ayana-v-jackson. Acesso em: 3 jun. 2024.

Kilomba, G. *Memórias da plantação: episódios de racismo quotidiano*. Lisboa: Orfeu Negro, 2019.

Machado, A. Fotografia em mutação. *Nicolau*, Curitiba, n. 15, 1993. Disponível em: http://www.uel.br/pos/fotografia/wp-content/uploads/downs-uteis-fotografia-em-mutacao.pdf. Acesso em: 3 jun. 2024.

Martins, L. Performances da oralitura: corpo, lugar da memória. *Revista do Programa de Pós-Graduação em Letras*, [S.l.], n. 26, p. 63-81, 2003.

McFadden, S. References teaching the Camera to see my skin navigating photography's inherited bias against dark skin. *Buzz Feed News*, [S.l.], 2 abr. 2014. Disponível em: https://www.buzzfeednews.com/article/syreetamcfadden/teaching-the-camera-to-see-my-skin#.wovEMLqQ0. Acesso em: 3 jun. 2024.

Mombaça, J. *Não vão nos matar agora*. Lisboa: Galerias Municipais. 2019.

Moten, F. Ser prete e ser nada (misticismo na carne). In: Spillers, H. *et al. Pensamento negro radical: antologia de ensaios*. São Paulo: Crocodilo: N-1, 2021. p. 131-188.

Muholi, Z. Zanele Muholi: paying homage to the history of black women. *The New York Times*. New York: 2018. Disponível em: https://www.nytimes.com/2018/12/03/lens/zanele-muholi-somnyama-ngonyama-south-africa.html. Acesso em: 3 jun. 2024.

Pinto, J. Um ethos imagético? *Galáxia*, São Paulo, n. 17, p. 41-48, jun. 2009.

Plaza, J. *Tradução intersemiótica*. São Paulo: Perspectiva, 2003.

Roth, L. Looking at Shirley, the ultimate norm colour balance, image technologies, and cognitive equity. *Canadian Journal of Communication*, Toronto, v. 34, p. 111-136, 2009. Disponível em: https://www.cjc-online.ca/index.php/journal/article/view/2196. Acesso em: 3 jun. 2024.

Saartjie Baartman. In: *WIKIPÉDIA: a enciclopédia livre*, [s.d.]. Disponível em: https://fr.wikipedia.org/wiki/Saartjie_Baartman. Aceso em: 3 jun. 2024.

Schechner, R. *Performance theory, revised and expanded edition*. New York; London: Routledge, 1994.

Sharpe, C. *No vestígio: negridade e existência*. São Paulo: Ubu, 2023.

Slave Voyages, [s.d.]. Disponível em: https://www.slavevoyages.org/. Acesso em: 3 jun. 2024.

Socialite russa posa para foto sentada sobre manequim de mulher negra. *Opera Mundi*, São Paulo, 21 jan. 2014. Disponível em: https://operamundi.uol.com.br/politica-e-economia/socialite-russa-posa-para-foto-sentada-sobre-manequim-de-mulher-negra/. Acesso em: 3 jun. 2024.

Sofoulis, Zoé. Through the lumen: Frankenstein and the optics of re-origination. Tese (Doutorado). Santa Cruz: Universidade da Califórnia, 1988.

Viatura da PM arrasta mulher por rua da Zona Norte do Rio. Veja o vídeo. *Extra*, Rio de Janeiro, 17 mar. 2014. Disponível em: https://extra.globo.com/casos-de-policia/viatura-da-pm-arrasta-mulher-por-rua-da-zona-norte-do-rio-veja-video-11896179.html. Acesso em: 3 jun. 2024.

Vidon, F. Inteligência artificial gera imagem de deputada negra segurando arma. *Extra*, Rio de Janeiro, 25 out. 2023. Disponível em: https://extra.globo.com/blogs/extra-extra/post/2023/10/inteligencia-artificial-gera-automaticamente-imagem-de-deputada-segurando-arma.ghtml. Acesso em: 3 jun. 2024.

O futuro será preto ou não será: afrofuturismo *versus* afropessimismo – as distopias do presente[1]

Kênia Freitas
José Messias

> *Light nigga, dark nigga, faux nigga, real nigga*
> *Rich nigga, poor nigga, house nigga, field nigga*
> *Still nigga, still nigga*
> Jay-Z, "The Story of O.J".

Introdução

A expressão "afrofuturismo" é cunhada no início da década de 1990 por Mark Dery para caracterizar as criações artísticas que exploram futuros possíveis para as populações pretas por meio da ficção especulativa. Nas palavras do próprio Dery, são: "Ficções especulativas que tratem de temas afro-americanos e que abordam preocupações afro-americanas no contexto da tecnocultura do século 20 [...]" (Dery, 1994, p. 180, tradução própria).

Dery estava preocupado em investigar, a partir das discussões sobre cibercultura e tecnologias computacionais do final dos anos 1980 e início dos 1990, o impacto desses novos dispositivos de conectividade e interação no universo da cultura pop dos EUA. A pergunta inicial que motivou sua investigação do afrofuturismo foi: em um período marcado por obras literárias de ficções científicas importantes como o romance *cyberpunk Neuromancer* (1984), de William Gibson, onde estavam os escritores e as escritoras pretas do gênero?

---

[1] Este trabalho foi realizado com apoio da Coordenação de Aperfeiçoamento de Pessoal de Nível Superior (Capes), Código de Financiamento 001. Agradecemos também ao financiamento Fapema Universal, 06870/22, e ao edital universal 422555/2021-5 do Conselho Nacional de Desenvolvimento Científico e Tecnológico (CNPq).

Dery se perguntava por que, no universo literário estadunidense, a literatura preta histórica e social era consideravelmente mais numerosa e representativa do que a literatura preta de ficção especulativa. A partir da conversa com três artistas e intelectuais pretes, Tricia Rose, Samuel R. Delany e Greg Tate, Dery encontra parte da resposta do seu questionamento ao deslocar-se da cultura literária escrita para outras plataformas de narrativa preta: como a música, as artes plásticas e o cinema – começando, assim, a traçar genealogias para as narrativas especulativas pretas em variados campos.

Nesses pouco mais de 20 anos de existência, o afrofuturismo passou por uma série de redefinições – sobretudo no sentido de ampliar o pensamento do universo cultural restrito a pretes dos EUA para um pensamento preto africano e diaspórico mundial. Pretendemos explorar o universo das ficções especulativas pretas na criação de narrativas distópicas calcadas no nosso presente racial pós-apocalíptico. Para isso, pensaremos como as perspectivas estéticas e críticas do afrofuturismo e do afropessimismo podem nos ajudar a vislumbrar futuros pretos – ou senão, o fim do mundo.

No contexto do afropessimismo diaspórico, o apocalipse é uma realidade constante das vidas pretas e precisa ser levado em consideração cotidianamente. Isso porque os afropessimistas revisitam criticamente os marcadores ideológicos e filosóficos que estruturaram o processo de escravização de milhares de pessoas sequestradas de África para as Américas. Nessa revisão, a característica fundante da escravidão preta não foi o trabalho forçado, mas um projeto estruturado e implacável de desumanização dos escravizados – a "morte social" em vida. Assim, embora as condições de trabalho tenham se alterado após as abolições da escravidão, a não humanidade preta como forma de estruturação social sofreu apenas alterações nuançadas. Por isso, as narrativas de ficção especulativa do afrofuturismo, mesmo quando retratam alternativas de superação, precisam lidar com o cenário ou um *ethos* distópico da colonização como premissa.

O capítulo partirá do tensionamento entre os conceitos de afrofuturismo e afropessimismo para questionar o lugar das narrativas distópicas pretas – a partir do cinema, da música e da literatura – na contemporaneidade. Para isso, propomos a discussão de obras artísticas de protagonismo preto que deslocam as ideias de distopia e apocalipse da temporalidade futura. Essas obras consolidam, assim, pelo viés da teoria social e crítica preta, uma leitura pós-apocalíptica do nosso presente, no qual o fim do mundo já aconteceu e o que sub(re)existe é a precariedade como modo de vida. Ou seja, mais do que uma distopia futurística distante, as obras audiovisuais trabalham especulativamente a distopia do nosso presente, relacionando-se diretamente com as representações e as discussões sociais e raciais da população afrodiaspórica contemporânea – como a redução da maioridade penal, o encarceramento em massa da população pobre e preta, o regime de exceção policial nas periferias urbanas, entre outros.

Afrofuturismo: reivindicando futuros pretos

Uma primeira reelaboração importante para o conceito de afrofuturismo está não em um texto, mas no documentário ensaístico *Last Angel of History* (1996), de John Akomfrah. O filme segue um ladrão de dados que vem de um futuro indeterminado e inicia uma escavação arqueológica da cultura preta do século 20 em busca de respostas para a sua própria existência.[2] São coletadas pelo ladrão de dados imagens de arquivo diversas das tecnologias pretas (africanas e diaspóricas) e entrevistas com teóricos e artistas pretes construtores do movimento afrofuturista.

O título inspirado em Walter Benjamin aponta para um anjo que olha fixamente o passado em ruínas, ao mesmo tempo em que o progresso o empurra ininterruptamente para frente. Essa apropriação benjaminiana feita por Akomfrah resume imageticamente uma das questões centrais que perpassam desde o texto inaugural de Mark Dery o debate afrofuturista: como a comunidade preta diaspórica que teve deliberadamente nosso passado roubado e apagado pela escravidão consegue, sem esse acervo de imagens, vislumbrar futuros? Essa questão, que não nos parece ter uma resposta única possível, será retomada diversas vezes ao longo deste texto a partir dos diferentes referenciais audiovisuais escolhidos. Afinal, o que também nos perguntamos aqui é: como – e se – as ficções especulativas distópicas do presente podem vislumbrar a existência de futuros pretos para além do fim do mundo?

Samuel R. Delany, entrevistado por Dery e Akomfrah, também reflete sobre essa ligação direta entre a negação da construção de um passado para as populações pretas pós-escravidão e a escassa produção de imagens de futuro dessas populações:

> A razão histórica para termos sido tão empobrecidos em termos de imagens futuras é porque, até muito recentemente, como uma população nós fomos sistematicamente proibidos de qualquer imagem do nosso

---

[2] Aprofundamos essa discussão sobre o filme no texto "Roubando dados: a refundação do afrofuturismo em *O último anjo da história*" (Freitas, 2017).

passado. Eu não tenho ideia de onde, na África, meus antepassados pretos vieram porque, quando eles chegavam ao mercado de escravos de Nova Orleans, os registros desse tipo de coisa eram sistematicamente destruídos. Se eles falassem a sua própria língua, eles apanhavam ou eram mortos. [...] Quando, de fato, nós dizemos que esse país foi fundado na escravidão, nós devemos lembrar que queremos dizer, especificamente, que ele foi fundado na destruição sistemática, consciente e massiva das reminiscências culturais africanas (Delany, 1994, p. 190-191, tradução própria).

Para Ytasha Womack, outra autora referencial na retomada e redefinição do afrofuturismo por uma perspectiva de artista preta, a ausência de imagens do passado é um ponto importante para a livre criação. Para a autora, o afrofuturismo é "uma reelaboração total do passado e uma especulação do futuro repleta de críticas culturais [...], uma interseção entre a imaginação, a tecnologia, o futuro e a liberação" (Womack, 2015, p. 30).

Outra reelaboração do conceito que nos parece importante é a de Lisa Yaszek, que definirá o afrofuturismo como sendo "ficção especulativa ou ficção científica escrita por autores afrodiaspóricos e africanos. É um movimento estético global que abrange arte, cinema, literatura, música e pesquisas acadêmicas" (Yaszek, 2013, p. 1, tradução própria). Para a pesquisadora, os artistas afrofuturistas possuem três objetivos principais na realização de suas obras: em primeiro lugar, narrar boas histórias de ficção científica; em segundo, recuperar histórias pretas perdidas – pensando o impacto destas no presente; e em terceiro, pensar sobre como essas histórias e culturas recuperadas podem inspirar "novas visões do amanhã" (p. 1-2). Assim como para Womack, a relação entre passado e futuro pretos para Yaszek dá-se em uma chave de positividade; seria para ela uma meta afrofuturista "[...] não apenas relembrar um passado ruim, mas usar as histórias sobre o passado e o presente para reivindicar a história do futuro" (p. 2). Essa relação contínua dos regimes temporais é uma constante nas definições do afrofuturismo, assim como uma perspectiva de construção de um futuro preto utópico – ou ao menos positivo.

É o que faz *Black is King* [*Preto é rei*] (2020), álbum visual que acompanha *O Rei Leão: o dom*, disco curado por Beyoncé como trilha sonora da nova versão de *O Rei Leão* (2019), de Jon Favreau. O álbum possui uma inspiração afrofuturista ao realçar/construir uma ficção especulativa que representa uma narrativa mitológica e espiritual maior: a de pretes da diáspora no retorno fabular às nossas raízes. Isso porque *Preto é rei*, em sua função como filme ou sequência de videoclipes filmados para acompanhar cada música, reencena a história do príncipe Simba – herói de *O Rei Leão* – em sua jornada de retorno para seu reinado e para sua identidade como líder de sua comunidade. Nessa leitura afrofuturista e pan-africanista de *O Rei Leão* empreendida por Beyoncé, em que tudo está conectado, a volta de Simba para casa e a reconstrução de sua identidade e destino se faz como o retorno metafórico da diáspora preta à sua ancestralidade; um retorno espiritual, de cura e de fabulação, para um mundo não marcado pela antipretitude.

Em sua inspiração afrofuturista, essa dupla narrativa interconectada aciona o que Kara Keeling, no livro *Queer Times, Black Futures* (2019), denominou de "imaginação cósmica", que "abraça o que Édouard Glissant chamou de 'poética da relação': uma percepção móvel e fugidia da interconexão de todas as coisas, que não insiste em um sistema universal de comensuração, mas permite a todas as coisas o direito à opacidade" (Keeling, 2019, p. 196). Assim, os muitos símbolos e referências de culturas e povos de África e da diáspora são livremente articulados, especulando interligações transcontinentais e que atravessam as temporalidades de um passado ancestral, um presente glorioso e um futuro cósmico. O que se forja então, segundo Keeling (2019), é um "futuro do passado", uma narrativa imaginada para além das promessas de futuros pretos não feitas pela modernidade (e o seu combo colonização e escravização).

Nesse sentido, a obra do filósofo camaronês, e historiador de formação, Achille Mbembe utiliza também as referências culturais, sobretudo literárias, africanas para apontar uma forma de colaboração que reúne esse potencial especulativo às práticas políticas em um projeto de futuro. Defensor do que entende como "afropolitanismo" – a integração do continente rompendo as fronteiras nacionais impostas pelo colonialismo –, é a partir desta premissa que ele faz sua entrada na questão do afrofuturismo.

Em primeiro lugar, Mbembe afirma que de todo modo o futuro já está localizado em África, uma vez que nos próximos 30 a 50 anos uma em cada três pessoas será africana ou descendente de africanos (Mbembe, 2016). Ou seja, o afrofuturismo deixará de ser uma questão étnica, populacional ou continental e se tornará planetária. É preciso entender que o futuro preto é o futuro da Terra. Por isso, a grande questão, para ele, é como transformar essa suposta "vantagem" demográfica – tendo como contraponto também o envelhecimento geracional da população europeia – em "riqueza" ou em produção de riqueza, ao contrário da geração de mais precarização.

Para Mbembe, a resposta estaria no afropolitanismo deixando de ser uma corrente expressa na literatura e nas artes para se tornar política pública, a partir de investimentos em educação e infraestrutura, como a formação de "corredores metropolitanos" supranacionais (Mbembe, 2016). Essa ideia emula um imaginário da modernidade "cosmopolita" – e, portanto, ocidental –, mas com uma centralidade africana que está presente nos blockbusters *Pantera Negra* (2018) e *Pantera Negra: Wakanda para sempre* (2022), de Ryan Coogler. Neles, principalmente a partir do final do primeiro filme, Wakanda e sua tecnologia se tornam esse *hub* que conecta os povos africanos do continente e da diáspora.

Por sua vez, em *Preto é rei*, o sonho de Simba com uma vida luxuosa e extravagante em uma mansão opulenta com objetos de arte e decoração caros é o momento em que o álbum visual entra em um delírio livre e criativo, durante o clipe da música "Mood 4 Eva". O segmento marca a relação ambivalente do projeto com Beyoncé, no campo das artes plásticas e visuais, entre a valorização das criações artísticas pretas e a validação da iconografia cristã e das representações canônicas renascentistas, reivindicando presenças pretas dentro dessa representação hegemônica. Assim, nas paredes e jardins da mansão estão quadros da série "Beauty World" (2019), de Derrick Adams; esculturas de Woodrow Nash que misturam *Art Nouveau* com as tradições culturais do Benin, estilo que Nash batizou de *"African Nouveau"*; a releitura bíblica a partir da pop arte e da cultura Ashanti que Conrad Egyir faz em "Paragons of Rest"; entre outros artistas pretos de África ou da diáspora.

Nas mesmas paredes, estão uma série de releituras em estilo renascentista da mitologia cristã com a família Knowles-Carter ocupando o protagonismo das pinturas. Nesse sentido, a figura de Beyoncé como mãe e divindade (guia/ origem da afrodiáspora) aparece como uma recriação da Nossa Senhora. Como destaca Alex Greenberger (2020) em um artigo para a *ARTnews*, essa retomada da Nossa Senhora "pode ser vista como parte de um projeto maior para recontextualizar esses tropos da história da arte – normalmente reservados para mulheres brancas – para um novo público".

Mbembe (2016) vislumbra uma forma de superação da antipretude similar à empregada por Beyoncé, na qual é preciso também abraçar heranças culturais diversas dentro de sua concepção de afropolitanismo, sejam os três milhões de chineses que o governo da China estima que devem ir para os países de África nos próximos 25 anos – assim como os investimentos financeiros –, sejam as línguas – e, no caso da cantora, também os ritmos – do passado colonial (francês, inglês e português) que já se tornaram línguas africanas por seu uso. Ele explica que "é preciso desnacionalizar o francês. O francês sem os africanos seria uma língua étnica. A África universalizou o francês. É o que dá a ele seus atributos de universalidade" (Mbembe, 2016). Sua posição se diferencia dos movimentos historicamente constituídos no continente, como a disseminação do socialismo a partir das repúblicas que adotaram o sistema após as revoluções anticoloniais, e do chamado movimento pan-africanista, embora influenciada por ambos.

Nessa perspectiva reside sua visão de um futuro preto, um devir-preto do mundo. A partir daí, Mbembe é categórico em colocações sobre o "dualismo manifesto da pretitude. Numa inversão espetacular, ela se torna o símbolo de um desejo consciente de vida, uma força emergente, alegre e plástica, completamente engajada no ato de criação e capaz de viver em meio a diferentes temporalidades e histórias de uma vez" (Mbembe, 2017, p. 6-7, tradução própria).

Se o futuro planetário é preto, ao menos em população, como argumenta Mbembe, outra perspectiva afrofuturista que nos parece importante para a discussão deste texto volta-se para o futuro do passado. Nesse caso, para o entendimento de que a população preta contemporânea é sobrevivente de um apocalipse, do nosso próprio processo de abdução. Nesse sentido, podemos dizer que as populações pretas em diáspora pós-escravidão são as descendentes diretas de alienígenas sequestrados, levados de uma cultura para outra – da África para a Europa e sobretudo para a América pelas rotas do Atlântico Preto. Ao longo dos séculos, nós, os descendentes dos aliens, já despossuídos da própria narrativa, fomos incorporados como o órgão estranho de novas sociedades: contidos e rechaçados pelo corpo social, caçados e assassinados pela polícia e cerceados pelas grades de novas prisões. Há também o encarceramento que se dá em liberdade pela estrutura e formas de organização da cidade e pela vigilância contínua das populações pretas e pobres. Essa crítica é o ponto de partida narrativa de *Chico* (2016), de Eduardo e Marcos Carvalho, e de boa parte das narrativas pretas contemporâneas, sejam elas especulativas ou não.

As primeiras imagens do curta-metragem brasileiro *Chico* são de uma mulher preta em trabalho de parto. Ouvem-se os ruídos de uma grade que se abre; a mulher está deitada em um pedaço de papelão sobre um chão imundo. Ela grita desesperada e estende as mãos pedindo ajuda a um homem branco que entra na cela. Indiferente aos pedidos, ele logo se retira. Corte seco. Uma outra mulher preta (mais velha) carrega o recém-nascido. O bebê é Chico, e as mulheres pretas, respectivamente, sua mãe e sua avó. A narrativa se desloca então para 2029. Nesse futuro próximo, logo descobrimos pelo noticiário do rádio que o Estado brasileiro acaba de aprovar uma lei para prender jovens pretos e pobres preventivamente pelos crimes que supostamente irão cometer. Chico é um desses jovens, carregando nos tornozelos uma barra metalizada que marca o seu destino.

Mais do que uma distopia futurística distante, o filme trabalha especulativamente a distopia do nosso presente, relacionando-se diretamente com as representações e as discussões sociais e raciais do Brasil contemporâneo – como a redução da maioridade penal, o encarceramento em massa da população pobre e preta e o regime de exceção policial nas periferias urbanas. Assim, o imaginário especulativo ficcional de *Chico* não se constrói com base em um futurismo tecnológico: as ruas da comunidade, o barraco, a oficina mecânica... nada na cenografia se diferencia das imagens atuais desses espaços. A especulatividade e o deslocamento maior do filme não vêm da construção imaginária de um futuro *hi-tech*, mas da sua resolução poética, cruel e também mágica. Nessa resolução, para evitar o iminente encarceramento de seu filho pela nova lei, a mãe de Chico o crucifica e o empina como uma pipa,[3] utilizando pesadas correntes de ferro.

Assim, a diáspora preta extraterrestre dentro de nossos próprios mundos induziu o surgimento de um duplo trauma: o da escravidão (no passado) e o da perseguição, especialmente da violência estatal (no presente). Nesse sentido, acessar o universo narrativo das obras afrofuturistas é lidar concomitantemente com a sua dupla natureza: a da criação artística que une a discussão racial ao universo do *sci-fi* e a da própria experiência da população preta como uma ficção absurda do cotidiano: uma distopia do presente.[4]

A escritora de ficção especulativa de origem jamaicana Nalo Hopkinson é uma das defensoras da premissa de que para as populações pretas que sobreviveram à escravidão, ao colonialismo europeu e ao processo de globalização, o apocalipse já aconteceu – e segue sendo experienciado há séculos. "O que acontece é que nós pensamos em distopia e catástrofe como aquela coisa que acontece em outro lugar, ou que pode ser adiada, quando está acontecendo diariamente em todo o mundo" (Hopkinson, 2017, tradução própria). Ela prossegue defendendo que uma mudança na construção dessa lógica passa por uma alteração de perspectiva do "eles" para "nós"; do entendimento da distopia como todos os lugares, e da utopia como lugar nenhum. De uma perspectiva preta, a distopia seria o comum, e não a exceção.

Partindo dessa premissa da distopia como elemento intrínseco da experiência preta contemporânea, o otimismo de um futuro utópico que atravessa

---

[3] Em 2015, as pipas foram escolhidas como símbolo do movimento contra a Proposta de Emenda Constitucional 171 (PEC 171) que visava a redução da maioridade penal no Brasil de 18 para 16 anos. O movimento que utilizou o *slogan* "Voa, juventude!" também espalhou pipas por diversas praças por todo o Brasil como forma de protesto.

[4] Elaboramos anteriormente esse duplo trauma por meio da crítica ao filme *Branco sai, preto fica* (2014); ver Freitas (2015).

parte do pensamento afrofuturista – em Womack (2015) e Yaszek (2013), por exemplo – não nos parece dar conta de pensar uma considerável parte das narrativas de ficção especulativa preta – que abordam a vivência preta diaspórica pós-escravidão como uma distopia pós-apocalíptica no passado, no presente e no futuro. E, por isso, nos parece necessário tensionar essa perspectiva positiva com o pensamento crítico afropessimista.

Afropessimismo: quando os mortos se perguntam como retirar os vivos de cena

Pensar os legados políticos e estéticos do afropessimismo – e do afrofuturismo – implica, em primeiro lugar, reconhecer a herança do colonialismo que instituiu a antipretitude como forma de subjugação imposta pela supremacia branca. Nesse sentido, a figura da plantação (termo derivado do inglês *plantation*), evocada por Jota Mombaça em *A plantação cognitiva* (2020) para conjurar os campos da desumanização escravista, retrata precisamente esse "modo particular de agenciar a sujeição preta em favor da reprodução de um sistema produtivo que continua a obra da escravidão na medida em que faz coincidir processos de extração de valor com um regime de violência antinegra" (Mombaça, 2020, p. 4).

Politicamente, essa sobrevida da escravidão não impactou apenas a população preta, mas moldou de forma efetiva os rumos da modernidade. Autores de diferentes espectros das relações raciais e dos estudos (pós-/de)coloniais, como Aníbal Quijano, Achille Mbembe, Denise Ferreira da Silva, Saidiya Hartman, Jared Sexton e Frank B. Wilderson III, compartilham da premissa de que o projeto civilizatório moderno conferiu aos pretos essa função de Outro, o avesso da posição de sujeito, de forma a (re)afirmar a humanidade dos não pretos. Essa diferença – efetivo antagonismo – pela via da raça possibilitou a adoção de certos "ideais universais" pela sociedade ocidental – por exemplo, o mérito, a cidadania, a liberdade/liberalismo e a própria noção de sujeito –, que excluem implícita ou explicitamente nós, pretes, reduzindo-nos a uma condição não humana. Por isso, há uma dificuldade – ou até impossibilidade – estética/imagética de tratar do tema sem evocar imagens de um corpo preto acorrentado, tal qual no curta *Chico*, mencionado anteriormente, e no filme *Welcome II the Terrordome* (1995), de Ngozi Onwurah.

A obra de Onwurah é um pesadelo distópico no qual os bairros pretos e pobres dos centros urbanos foram cercados e isolados – ao mesmo tempo sob constante cerco policial para que os seus habitantes não saíam do bairro-prisão, e internamente entregue a conflitos violentos entre gangues rivais. No início e no final do filme, a narrativa desloca-se temporalmente para o período escravocrata e apresenta a lenda do povo Ibo: capturado e acorrentado, ao ser entregue aos futuros senhores, os Ibos recusam o encontro com os mestres brancos e caminham conscientemente em direção à submersão no mar. Ao final da narrativa, após a prisão e a execução pelo Estado da protagonista – uma mulher preta moradora de um dos bairros-prisão, Angela McBride –, a revolta preta explode a cidade tomando estações de TV e destruindo os bairros brancos. Então, finalmente, os Ibos emergem do fundo do mar, desembarcando na praia do início do filme (agora sem os senhores brancos a sua espera). A montagem do filme mostra paralelamente passado e presente: os Ibos quebrando as correntes que prendiam os seus braços e pernas na praia e nas ruas da cidade em revolta; Angela repetindo o mesmo gesto de rompimento e libertação.

Se a revolta urbana preta é o estopim da ação narrativa, é na volta ao passado que *Welcome II the Terrordome* projeta uma possibilidade ancestral e futura de libertação preta. O deslocamento temporal no filme torna-se um elemento que ressignifica o presente distópico da história. A narrativa nesse paralelismo temporal reconecta a violência da escravidão à violência urbana contemporânea – ambos os contextos marcados por sociedades racistas de supremacia branca e pela resistência preta. Essa conexão social direta é um ponto crucial na imaginação de futuros pretos, ou da sua impossibilidade. E o afropessimismo mostra-se uma importante ferramenta conceitual nessa relação de passado de escravidão e presente de racismo socialmente estruturado.

Segundo Jared Sexton (2016), afropessimismo é ao mesmo tempo uma corrente teórica, uma intervenção conceitual, uma leitura de mundo e um metacomentário feito por pensadores pretes sobre a pretitude – ou mais precisamente sobre a experiência da pretitude em um mundo organizado em torno da supremacia branca e da antipretitude. Para Sexton trata-se de "[…] uma leitura do que se ganhou e se perdeu na tentativa – no impulso – de delinear as fronteiras espaciais e temporais da antipretitude, de delimitar as 'más notícias' da vida preta, de fixar o seu escopo e escala precisos, de encontrar uma borda além ou antes da qual a verdadeira vida se desenrola. É uma tentativa de resistir a essa força centrífuga que nos exaspera como o medo ou nos esgota como a fadiga" (Sexton, 2016, p. 5-6, tradução própria).

Na genealogia do pensamento afropessimista, podemos apontar as influências diretas dos discursos e ações dos movimentos pretos radicais de guerrilha dos EUA dos anos 1970, como o Black Liberation Army. Em termos teóricos, o primeiro marco é o trabalho do historiador Orlando Patterson em relação à definição da escravidão. O historiador desloca-se do entendimento comum de que o elemento central definidor da experiência do escravo seria a prática do trabalho forçado, e parte para uma definição baseada em três fatores: a desonra generalizada (ausência de qualquer reconhecimento social e moral do escravizado), a alienação natal (separação sistemática dos laços de parentesco e familiaridade dos escravizados) e a violência gratuita ou ilimitada (a violência sobre o corpo escravizado não condicionada a uma punição pelo desobedecimento de regras ou revoltas, mas como uma prerrogativa permanente dos senhores).

A esses três fatores de Patterson, Saidiya Hartman adicionará uma dimensão ontológica: "O escravo [...] é aquele que se encontra posicionado em sua própria existência, em seu ser-como-tal, como um não humano – um objeto capturado, possuído e negociado para outro" (Aarons, 2016, p. 8-9, tradução própria). Nesse sentido, a existência do escravo seria primordialmente marcada não pela alienação e exploração – que marcam o sofrimento de um sujeito social –, mas por sua qualidade de ser acumulado e por sua fungibilidade – que marcam as características de um objeto social –, ou seja, não por uma relação de trabalho, mas por uma relação de propriedade. O escravo está de início e sempre socialmente morto. Dessa forma,

> Os escravos são objetificado de tal forma que eles são legalmente feitos um objeto (uma mercadoria) para serem usados e trocados. Não é apenas o seu poder de trabalho que é mercantilizado – como o trabalhador – mas o seu próprio ser. Como tal, eles não são reconhecidos como um sujeito social e, portanto, são excluídos da categoria "humana" – inclusão na humanidade baseando-se no reconhecimento social, volição, subjetividade e valorização da vida (Wilderson III *et al.*, 2017, p. 8, tradução própria).

Para os afropessimistas, a abolição da escravidão apenas levou a uma reorganização da "dominação e o ex-escravo tornou-se o 'sujeito' racializado preto" (Wilderson III *et al.*, 2017, p. 8, tradução própria), e a mesma relação de violência estrutural se manteve socialmente para o preto. Assim, "dado o contínuo acúmulo de morte preta nas mãos da polícia – apesar da maior visibilidade nos últimos anos – torna-se evidente que uma pessoa preta na rua hoje enfrenta uma vulnerabilidade aberta à violência, assim como o escravo o fazia nas plantações" (p. 9). Essa visibilidade dos últimos anos, com a cobertura midiática e das redes sociais, demonstrou que na organização social atual "quando se é prete, não é preciso fazer nada para ser alvo, pois a própria pretitude é criminalizada" (p. 9).

Nesse sentido, a condição da pretitude diaspórica contemporânea é ainda a condição do escravo. Isso levando em conta como a violência gratuita e ilimitada do Estado continua a marcar de forma primordial a experiência preta – pelo encarceramento em massa, pela brutalidade policial e pelo genocídio institucionalizado da juventude preta. Essa posição do preto/escravo como um não humano é fundamental para que a humanidade (antipretitude) "estabeleça, mantenha e renove a sua coerência, a sua integridade corpórea" (Wilderson III, 2010, p. 11, tradução própria). Assim, para Wilderson III, "Os afropessimistas são teóricos da posicionalidade preta que compartilham a insistência de Fanon de que, embora pretes sejam, de fato, seres sensíveis, a estrutura do campo semântico do mundo inteiro [...] é suturada pela solidariedade antipreta" (p. 58-59).

Esse *ethos* desumanizador está presente na prerrogativa da violência institucionalizada/estatal que aflige o preto na forma do aparato repressor do Estado, mas também dos justiçamentos praticados, sancionados ou ao menos consentidos por parte significativa da população.[5] Está também no apagamento da humanidade dos sujeitos diaspóricos, refletido na figura dos migrantes residindo principalmente em partes da Europa e na América do Norte que encontram hostilidade, menosprezo e até mesmo políticas públicas que visam marginalizá-los e/ou inferiorizá-los. Trata-se de uma continuação da situação de precarização dos sujeitos escravizados cujo destino não lhes pertencia. Segundo Mbembe,

> [...] o que caracterizava a relação entre mestre e escravo acima de tudo era o monopólio que o mestre acreditava que tinha sobre o futuro. Ser preto, e portanto um escravo, significava não ter um futuro próprio. O futuro do preto era sempre um futuro delegado, recebido do mestre como um presente, como emancipação. Por isso, o futuro como questão sempre habitou o centro da luta dos escravos; chegar a um horizonte futuro por conta própria, e graças ao qual seria possível constituir a si mesmos como sujeitos livres, responsáveis por si e perante o mundo (Mbembe, 2017, p. 154, tradução própria).

---

[5] Enquanto ainda era pré-candidato, o homem que ocupou a presidência da República entre 2019 e 2022, falou abertamente, numa palestra para empresários, em metralhar e exterminar a população, em sua maioria preta, vivendo em situação de vulnerabilidade nas favelas do Rio de Janeiro, especificamente na Rocinha, culpabilizados por sua "conivência" com o tráfico de drogas (ver Jardim, 2018). O mesmo vale para parte significativa da população que de alguma maneira apoia, consente (como os presentes na palestra que teriam aplaudido as palavras do candidato) ou se omite frente à violência policial.

Dessa forma, a liberdade para o preto e para o escravo não é apenas a de sua existência como propriedade/objeto, mas sim como "Liberdade da raça humana, liberdade do mundo. O escravo exige liberdade gratuita" (Wilderson III, 2010, p. 141). Uma discussão ética na luta por essa liberdade, através da resistência e da agência preta, para Wilderson III (2010), só será minimamente possível depois que verdadeira e extensivamente se reflita sobre "a ontologia assassina da violência gratuita da escravidão – 700 anos atrás, 500 anos atrás, 200 anos atrás, no ano passado e hoje" (p. 143). Nesse momento, o que viria à tona é a "questão através da qual os mortos se perguntam como tirar os vivos de cena" (p. 143). Um confronto que, para Wilderson III, invocando Frantz Fanon, só é possível pela desorganização social generalizada e/ou pelo fim do mundo como um programa.

Em *Preto é rei* e seu mito de origem da orfandade afrodiaspórica, observamos uma mãe em colapso, que, diante de um mundo que desumaniza a pretitude para se estruturar, lança seu filho para um destino incerto, apostando talvez em um futuro "depois do futuro" – nos termos do filósofo italiano Franco Berardi –, vislumbrado para além da catástrofe de um mundo em ruínas.

Assim, notamos que a imaginação de um futuro dos socialmente mortos passa pelo intensivo enfrentamento dessa morte social contínua e pelo confronto com os vivos. Isso também é o que as cenas finais de *Welcome II the Terrordome* nos lembram: a quebra das correntes só se tornou possível com a morte e o renascimento conjuntos dos Ibos (escravizados) e de Angela (assassinada pelo estado).

Conclusão: o fim do mundo como um programa

> *– Que é que você pode fazer?*
> *– Começar!*
> *– Começar o quê?*
> *– A única coisa no mundo que vale a pena começar:*
> *o fim do mundo, porra!*
> Aimé Césaire, Cahier d'un retour

Mas como (re)imaginar um mundo entre o linear e o cíclico, a ancestralidade e o terreno, o cosmológico e o humano, o pertencimento espiritual e o trauma instalado na diáspora preta pela escravização, colonização e antipretitude generalizada? Ou seria justamente o fato de as pessoas pretas e *queers* permanecerem "uma sombra enigmática lançada sobre o projeto humano", como argumenta Tavia Nyong'o (2018), que possibilitaria afrofabular uma humanidade "completamente diferente da humanidade como a conhecemos hoje"?

Pensando nessas questões, propomos, por fim, uma quarta e última imagem vinda do filme *Born in Flames* (1983), de Lizzie Borden. A narrativa situa-se num futuro distópico pós-revolução, atravessado pela contrarrevolução feminista das mulheres pretas e *queers*. Se é possível localizar o filme de Borden nas definições de afrofuturismo, ou seja, a partir de seu caráter de ficção especulativa futurística afrocentrada, Romy Opperman (2016, tradução própria) assinala que "a política do tempo que o filme abre através da lente da mulher preta *queer* indica um ponto em que o afrofuturismo se encontra com o afropessimismo". Esse encontro nos levaria, segundo a autora, a repensar a própria ideia de "futuro" contida no afrofuturismo (Opperman, 2016).

O filme sublinha, assim, a impossibilidade de assimilação das mulheres pretas e *queers* em uma sociedade pós-revolucionária que não rompeu verdadeiramente com os parâmetros de estruturação social atuais, com a sua linearidade histórica. A contrarrevolução feminista das mulheres pretas e *queers* conclui o filme partindo para a ação direta e explodindo uma bomba em cima do World Trade Center – que, já nos anos 1980, é um alvo óbvio e simbólico da dominação capitalista, racista e patriarcal dos EUA, quase 20 anos antes dos atentados de 11 de setembro. É a imagem dessa explosão que queremos somar ao debate do fim do mundo como um programa.

Se há um programa possível para o fim do mundo que sintetize – e exploda – os regimes de futuro presentes nas distopias pretas de *Chico*, *Welcome II the Terrordome* e *Born in Flames*, em contraste com as utopias de *Pantera Negra* e *Preto é rei*, ele nos parece estar vinculado ao "pessimismo vivo" de que nos fala Jota Mombaça (2016). Pessimismo vivo que não aceita "uma imagem fixa do apocalipse universal como destino último de toda forma de vida" e é capaz de "refazer indefinidamente as próprias cartografias da catástrofe, com atenção aos deslocamentos de forças, aos reposicionamentos e coreografias do poder" (Mombaça, 2016, p. 48). Nesse programa sem cartilha, é preciso "aprender a desesperar" na construção de esperança "e esgotar o que existe é a condição de abertura dos portões do impossível" (p. 49). Abertura dos portões do impossível para um futuro preto ou para sua negação também para toda a coletividade planetária.

Referências

Aarons, K. *No selves to abolish - Afropessimism, anti-politics, & the end of the world.* Berlim: Ill Will, 2016.

Berardi, F. B. Precariousness, Catastrophe and Challenging the Blackmail of the Imagination. *Affinities: A Journal of Radical Theory*, [S.l.], v. 4, n. 2, 2010.

Dery, M. Black to the future: interviews with Samuel R. Delany, Greg Tate and Tricia Rose. In: *Flame Wars: the discourse of cyberculture.* Durham: Duke University Press, 1994. p. 179-222.

Delany, S. R. Black to the future: interviews with Samuel R. Delany, Greg Tate and Tricia Rose". [Entrevista concedida a] Mark Dery. In: Dery, M. *Flame Wars: the discourse of cyberculture.* Durham: Duke University Press, 1994. p. 179-222.

Dillon, S. "It's Here, It's That Time": Race, Queer Futurity, and the Temporality of Violence in Born in Flames. *Women & Performance: A Journal of Feminist Theory*, [S.l.], v. 23, n. 1, 38-51, 2013.

Freitas, K. Roubando dados: a refundação do afrofuturismo em *O último anjo da história.* In: Murari, L.; Sombra, R. (Orgs.). *O Cinema de Akomfrah: espectros da diáspora.* Rio de Janeiro: LDC, 2017.

Freitas, K. Branco sai, preto fica. *Revista Multiplot*, [S.l.], 4 abr. 2015. Disponível em: http://multiplotcinema.com.br/2015/04/branco-sai-preto-fica-adirley-queiros-2014/. Acesso em: 14 fev. 2018.

Greenberger, A. The Art of 'Black Is King': Beyoncé's New Visual Album Involves Today's Best Artists and Curators. *ARTnews*, [S.l.], 3 ago. 2020. Disponível em: https://www.artnews.com/art-news/artists/black-is-king-beyonce-artists-photographers-curators-1202695943/. Acesso em: 4 jun. 2024.

Hartman, S. *Lose Your Mother: A Journey Along the Atlantic Slave Route.* New York: Farrar, Straus and Giroux, 2007.

Hopkinson, N. Waving at Trains: an interview with Nalo Hopkinson. *Boston Review*, Cambridge, 18 out. 2017. Disponível em: http://bostonreview.net/podcast/nalo-hopkinson-waving-trains. Acesso em: 14 fev. 2018.

Jardim, L. A solução de Bolsonaro para a Rocinha. *O Globo*, [S.l.], 11 fev. 2018. Disponível em: https://blogs.oglobo.globo.com/lauro-jardim/post/solucao-de-bolsonaro-para-rocinha.html. Acesso em: 15 jan. 2022.

Keeling, K. *Queer Times, Black Futures.* New York: NYU Press, 2019.

Mbembe, A. *Critique of Black Reason.* Durham: Duke University Press, 2017.

Mbembe, A. *Afropolitanism and Afrofuturism.* Palestra proferida na Collège de France, Paris, 2 maio 2016. Disponível em: https://www.college-de-france.fr/fr/agenda/colloque/penser-et-ecrire-afrique-aujourd-hui/afropolitanisme-et-afrofuturisme. Acesso em: 15 fev. 2018.

Mombaça, J. Lauren Olamina e eu nos portões do fim do mundo. In: *Caderno Octavia Butler Oficina Imaginação Política*. São Paulo: 32ª Bienal de São Paulo, 2016.

Mombaça, J. *A plantação cognitiva*. São Paulo: MASP Afterall, 2020. p. 4.

Nyong'o, T. *Afro-Fabulations: The Queer Drama of Black Life*. New York: NYU Press, 2018.

Opperman, R. "Born in flames" and the no future of afrofuturism. *Another Gaze*, [S.l.], 15 set. 2016. Disponível em: http://www.anothergaze.com/born-in-flames-and-the-no-future-of-afrofuturism-lizzie-borden/. Acesso em: 20 jan. 2018.

Sexton, J. Afro-Pessimism: The Unclear Word. *Rhizomes: Cultural Studies in Emerging Knowledge*, [S.l.], n. 29, 2016. Disponível em: https://doi.org/10.20415/rhiz/029.e02. Acesso em: 14 de fev. 2018.

Wilderson III, F. B. *et al. Afro-Pessimism: An Introduction*. Minneapolis: Racked & Dispatched, 2017.

Wilderson III, F. B. *Red, White & Black: Cinema and the Structure of U.S. Antagonisms*. Durham: Duke University Press, 2010.

Womack, Y. Cadete Espacial. In: Freitas, K. (Org.). *Afrofuturismo: cinema e música em uma diáspora intergaláctica*. São Paulo: Caixa Cultural, 2015. p. 27-42.

Yaszek, L. Race in Science Fiction: The Case of Afrofuturism. In: *A Virtual Introduction to Science Fiction*. [S.l.]: Lars Schmeink, 2013.

Contrarrepresentações de África: a celebração da vida negra *queer*[1] no trabalho de Zanele Muholi

Felipe Messias

Ele escreve sobre fome. A fome foi a arma de guerra da Nigéria. A fome quebrou Biafra, trouxe fama a Biafra e fez Biafra durar o tempo que durou. A fome fez os povos do mundo repararem e provocou protestos e manifestações em Londres, Moscou e na Tchecoslováquia. A fome fez a Zâmbia, a Tanzânia, a Costa do Marfim e o Gabão reconhecerem Biafra, a fome levou a África até a campanha presidencial de Nixon, e fez os pais do mundo todo dizerem aos filhos para raspar o prato. A fome levou organizações de ajuda a fazer transportes clandestinos de comida durante a noite, uma vez que nenhum dos lados conseguiu chegar a um

---

[1] "*Queer*, para o vernáculo inglês, é um xingamento, um insulto, como excêntrico e bizarro. A expressão foi apoderada e instrumentalizada pelo movimento *queer* norte-americano enquanto resistência e transgressão" (Garcia, 2021, p. 45). No Brasil, pode estar relacionado tanto à comunidade LGBTQIAP+, funcionando como um termo guarda-chuva, quanto à designação de pessoas que não se identificam, necessariamente, com qualquer das identidades presentes na sigla – neste caso, a letra Q é acrescentada. Academicamente, fundamenta-se na *teoria queer*. Esta, "como corpus teórico não ortodoxo e não homogêneo, alicerça-se nos estudos críticos norte-americanos da década de 1990" (p. 44) e tem na teórica Judith Butler uma figura central. Especialmente em contextos de língua inglesa, a palavra *queer* costuma ser usada como termo guarda-chuva para se referir a sexualidades e identidades de gênero dissidentes em relação à perspectiva cis-heteronormativa. Se, no título, o termo em inglês foi adotado em consonância ao material consultado para a produção deste trabalho, ao longo do texto optei por usar a sigla LGBTQIAP+, priorizando a língua portuguesa, mas assumindo que a palavra em inglês está, em nosso material de análise, relacionada à primeira concepção mencionada relativamente ao contexto brasileiro.

acordo quanto às rotas. A fome ajudou a carreira dos fotógrafos.
E a fome fez a Cruz Vermelha Internacional chamar Biafra de sua
maior emergência, desde a Segunda Guerra Mundial.

Chimamanda Ngozi Adichie, Meio Sol Amarelo

A pesquisadora nigeriana Oyèrónkẹ Oyěwùmí (2021) critica, de maneira pertinente, o caráter fundamental da visualidade nas sociedades ocidentais. Exatamente por isso, embora os argumentos deste texto estejam ancorados na problematização dos modelos coloniais de representação, não é possível ignorar a relevância da fotografia como forma privilegiada de *reprodução* da realidade no contexto analisado aqui, isto é, no Ocidente. Ao contrário do que, em geral, é padrão nas epistemologias eurorreferenciadas, não pretendo ignorar meu lugar externo de observação – sou um pesquisador negro brasileiro, buscando refletir sobre as práticas de representação de pessoas africanas (embora o racismo sugira que pessoas negras, independentemente de sua localização geográfica, estão *autorizadas* a olhar para o continente africano com mais *proximidade*). Saidiya Hartman (2021), no entanto, nos alerta que a África que buscamos pode não ser real, mas uma fantasia criada pela experiência do racismo.

Historicamente, a imagem, em especial a fotografia, serviu como fonte supostamente imparcial de produção de conhecimentos sobre o mundo. Missões foram organizadas e financiadas para mandar desenhistas, pintores e, posteriormente, fotógrafos que deveriam desbravar o *desconhecido* e produzir imagens informativas sobre estes lugares. No contexto do colonialismo, essas imagens contribuíram para criar e consolidar o imaginário das metrópoles sobre boa parte dos lugares que não eram a Europa. Se, historicamente, uma atmosfera de misticismo, exotismo e primitivismo pairou sobre o oriente, sobre o continente africano e sobre as Américas, a pintura e, com ainda mais força, a fotografia contribuíram de maneira decisiva para alimentar os estereótipos construídos a respeito da geografia, da cultura e dos habitantes desses lugares.

Iluminando o objeto de análise deste texto, é importante ressaltar como determinado conjunto de práticas contribuiu para formar um discurso válido e aceito sobre a inferioridade de pessoas africanas, especificamente, e de pessoas negras, em geral. Imagens que representavam culturas africanas como evidência de seu caráter (supostamente) primitivo eram reiteradas pelo discurso (pseudo)científico, e vice-versa. Assim, em uma "época em que a ciência se tornava um verdadeiro objeto de culto, a teorização da inferioridade racial ajudou a esconder os objetivos econômicos e imperialistas da empresa colonial" (Munanga, 2020, p. 30).

Por esse motivo, a influência do colonialismo na forma como as imagens são produzidas e lidas, em diferentes contextos, ainda hoje, não pode ser ignorada. A noção de colonialidade (Quijano, 2009) contribui para o entendimento de como este sistema se construiu com base na opressão racial, forjando as sociedades contemporâneas e atualizando-se para manter as relações de dominação, embora a partir de estratégias mais adequadas ao tempo presente. Dessa forma, o pressuposto de uma Europa mais avançada no tempo em relação às colônias, uma das justificativas da dominação de outrora (Quijano, 2009), atualiza-se nos conceitos de *subdesenvolvimento* e *terceiro mundismo* dos países do Sul Global.

Por trás de ambas as estratégias, entre outras questões, subjaz o imaginário da Europa, do Ocidente, do Norte Global, enfim, dos locais de poder, como salvadores daqueles em situação de vulnerabilidade, ignorando-se que a condição subalterna foi criada pelos supostos salvadores (Césaire, 2020). A respeito disso, Achille Mbembe afirma: "Em sua ávida necessidade de mitos destinados a fundamentar seu poder, o hemisfério ocidental considerava-se o centro do globo, a terra natal da razão, da vida universal e da verdade da humanidade" (Mbembe, 2018, p. 29). Como sugere o trabalho de Sebastião Salgado, que será analisado a seguir, a "missão civilizatória do imperialismo, o 'fardo do homem branco', seria defender a mera existência física de um povo. As pessoas são reduzidas a animais, excluídas da política [...] necessitam da proteção do Estado" (Haider, 2019, p. 142).

Diante do contexto apresentado até aqui, cumpre evidenciar a forma como o racismo estrutural, um dos pilares das sociedades tocadas pelo colonialismo e pela colonialidade, influencia a maneira como olhamos para pessoas negras, em geral, e para pessoas africanas, especificamente, das quais as primeiras são, teoricamente, descendentes. "A desvalorização e alienação do negro estende-se a tudo aquilo que toca a ele: o continente, os países, as instituições, o corpo, a mente, a língua, a música, a arte, etc." (Munanga, 2020, p. 31). Dessa forma, a mentalidade colonial, juntamente ao discurso salvacionista, central para as cosmovisões judaico-cristãs, fazem com que continuemos a ver o continente africano como primitivo, subdesenvolvido, sem considerar que a causa de sua pobreza foi – e ainda é – a exploração que sofreu – e ainda sofre.

Em diálogo com a linearidade histórica característica do pensamento ocidental, o continente africano estaria em um tempo passado, ainda não tendo chegado ao auge de seu desenvolvimento, que seria a Europa (Quijano, 2009; Mbembe, 2018). Dito de outra forma, a noção de populações negras/africanas, ora como primitivas, ora como carentes, ora como atrasadas – e até *infantis* –, e sempre como menos (ou não) humanas, é central para o pensamento colonial/ocidental/imperial justificar sua violência disfarçada de ambições supostamente salvacionistas.

Neste texto, busco discutir estratégias de representação que servem à lógica de pensamento colonial, em contraposição àquilo que chamo de contrarrepresentações, isto é, imagens que se opõem diretamente não apenas ao conteúdo dos estereótipos de pessoas negras, mas propõem formas alternativas de pensar a própria representação.

Saidiya Hartman questiona: "Como podemos entender o luto, quando o evento ainda não terminou? Quando as lesões não apenas perduram, mas são infligidas de uma nova maneira? Pode-se lamentar o que ainda não deixou de acontecer?" (Hartman, 2021, p. 243). Tendo isso em mente, é preciso explicitar: a ausência das fotografias de Sebastião Salgado neste texto se dá para não visibilizar imagens consideradas degradantes, que apenas reproduzem estereótipos racistas, coloniais e imperialistas. Além disso, a obra do brasileiro é amplamente conhecida e facilmente localizada na internet para quem sentir curiosidade de conhecer as imagens. Aqui, assumo o compromisso de dar visibilidade apenas a representações positivas de pessoas negras, presentes no trabalho de Zanele Muholi.

Revelações sobre Áfricas possíveis: de Sebastião Salgado a Zanele Muholi

Para fundamentar meu argumento, isto é, demonstrar como um tipo de comoção pública tem sido usada, historicamente, para representar o continente africano, em oposição às representações que pessoas africanas produzem de si mesmas, tomei como objetos de análise os trabalhos de Zanele Muholi, através do catálogo lançado pelo *Tate Modern* (Allen; Nakamori, 2020), e de Sebastião Salgado; mais especificamente, os livros *África* (2007)[2] e *Gênesis* (2013). Deste segundo, o foco foi a sessão dedicada ao continente africano.

Logo de saída, gostaria de destacar como o título *Gênesis* evoca um sentido de primitivismo reforçado pelo projeto gráfico do livro, no qual imagens de seres humanos, animais e paisagens aparecem de maneira linear e alternada, umas seguindo às outras, sugerindo uma equivalência que evoca um estágio

---

[2] Este livro é o principal foco de análise. Além de ter sido lançado primeiro, uma parte significativa das fotos com seres humanos de *Gênesis* (2013) foi publicada, inicialmente, em *África* (2007).

inicial de humanidade, um tempo primordial. Embora em concordância com as críticas ao pensamento antropocêntrico ocidental – ou androcêntrico, para maior precisão[3] –, não podemos ignorar que o projeto de Salgado se alinha mais a perspectivas que contrapõem primitivo e moderno do que àquelas que buscam equiparar, do ponto de vista ontológico, todas as formas de vida.

África (2007) é um projeto que precede *Gênesis* (2013), de modo que algumas fotografias foram publicadas nos dois livros. As fotos do primeiro foram tiradas em três grandes regiões africanas – África Austral, Sahel e Grandes Lagos – ao longo de, aproximadamente, 30 anos. Foram produzidas fotos nos seguintes países, sendo que os números entre parênteses representam a quantidade de fotos de pessoas tiradas em cada um deles: África do Sul (1), Angola (23), Burkina Faso (1), Burundi (2), Chade (1), Etiópia (21), Malawi (5), Mali (11), Moçambique (13), Namíbia (9), Níger (3), Quênia (6), República Democrática do Congo (3), Ruanda (19), Senegal (2), Somália (5), Sudão (31), Tanzânia (9), Zaire (16) e Zimbábue (2). Em uma imagem não consta identificação do local onde foi tirada.

Nos números acima não foram consideradas as fotos de paisagem; além de menos numerosas, não são o foco do projeto *África* e extrapolam o objetivo deste trabalho, isto é, a análise da representação de pessoas africanas e comparação entre os retratos produzidos por Muholi e Salgado. No entanto, é importante pontuar que boa parte das imagens de animais e de paisagens foram feitas na Namíbia, mesmo país onde foram fotografados um dos únicos grupos cuja etnia (Himba) foi repetidamente explicitada, sugerindo um tipo de narrativa – assim como no caso dos Dinka, do Sudão – que os caracteriza como primitivos ou mais *puros* quanto ao seu afastamento da *modernidade*. Todas as imagens da Namíbia foram produzidas em 2005 – algumas delas também estão presentes no livro *Gênesis*.

A alternância entre paisagens, animais e seres humanos – não necessariamente nesta ordem –, como afirmado anteriormente, reforça o estereótipo de primitivismo, de uma equivalência negativa entre seres humanos e natureza. As situações de *precariedade* e de vulnerabilidade são a tônica visual do projeto,

---

[3] Esta distinção é necessária para marcar o caráter sexista das sociedades ocidentais. Antropocêntrico se refere à humanidade como um todo, independente do gênero. Não obstante, ignorar esta distinção seria desconsiderar que, na lógica ocidental, homens e mulheres não são percebidos como iguais, mas classificados de maneira hierárquica. Androcêntrico, portanto, parece um termo mais adequado para fazer referência à centralidade do homem (branco, cisgênero, heterossexual, entre outros marcadores) como ponto de referência para classificação do mundo na cosmopercepção eurorreferenciada.

predominando nos dois livros, mas enfatizada em *África*. "O continente [africano] se tornou, desde o início do tráfico atlântico, um inesgotável poço de fantasias, matéria de um gigantesco trabalho imaginativo, cujas dimensões políticas e econômicas jamais serão suficientemente ressaltadas e do qual jamais se dirá o bastante que continua a informar, até ao presente, as nossas representações dos africanos, de sua vida, de seu trabalho, de sua linguagem" (Mbembe, 2018, p. 131).

No texto que abre o livro, Mia Couto (2007) apresenta não apenas um recorte histórico específico, mas um ponto de vista que culpabiliza as populações africanas e desresponsabiliza a Europa, afirmando que alguns "dos regimes africanos já não precisam de inimigos externos para desprestigiar o continente: melhor que ninguém eles atentam contra a dignidade e o bom nome de África" (Couto, 2007, p. 115). O autor defende que o período mais sombrio de África é o *apartheid,* não a colonização – da qual, diga-se de passagem, o *apartheid* é consequência. Estranhamente, embora o principal exemplo de *apartheid* legal do continente africano seja a África do Sul, em todo o livro existe apenas um retrato tirado no país, como apontado acima.

É significativo, ainda, que imagens de grupos inteiros diante de situações de extrema precariedade humana possam gerar tanto fascínio, embora, como nos alerta Susan Sontag (2003), não possamos afirmar que essa atração é incomum. Assim, parece corriqueiro que Mia Couto admita que, ao tentar escrever sobre o trabalho, a "beleza das fotografias era tal e tanta que tudo o mais parecia pleonástico" (Couto, 2007, p. 6) para, logo em seguida, explicitar algumas fotos que habitaram seus sonhos: "o menino moribundo alimentado a soro […] os pés de pai e filho mostrando como a terra é feita de carne e os pés feitos de poeira. […] E os meninos que, no meio do deserto, se assemelham a toscos troncos de arbustos secos" (p. 6).

Ao longo do volume, o texto reverbera o tom épico sugerido pelo formato do livro, com um discurso sobre a superação das dificuldades sem discutir que essas dificuldades não são naturais, mas impostas. Aqui, a exemplo do que explicita Achille Mbembe (2018), as populações africanas são "mobilizadas em processos de fabricação de sujeitos raciais – cuja degradação é sua marca preponderante e cujo atributo inerente consiste em pertencer a uma humanidade à parte, execrada, a dos dejetos humanos" (Mbembe, 2018, p. 229).

O trabalho de Zanele Muholi, por sua vez, evita não apenas as imagens estereotipadas e generalistas do continente africano, mas também as narrativas de sofrimento comuns nas representações das populações negras (sempre em função do racismo, seja como vítimas ou como *combatentes*) e LGBTQIAP+ (a eterna luta para assumir-se, a busca pela aceitação, o medo constante da violência e o desejo romantizado por um equivalente do amor e da família cis-heteronormativos). Embora seja pertinente a denúncia das violências perpetradas contra nós, que pertencemos a um ou mais desses grupos, é necessário, também, que se criem imagens positivas, de pessoas comuns, que não se limitem a representar a vítima/sobrevivente. Afinal, a violência não é e não pode ser a única e absoluta definidora de quem somos. Do contrário, não seríamos pessoas dotadas de agência, mas somente objetos do poder. Dito de outra forma, apesar de as sociedades contemporâneas serem, em sua maioria, branco-cis-heteronormativas, existem pessoas que encontram aceitação e acolhimento como um valor fundamental em suas comunidades.

A aceitação e as relações de afeto, especialmente na comunidade LGBTQIAP+, são pontos centrais na obra de Zanele Muholi. Por ser um marcador comum a todas as pessoas participantes das fotos, o pertencimento racial não chega a ser diretamente problematizado, embora esteja latente e ganhe significados plurais quando as imagens são vistas a partir de outras perspectivas. Além de produzir retratos que têm como ponto de partida a forma como as pessoas querem ser representadas (Figura 1), Muholi dedica parte de seu trabalho a registrar, de maneira ampla, a cena LGBTQIAP+ sul--africana: manifestações, bailes, concursos de beleza e até mesmo funerais de vítimas de homo/lesbo/transfobia – sempre na postura de participante e mantendo, quando necessário, uma distância respeitosa.

Figura 1 – Yaya Mavundla, Parktown, Johannesburg, 2014, da série Brave Beauties

Fonte: Zanele Muholi.[4]

Os trabalhos de Zanele Muholi e Sebastião Salgado deram origem a produtos parecidos – exposições e catálogos –, ainda que em contextos e formatos diversos. Aqui, como afirmado anteriormente, o foco foi o catálogo da exposição de Muholi

---

[4] Disponível em: https://www.vogue.com/article/zanele-muholi-performa-yancey-richardson. Acesso em: 30 nov. 2022.

que começou em Londres, em novembro de 2020 e, após passar por Paris e Berlim, terminou na Suécia, em abril de 2022 (Allen; Nakamori, 2020). Nessa exposição, era possível ver uma retrospectiva do trabalho de Muholi, com fotos de diferentes períodos e projetos.

Sobre Sebastião Salgado, foram analisados os dois trabalhos que oferecem representações do continente africano, isto é, *África* e *Gênesis*. É pertinente sublinhar a natureza distinta dos dois projetos: enquanto o primeiro reuniu imagens produzidas em diversos países de África, em momentos e com propósitos distintos, o segundo nasce como um projeto linear, cujo objetivo era "encontrar paisagens terrestres e marinhas, animais e comunidades antigas que tinham escapado ao braço comprido – e frequentemente destrutivo – do ser humano moderno" (Salgado, S., 2013, p. 6) – embora, como é possível perceber ao comparar os dois livros, o fotógrafo também tenha lançado mão de seu arquivo para encontrar tais imagens. Lélia W. Salgado, esposa do fotógrafo, complementa, afirmando que a intenção do projeto era "explorar a beleza *da natureza* de um lado a outro do globo" (Salgado, L., 2013, p. 9, grifo meu).

Embora obras de arte sejam polissêmicas, e as exposições, em geral, ofereçam narrativas abertas, é possível argumentar que os catálogos/livros constituem um esforço intencional de fixação de determinados sentidos e de narrativas específicas sobre as exposições. Ademais, ainda que este formato possibilite fruições distintas, sua natureza linear, na maioria das vezes, acaba não sendo subvertida.

África e *Gênesis* são apresentados de forma monumental: 37,1 x 26,8 cm e 25,3 x 36,7 cm, respectivamente. Em *África*, o texto de Mia Couto contribui para a construção do tom épico. O próprio nome do projeto é "a palavra com a qual especialmente a era moderna se esforça para designar [...] uma determinada figura litigiosa do humano emparedado na precariedade absoluta e no vazio do ser" (Mbembe, 2018, p. 96). Já em *Gênesis*, o formato, em diálogo com o título, sugere uma narrativa da fundação do mundo: o projeto foi imaginado como uma "viagem no tempo" (Salgado, S., 2013, p. 6). As imagens de pessoas como *parte da paisagem* possuem certo apelo diante de uma condição climática cada vez mais catastrófica, lembrada nos textos – salve o meio ambiente, salve os animais ameaçados de extinção, salve esses povos primitivos: tudo parece equivalente. As imagens e textos reforçam a oposição civilização/progresso *versus* primitivismo/preservação. Mais do que dizer de formas como o progresso pode coexistir com a preservação, eles acionam uma comoção que se dá pela memória, por um passado perdido, pela origem da humanidade.

Figura 2 – Página do catálogo (Faces & Phases)

Fonte: Allen e Nakamori (2020).

Figura 3 – Página do catálogo (Being)

Fonte: Allen e Nakamori (2020).

O catálogo de Muholi tem dimensões mais modestas: 17,4 x 24,51 cm, com poucas fotografias ocupando, efetivamente, a página inteira (Figuras 2 e 3). Metaforicamente, isso aponta na direção contrária das grandes narrativas de Sebastião Salgado, indicando o interesse de Zanele Muholi pela representação da individualidade de cada uma das pessoas fotografadas. O conhecimento sobre o todo forma-se pelo conjunto, não pela repetição. Em uma perspectiva interseccional que considere raça, sexualidade e gênero, é importante ter em mente que uma das estratégias dos sistemas de poder é negar as individualidades, tornando cada pessoa um exemplar produzido em série, que tem exatamente as mesmas características de todas as pessoas do grupo ao qual ela pertence. Tal procedimento, inclusive, está na base do racismo, participando da construção de sólidos estereótipos que impedem que pessoas negras sejam vistas como indivíduos, com personalidades, habilidades e subjetividades particulares.

Nesse contexto, um elemento que demonstra as diferentes formas de abordagem das pessoas fotografadas são as legendas das imagens. Embora seja possível que o trabalho de Salgado tenha sido precedido de uma abordagem prévia, inclusive para obter autorização para a produção dos retratos, as pessoas que ele fotografa não têm individualidade, não têm nomes – "Os nomes próprios anunciam a humanidade ou refletem a 'singularidade' ontológica" (Warren, 2021, p. 178) –, são um exemplar de seu grupo étnico, ecoando a "obstinação colonial em dividir, classificar, hierarquizar e diferenciar" (Mbembe, 2018, p. 22). Como em um catálogo de ciências naturais, *África* e *Gênesis* parecem nos indicar como identificar um *verdadeiro africano*, um *verdadeiro San*, um *verdadeiro Dinca*, etc. Muholi, ao contrário, identifica a maioria das pessoas pelos seus nomes, além de marcar especificamente os lugares onde as fotos foram tiradas.

Do ponto de vista formal, as pessoas nas fotografias de Muholi encaram a câmera, dialogam com quem as fotografa e, consequentemente, com quem as observa. Embora seja possível inferir que as fotos do brasileiro são *construídas*, boa parte das pessoas posam como se tivessem sido surpreendidas, flagradas – *interpretam* tarefas do cotidiano, são fotografadas em poses que sugerem movimento, como se estivessem executando alguma atividade e quase nunca olham diretamente para a câmera, como se não a percebessem; nas fotos em que as pessoas encaram a câmera, sua pose parece suspensa, como se elas tivessem percebido, repentinamente, a presença do fotógrafo, ou como se ele tivesse interrompido algo que estava sendo executado a despeito de sua presença. Outras, exibem olhares perdidos, suplicantes, sem esperança.

Outro ponto de distinção entre os trabalhos de Muholi e Salgado é o lugar simbólico de onde olham para a África. No que diz respeito aos locais de produção das imagens, isto é, África, em geral, e África do Sul, especificamente, podemos afirmar que Muholi é *insider*, enquanto Salgado, *outsider*. Na circulação das imagens, os compromissos assumidos também são distintos: se Muholi, ao produzir retratos, se preocupa em considerar como as pessoas participantes querem ser vistas – um indício importante disso é sua preocupação no uso da palavra "participantes" no lugar de "modelos" ou "temas", evidenciando que as imagens são produzidas tendo como objetivo a horizontalidade, o compartilhamento, o diálogo –, Salgado recorta a África a partir daquilo que o mundo não africano, e especificamente a Europa, quer ver. Nesse caso, conforme Oyèrónkẹ Oyěwùmí (2021, p. 49), "o Ocidente é a norma contra a qual os povos africanos continuam a ser medidos".

Ao contrapor possíveis estratégias de humanização e desumanização, é pertinente considerar que, no trabalho do brasileiro, as pessoas são representadas de forma passiva, como aquelas que sofrem uma *ação* – vítimas, órfãos, refugiados – e que são fotografadas por Salgado. As legendas se alternam entre descrever situações, etnias ou os lugares onde os retratos foram feitos, ainda que as imagens foquem mais nas pessoas que nos lugares; em vários momentos, o retrato de uma pessoa é legendado com o nome da região onde ela vive ou de seu grupo étnico. Por exemplo: em uma fotografia vemos uma mulher com uma criança presa às costas, em primeiro plano, e, ao fundo, um rebanho de um tipo de caprino; a legenda a partir da qual ela é descrita ou, conforme Barthes (1990), seu sentido é fixado, a define como "Grupo himba em Omuramba, perto das Montanhas Zebra" (Salgado, 2007, p. 84-85).

Zanele Muholi, na direção oposta, resgata a capacidade de agência, buscando apresentar outros aspectos da vida de mulheres lésbicas, de homens trans e de pessoas não binárias – pessoas que participam da construção das imagens – que estão além de suas lutas por aceitação. Assim, é estabelecida uma relação de colaboração com as pessoas fotografadas; desenvolve-se o trabalho *com* elas, não *sobre* elas: tal postura está "simbolizada em sua insistência no termo 'participante' em oposição a 'assunto/tema'" (Allen, 2021, p. 81, tradução própria). Originalmente, a série *Faces and Phases* (2006-) também inclui depoimentos das pessoas retratadas – outra forma de evidenciar o caráter dialógico do trabalho. Apesar de serem um coletivo formado por uma identidade compartilhada – mulheres lésbicas, pessoas não binárias e homens trans –, as pessoas nas fotos são distintas umas das outras. Representam apenas a si mesmas; isso fica explícito em seus nomes, que são os títulos atribuídos às fotografias.

É possível, ainda, comparar os sentidos evocados pelo título dos dois projetos: *Gênesis* e *Faces and phases*. Se o primeiro, além de ser um trabalho acabado, sugere um tempo passado, estático e finalizado, o segundo é frequentemente mencionado como um arquivo em construção, que não tem como objetivo o registro de um número determinado de pessoas. Aqui, o mosaico de identidades indica a polissemia que é própria da fotografia, enquanto lá são priorizados sentidos já sedimentados, estáticos, estereotípicos.

Ao negar o lugar-comum da representação de grupos vulnerabilizados, isto é, sua representação a partir de sua vulnerabilidade, Muholi se recusa a acionar o olhar condescendente; até porque, artistas e pessoas participantes compartilham não apenas as narrativas construídas nas imagens, mas os olhares que as encaram de volta. Assim, é possível afirmar que, ao contrário de Salgado, o observador distante, externo – com um olhar quase voyeurístico –, Zanele Muholi se coloca nas fotos, aceitando o bônus e o ônus que tal postura pode acarretar.

Da África generalista às individualidades sul-africanas

Quando pensamos nas representações de grupos subalternizados pela perspectiva da comoção, algumas questões podem (e devem) ser levantadas. Em geral, predominam análises que comparam escalas de comoção provocadas pelas imagens de grupos privilegiados e subalternizados ou, para evocar a reflexão de Susan Sontag (2003), entre representações da *nossa* dor e da dor *dos outros*. Ainda de acordo com a autora, frequentemente as imagens podem ser significativamente semelhantes – ou até as mesmas –, bastando uma alteração na *legenda* para mudar a forma como lidamos com elas.

Aqui, no entanto, o contexto da comoção pública foi analisado por uma perspectiva distinta, comparando as imagens produzidas a partir de diferentes pontos de vista sobre um mesmo grupo, isto é, pessoas negras do continente africano, mas ressaltando que se trata de um grupo diverso, plural e complexo, embora tratado como homogêneo e de maneira simplista por uma das perspectivas analisadas, mas não pela outra. Acredito que essa comparação ajuda a pensarmos na comoção como um fim em si mesmo, que não evoca nenhum desejo de transformação daquelas situações, nenhuma consciência real e, efetivamente, não se dirige às pessoas que estão nas fotos, mas àquelas que as veem como o *Outro*. Pensando em uma perspectiva mais explicitamente comunicacional, essas imagens, produzidas a partir de diferentes lugares de fala e tomadas como discurso, dirigem-se, também, a diferentes *lugares de escuta*.

É preciso ter em mente que fotografar é, antes de tudo, uma operação de seleção: além daquilo que aparece no visor, eternizado na película ou no sensor digital, existe tudo o que foi ocultado. É fácil, por exemplo, encontrar fotografias nas quais diferentes cortes na própria imagem são capazes de alterar seus sentidos possíveis. Em uma escala ainda maior, escolher uma única foto para representar um país, como é o caso da África do Sul no livro *África*, é tomar como irrelevantes ou pouco representativas todas as fotografias que não foram tiradas – ou, se foram tiradas, não foram reveladas ao público. Assim, é importante considerar que a visualidade proporcionada pela fotografia não é apenas física, mas também simbólica. Fotografar algo de um jeito específico significa criar e fixar um modo de ver, ainda que passível de interpretações/ leituras diversas.

Ao analisar comparativamente os trabalhos de Muholi e Salgado, foi possível perceber como a comoção pública tem sido, historicamente, objeto de desejo para um certo grupo de profissionais da fotografia ao redor do mundo. Por trás desse interesse no precário, no vulnerável, deve residir uma cômoda passividade. De acordo com Susan Sontag (2003, p. 82), no "início da modernidade, pode ter sido fácil reconhecer que existe um tropismo inato orientado para o horrível". E complementa: "Como objetos de contemplação, imagens de atrocidades podem atender a diversas necessidades. Podem nos enrijecer contra a fraqueza. Tornar-nos mais insensíveis. *Levar-nos a reconhecer a existência do incorrigível*" (p. 82-83, grifo meu).

Evidencia-se que nenhum dos objetivos mencionados pela autora são voltados à transformação das situações nas fotografias, mas às pessoas que as observam. Nesse sentido, ter a comoção como fim também contribuiu para a consagração de grandes temas, em especial um tipo de fotografia jornalística/ documental de denúncia, sempre colocando quem fotografa em posição privilegiada em relação aos seus objetos/temas/assuntos. Qualquer retrospectiva que recupere algumas das fotos mais importantes da história contará com um número significativo de imagens de pessoas, nas mais diversas situações de vulnerabilidade, com uma característica em comum: a maioria delas será pessoas negras, indígenas ou amarelas. Aqui, as imagens criadas e reforçadas a respeito do continente africano têm um papel central. Além de contribuir para a solidificação do racismo, imagens de uma África carente e vulnerável serviram – e ainda servem – para justificar as violências cometidas com o intuito de *civilizar* o continente.

Sontag (2003) argumenta que, ao olharmos para fotografias que representam dor e sofrimento, um elemento determinante para a nossa forma de apreensão é quem são as pessoas fotografadas. Para a autora, quando não nos identificamos com as pessoas que estão nessas situações de vulnerabilidade, essas imagens tornam-se não apenas mais suportáveis, mas, de fato, mais atraentes. Um exemplo contemporâneo que tem sido cada vez mais debatido é a forma como as imagens de casos de racismo tornam as redes sociais digitais hostis para pessoas subjugadas cotidianamente pelo mesmo racismo. Elas acabam expostas a uma dupla violência: a do racismo e a de ter que lidar, pública, frequente e massivamente com a violência que vitimou outra/outro, mas que poderia vitimá-la. O sentimento de *poderia ter acontecido comigo* (e as imagens são prova de que, a qualquer momento, pode efetivamente vir a acontecer) jamais passa pela cabeça das pessoas brancas *bem-intencionadas* que, além de contribuírem com a viralização dessas imagens, frequentemente nos interpelam para que nos manifestemos sobre elas.

Se, por meio do conceito de lugar de fala (Alcoff, 1992; Braga, 2000; Ribeiro, 2017), admitimos que os discursos são proferidos a partir de diferentes *localizações sociais* – que influenciam, diretamente, a forma como esses discursos serão interpretados –, também parece coerente afirmar, consoante Sontag (2003), que de onde *ouvimos* ou *lemos* as imagens também é uma questão relevante no processo de produção de sentido. Assim, ao considerarmos as formas como as narrativas em *África* e *Gênesis* foram construídas, e a quem se dirigem, é possível afirmar que o trabalho de Sebastião Salgado se consolida na perspectiva de abordar cada pessoa negra como representante de sua raça/etnia.

A obra do artista brasileiro vai ao encontro daquilo que Annateresa Fabris atribui ao retrato fotográfico do século 19 quando afirma que "a fotografia constrói uma identidade social, uma identidade padronizada, que desafia, não raro, o conceito de individualidade" (Fabris, 2004, p. 15). Assim, são raras as pessoas cujos nomes são mencionados nas legendas, porque suas individualidades não importam: "Jamais se caracteriza um deles individualmente, isto é, de maneira diferencial. Eles são isso, todos os mesmos" (Munanga, 2020, p. 32).

A falta de individualidade pode atuar na produção da comoção quando essas pessoas são tratadas como as vítimas, os órfãos, os refugiados. Assim, podemos tomar emprestada a afirmação de Fabris ao se referir ao fotógrafo André-Adolphe-Eugène Disdéri (1819-1889) e sua clientela: "o que importa não é representar a individualidade [...], mas, antes, conformar o arquétipo de uma classe ou de um grupo" (Fabris, 2004, p. 31). Embora a autora se refira, especificamente, ao retrato fotográfico oitocentista, as imagens de Sebastião Salgado parecem fazer referência à produção desse período, especialmente às *carte de visite* que transformam em souvenir imagens de *tipos de negros*.

As fotografias presentes em *África* soam, frequentemente, como um elogio à ajuda humanitária ocidental. Ainda que algumas poucas imagens retratem pessoas negras em posições que não são de vulnerabilidade, as legendas insistem em vitimizá-las. Ademais, é importante sublinhar que, mesmo no Brasil, país de população majoritariamente negra, ainda enxergamos a África Subsaariana como uma espécie de *favela do mundo*. Abundam anúncios de instituições de ajuda humanitária com imagens dessa África (tratada como um país) eternamente carente; é essa mesma África que Sebastião Salgado registra. Essa maneira de olhar para o continente africano funciona em vários aspectos, especialmente quando consideramos a forte influência do cristianismo em nossas percepções de mundo.

Mia Couto (2007) define bem a África fotografada por Salgado, "prostrada numa infância do mundo da qual os outros povos da Terra já teriam saído há muito tempo" (Mbembe, 2018, p. 86): "[…] aqui se reúnem retratos de Homens experimentando os limites de sua condição humana, estão aqui as fundas mutilações causadas pela guerra, pela fome, pela doença. […]. Paira em todas essas imagens uma outra dimensão, a epopeia de *povos que se descobrem em estado de adolescência*" (Couto, 2007, p. 313, grifo meu).

A África de Sebastião Salgado, indiscutivelmente, é muito diferente da África do Sul de Zanele Muholi. O abismo que separa os dois trabalhos começa já na autodescrição: enquanto Salgado se identifica bem com o título de fotógrafo documental – e tudo que ele carrega, como a pretensão de objetividade, de não intervenção e de estabelecer uma postura (supostamente) crítica diante da desigualdade, que teria apenas na fotografia seu objeto de denúncia –, Muholi prefere definir-se como ativista visual, intervindo na realidade das pessoas que fotografa, contribuindo para mudar sua condição social. Isso demonstra que sua prática se assenta em uma base distinta da produção artística eurorreferenciada, em diálogo com a perspectiva abordada por Rubem Valentim (2018), que defendia uma arte que estivesse a serviço da comunidade em que é produzida.

Figura 4 – Busi Sigasa, Braamfontein, Johannesburg, 2006

Fonte: Zanele Muholi.[5]

---

[5] Disponível em: https://time.com/5917436/zanele-muholi/. Acesso em: 30 nov. 2022.

Embora ancoradas no compromisso com a coletividade, as imagens produzidas por Zanele Muholi retratam individualidades de uma África do Sul flagrantemente contemporânea (Figura 4) – com toda a complexidade que isso pode evocar. Cada pessoa fotografada está em um lugar específico e tem um nome – exceto em casos nos quais a ocultação do nome é adotada conceitual e/ou deliberadamente, especialmente para proteção da identidade da pessoa fotografada –, representa apenas a si mesma; o coletivo se faz na soma das individualidades; um arquivo em constante atualização. Da mesma forma, a série *Somnyama Ngonyama: Hail the Dark Lioness* (2012-) (Figura 5) também se constitui como um projeto em construção na medida em que as narrativas produzidas e/ou contestadas por Muholi continuam se atualizando – assim como o próprio racismo.

Figura 5 – Ntozakhe II, Parktown, 2016

Fonte: Zanele Muholi.[6]

Como nos lembra Aimé Césaire (2020), ao equivaler-se à civilização, a mentalidade cristã equiparou seus *Outros* à selvageria. Seguindo o raciocínio, cujos pressupostos reverberam ainda hoje, o primitivismo seria uma consequência do paganismo. A salvação, portanto, é também espiritual e simbólica: a conversão, ou cristianização, é condição *sine qua non* para o desenvolvimento.

---

[6] Disponível em: https://time.com/5917436/zanele-muholi/. Acesso em: 30 nov. 2022.

Nas imagens de pessoas africanas que povoam as fotografias de Sebastião Salgado, vemos aquelas que precisam de salvação; que, ao contrário de nós, estão longe da luz. Novamente, essa perspectiva se intensifica pelo texto de Mia Couto (2007):

> Sobre o campo de refugiados, como se vigiasse o espectro da fome, paira a ave de rapina. Não é exatamente um simples pássaro. É uma metáfora de uma punição dos deuses. A fotografia não registrou apenas o que era tangível mas tocou esse arrepio que acontece quando seres humanos se convertem em indefeso despojo para predadores.
>
> A fome e miséria no Sahel tem raízes antigas, quase milenares. O confronto secular dos homens contra a natureza acabou por se converter num fenômeno fora da História *como se tivesse sido um castigo eterno*. Mas o deserto já foi outra coisa e deu guarida a regiões das mais férteis do planeta. Tudo tem história, mesmo a pegada do nosso percurso na areia do tempo (Couto, 2007, p. 205, grifos meus).

Sobre a figura da ave de rapina, podemos questionar se ela é verdadeiramente uma metáfora da punição dos deuses ou do próprio fotógrafo; uma irônica continuidade entre o trabalho de Salgado e a famosa fotografia de Kevin Carter, na qual uma criança sudanesa aparece sendo observada por um abutre prestes a devorá-la. Considerando o caráter consolidado e recorrente de tais imagens, porém, conforme Susan Sontag (2003), a simples comoção diante de tais representações pode parecer suficiente; a própria mentalidade cristã é de pouca ação, bastando se arrepender para se livrar da culpa. Assim, não é preciso, efetivamente, se mobilizar a respeito da dor do outro porque "na mesma medida em que sentimos solidariedade, sentimos que não somos cúmplices daquilo que causou o sofrimento. Nossa solidariedade proclama nossa inocência, assim como proclama nossa impotência" (Sontag, 2003, p. 86).

Portanto, embora seja correto afirmar, como explicitado por Mia Couto (2007), que as guerras civis dos países africanos foram travadas entre as populações daquele continente, seria imprudente desconsiderar a influência da colonização nos conflitos pós-coloniais. Apesar disso, tal relação não é considerada relevante para figurar nos textos. Ademais, é possível argumentar que existe uma diferença significativa entre as imagens de guerra produzidas sobre conflitos em Ruanda, Sudão ou Etiópia, por exemplo, daquelas sobre conflitos que aconteceram e acontecem na Europa, como é o caso da atual guerra na Ucrânia.

É preciso reafirmar, portanto, que a comoção como fim no trabalho de Salgado o torna significativamente distinto da obra de Muholi em função das pessoas a quem se dirige – a obra do brasileiro não se destina às pessoas que são retratadas nas fotos –, seja de uma perspectiva geográfica, seja simbólica: a pesquisa sobre populações indígenas e camponesas da América Latina, lançada como livro sob o título *Otras Americas,* foi, inicialmente, publicada apenas na França, na Espanha e nos Estados Unidos; já o projeto que documentava a fome em África teve como destinos a França e a Espanha. Aliás, segundo a biografia do autor (Salgado, 2007), embora a África seja, desde a década de 1970, um destino recorrente para sua produção fotográfica, não foi, de maneira equivalente, destino para seus livros.

Zanele Muholi, por outro lado, compromete-se não apenas com as pessoas que participam, diretamente, da produção das fotografias, mas com sua comunidade em geral: além de ações temporárias, desenvolve um projeto de longo prazo que tem como objetivo a formação em fotografia. Assim, as pessoas podem assumir a tarefa de registrar suas próprias vidas – reforçando seu compromisso em contribuir para que se representem como querem ser representadas.

Comparativamente, a morte, no trabalho de Zanele Muholi (Figura 6), aparece com um distanciamento respeitoso, como uma cerimônia de solidariedade coletiva; enquanto, para Salgado, a morte é um espetáculo a ser contemplado em seus mínimos detalhes, capturada com teleobjetiva, reverberando o fascínio apontado por Susan Sontag (2003).

Figura 6 – Funeral

Fonte: Zanele Muholi.[7]

---

[7] Disponível em: https://www.lightwork.org/archive/zanele-muholi. Acesso em: 30 nov. 2022.

Ora, se as duas Áfricas são, em parte, contemporâneas, o que difere as imagens de Muholi e Salgado? Recuperando o que foi afirmado anteriormente, é preciso considerar que fotografar é sempre um ato de seleção; e que, em paralelo à decisão sobre o que será enquadrado, está a escolha de que tudo o mais ficará de fora. Assim, é pertinente questionar tanto a raridade ou inexistência de imagens positivas sobre o Sudão, Moçambique ou Angola, por exemplo, quanto a quase ausência de imagens sobre a África do Sul – país de Zanele Muholi – na África Austral de Sebastião Salgado. É possível inferir que as imagens, no sentido amplo da palavra, que não se enquadravam na visão de África pretendida pelo autor, pela perspectiva da comoção, foram deliberadamente ignoradas como se não representassem "a África de verdade" (Adichie, 2017), já que "'uma descoberta que não se encaixa em um conjunto' é precisamente um detalhe, ou seja, algo desprezível" (Césaire, 2020, p. 67) – embora o título do livro sugira uma visão mais geral do continente.

Assim como os fotógrafos que participaram da construção do imaginário sobre o Brasil colonial e escravagista no século 19, conforme apontado por Edimilson Pereira, Sebastião Salgado parece atuar "como um arranjador das cenas, como um cenógrafo que não desfigura a ordem social, antes mostra-se inteiramente a ela integrado" (Pereira, 2018, p. 20). A respeito da fotografia daquela época, o autor também afirma: "Os retratos feitos por fotógrafos do porte de Cristiano Jr., principalmente os incluídos numa 'variada collecção de tipos de pretos', eram produzidos [...] sem ameaçar a ordem social branca, porque, transformados em objetos de pura contemplação, apresentavam ao olhar do espectador o que ele queria ver como estereótipo de africano" (Pereira, 2018, p. 20-21).

Apesar de Sebastião Salgado pretender representar populações africanas como signos do passado, é sua obra que, reverberando "os retratos feitos por fotógrafos do porte de Cristiano Jr.", parece saída, diretamente, do século 19.

Documentando a vida

A suposta não humanidade das populações africanas parece autorizar um vínculo predatório do fotógrafo com as pessoas fotografadas, assim como a relação do colonizador com o colonizado, conforme argumenta Achille Mbembe (2018): identificação/não identificação preconizam nossa forma de agir com outras pessoas. Além disso, tangenciando um tipo de trabalho que se constrói a partir de narrativas de dor e de violência, está um refrão popular de *não esquecer para não repetir*. Mia Couto (2007, p. 115) afirma:

"Dir-se-á que as imagens de Salgado estão raspando a ferida. Mas é preciso não esquecer nunca. Todos sangraremos sempre dessa ferida". A questão, aqui, não é se Sebastião Salgado está ou não está a "raspar a ferida", mas de quem é a ferida raspada. Será verdade que *todos* sangramos dela? E a quem se dirige essa intenção de não deixar esquecer?

Questionamos ainda: como esquecer de uma ferida que ainda está aberta? Saidiya Hartman (2021) problematiza a relação entre passado e presente, construída por meio da memória, ao argumentar que os processos de escravização continuam em curso. Ou, em outras palavras, que a abolição foi incompleta, parcial ou apenas jurídica. As reflexões da autora também nos ajudam a perceber que a forma como vemos o continente africano, ainda hoje, está ligada ao passado e, consequentemente, à escravidão. Finalmente, podemos concluir que existem perigos inerentes à recuperação de histórias que nos foram contadas pelo colonizador (Hartman, 2020).

Antes de finalizar, quero pontuar que, apesar do termo *queer* ser mencionado no título deste texto, essa categoria não foi, explicitamente, um foco de análise, mas não por ser considerada menos importante; existem várias questões urgentes a serem debatidas quanto às representações de sexualidades e identidades de gêneros dissidentes em relação à cis-heteronormatividade. É preciso sublinhar que esse aparente silêncio se deve ao fato de que a simples representação dessas pessoas já pode ser entendida como aquilo que chamei de contrarrepresentação, na medida em que, frequentemente, quando visíveis, esses grupos são representados por pessoas brancas, além de raramente serem mencionados quando falamos de pessoas negras e africanas. Em outras palavras, falar de pessoas negras significa falar de representações positivas/negativas; quando interseccionamos essa categoria com gênero e sexualidade, por sua vez, não nos referimos mais apenas ao positivo/negativo, mas à visibilidade/invisibilidade – e é nessa perspectiva que acredito que as contrarrepresentações produzidas por Muholi e participantes se potencializam e se opõem, de maneira ainda mais contundente, às perspectivas eurorreferenciadas e ao trabalho de Sebastião Salgado, que, além de ser marcado por um viés racista, carrega, também, as marcas da cis-heteronormatividade.

Por fim, embora a sociedade pareça reconhecer as consequências dos diversos sistemas de escravização e colonialismo, o trabalho do fotógrafo brasileiro sugere que permanece nas mãos da branquitude o papel de *salvar* as populações negras. Ao contrário de Salgado, que prefere representar seres (menos) humanos, frequentemente, no limiar entre a vida e a morte, à espera de um *salvador branco* que, embora possa reverter aquela situação, jamais o fez/faz,

Zanele Muholi e participantes se recusam a se representarem como vítimas. Ao deslocarem o ponto de vista do olhar comovido – porém *in-ativo* –, criam um poderoso documento da vida, que rejeita a própria linearidade com que a história costuma ser contada. Nos arquivos de Muholi *et al.*, contesta-se um passado que deveria, supostamente, ter eliminado aqueles corpos desviantes, para produzir um arquivo que, no presente e no futuro, possa celebrar suas vidas e as vidas de todas aquelas pessoas que vieram antes e que virão depois delas.

Referências

Adichie, C. N. *Meio sol amarelo*. São Paulo: Companhia das Letras, 2008.

Adichie, C. N. *No seu pescoço*. São Paulo, Companhia das Letras, 2017.

Alcoff, L. The problem of speaking for others. *Cultural Critique*, [S.l.], n. 20, p. 5-32, 1991-1992.

Allen, S. Thinking activism: Zanele Muholi and queer photography histories. In.: Allen, S.; Nakamori, Y. (Eds.). *Zanele Muholi*. London: Tate, 2020. p. 80-85.

Allen, S.; Nakamori, Y. (Eds.). *Zanele Muholi*. London: Tate, 2020.

Barthes, R. A retórica da imagem. In *O óbvio e o obtuso: ensaios sobre fotografia, cinema, teatro e música*. Rio de Janeiro: Nova Fronteira, 1990. p. 27-43.

Braga, J. L. Lugar da fala como conceito metodológico no estudo dos produtos culturais. In: Maldonado, A. E. (Org.). *Mídia e processos socioculturais*. São Leopoldo: UNISINOS, 2000. p. 159-184.

Césaire, A. *Discurso sobre o colonialismo*. São Paulo: Veneta, 2020.

Couto, M. Textos. In.: Salgado, S. *África*. Colônia: Taschen, 2007.

Fabris, A. *Identidades virtuais: uma leitura o retrato fotográfico*. Belo Horizonte: Ed. da UFMG, 2004.

Garcia, D. Teoria queer e ordem jurídica: reflexões acerca de uma teoria queer do direito. *Revista Periódicus*, Salvador, v. 3, n. 16, p. 43-62, 2021. Disponível em: https://periodicos.ufba.br/index.php/revistaperiodicus/article/view/37391. Acesso em: 15 fev. 2023.

Haider, A. *Armadilha da identidade: raça e classe nos dias de hoje*. São Paulo: Veneta, 2019.

Hartman, S. O Tempo da Escravidão. *Revista Periódicus*, Salvador, v. 1, n. 14, p. 242-262, 2021. Disponível em: https://periodicos.ufba.br/index.php/revistaperiodicus/article/view/42791. Acesso em: 16 nov. 2022.

Hartman, S. Vênus em dois atos. *Revista Eco-Pós*, Rio de Janeiro, v. 23, n. 3, p. 12-33, 2020. Disponível em: https://revistaecopos.eco.ufrj.br/eco_pos/article/view/27640. Acesso em: 16 nov. 2022.

Mbembe, A. *Crítica da razão negra*. São Paulo: N-1, 2018.

Munanga, K. *Negritude: usos e sentidos*. 4. ed. 2. reimp. Belo Horizonte: Autêntica, 2020.

Oyěwùmí, O. *A invenção das mulheres: construindo um sentido africano para os discursos ocidentais de gênero*. Rio de Janeiro: Bazar do Tempo, 2021.

Pereira, E. de A. *Ardis da imagem: exclusão étnica e violência nos discursos da cultura brasileira*. 2 ed. Belo Horizonte: Mazza, 2018.

Quijano, A. Colonialidade do poder e classificação social. In.: Santos, B. de S.; Meneses, M. P. (Org.). *Epistemologias do sul*. Coimbra: Almedina, 2009. p. 73-117.

Ribeiro, D. *O que é lugar de fala?*. Belo Horizonte: Letramento, 2017.

Salgado, L. W. Por trás da imagem. In.: Salgado, S. *Gênesis*. Colônia: Taschen, 2013. p. 9-12.

Salgado, S. *África*. Colônia: Taschen, 2007.

Salgado, S. *Gênesis*. Colônia: Taschen, 2013.

Sontag, S. *Diante da dor dos outros*. São Paulo: Companhia das Letras, 2003.

Valentim, R. Manifesto ainda que tardio. In: Perosa, A.; Oliva, F. (Orgs.). *Rubem Valentim: construções afro-atlânticas*. São Paulo: MASP, 2018. p. 132-134.

Warren, C. Onticídio: Afropessimismo, Teoria Queer e Ética. *Revista Periódicus*, Salvador, v. 2, n. 16, p. 172-191, 2021. Disponível em: https://periodicos.ufba. br/index.php/revistaperiodicus/article/view/42790. Acesso em: 15 fev. 2023.

O genocídio negro e as imagens da morte: reflexões sobre o registro audiovisual da necropolítica em cenas de ficção e testemunho

Josué Gomes

Ao pensar o genocídio da população negra nos mais diversos países sedimentados pela escravidão, parece ser inevitável que, em algum momento, nos deparemos com a importância das imagens para a dinâmica do racismo e do controle da negritude.

No decurso da História, embora muitas vezes não fosse lido criticamente como uma violência, o racismo e suas práticas coloniais foram temas que constantemente ganharam expressão imagética, seja nas pinturas coloniais sobre os escravizados, nas fotografias das ciências eugenistas ou no cinema de ficção, que desde seus primórdios encarnava *blackfaces* para representar personagens sob os quais recaía a violência racial.

A violência antinegra possui uma variedade de modos de registro, sobretudo no audiovisual. O ato de filmar o genocídio povoa desde as ficções cinematográficas e os documentários, até as contemporâneas práticas de gravar as abordagens racistas de policiais e forças de segurança privada. Os modos de aparição do genocídio são diversos e numerosos tal qual a quantidade de mortes motivadas pela violência racial no mundo.

É possível se lembrar da primeira vez em que vimos uma pessoa negra sendo morta pela polícia em um filme? Realizar esse exercício de memória pode ser um grande desafio, porém, a certeza de que ao longo de nossas vidas consumimos diversas narrativas na qual a morte de uma personagem negra se faz presente é um dado sólido na experiência global da espectatorialidade cinematográfica.

Nos mais variados cinemas de circulação mainstream, em âmbito nacional ou hollywoodiano, as cenas de genocídio da população negra têm uma aparição recorrente. Seja em filmes que tematizam diretamente o racismo como um problema central, seja naqueles em que o homicídio se apresenta apenas enquanto um acontecimento terciário, o ato de filmar a morte negra parece residir na fórmula narrativa de vários gêneros fílmicos.

A presença das cenas de assassinato de pessoas negras, pela ação da polícia e forças de segurança, integra um grande conjunto de filmes. Tais cenas possuem acionamentos dúbios, visto que podem servir tanto como meio expressivo de reflexão sobre as condições sócio-históricas dos territórios afetados pelo racismo, quanto como forma de entretenimento esvaziado de carga crítica.

Sobretudo, filmar a morte de negros em narrativas ficcionais nos coloca sobre o risco de tais modos de aparição corroborarem para a construção de um regime de visibilidade anódino para a negritude, atrelando os corpos racializados a histórias marcadas pela violência, criminalidade e sofrimento.

Ao mesmo tempo, a necessidade de gerar registros sobre a violência racial letal das forças policiais constitui um fenômeno concreto no mundo extra ficcional. Nos últimos anos, casos de registro do enquadro policial violento repercutiram nacionalmente e internacionalmente, como nos assassinatos de Eric Garner,[1] George Floyd,[2] João Alberto[3] e Genivaldo dos Santos.[4] Todos tiveram suas mortes extremamente publicizadas, de modo que gerou diferentes rumos para a história de seus homicídios.

As inscrições do genocídio negro no campo do audiovisual possuem modalidades múltiplas, mas parecem apontar para uma centralidade das imagens para a dinâmica racial. Em vista disto, interessa-nos, neste gesto reflexivo, questionar: para que se filma a morte de pessoas negras e qual é a importância das imagens diante do genocídio negro? Em vista desta questão, iremos nos debruçar em algumas linhas de pensamento que nos parecem respondê-la parcialmente.

Os caminhos reflexivos que teceremos ao longo deste capítulo nos apontam um direcionamento que busca compreender alguns dos modos de registros do genocídio negro: a) as aparições testemunhais da violência racial letal das forças de (in)segurança; b) o registro ficcional do genocídio negro como estratégia de

---

[1] Homem negro morto por asfixia em 2014 na cidade de Nova York. Eric teve sua morte e enquadramento filmados.

[2] Homem negro assassinado por asfixia em uma abordagem policial em Mineápolis no ano de 2020. Sua morte foi registrada em uma *live* no Facebook.

[3] Homem negro morto asfixiado por seguranças policiais à paisana que trabalhavam para o Carrefour em Porto Alegre e teve sua morte filmada por um cliente da loja em 2020.

[4] Homem morto asfixiado por gás lacrimogêneo em camburão da viatura da PRF-SE em 2022 em Umbaúba. Sua morte foi filmada por testemunhas.

colonização nas e pelas imagens; e c) os registros do genocídio na perspectiva do cinema negro. Traçaremos nossos pensamentos e agregaremos à discussão a perspectiva de autoras e autores sobre as relações entre o racismo e as imagens, bem como às teorias sobre a violência racial que guiam nosso olhar.

O contínuo *rec* da morte negra: a necropolítica e a morte social como cenas contínuas da história da escravidão

A morte física e simbólica de pessoas negras é parte constituinte das sociedades que possuem períodos escravocratas em sua história político-econômica. Pensar o racismo estrutural (Almeida, 2019) é compreender o modo como os corpos racializados são afetados pelas dinâmicas históricas do poder, convocando-nos a refletir sobre o lugar de sujeição do negro à morte, ao longo do tempo.

O processo de racialização tem como um dos seus objetivos tornar os sujeitos racializados corpos passíveis à violência extrema, pois, como nos lembra Maria Elvira Díaz-Benítez, "[...] a humilhação e violência atuam como atos ou disciplinas reiteradas que têm como objetivo fazer raça, sendo exercidos dentro de marcos rígidos e funcionando como modos de sua perpetuação, o que também implica práticas estatais como modos de governança" (Díaz-Benítez, 2021, p. 10).

Conforme Achille Mbembe (2017), os territórios que se tornaram colônias escravistas herdaram da Europa um modelo deturpado de organização da biopolítica, pensada à maneira foucaultiana como "[...] a divisão das pessoas que têm que morrer e que têm que viver" (Mbembe, 2017, p.116). Na Europa, a gestão da soberania, do estado de exceção e do uso político da morte baseava-se na construção de um inimigo ficcional, no qual a punição e a vigilância precisavam ser aplicadas. Fosse esse inimigo uma figura externa (países vizinhos), fosse interna (cidadãos).

Entretanto, se nas metrópoles havia o reconhecimento de uma igualdade e respeito, que regulava um tratado flexível de guerra e paz, nas colônias escravistas a ausência do reconhecimento de soberanias e subjetividades instaurou um estado de sítio permanente, que suplanta a morte e o terror, ou seja, a necropolítica (Mbembe, 2017). Temos, portanto, "a percepção do Outro como um assalto à minha vida, como uma ameaça mortal ou um perigo absoluto, cuja eliminação biofísica pudesse fortalecer minha possibilidade de vida e segurança [...]" (Mbembe, 2017, p. 117).

Na escravidão, o inimigo ficcional ganha a imagem do negro e dos demais racializados, que possuem suas vidas ceifadas como forma de manter a organização do poder e segurança (institucional, econômica e física) nas mãos do colonizador. Ao longo do tempo, esse *modus operandi* fundou a forma como os Estados pós-coloniais organizaram as estruturas institucionais da vigilância do poder – como as forças de segurança (privada ou pública) e sistemas de punição –, permitindo, até os dias atuais, que a letalidade seja aplicada contra as populações racializadas que desafiarem a ordem exercida historicamente pela branquitude.

Embora todos os regimes escravocratas tenham sido declarados abolidos institucionalmente, suas dinâmicas de controle do corpo negro permaneceram ao longo da história, algumas intactas e outras por meio de adaptações. Nesse sentido, uma virada de chave precisa ser realizada para demarcar que a escravidão é um fenômeno que desafia a compreensão de história linear, baseada na concepção ocidental do tempo progressivo.

A corrente teórica afropessimista é uma das percussoras da interpretação atemporal da escravidão e faz parte do conjunto de teorias chamadas de Pensamento Negro Radical, iniciadas em meados de 1980, nos EUA. Tendo como base o trabalho historiográfico de Orlando Patterson (1982),[5] os autores que constroem o afropessimismo partem do princípio de que a escravidão não terminou, mas modificou-se para se adaptar aos novos modelos econômicos e éticos surgidos no século 18.

A proposta da continuidade da escravidão está assentada no conceito de morte social do escravizado. O afropessimismo considera que o principal elemento que mantinha o regime escravocrata não era o trabalho forçado, mas sim a construção da morte social por meio de três fatores: a violência gratuita direcionada ao negro; os vínculos familiares alienados, que dificultavam a construção/manutenção de famílias; e a desonra generalizada, que impedia o acesso do negro a uma esfera de comunicabilidade política na sociedade.

Frank B. Wilderson III (2020; 2021), um dos principais estruturadores da corrente afropessimista, relembra que "a violência contra nós vira uma tática dentro de uma estratégia de assegurar o lugar da Humanidade" (Wilderson III, 2020, p. 3-4). Para o autor, o racismo é uma forma de construção da "humanidade" (branca) e da "não humanidade" (negra), mas também é um sistema que escalona níveis de pseudo-humanidades entre vítimas de outras opressões, como de gênero, etnia e sexualidade.

A violência da antinegritude é uma condição ontológica para criar a categoria "negro" e as noções filosóficas de humanidade. Para Wilderson III (2021), o espólio do negro é uma das formas com qual toda a estrutura mental da humanidade

---

[5] *Slavery and Social Death.*

dá conta de entender qual é o limite entre aquele que pode ser chamado de humano e precisa ser preservado, e aqueles que não integram parte do mesmo grupo e precisam ter o corpo e as formas representacionais sujeitas a dinâmicas de violência e morte, ou seja, o não humano, encarnado na figura do negro.

Nesse sentido, a escravidão é um regime de continuidades, pois a morte social do negro foi mantida por meio de mecanismos que, até a contemporaneidade, garantem sua subalternidade, como as políticas proibicionistas antidrogas, as medidas de encarceramento, a falta de acesso ao saneamento básico, as condições precárias de trabalho, a violência racial-policial letal, entre outros. Esses elementos, que chamamos de adaptações da escravidão, não estão desvinculados do conceito da necropolítica,[6] pois, além de ser uma organização das forças de morte do Estado, a necropolítica precisa ser compreendida como uma conformadora de condições socioterritoriais que permitem gerar mortes em massa.

A interpretação que o afropessimismo faz do mundo entende que, a nível psicossocial, ser negro é ser/estar em um lugar de incapacidade de integração civil, porque a estrutura social e comportamental que rege a convivência coletiva tem um *modus operandi* de exclusão ontológica do negro. Ser negro é ser ilegível socioafetivamente no contexto em que a antinegritude é o alfabeto e as linhas usadas como a estrutura mínima da existência. Como nos lembra Wilderson (2021),

> […] caso os negros fossem completamente eliminados por um genocídio, a humanidade se veria no mesmo dilema que ocorreria se os negros fossem reconhecidos e incorporados como seres humanos. A humanidade cessaria de existir; porque ela perderia sua coerência conceitual, tendo perdido o outro que usa como comparativo. A humanidade se veria no abismo de um vácuo epistemológico. O negro é necessário para demarcar a fronteira da subjetividade humana (Wilderson III, 2021, p. 159)

É nessa direção que entendemos a morte de pessoas negras como uma cena prevista e previsível no roteiro dos acontecimentos históricos no qual estamos inseridos, pois a morte social e as multifaces da necropolítica constroem figurinos, cenários, falas, ações e efeitos que permitem que o genocídio seja perpetrado. Sabemos da existência das inúmeras mortes no passado, testemunhamo-las no presente e prevemos sua continuidade no futuro, embora esforços para evitá-las

---

[6] Friso que tal aproximação conceitual é um gesto propositivo de minha autoria, pois os autores não partem das mesmas coordenadas teóricas ou estabelecem diálogos diretos nas obras referidas.

sejam feitos. Dessa maneira, "[...] estamos sendo vítimas de genocídio, mas somos mortos e regenerados, porque o espetáculo da morte negra é essencial para a saúde mental do mundo – não podemos sumir completamente, porque nossas mortes precisam ser repetidas visualmente" (Wilderson III, 2021, p. 216).

A morte de pessoas negras de inúmeras formas, sobretudo pela violência policial, é um fato histórico repetitivo que somos obrigados a testemunhar como forma de manutenção do que Wilderson III chama de "saúde psíquica das pessoas não negras", pois "[...] o policiamento da negritude é o que permite a sanidade mental do resto do mundo" (Wilderson III, 2020, p. 3).

É necessário lembrar que a negritude é visualizada socialmente como ameaça pelas forças policiais, mesmo sem justificativas que alimentem a suspeita da criminalidade. "Não há produção de vida e de morte da população sem a mobilização de certos regimes de visibilidade ou sem a constituição de um campo visual. Este campo visual é racialmente saturado, não é neutro em termos raciais" (Grabois, 2019, p. 1). Desse modo, as abordagens policiais precisam ser compreendidas como uma ferramenta de morte social.

No Brasil, por exemplo, a abordagem é garantida legalmente pelo 144º artigo da Constituição Federal, e nos artigos 240º e 244º do Código de Processo Penal. O aparato institucional também prepara o solo para que as mortes ocasionadas durante o enquadro não sejam consideradas ilegais e não possam ter sua justiça reivindicada de forma efetiva, pois o artigo 292º do Código de Processo Penal permite que meios que ferem a vida sejam utilizados para efetivar a prisão de suspeitos. Com isso, o policial tem o resguardo de cometer os homicídios se apresentar duas testemunhas oculares para lavrar o chamado "auto de resistência" à prisão – que, em tese, deveria ser utilizado apenas quando a vida do agente policial é colocada em risco durante a abordagem.

O uso do registro audiovisual da abordagem policial vem sendo adotado como uma das formas de proteção contra a violência. Nos últimos anos, uma série de assassinatos ganharam uma grande repercussão após serem filmados por um dispositivo com acesso à internet e viralizado em redes sociais. Tais registros audiovisuais geram fluxos diversos através de sua materialidade, como protestos e usos jurídicos, mas possibilitam também uma reprodução sensacionalista/reificada da violência, tornando-se, em si, novos processos violentos.

Em 17 de julho de 2014, um homem negro chamado Eric Garner foi abordado pela polícia de Nova York sob suspeita de estar vendendo cigarros falsos. O policial Daniel Pantaleo aplicou uma manobra de imobilização "mal executada", que levou Eric à morte por asfixia após gritar "I can't breathe" ("não consigo respirar") por onze vezes. Os policiais só chamaram os médicos após

Eric parar de se mexer, e nenhuma manobra de reanimação foi feita. Sua *causa mortis* foi dada como crise asmática.

Esse acontecimento foi filmado por Ramsey Orta, amigo da vítima, e as imagens provocaram ondas de protesto em vários lugares dos EUA, mas foram desconsideradas pelo júri de Staten Island, que decidiu não indiciar Daniel Pantaleo.

No dia 15 de fevereiro de 2019, Pedro Henrique de Oliveira Gonzaga, jovem negro da Zona Oeste do Rio de Janeiro, foi morto pelo segurança do supermercado Extra, Davi Ricardo Moreira Amâncio, após receber um golpe de imobilização conhecido como "gravata". A família afirmou que, na ocasião, o jovem se encontrava em alucinação devido ao uso de entorpecentes, mas não apresentava agressividade após ser imobilizado. Ele foi morto em frente à mãe, em meio a pedidos dela e de pessoas ao redor para que a manobra fosse cessada, pois Pedro já estava com a mão roxa.

O assassinato de Pedro foi filmado por populares e pelas câmeras de segurança do supermercado, viralizando nas redes sociais. Davi e Edmilson Felix Pereira, segurança que acompanhou a ação sem impedi-la, foram indiciados por homicídio doloso e, até a escrita deste capítulo, o julgamento ainda não ocorreu. Uma onda de protestos foi gerada no Brasil com pessoas indo nas sedes dos supermercados Extra gritar por justiça.

Em 25 de maio de 2020, George Floyd foi morto por uma equipe policial em Minneapolis durante uma abordagem sob suspeita de utilizar dólares falsos e roubar um maço de cigarros. Um golpe de asfixia com o joelho no pescoço foi utilizado pelo policial Derek Chauvin e levou o ex-jogador de futebol americano à morte. O assassinato foi registrado em *live* no Facebook por Darnella Frazier, que passava na rua durante a abordagem. Enquanto filmava, Darnella pedia para que o policial parasse de aplicar o golpe em Floyd, que gritava "I can't breathe" ("não consigo respirar") enquanto se debatia.

O vídeo ganhou repercussão internacional, sendo compartilhado por todo o globo nas redes sociais, além da circulação em empresas de jornalismo e entretenimento. Os protestos do movimento Black Lives Matter[7] iniciaram nos Estados Unidos e se espalharam por diversos países, gerando uma grande

---

[7] O movimento começou através da hashtag #BlackLivesMatter em mídias sociais, após a absolvição de George Zimmerman por ter matado o adolescente afro-americano Trayvon Martin. O movimento tornou-se reconhecido nacionalmente por suas manifestações em 2014, após a morte de Michael Brown, resultando em protestos e distúrbios em Ferguson, e Eric Garner, na cidade de Nova York. A organização foi fundada por Alicia Garza, Patrisse Cullors e Opal Tometi.

onda de protestos antirracistas que refletiam sobre a condição específica de cada país, além da indignação pelo assassinato de Floyd.

Os vídeos e a cinegrafista amadora foram ouvidos no processo. Derek Chauvin foi condenado a 22 anos e 6 meses de prisão. Seus colegas, que participavam da abordagem, também foram condenados: o ex-policial Alexander Kueng foi condenado a três anos de prisão, e o outro cúmplice, o ex-policial Tou Thao, a três anos e meio de reclusão.

Em 19 de novembro de 2020, o homem negro João Alberto Freitas foi morto espancado e asfixiado com uma manobra de imobilização "mal executada" por Magno Braz Borges e Giovane Gaspar da Silva, um ex-militar e um policial militar temporário, enquanto trabalhavam como seguranças numa loja do hipermercado Carrefour de Porto Alegre. A ação foi acompanhada e ordenada pela fiscal de caixa Adriana Alves Dutra.

Um entregador que estava no local e filmou o homicídio relatou que os assassinos tentaram apagar o vídeo e o ameaçaram. Durante o espancamento e asfixia, João Alberto gritou que não conseguia respirar. Sua esposa, a fiscal Adriana Alves Dutra e duas testemunhas não identificadas interviram na ação e pediram para que os seguranças parassem de espancá-lo, mas os pedidos de socorro não surtiram efeito.

Após a viralização do vídeo, uma onda de protestos de movimentos antirracistas foi observada em diversas cidades do país, intensificados pela efeméride do Dia Nacional da Consciência Negra. Diversas lojas do hipermercado Carrefour receberam protestos inflamados, com depredações e pichações em vermelho.

Magno Braz Borges e Giovane Gaspar da Silva; Adriana Alves Dutra, Kleiton Silva Santos e Rafael Rezende, funcionários do Carrefour; e Paulo Francisco da Silva, funcionário da empresa de segurança, são acusados de homicídio triplamente qualificado pelo 2º Juizado da 2ª Vara do Júri do Foro Central de Porto Alegre e, até a escrita deste texto, o julgamento ainda não foi marcado. Os acusados aguardam julgamento em reclusão.

Em 22 de maio 2022, Genivaldo de Jesus Santos, de 38 anos, foi morto por asfixia gasosa durante uma abordagem da Polícia Rodoviária Federal (PRF). Os agentes William de Barros Noia, Kleber Nascimento Freitas e Paulo Rodolpho Lima Nascimento abordaram o homem por não usar capacete enquanto dirigia uma motocicleta.

Um vídeo da abordagem mostra a tentativa de imobilização de Genivaldo com os agentes colocando as pernas em seu pescoço e, em seguida, algemando-o e amarrando seus pés. Genivaldo é colocado no porta-malas da viatura da PRF. Os policiais jogam uma granada de gás lacrimogêneo e fecham o compartimento. Genivaldo se debate com os pés para fora do porta-malas, enquanto os policiais pressionam a porta.

Genivaldo morreu por asfixia e insuficiência respiratória, após ficar preso na viatura cheia de gás. Toda a ação foi gravada por testemunhas e, ao mesmo tempo, os policiais gravaram a ação dos populares em tom de ameaça. As imagens da abordagem viralizaram nas redes sociais e foram comparadas às táticas nazistas das câmaras de gás utilizadas durante o holocausto. Em alguns vídeos, é possível ouvir pessoas narrando que Genivaldo iria morrer em breve. Uma série de protestos foi realizada no país, após a repercussão do vídeo.

As pessoas em volta chegaram a pedir para que Genivaldo, que era uma pessoa com esquizofrenia, fosse tirado do carro. Apesar da tentativa da PRF de blindar os policiais, os três foram indiciados pelo Ministério Público pelo crime de homicídio qualificado.

Em todos os casos que discorremos neste breve e indignante apanhado, o uso de celulares e câmeras de vigilância foram cruciais para que os fatos pudessem ser analisados de modo público pelas autoridades e sociedade civil. Em todos, os vídeos foram objeto de mobilização de protesto e cobranças de instituições de (in)segurança privadas e públicas.

Nos últimos casos, os acontecimentos foram filmados de forma quase anual, o que evidencia uma dimensão de continuidade de assassinatos de pessoas negras por forças policiais. Tais homicídios permanecem, repetem enredos, cenários, atores, golpes, movimentos e gestos que reconstroem a cena da abordagem letal, evidenciando um caráter perene da temporalidade afetada pelo racismo.

A violência racial torna possível que as cenas de morte de pessoas negras causem uma habitação não progressiva do tempo, possibilitando que semiacontecimentos quebrem, por instantes, seja na dimensão da carne, seja no campo expressivo do audiovisual, a suposta sequencialidade que rege a história. Diante do assassinato de pessoas negras, os acontecimentos assumem, ao mesmo tempo, uma condição de mesmidade e diferença. São mortes únicas, em locais diversos, com contextos e com atores diferentes, mas que, por alguns momentos, são as mesmas entre si, que se repetem e podem ser sentidas escorregadiamente pela subjetividade, mas também analisadas de modo duradouro no registro audiovisual.

A partir desses pontos de temporalidades necrófilas, conseguimos observar que o projeto de morte social da escravidão é uma estrutura tempo-espacial intertemporal e contínua. Habitamos a escravidão, pois as modulações de sua violência aprisionam nossos corpos em tempos de imobilidade.

A circulação das imagens testemunhais da morte de pessoas negras, embora traga mais oportunidade de denúncia e elaboração de formas de reparação, não parece influenciar nas ações dos agentes racistas, visto que o encadeamento de assassinatos se mantém.

Além disso, a viralização das cenas de assassinato e violência racial é uma ponta solta e afiada do racismo, pois estabelece um novo fluxo de violência. Em todos os casos citados, o compartilhamento dos vídeos pelo WhatsApp, Instagram e Facebook, em páginas pessoais e profissionais, gerou uma profusão do sofrimento. Os vídeos são utilizados para aumentar métricas de engajamento em páginas profissionais de entretenimento e informação com fins comerciais, tal como é feito por páginas de fofoca e memes.

As páginas repostam intensamente as cenas de violência e atualizam os seguidores sobre a repercussão legal dos casos muitas vezes reiterando a visualidade da violência e, quase sempre, terminando a legenda da postagem com um convite para ação (*Call To Action* – CTA), estimulando os seguidores a opinarem sobre a situação. Em alguns casos, são utilizadas estratégias para que o conteúdo não seja identificado como violento pelo algoritmo: as imagens são alteradas com um borrão, e palavras ligadas ao universo político e jurídico são escritas de forma incompleta ou utilizando caracteres informais. Tais postagens simulam e se apropriam do artifício falacioso da neutralidade jornalística, evitando o posicionamento ético-político e a autorreflexão nas legendas, alimentando-se apenas da repercussão causada pela viralização dos vídeos de agressão para incitar que o público comente nas postagens e responda posicionamentos contrários, aumentando, consequentemente, o alcance das publicações.

Como nos recobra Wilderson III (2020, p. 217), "É por isso que posts de vídeos on-line da polícia assassinando pessoas negras contribuem mais para o bem-estar das pessoas não negras – com seus prazeres não comunitários e com o sentimento de presença ontológica – do que contribuem para que essa violência diminua, para que alguém seja preso, ou mesmo para aumentar a sensibilidade geral em relação à dor e ao sofrimento dos negros".

Um verdadeiro frenesi de sofrimento se estabelece nos modos de compartilhamento dos vídeos testemunhais da violência racial letal e retroalimenta experiências de dor para as pessoas negras que veem tais materiais, sejam àquelas que possuem relação de proximidade com as vítimas, sejam às que não as conhecem. A repetição exacerbada em redes sociais, sites e até em alguns veículos televisivos aponta para uma necessidade da visualização do sofrimento negro como forma de reafirmar a estabilidade da necropolítica e o lugar subjetivo de segurança da branquitude.

Desse modo, é preciso haver mais cuidado na forma como os vídeos testemunhais são acionados, para que se evite um sadismo racista que beira a involuntariedade subjetiva no ato de compartilhar tais vídeos. Apesar de as ferramentas audiovisuais serem uma grande estratégia de autodefesa e defesa testemunhal contra a violência racial letal das forças de segurança, não vemos esse artifício como uma característica positiva ou que aponte melhora no contexto em que nós, negros, estamos inseridos.

Pelo contrário, seus usos parecem apontar uma temporalidade densa e consumida pela escravidão e morte social. A produção das imagens testemunhais do genocídio negro parece sugerir um caráter profético da morte para a população negra, que aqui nomeamos como uma roteirização para a morte. Nos modos como as políticas de segurança pública, patrimonial e pessoal são historicamente organizadas para o combate de um (pré-)inimigo ficcional racializado, o sujeito negro – seja aquele subscrito involuntariamente na criminalidade ou não – é cooptado de forma coercitiva para ter encontros prováveis com a violência letal. Desse modo, encarando as linguagens cinematográficas como metáforas e lentes críticas do contexto do racismo, podemos afirmar que estamos imersos no enredo de morte e espólio.

Na estrutura social que habitamos, pessoas negras parecem ser enredadas para os encontros letais com as forças de segurança. Através da leitura de nosso figurino racialmente estigmatizado, personagens privilegiados pelo poder da letalidade se sentem confortáveis para encerrar nossas jornadas em nome de uma falsa sensação de segurança. O corpo negro não possui a liberdade para ocupar os cenários que deseja sem que seus gestos sejam lidos como ameaça; a vilanização do negro é pré-produzida antes de sua atuação no mundo. Tal vilania é visualmente construída pelo modo como se julga o estilo de nossas roupas, cabelos e acessórios, e nosso modo de andar e de olhar o espaço, o que pode gerar nossa eliminação física.

É necessário observar e tramar ações que mudem a presença das elipses temporais que provocam o *looping* das cenas de assassinato. Precisamos nos munir de capacidade construtiva, sem ter a inocência de que mais cenas de morte não serão filmadas, mas com o ímpeto de que tais desfechos sejam modificados. Lutar por ações que impeçam o assassinato, por políticas de desmilitarização e pelo uso de câmeras em uniformes policiais, que, em seus primeiros estudos no país (Andrade, 2021; Barbosa *et al.*, 2021; Bonato Júnior, 2022), mostraram algumas efetividades.

Para que a reparação histórica e a desarticulação de parte da morte social sejam precisas, não poderemos ignorar a produção e os usos das imagens testemunhais do genocídio negro.

Libertar os olhos: a colonização do olhar e as cenas ficcionais da morte de pessoas negras

O genocídio das populações negras em diversos países é um fato que convivemos diariamente. O racismo integra os países pós-coloniais desde suas fundações, mas também faz parte de um conjunto de práticas que foram globalizadas e constroem políticas raciais em todos os territórios, pois, em um mundo globalizado, opressões também são compartilhadas, embora cada espaço apresente suas particularidades.

Como parte constituinte da organização social em que vivemos, a morte de pessoas negras é tematizada em textos, falas, filmes, livros e diversos modos de comunicação. O genocídio também é incorporado nas formas de entretenimento, arte e ficção, sobretudo no audiovisual, tendo modulações particulares em cada produto comunicacional.

Neste tópico, faremos uma reflexão teórica sobre as formas de aparição da morte de pessoas negras em produtos audiovisuais de ficção, pensando como tais narrativas podem conduzir a um processo de representação que reitera a violência racial das forças de segurança. Mas também buscaremos explanar como a construção dessas imagens promovem a criação de um imaginário racista, que tende a atrelar a imagem do negro às condições de criminalidade e sofrimento. Não iremos realizar uma análise de uma obra audiovisual específica ou indicar produções como local de observação, pois acreditamos que tais gestos analíticos precisam ser feitos de modo exclusivo, sem cometer generalizações ou deixar escapar a singularidade de cada obra.

Nesta etapa de nosso gesto reflexivo, o intuito é levantar uma discussão sobre as imagens da morte de pessoas negras que promovem as reiterações supracitadas ou fomentam um esvaziamento da crítica ao racismo estrutural ao tecer ficções em que personagens negros morrem pela ação da violência, sem que tais mortes cumpram um papel significativo para a história. Ou sobre obras que apresentam cenas de violência em que figurantes ou personagens coadjuvantes negros ocupam a tela apenas para morrer, servindo como um elemento cênico de preenchimento do enquadramento ou multiplicador da violência encenada. Acreditamos que nossa reflexão possa servir também para lidar com o excesso de personagens negros de atmosfera vilânica, dos quais algumas narrativas audiovisuais de ficção se valem.

Sobretudo, iremos analisar teorias que nos ajudam a assimilar a centralidade comunicacional e imagética do processo de racialização e colonização da negritude, em busca da compreensão da importância do audiovisual na dinâmica do racismo, da escravidão contínua e da morte social.

Refletir sobre a relação entre o racismo e as imagens é um convite para entendermos o processo de racialização como uma operação dependente de relações visuais. A raça, enquanto uma categoria de dominação que utiliza da rotulagem da diferença, tem como modo de funcionamento a capacidade de atrelar uma pré-imagem estereotípica ao sujeito racializado, que tem seu corpo e seus elementos socioculturais estigmatizados.

A produção da raça é um processo visual de fabricação da diferença entre indivíduos, a elaboração de um domínio visual que estabelece o surgimento de agrupamentos entre integrantes que possuem semelhanças e dissemelhanças entre si. A partir do modo como é feita a gestão das diferenças, temos a atribuição de poder e privilégios para determinados grupos, e a atribuição de estigma e violência para outros. Originando, dessa forma, um modelo opressivo.

Para Mbembe (2014, p. 26), "[...] a raça não existe enquanto facto natural, físico, antropológico ou genético". Nesse sentido, o autor identifica que essa categoria de hierarquização social foi gestada por uma elaboração sociodiscursiva, tramada durante os processos de colonização do continente africano e, em seguida, das Américas.

A razão negra (Mbembe, 2014), ou seja, o processo de racialização, é efetuado a partir do que o autor nomeia de "alterocídio". A colonização europeia forjou a raça por meio de um juízo de identidade, no qual o ser europeu, estrategicamente, fixou e nomeou como negras as civilizações e culturas encontradas no continente africano.

Sobretudo, o juízo de identidade da razão negra impõe o anulamento da existência de um sujeito, fixando-o em um pretexto racial. Essa operação é efetuada com a intenção de matar a identidade daquele que precisa ser desconsiderado como um igual. A racialização é feita por meios inteligíveis e pela circulação de imagens – mentais ou materiais –, pois, como lembra o autor, "[...] a razão negra designa tanto um conjunto de discursos como de práticas – um trabalho quotidiano que consistiu em inventar, contar, repetir e pôr em circulação fórmulas, textos, rituais, com o objectivo de fazer acontecer o Negro enquanto sujeito de raça e exterioridade selvagem, passível, a tal respeito, de desqualificação moral e de instrumentalização prática" (Mbembe, 2014, p. 71).

Esse processo tornou possível que alguns povos europeus inventassem o negro e o violentassem, o escravizassem e o matassem sem que essas ações fossem consideradas uma ruptura no modelo ético cristão-ocidental. A raça foi inventada para que a escravidão pudesse surgir. A racialização torna o africano negro e o faz ser coisa, uma matéria de exploração, um corpo de energia combustível, conforme nomeia Mbembe (2017, p. 23).

Esse processo cria o que é a humanidade do branco e a proto-humanidade do negro. Além disso, através da raça, a Europa julga como desvio moral e racional grande parte do conhecimento, cosmovisão e episteme dos povos africanos. Isso reserva um lugar de anulamento às produções culturais, científicas, religiosas e artísticas feitas naqueles territórios. Ou seja, a racialização não é apenas do corpo, mas engloba tudo aquilo que lhe pertence.

Desse modo, o processo de não visualização estratégica de um campo de igualdade entre negros e brancos faz parte da criação das categorias mentais que fomentam o surgimento da raça e seus usos sociopolíticos na história. Fazer raça é atribuir um simulacro ao corpo, uma pré-leitura visual que desumaniza os corpos e possibilita a aplicação diferenciada, por vezes prejudicial, de vigilância, punições e violências. "Quando o outro não é visto como um semelhante, quando ele é inferiorizado e subjugado, o que se tem é a negação do outro. E quando não há alteridade, não há comunicação", lembram-nos Barros e Freitas (2018, p. 101), a partir das reflexões de Mbembe (2014).

O processo originário de criação da raça, conforme discorremos, possuiu uma relação direta com as imagens. Consideramos que a raça é uma forma colonial de olhar para o corpo e para o mundo do racializado; uma disciplina ótica que orienta o modo como o ser branco olhava para o negro, mas que também, por meio da opressão, passou a coagir o racializado a olhar para si e para seu semelhante como pertencentes a uma categoria inferior da humanidade em relação ao branco.

A relação imagem-raça se aprimorou ao longo da escravidão, conformando uma série de políticas do olhar e das formas representacionais moldadas para que os processos de inferiorização e violência pudessem ser sustentados. Políticas essas que são continuadas e adaptam-se, como a morte social e a escravidão, para continuar exercendo os domínios coloniais do corpo negro.

Como bem nos é lembrado por bell hooks, "as políticas da escravidão, das relações de poder racializadas, eram tais que os escravizados foram privados de seu direito de olhar" (hooks, 2019, p. 183). A autora evidencia que o escravizado era punido a depender do modo como olhava para o escravizador, nunca devendo encará-lo, sempre olhando para baixo. Ela também nota que a forma como os escravizadores olhavam para o escravizado era evitando seus olhos, pois esta estratégia performática excluía a subjetividade do escravizado, o mantinha em um lugar de inferioridade e desigualdade de direitos.

Através de hooks (2019), conseguimos compreender que o audiovisual e as formas representacionais imagéticas possuem um carácter central para que o *status quo* do racismo seja mantido. Impor a forma como olhamos para nós mesmos é uma estratégia colonial do racismo. "Para as pessoas negras, a dor de aprender que não podemos controlar nossas imagens, como nos vemos (se nossas visões não forem descolonizadas) ou como somos vistos, é tão intensa que isso nos estraçalha. Isso destrói e arrebenta as costuras de nossos esforços de construir o ser e de nos reconhecer" (hooks, 2019, p. 31).

Na escravidão, em seu sentido histórico ou contínuo, as imagens de pessoas negras são alvos diretos de modelos que promovem a reiteração do discurso da inferioridade baseada na raça. "Da escravidão em diante, os supremacistas brancos reconheceram que controlar as imagens é central para a manutenção de qualquer sistema de dominação racial" (hooks, 2019, p. 30).

Nesse sentido, a criação de padrões na composição das imagens, a repetição de arcos narrativos e o uso dos estereótipos raciais são importantes para a construção dos estigmas raciais, denotam lugares de pertencimento e normalizam padrões de acontecimentos. Por isso, é necessário olhar criticamente paras as formas das imagens que constroem os lugares de desumanização, tal como para a presença de cenas de assassinato de pessoas negras nas ficções, foco de nossa reflexão.

Como nos recorda bell hooks (2019) sobre o lugar de poder dos filmes – mas que aqui estendemos às ficções audiovisuais –, "mais do que em qualquer outra experiência de mídia, eles determinam como a negritude e as pessoas negras são vistas e como outros grupos responderão a nós com base nas suas relações com a construção e o consumo de imagens" (hooks, 2019, p. 33).

A presença de personagens negros em situação de criminalidade, sofrimento, adoecimento, escravidão e dor sempre carece de olhares críticos para entendermos o nível de profundidade e reflexão que tais imagens possuem. Pois a indústria do audiovisual, durante muito tempo, foi um polo de disseminação de discursos racistas que invalidavam as potencialidades da presença do negro em cena, reafirmando lugares de opressão e reiterando a violência do racismo.

Afinal, o que vemos em tela, muitas vezes, é um convite para observarmos uma janela para o mundo. As ficções possuem validações morais e éticas, projetam realidades ideais e desejos políticos de que tais mundos ficcionais sejam habitáveis ou não. Fazem críticas aos acontecimentos da história ou informam as práticas que preenchem nosso cotidiano, julgando-as como aceitáveis ou as recusando.

Não são raras as vezes em que a produção do lugar da criminalidade, por exemplo, resulta na morte de inúmeras personagens negras. Esse modo de contar histórias não está desarticulado de um discurso que valida a ação policial em diversos países como necessária, como combatente a um inimigo da ordem pública. Como é lembrado em reflexão sobre a condição racial dos EUA,

> A confusão da negritude com o crime não ocorreu naturalmente. Ela foi construída pelas elites políticas e midiáticas como parte de um amplo projeto conhecido como Guerra às Drogas. Essa confusão serviu para fornecer uma porta de saída legítima para a expressão do ressentimento e do animus antinegros – uma válvula de escape conveniente agora que as formas explícitas de preconceito racial estão estritamente condenadas. Na era da neutralidade racial, já não é permitido odiar negros, mas podemos odiar criminosos (Alexander, 2017, p. 282 citado por Pereira, 2020, p. 348).

Além disso, a presença da morte de personagens negros, principalmente em narrativas dirigidas por pessoas brancas e circuladas em seus veículos de comunicação, é apontada como "pré-condição fundamental para criação de empatia com audiências não-negras" (Hartman; Wilderson, 2003 citados por Souza; Freitas, 2018, p. 5). Pois, na visão de Frank B. Wilderson III, "É absolutamente necessário que os negros sejam castrados, estuprados, tenham as genitálias mutiladas e violadas, que sejam espancados, alvejados a tiros e aleijados. E é necessário que isso aconteça nas ruas tanto quanto na cultura popular – na TV e no cinema" (Wilderson III, 2020, p. 221).

Ao nosso ver, tais imagens promovem o que a pesquisadora Cíntia Guedes nomeia de "cárcere estético" (Guedes, 2019 citada por Santos, 2020, p. 14), uma identificação das "amarras sensíveis que atam a negridade à dialética de morte que a reduz sempre-já aos registros do objeto, do outro ou da mercadoria" (Santos, 2020, p. 14). Esses modos de aparição castram as potências poéticas e críticas que o corpo negro em cena pode disparar. Impedem a construção novos de mundos possíveis e que o corpo negro possa ser inscrito, mesmo que de forma ficcional, em uma estética que imploda o cativeiro da morte social.

Entendemos a colonização do olhar como a tentativa de controle das imagens e narrativas da negritude produzidas sob eixos monotemáticos, sem ampliação da diversidade das formas visuais e histórias sobre o povo negro. A monotematização do sofrimento e da violência em personagens negras se somam aos projetos necropolíticos do mundo extraficcional, e reiteram a roteirização para a morte derivada da escravidão contínua, apontada anteriormente.

O enredamento para a morte enclausura não só os acontecimentos históricos que vivenciamos, mas também as potencialidades sígnicas e poéticas que poderíamos vir a desenvolver. O uso esvaziado das cenas de violência contra negritude compõe o projeto de escravidão contínua e da morte social. A morte na imagem também é uma forma de violência. E sua recorrência exacerbada é uma estratégia colonial que intenta tolher o que vemos, para que possamos não sonhar, acostumando-nos com a morte social.

Frente a isso, o caminho da crítica de produtos audiovisuais e das análises acadêmicas precisa, urgentemente, se aproximar ao exercício do olhar opositor da negra (hooks, 2019), mesmo que seu gesto só possa ser realizado por aquelas e aqueles encarnados em corpos racializados. O conceito da autora parte de sua experiência como espectadora do cinema e da experiência de outras mulheres negras, que se descontentaram com as formas representacionais apresentadas nos filmes.

Por meio desse olhar insatisfeito, descontente com os estereótipos e arcos narrativos das mulheres negras no cinema, hooks (2019), a partir dos processos de interrupção da espectatorialidade, em decorrência da representação racista, investigados por Manthia Diawara (1990), propõe a noção de olhar opositor do negro. Ela lembra que "olhares negros, como foram constituídos no contexto dos movimentos sociais pela valorização da raça, eram olhares questionadores" (hooks, 2019, p. 185).

A proposta é que o olhar seja uma forma de intervenção na dinâmica de poder alçada pelo objeto fílmico e que possa gerar uma nova circulação textual. O exercício do olhar opositor faz um convite para que os filmes sejam consumidos e os descontentamentos sejam falados, gerem críticas, mobilizem protestos e rompam com o ato comunicativo de violência, transformando-o em um processo emancipatório da imagem.

Desse modo, um gesto de recusa crítica às imagens da morte negra, que são mobilizadas do modo como supracitamos, é necessário para que possamos expandir as potencialidades narrativas da ficção audiovisual; sobretudo para que possamos falar sobre o genocídio de modo qualificado, que traga novas leituras e interpretações para os fenômenos do racismo, transcendendo os cárceres estéticos e narrativos que se alimentam do sofrimento negro.

Romper os processos espectatoriais da morte negra em narrativas ficcionais que não se comprometem em apresentar ao mundo algo de novo, mas, sim, em manter a ordem do que vemos fora das telas nas imagens, é importante para que, minimamente, possamos ganhar mobilidade diante da escravidão perene que nos cerca. Reivindicar e habitar outras ficções possíveis é um ato político; rebelar-se contra o que vemos é uma ação necessária de rebeldia, pois o "[...] 'olhar' tem sido e permanece, globalmente, um lugar de resistência para o povo negro colonizado" (hooks, 2019, p. 184). Diante da frustração em ver corpos negros violentados de forma gratuita e sem carga de sentido significativa para o enredo, resta-nos a oposição, seja ela na crítica ou na análise empírica.

Quando roteirizar a morte é uma tarefa inevitável: as imagens do genocídio na perspectiva das expressões artísticas negras

Anteriormente, apresentamos notas teórico-críticas sobre a presença de cenas da morte de pessoas negras em situações de violência que se encontram desarticuladas de uma reflexão aprofundada sobre o racismo, promovendo, desse modo, um novo ato de violência necropolítica. Neste ponto, iremos conduzir uma reflexão sobre as aparições das cenas de genocídio nas expressões artísticas negras, traçando um caminho entre teóricos e teóricas que possuem propostas acerca da inevitabilidade da tematização da morte; sobretudo quando há intenção fulcral de que as obras reflitam sobre a situação das pessoas negras no mundo e promovam um reordenamento da forma como compreendemos o racismo.

O interesse em falar sobre nossa morte é algo notório, pois, estatisticamente, testemunhamos um grande número de assassinatos e violências. Não há como negar a importância deste tema para todos em nossas sociedades, principalmente as "pós-coloniais". Entretanto, a maneira como se narra o genocídio da população negra, no passado ou no presente, deve ser observada como um campo de disputa, visto que, diante da morte negra, se abrem um conjunto de questões políticas, caminhos para novos processos do racismo, propostas para sua desarticulação e interpretações sobre nosso estar no mundo.

Nesse sentido, compreendemos que a tematização do genocídio seja recorrente pela notoriedade que possui, mas, como assinalamos anteriormente, alguns modos de agenciá-lo nas ficções corroboram para que sua repetição seja continuada. Pessoas negras, não negras, de diferentes classes sociais, gênero e idades tecem narrativas sobre nossas mortes e todas podem cometer narrações violentas. Entretanto, acreditamos que a perspectiva das vítimas desse fenômeno está em um ponto de conhecimento privilegiado para sua compreensão.

O genocídio é um dado concreto da realidade, compõe o cotidiano de milhões de pessoas, direta ou indiretamente, modificando a forma que nos deslocamos na rua, os lugares que frequentamos e as roupas que usamos, incentivando o hábito de guardar cupons fiscais e andar com documentos de identificação ao alcance fácil, entre outros. A morte por violência racial faz parte de nossa rotina, seja pela sua presença concreta, na agência ao nosso redor sob o corpo de terceiros, seja pelo medo que temos de vivenciá-la. Desse modo, a maneira como o genocídio é tematizado pela perspectiva das enunciações negras é um ponto epistemológico fundamental para refletir as cenas de genocídio.

As expressões artísticas negras na literatura, música, cinema, performance e artes visuais ocupam um papel central na forma como as representações do corpo negro e de nossos elementos culturais são cerzidos, atuando, muitas vezes, como modo de reparação frente às distorções racistas. Além disso, por meio de um processo de enunciação encarnado e localizado na subjetividade negra, elas podem promover uma ampliação de todo o seu campo pragmático e teórico, pois denotam uma perspectiva que por tempos fora silenciada nos espaços hegemônicos.

A pensadora bell hooks (2019) nos mostra que, por meio de uma demanda de autorrepresentação, novas potencialidades críticas são forjadas na tomada de lugares da criação artística por pessoas negras, inclusive no audiovisual. Não se trata de uma perspectiva que diz respeito apenas à condição racial do sujeito que cria, mas, sim, de um gesto crítico que se alimenta da experiência de opressão para gerar novos textos e formas expressivas. Em suas palavras:

> Não é uma questão de "nós" e "eles". A questão é de ponto de vista. A partir de qual perspectiva política nós sonhamos, olhamos, criamos e agimos? [...] É também uma questão de transformar as imagens, criar alternativas, questionar quais tipos de imagens subverter, apresentar alternativas críticas e transformar nossas visões de mundo e nos afastar de pensamentos dualistas acerca do bom e do mau. Abrir espaço para imagens transgressoras, para a visão rebelde fora da lei, é essencial em qualquer esforço para criar um contexto para a transformação. E, se houve pouco progresso, é porque nós transformamos as imagens sem alterar os paradigmas, sem mudar perspectivas e modos de ver (hooks, 2019, p. 32).

A autoafirmação do sujeito racializado é um gesto que transforma o modo como o processo de racialização o subjuga. Se a raça tem em seu funcionamento uma performance de cristalização das formas representacionais, um vício estereotípico, narrativo e visual, a partir do que Achille Mbembe (2014) chama de "declaração de identidade", ou seja, quando o oprimido em si inicia a circulação do que o define, novos modos de habitar o mundo e se narrar são alcançados. O filósofo afirma: "A declaração de identidade característica desta segunda escrita provém, no entanto, de uma profunda ambiguidade. Com efeito, ainda que se exprima na primeira pessoa e de modo autopossessivo, o seu autor é um sujeito que vive a obsessão de se ter tornado estranho a si mesmo, mas que procurará doravante assumir responsavelmente o mundo, dando a si mesmo o seu próprio fundamento" (Mbembe, 2014, p. 61).

A invenção do negro, ou seja, a racialização, é um processo de ficcionalização compartilhada, que cria e torna real o sujeito da raça, realizando o juízo externo da identidade. Entretanto, como um processo comunicacional em disputa, há a possibilidade de subversão, de recriação e apropriação de novos textos. O negro que recebe o juízo de identidade e que tem suas imagens corrompidas colonialmente, por meio da declaração de identidade, pode desarticular a armadura sígnica que o prende fora de si, compreendendo-se capaz de se preencher de significados e representações autônomas.

Esse processo ocorre em nossas subjetividades, a partir de uma formação crítica e uma autoconstrução formadas no antirracismo, mas também nos campos expressivos que a negritude autodeclarada passa a ocupar. As formas antes preenchidas pela branquitude são expulsas por novos sentidos, evocados por uma percepção e uma experiência estética perspectivada pelo negro (Barros; Freitas, 2018).

O sujeito, antes visto pelo outro, pode então performar como quer ser visto, mudando não apenas sua autopercepção, mas também o modo como o mundo o apresenta nas narrativas e imagens que produz. Uma transformação é feita, pois "[…] o elemento fabular no cinema de autoria e vivência negra nos faz perceber é também que atrás das imagens deste cinema negro estão imagens que faltam, que não foram produzidas, enfim, imagens que poderão ser inventadas em uma fabulação crítica e afrocentrada" (Barros; Freitas, 2018, p. 108).

Desse modo, as inscrições imagéticas negras são potencialmente críticas, trazem-nos novas visões sobre o mundo, nas quais estão inclusas as narrativas sobre nosso extermínio. Viver na escravidão contínua é habitar o risco de poder ser a próxima ou o próximo a ter a morte declarada pelas forças de insegurança. Não há como ignorar o genocídio; é por esse motivo que falamos de morte em nossas narrativas, pois estamos em constante estado de alerta.

Infelizmente, "é tarde demais para que os relatos de morte previnam outras mortes; e é cedo demais para tais cenas de morte interromperem outros crimes" (Hartman, 2021, p. 125), ao passo que o silêncio também não nos leva a lugares diferentes. É necessário elaborar o trauma.

Contudo, falar sobre a violência sem reproduzi-la é um desafio para todos, principalmente no que diz respeito à produção das imagens, tendo em vista sua forte indicialidade. A pesquisadora Saidiya Hartman (2021), em sua reflexão sobre formas de narrar histórias da escravidão a partir dos arquivos, nos convida a pensar nesse gesto ao questionar: "quais são os tipos de histórias a serem contadas por e sobre aqueles e aquelas que vivem em tal relacionamento íntimo com a morte? [...] Como se revisita a cena de sujeição sem replicar a gramática da violência?" (Hartman, 2021, p. 110).

O caminho traçado por Hartman (2021) percorre as memórias presentes na escravidão dos EUA, relutando contra os apagamentos produzidos pelo *modus operandi* dos arquivos coloniais, que focam em números, processos judiciais e registros simples e mercadológicos da forma como a população escravizada era morta.

Na busca por estabelecer um método biográfico para conhecer a história de mulheres escravizadas, sem que suas vidas sejam resumidas na repetição das violências, a autora aponta como possibilidade dos gestos inventivos uma desarticulação do apego ao realismo, pois "a perda de histórias aguça a fome por elas. Então é tentador preencher as lacunas e oferecer fechamento onde não há nenhum. Criar um espaço para o luto onde ele é proibido. Fabricar uma testemunha para uma morte não muito notada" (Hartman, 2021, p. 117).

A fabulação é um dos modos pelo qual a encenação da morte negra pode ser realizada. Hartman (2021) localiza seu trabalho no campo literário, acadêmico e da análise fotográfica, lidando com a violência da morte social sob a expressão formal arquivística, tensionando os limites entre documental e ficcional. "É uma História de um passado irrecuperável; é uma narrativa do que talvez tivesse sido ou poderia ter sido; é uma História escrita com e contra o arquivo" (Hartman, 2021, p. 122).

Entretanto, seu intuito nos desperta reflexão sobre o poder do gesto de fabular, ainda mais possível nas obras declaradamente ficcionais. Narrar o genocídio negro através da fabulação permite transcender as violências presentes nas formas convencionais – nas quais o corpo negro violentado precisa ser trazido em cena, tendo seu sangue e membros alvejados expostos. A busca por estratégias que desarticulam a carência da visualidade da morte negra explícita é um caminho no qual o audiovisual e as artes das imagens se beneficiam em investir.

As obras que orbitam o conceito visual e estético do afrofuturismo (Freitas; Messias, 2018; Freitas; Souza, 2018; Gomes; Moura, 2021; Moura,

2019), que produz universos sobre as vivências negras em temporalidades não lineares e orientadas à valoração da cultura afrodiaspórica e africana, além de mesclarem a presença de tecnologias, realidades distópicas, utopias e recuperações históricas, são exemplos de mobilização de linguagens fabulares que têm conseguido versar sobre o genocídio, mas interrompendo fluxos de violência.

Filmes como *A gente se vê ontem* (2020), *Infiltrados na Klan* (2018), *Dois estranhos* (2021), *Medida provisória* (2022), *Rapsódia para um homem negro* (2015), *Preces precipitadas de um lugar sagrado que não existe mais* (2020) e *Chico* (2016) são exemplos de como a linguagem da ficção afrofuturista tem mobilizado novos signos para dar conta de narrar sobre o genocídio da negritude, evitando a reiteração dos processos necropolíticos pela imagem.

Ao tecer uma reflexão sobre os legados estéticos do afropessimismo e do afrofuturismo, Kênia Freitas e Edileusa Souza (2018) notam, por meio do conceito de *wake/work* de Cristina Sharpe (2016), a possibilidade de "pensar ao mesmo tempo a incvitabilidade da morte e da condição da morte social negra, e também as formas expressivas e artísticas de lidar com a antinegritude e o seu terror" (Freitas; Souza, 2018, p. 5). As autoras apontam uma necessidade de compreender a morte narrativa de personagens negros no cinema e nas artes negras como protesto político e poético, que demanda urgência de um renascimento material e filosófico, e o surgir de uma era em que a morte social e a "humanidade" branca sejam esgotadas.

O conceito de *wake/work* é traduzido pelas autoras como luto/vigília. Sharpe (2016) utiliza do jogo de significados da palavra *wake* em inglês para propor que a vivência da negritude, no contexto da escravidão contínua, é um exercício permanente do morrer. Desse modo, *wake* assume os significados de condição imersiva na morte: "[...] como substantivo pode ser uma vigília, mas também o rastro deixado por um navio na água, uma esteira, um sulco, um vestígio; como verbo, pode ser: velar, vigiar, fazer vigília, mas também acordar, despertar, reviver, ressuscitar tanto fisicamente (um corpo que desperta), quanto espiritualmente (tomar consciência)" (Freitas; Souza, 2018, p. 47).

Já em *work*, Sharpe (2016) traz a dimensão do trabalho de se manter acordado e atento aos processos sociais, políticos e históricos que atravessam o corpo negro e o aprisionam na condição da violência intertemporal da escravidão. Dessa forma, viver sobre o rastro/esteira/sulco da morte social denota um trabalho de "[...] ocupar e ser ocupado pelo presente contínuo e mutável da escravidão que ainda não foi resolvida" (Sharpe, 2016. p. 18). No sulco da escravidão *(in the wake)*, presente, passado e futuro se interpenetram pela violência, mas também pelos modos de resistência históricos que têm permitido a sobrevivência do povo negro.

Sharpe (2016), com o conceito de *wake/work*, propõe que, a partir das formas expressivas que retratam a violência racial e a morte de pessoas negras, conseguimos compreender meios de sobreviver ao racismo e ao luto. Sobretudo, a autora defende que nas narrativas em que a questão racial não é solucionada de modo assimilativo, integracionista e que promova uma solução pacífica para o trauma intertemporal da escravidão reside a capacidade de investigar e sobreviver a esse passado escravocrata que se mantém vivo em nosso mundo.

Sendo assim, a presença de imagens da morte negra nem sempre assume um carácter opressivo e pode, como no caso das expressões negras, apresentar rumos reflexivos ricos. A morte nas narrativas ficcionais, quando carregada de sentido e elaborada numa linguagem sensível ao trauma, pode agregar para a história que se pretende contar.

Identificamos que a morte de pessoas negras nas narrativas audiovisuais de ficção criadas por pessoas negras possui pontos de apoio que permitem que seu agenciamento não seja violento. Um deles é a presença da fabulação como elemento que permite conceber a intertemporalidade do racismo, a multiplicidade das forças da violência e a capacidade de imaginar novos modos de aparição do corpo negro, mas também do mundo.

Outro elemento importante é o investimento na radicalidade das histórias e na produção de conflitos, que trazem a seriedade necessária para falarmos da morte. Elevar a intensidade dos discursos que produzimos sobre a letalidade do racismo é abordá-lo da forma como ele nos interpela. Não há racismo leve, portanto, é necessário pensar se devemos falar desta opressão de modo maquiado ou por entrelinhas. Contudo, observando sempre que a exposição de tal radicalidade não está resumida apenas em representar a violência explícita, mas também em demonstrar coerência entre as cenas e equilíbrio entre a exposição do corpo violentado, a representação da dor e do corpo sem vida, e a densidade da imersão das personagens no contexto da opressão.

Sobretudo, é preciso não apenas filmar a violência, mas os atos de insurreição, sobrevivência e revide das personagens. Devolver ao povo negro no/pelo audiovisual a agência e capacidade de defesa das quais sempre fomos capazes, desde a chegada do primeiro navio. Honrar os legados das revoltas, guerras, rotas de fuga e quilombos com o sangue de nossos antepassados. O negro morre, sempre morreu, mas o negro sobreviveu e sempre sobreviverá. Resta-nos contar as histórias.

Considerações finais

Em nossa reflexão, transitamos em diferentes esferas da presença da morte de pessoas negras no audiovisual. Sobretudo, vimos que as imagens ficcionais e testemunhais possuem relações consideráveis na forma como a raça e o racismo são articulados desde os tempos coloniais e nas suas continuidades.

Quando falamos do genocídio da população negra mundial, as imagens e o seu modo de acionamento possuem uma grande importância para conseguirmos observar, de maneira empírica e teórica, a permanência do regime escravocrata e suas violências. Desmistificamos, aos poucos, a compreensão da colonização como um processo histórico do passado. Apontar a morte social e física, e visualizar seus modos de funcionamento nas imagens testemunhais e ficcionais são gestos necessários para avançarmos na compreensão do racismo como uma opressão intertemporal.

Através da noção de roteirização para a morte, propomos um modo de observar as cenas de genocídio na ficção e no mundo da vida, reforçando que essas duas dimensões se misturam ao tratar das imagens da morte negra. Promover um pensamento imagético para o genocídio é apontar sua constituição enredada e se apropriar dos conceitos de cenografia, narratividade, figurino e demais categorias como forma de entender a previsibilidade das cenas da morte negra.

A abordagem das forças de (in)segurança é uma ferramenta da necropolítica e uma peça central da morte social contemporânea, com a qual as câmeras parecem ter uma relação ainda por se definir. A presença desses dispositivos nas cenas de abordagem ainda é um mistério que precisamos observar, pois, como testemunha, sua efetividade falha, tendo em vista as mortes filmadas e viralizadas; como uma ameaça do registro, parecem assumir o papel de inimigas brutais.

Enfim, concluímos nosso gesto reafirmando a centralidade da presença do negro e suas epistemologias arraigadas à experiência estética da negritude nos processos de análise teórica, crítica e de criação de imagens. A única ausência que não só aceitaremos, mas pela qual também lutaremos, é a de cenas em que filmam nossas mortes carnais. Frente à morte social, costuraremos interminavelmente nossa sobrevivência.

Referências

Almeida, S. *Racismo estrutural*. São Paulo: Sueli Carneiro; Jandaíra, 2019.

Alexander, M. *A Nova Segregação: racismo e encarceramento em massa*. São Paulo: Boitempo, 2017.

Andrade, W. L. da S. *As condições de emergência e funcionamento do sistema COP da polícia militar do Estado de São Paulo*. São Paulo: Nev-Usp. Cepid/Fapesp, 2021.

Barbosa, D. A. *et al. De-escalation technology: the impact of body-worn cameras on citizenpolice interactions*. Coventry: Universidade de Warwick, 2021.

Barros, L. M. De; Freitas, K. Experiência estética, alteridade e fabulação no cinema negro. *Revista Eco-Pós*, Rio de Janeiro, v. 21, n. 3, p. 97-121, 2018.

Bonato Júnior, J. C. Uso de bodycam pela polícia militar do Paraná: uma análise incipiente do tema. *RECIMA21 - Revista Científica Multidisciplinar*, v. 3, n. 1, p. e311009, 2022.

Diawara, M. Black British Cinema: Spectatorship and Identity Formation in Territories. *Public Culture*, v. 3, n. 1, p. 33-48, 1 jan. 1990.

Diaz-Benítez, M. E. Vidas negras: pensamento radical e pretitude. In: Barzaghi, C. *et al.* (Orgs.). *Pensamento negro radical: antologia de ensaios*. São Paulo: Crocodilo, 2021. p. 7-29.

Freitas, K.; Messias, J. O futuro será negro ou não será: Afrofuturismo *versus* Afropessimismo -as distopias do presente. *Imagofagia: Revista de La Asociación Argentina de Estudios de Cine y Audiovisual*, Argentina, v. 1, n. 17, p. 402-424, abr. 2018.

Freitas, K.; Souza, E. P. O sacrifício de mulher negra no cinema afrofuturista - Distopia, morte e renascimento. In: Conferência Internacional: Arte, Tecnologia e Comunicação, 2018, [S.l.]. *Anais* […]. [S.l.]: Cineclube de Avanca, 2018. p. 493-501.

Grabois, P. F. Enquadrar o enquadramento: a episteme branca e as máquinas ne-cropolíticas de vigilância racial. In: VI Simpósio Internacional da Lavits 2019, 6, 2019, Salvador. *Anais* […]. Salvador: Lavits, 2019. p. 1-13.

Gomes, J. V. dos S.; Moura, M. A. Habitando presentes contínuos: racismo e violência como categorias temporais e as intersecções do afrofuturismo e afropessimismo. *Lugar Comum: Estudos de mídia, cultura e democracia*, Rio de Janeiro, v. 61, n. 1, p. 139-170, jul. 2021.

Hartman, S. Vênus em dois atos. In: Barzaghi, C. *et al.* (Orgs.). *Pensamento negro radical: antologia de ensaios*. São Paulo: Crocodilo, 2021. p. 105-131.

Hartman, S; Wilderson, F. The position of the unthought. *Qui Parle*, v. 13, v. 2, p. 183-201, 2003.

hooks, b. *Olhares negros: raça e representação*. São Paulo: Elefante, 2019.

Mbembe, A. *Crítica da razão negra*. Tradução de Marta Lança. Lisboa: Antígona, 2014.

Mbembe, A. *Políticas da inimizade*. Tradução de Marta Lança. Lisboa: Antígona, 2017.

Moura, M. A. Semioses decoloniais: afrofuturismo, performance e o colapso do privilégio branco. In: Corrêa, L. G. (Org.). *Vozes negras em comunicação: mídia, racismos resistências*. Belo Horizonte: Autêntica, 2019, p. 53-92.

Patterson, Orlando. *Slavery and Social Death: A Comparative Study*. Cambridge: Harvard University Press, 2018.

Pereira, A. K. S. Protração do passado no presente: vidas negras queers também importam. *Aedos*, Porto Alegre, v. 12, n. 26, p. 345-366, 2020.

Santos, M. A. dos. Atravessando abismos em direção a um Cinema Implicado: negridade, imagem e desordem. *Logos*, v. 27, n. 1, 2020.

Sharpe, C. *In the wake: on Blackness and being*. Durham: Duke University Press. 2016.

Wilderson III, F. B. *Afropessimismo*. São Paulo: Todavia, 2021.

Wilderson III, F. B. "Estamos tentando destruir o mundo": antinegritude e violência policial depois de Ferguson: uma entrevista com Frank B. Wilderson III. [Entrevista concedida a] Jared Ball. Tradução de Felipe Coimbra Moretti. *Ayé: Revista de Antropologia*, Acarape, v. 1. n. 1, p. 94-108, 2020.

SEÇÃO 4

Música, corpos e almas

Corporeidades e a escuta conexa nas cenas musicais[1]

Tobias Arruda Queiroz

Introdução

Entre os anos 2015 e 2019, estudei em detalhe as apropriações, ressignificações e territorialidades dos públicos a circular em torno de três bares de rock e de metal. Esses espaços, únicos nas suas respectivas cidades, são localizados numa região historicamente carente de investimentos estruturais por parte do governo brasileiro; mais especificamente, são cidades localizadas no interior da região Nordeste.

Partindo da minha perspectiva de um pesquisador negro e o primeiro integrante da família a ter um curso de graduação, gostaria de pensar e consequentemente levar para os bancos acadêmicos as cidades em que nasci e vivi a infância e a adolescência. Ampliei o espectro e incluí também a cidade dos meus primeiros passos da vida adulta e profissional. Assim, as cidades de Garanhuns/PE, Caruaru/PE e Mossoró/RN trouxeram para a pesquisa respectivamente os bares All Black In, Metal Beer e Valhalla Rock Bar, e compuseram as minhas investigações em torno das cenas musicais de rock e de metal. Dada esta introdução e tendo em mãos a noção de cena musical (Straw, 1991), esses espaços foram investigados e seu público, ouvido.

Por essa perspectiva, apresento aqui não apenas um reposicionamento da noção de cena musical (Straw, 1991; 2006), mas também uma cena de outra ordem detectada nessas três cidades. A existência de vários fenômenos

---

[1] O presente trabalho é um desdobramento do intercâmbio no período doutoral realizado na Universidade do Porto com o apoio da Coordenação de Aperfeiçoamento de Pessoal de Nível Superior (Capes), do Brasil, em convênio com a Fundação para a Ciência e a Tecnologia (FCT), de Portugal, entre os anos 2016 e 2017.

inerentes ao público frequentador desses bares me fez pensar como se configuram as dinâmicas da cena musical de rock e metal no interior do Nordeste. Porém, não como aquela sobre a qual se teorizou há trinta anos; antes, busco pensá-la como uma "cena musical decolonial".

A pergunta basilar para este contexto foi: como estudar uma cena musical distante dos grandes centros midiáticos do país? É possível visualizar uma cena musical em cidades sem gravadoras e praticamente sem shows de grande porte? Como se pode observar a dinâmica de bares que se caracterizam com música sendo executadas, principalmente, através do YouTube? Por que nos bares de metal do interior do Nordeste não é visualizado o público comumente predominante em shows de rock, ou seja, homens brancos? Qual o papel desses bares, *a priori* algo na ordem do ordinário, para pensarmos as cenas musicais diferentemente dos grandes centros?

A alternativa para tentar dar conta deste panorama é, a princípio, incluir elementos da corporeidade na noção de cena musical, que, por consequência, 'resvala também numa ampliação do cardápio musical. Entendo "corporeidade" a partir da exposição de Muniz Sodré[2]: "Não é a substância da carne humana, como se fosse uma entidade pessoal. Corporeidade é uma máquina de conexão das intensidades no plano imanente ao grupo […]. É a coleção dos atributos de potência e de ação, diferentes dos atributos individuais, da mesma forma que um grupo é diferente dos indivíduos". Daí derivam as perguntas: a) quais corpos realmente importam e são visíveis quando estudamos as manifestações e expressões em torno da música na urbe? e b) quais corpos conseguimos observar quando analisamos as cenas musicais nas cidades? Questões essas a serem incorporadas às iniciais e, automaticamente, potencializá-las.

Neste percurso, disponho de uma reflexão da noção de cena musical (Straw, 1991), seus desdobramentos e algumas propostas para pensar fenômenos urbanos no Sul Global. Lembro que foi publicado há trinta anos o artigo seminal "System of articulation, logics of change", de Will Straw, que teoriza sobre a noção de cena musical. Trata-se de um marco para os estudos sociológicos, midiáticos e comunicacionais em torno da música, razão por que continua a ser bastante difundido e acionado nas investigações que se debruçam sobre as relações entre público consumidor, instituições que fomentam a indústria da música, territorialidades e gêneros musicais. Por essa sua abertura e flexibilidade, a própria noção de cena musical espraiou-se e,

---

[2] Para mais detalhes, ver a aula "a dança como vetor de alegria", disponível no link https://youtu.be/Vmr-VLhT5t4, último acesso em: 25 jun. 2021.

entre afiliados intelectuais, algumas críticas e contribuições, continua a ser significante para pensar a música nos centros urbanos.

Diante dessa premissa, pretendo desenvolver aqui algumas reflexões a fim de amplificar a noção inicial de Straw (1991; 2006), ao mesmo tempo em que busco questionar – a partir de uma perspectiva do Sul Global, inspirada no pensamento decolonial – quais corpos devem ser pensados nas investigações de cena musical. A linha de raciocínio desenvolvida aqui parte de algumas discussões preliminares da noção de cena musical. Em seguida, introduzo o conceito de "escuta conexa" (Janotti Jr; Queiroz, 2021; Janotti Jr.; Queiroz; Pires, 2022; 2023) e suas potencialidades ao acionar elementos sinestésicos para fruir a música. A "escuta conexa" nos apresenta gestualidades, corporeidades e outras infinidades de sentidos que são incorporados à escuta musical. É justamente um conceito que se distancia, por exemplo, da escuta apenas como um ato fisiológico. Assim, pode-se potencializar a entrada de corpos para escutarmos e, principalmente, sociabilizarmos em torno dos fenômenos sociais urbanos que gravitam ao redor da música.

Na última parte, sugiro a utilização da terminologia "cena musical decolonial" (Queiroz, 2021) para as investigações concentradas no Sul Global e que privilegiem a sensibilidade de mundo acionada pelo corpóreo-político distinto daquele estabilizado nas investigações inspiradas em Straw (1991; 2006), com ênfase numa inflexão geopolítica, ou seja, em uma reconfiguração da perspectiva geográfica, que não seja necessariamente centrada na ideia de cidades "modernas" e centros urbanos "desenvolvidos". Essas duas frentes são fundamentais para subverter emulações do Norte Global em pesquisas que apagam, ofuscam e/ou omitem elementos raciais, de gênero e/ou sexuais, bem como desprivilegiam cidades/regiões localizadas fora do eixo "desenvolvido" do Brasil e, consequentemente, da América do Sul.

Cena musical

> *Os que tinham o privilégio de ir à França falavam de Paris, de Paris, enfim, da França. E os que não tinham o privilégio de conhecer Paris se deixavam levar por essas histórias.*
>
> Fanon, 2021, p. 57

Em seu artigo seminal, Straw (1991, p. 6) faz um comentário sobre um artigo de Barry Shank (1988), a partir do qual aponta a utilidade da noção de "cena" e seu fundamental diálogo com o espaço geográfico. Além desse ponto de destaque, há outro importante elemento para melhor entender e aplicar, quando necessário, a noção de cena para investigar a cultura musical de determinado espaço: a fluidez inerente aos frequentadores, que difere da ideia de comunidade até então predominante em alguns estudos acadêmicos da década de 1980. Esses dois tópicos são os mais recorrentes em estudos de cena nas décadas posteriores, quando surgem trabalhos interessantes capazes de articular a geografia ao consumo de música, mostrando como tal articulação é potente.

Numa tentativa de melhor compreender a proposição de Will Straw, advogo que fiquemos atentos, entre outros tópicos, a um autor particularmente presente no trabalho embrionário sobre cenas musicais, Edward W. Said (1990), em quem o pesquisador canadense Straw (1991) inspirou-se para utilizar o termo "system of articulation, logics of change", também presente no título de seu artigo.

O artigo de Said citado por Straw é o "Figures, configurations, transfigurations" (1990). Veiculado inicialmente na revista *Race & Class*, o texto reverbera alguns elementos de uma outra importante publicação do mesmo autor, "Orientalismo" ([1978] 2003), sendo eles especificamente "cultura, ideias, história e poder" (Said, 2003). O início deste artigo de Said é uma contextualização da presença maciça do idioma anglo-saxão em determinados espaços, desde aviação comercial a instituições financeiras, além da tecnologia e, mais adiante, em inúmeros outros meios de comunicação. Dessa forma, o autor ilustra o que ele denominou de "sistema de articulação universal", utilizando exemplos da literatura, sua área de atuação na Universidade de Columbia, em Nova York, de modo a reivindicar espaços intelectuais e reflexivos para se pensar além de discursos reducionistas sobre outras regiões geográficas do globo. Will Straw (1991) refez essa leitura a partir da perspectiva da música e afirmou: "Se o status do local foi transformado dentro das sociedades contemporâneas, isso é em parte através do funcionamento do que Edward Said chamou de 'sistema cada vez mais universal de articulação' (Said, 1990, p. 8). Esse 'sistema' é, obviamente, moldado pela globalização econômica e institucional [...]" (Straw, 1991, p. 369, tradução própria).

Em outras palavras, observando a afirmação de Said (1990), cabe estarmos atentos ao "mapa do sistema mundial, articulando e produzindo cultura, economia e poder político" (Said, 1990, p. 8). Ainda segundo o autor, esse sistema também tem desenvolvido uma "tendência institucionalizada para produzir imagens transnacionais fora de escala que estão agora em processo de reorientação de discursos e processos sociais internacionais"

(Said, 1990, p. 8, tradução própria). Essa última afirmação de Edward Said refere-se, por exemplo, ao coro praticamente uníssono sobre a emergência de imagens do terrorismo e fundamentalismo, durante a década de 1980, a partir de polos midiáticos e metropolitanos, como Washington e Londres. Além disso, afirma Said (1990, p. 9) que "são imagens terríveis que parecem não ter conteúdo ou definições discriminatórias, e significam poder moral e aprovação para quem os usa, defensividade moral e criminalização para quem os designa". Dessa forma, o teórico palestino aponta a utilização dos discursos para a criação de espaços hierárquicos e para a formação de palavras-chave reducionistas, justamente como algo que, de certa maneira, limita a expansão de investigações e olhares para outros territórios que ultrapassem a noção construída pelo "sistema de articulação universal", calcado na ideia eurocêntrica e norte-americana.

O diálogo com Said proposto por Straw (1991) carrega a impressão de visão crítica em relação aos fluxos desiguais de poder e da mídia, pois inspira-se no posicionamento político de enfrentamento à hegemonia da narrativa sobre o Oriente, provindo do Norte Global. No entanto, o pesquisador canadense e anglófono tem a seu favor a geografia, o idioma, os gêneros musicais investigados e parte de suas pesquisas como incentivadores para que sua reverberação em outros centros de pesquisas seja potencializada – além, é claro, da sua capacidade retórica e intelectual.

Alguns anos depois, Straw (2006) realizou uma autorrevisão do seu artigo de 1991. Assim, elencou seis tópicos para ajudar a pensar a cena musical: 1) a reunião recorrente de pessoas em um mesmo local; 2) a movimentação dessas pessoas entre outros espaços similares; 3) as ruas onde esses movimentos tomam forma; 4) todos os lugares em que se desenvolvem as atividades em torno de uma preferência cultural específica; 5) o fenômeno disperso geograficamente desse mesmo movimento, onde há exemplos de preferências locais; 6) as atividades microeconômicas em rede incluindo sociabilidade e conectando a cena à cidade (Straw, 2006, p. 6).

Desses seis tópicos, que serviram de guia para muitos(as) pesquisadores(as), quero destacar dois elementos que se sobressaem, dada a sua reincidência. Trata-se da geografia, por um lado, presente em todos os tópicos, quando se aciona um "local onde pessoas se encontram", "espaços similares onde pessoas circulam", "ruas", "lugares", etc. Por outro, trata-se exatamente dos corpos que dão vida à cena musical territorialmente constituída. Nesses mesmos termos, seria válido questionar: de quais "pessoas" falamos quando falamos em "pessoas"? E quais corpos importam quando nos referimos a "pessoas"? Como também, por essa mesma perspectiva, seria possível questionar: quais "ruas", "lugares" e "locais" mencionamos quando pensamos em "cena musical"? Será que lugares à margem do fluxo do capital e distantes das dinâmicas das grandes indústrias musicais seriam contemplados?

Observando algumas pesquisas de cena musical que abordam, entre outras, metrópoles do fluxo capitalista global – a exemplo de Montreal, Londres, Manchester, Berlim e Seattle –, noto reverberações de uma perspectiva e *ethos* do Norte Global para investigar cena musical, a ponto de colegas e pesquisadores(as) brasileiros(as) referirem-se a suas respectivas cidades como emuladoras do rock britânico e norte-americano, como nos trabalhos de Angela Prysthon (2008), Adriana Amaral *et al.* (2017) e Fabrício Silveira (2014), ou ainda no caso de pesquisas de rock no Brasil, como as de Jeder Janotti Jr. (2003; 2004), as quais também obliteravam o lugar de corpos não cis-hétero-branco--masculinos. Enfim, nesses termos, mesmo que indireta e involuntariamente, a cena musical é contaminada em seu percurso acadêmico pela "colonialidade do poder" (Quijano, 2000). Por outro lado, poderia apontar, logicamente, algumas exceções, como o pioneiro estudo de Micael Herschmann (2005) e o impactante trabalho de Thiago Soares (2017), ambos abordando o funk e o brega-funk em regiões periferizadas das cidades do Rio de Janeiro e Recife, respectivamente. São trabalhos que visualizam a música como arte ubíqua e contemporânea, associando-a a um lugar privilegiado capaz de fazer pensar sobre a fluidez e elementos de racialidades, gênero e sexualidade.

Pesquisas com essa perspectiva, mesmo que não mencionando nem se filiando diretamente ao pensamento decolonial, trazem à tona as corporeidades e discussões raciais para o centro do debate político, e conseguem ainda ultrapassar aquele restrito cardápio musical anglófono presente nas abordagens das cenas musicais na academia, como bem abordou o pesquisador Felipe Trotta, tais como, "o rock alternativo, o jazz de New Orleans ou os estilos ancorados em cidades mencionados por Straw ao analisar a dance music: Detroit 'techno' music, Miami 'bass' styles, Los Angeles 'swingbeat', etc." (Trotta, 2013, p. 65).

De qualquer modo, boa parte das pesquisas brasileiras ainda apresenta posturas que dialogam mais com o que o eurocentrismo[3] tem a nos dizer do que propriamente com a visão de Edward Said (1990):

---

[3] Adoto aqui a perspectiva de Mignolo (2008) sobre o eurocentrismo, em que este é o "nome dado à hegemonia de uma forma de pensar fundamentada no mundo grego, latino e nas seis línguas europeias e imperiais da modernidade; isto é, da modernidade/colonialidade".

O que estou falando é, portanto, uma forma de considerar o mundo inteiro em que vivemos tão acessível à nossa investigação e interrogatório, sem recursos para chaves mágicas, nem para jargões e instrumentos especiais, nem para práticas cortadas. Como um exemplo de como procederíamos depois de reconhecer essas coisas, existe o padrão implícito em Hobsbawm e Ranger, *The Invention of Tradition*, que sugere que é um empreendimento intelectual coerente considerar que todas as partes da história humana estão disponíveis para entender e elucidação porque eles são construídos e projetados humanamente para realizar tarefas reais no mundo real. História e geografia são susceptíveis de inventários, em outras palavras (Said, 1990, p. 11, tradução própria).

Inspirado em Said (1990) e com o objetivo de amplificar a ideia de cena musical, principalmente com o olhar mais apurado em torno dos fenômenos sociais complexos da sociedade brasileira, apresento no próximo tópico os mundos possíveis para investigações à luz da nossa constituição de Sul Global. Daí a proposição de "escuta conexa" como um modo de perceber como as audições e audiovisualidades acionadas a partir do universo musical desdobram-se em tessituras dos processos de escuta que recortam o mundo não só pelas ambientações tecnológicas, mas também pela materialidade dos corpos e territórios acionados nos ecossistemas midiáticos. Dessa forma, a partir de ideia de "escuta conexa" (Janotti Jr.; Queiroz, 2021; Janotti; Queiroz; Pires, 2022), discutirei que corpo é esse anunciado em investigações de cena musical.

Escuta conexa para pensar o corpo

Enquanto pesquisador negro e brasileiro, aliado a um trabalho coletivo de pesquisa, busco acionar o conceito de "escuta conexa" para também amplificar as discussões em torno da ideia de raça, racismo e racialização. Essa proposição é, ao mesmo tempo, uma contribuição para a descolonização dos estudos de Comunicação e Música no Brasil. Essa noção integra também uma tentativa de investigar a partir de uma perspectiva de Sul Global, por um lado, mas principalmente de falar de um Brasil e de outras territorialidades periferizadas, por outro.

Dessa forma, como propõe Mignolo (2017), pensar a partir do "corpo-político" do conhecimento ajuda-nos a complementar o "geopolítico". Para Mignolo, esses dois conceitos são fundamentais para a decolonialidade, pois são partes primordiais de confronto da colonialidade de saber, pensar, sentir e acreditar, o que para ele inclui o enfrentamento e contraponto à "teopolítica" e à "geopolítica".[4] Assim, ao dialogar com Fanon, Mignolo (2017, p. 102) faz menção exatamente à violenta estrutura colonial europeia e o seu conceito pretensamente universal do que seria "humanidade" e "homem".

Com essa perspectiva em mãos, define-se automaticamente quem não se enquadra nesses conceitos de "humanidade", de modo que todas as demais pessoas serão identificadas como "outros", como aponta Resende (2020), ou "*anthropos*", nas palavras de Mignolo. "Hoje a categoria de *anthropos* ("o outro") vulnera a vida de homens e mulheres de cor, gays e lésbicas, gentes e línguas do mundo não-europeu e não-estadunidense desde a China até o Oriente Médio e desde a Bolívia até Gana" (Mignolo, 2017, p. 18). A categoria *anthropos* acaba por violar os corpos que não importam, invisibilizando-os, apagando-os. Diante disso, enquanto agenciamento contínuo, o decolonial busca amplificar a "sensibilidade de mundo", ao invés de explorar uma "visão de mundo".

Enxergar esses corpos integra, por exemplo, a proposição que busca desfiliar o ato da escuta de uma disposição unicamente fisiológica, ou seja, do ato de ouvir. O trabalho de Janotti Jr. e Queiroz (2021) e o de Janotti Jr., Queiroz e Pires (2022) provocam sobre a necessidade de repensar o lugar da escuta, algo que se faz ao acionar elementos das mediações estético-políticas de Tsitsi Ella Jaji (2014). Seu objetivo é apresentar a indissociabilidade da corporeidade, de modo a dar margem para pensar elementos concernentes à racialidade, ao gênero e à sexualidade a partir da música. Janotti Jr. e Queiroz (2021), por exemplo, dialogam com a poetisa zimbabuense Jaji, para quem escutar não diminui o valor do visual e de outros sentidos. Para ela, escutar – juntamente a outras possibilidades – treina nossa percepção para amplificar a circulação de significados nos nossos sentidos. "Este sentido de ouvir como abertura de outros canais sensoriais e imaginativos ressoa no estereomodernismo como um relato de como a música ativa outros campos da produção cultural" (Jaji, 2014, p. 19, tradução própria).

---

[4] O teórico Walter Mignolo (2017) aponta estes dois vetores coloniais, a "teopolítica" e a "egopolítica", presentes nas nossas pesquisas, como decorrentes, dentre outras coisas, da nossa colonização do saber. A teopolítica é calcada no *ethos* religioso cristão, o qual busca invisibilizar os corpos não cis-heteronormativos – transmitindo, assim, uma lógica de "modelo ideal" de família, sexualidade e de poder patriarcal. A egopolítica refere-se à visão extremamente autocentrada do homem branco como fim e meio de pesquisas, olhares e atenção, e, ao mesmo tempo, implica uma exclusão contumaz de corpos negros, não cis-heteronormativos, de mulheres e de outras etnias.

Ao expandirmos os olhares investigativos para outras territorialidades – enfim, geopolíticas distintas – e expressões podemos começar a buscar por outras narrativas – logo, outras corporeidades. Essa tessitura, como apontamos anteriormente ao descrever a ideia de cena musical, é composta por elementos musicais e, logicamente, não musicais.

Mas por que manter a ideia de "escuta", uma vez que se parte do reconhecimento dos aspectos narrativos e sinestésicos presentes no consumo musical? Bem, nosso pressuposto é de que, ao longo da história da música gravada, expressões ditas "não musicais" foram abalizadas a partir do universo da música e incorporadas como parte dos processos de escuta musical. Nesse contexto, adicionar às dimensões da escuta as ideias de narrativa, territorialidade e conectividade nos permite incorporar aos atos de ouvir música tanto a presença dos artefatos de consumo musical – fundamental para a ideia e consolidação da cena musical – quanto os engajamentos heterogêneos que integram música – videoclipes, entrevistas, apresentações ao vivo, *lives*, biografias, quiprocós nas redes sociais e modos de acesso aos conteúdos em *streaming* através dos aplicativos das plataformas digitais –, sem desconsiderar as corporeidades que perpassam os feitios estéticos e tecnológicos do ecossistema de mídias de conectividade. Somando-se aos aspectos sensórios presentes na audição musical, os atos de escutar e audiovisualizar música são práticas que ocorrem a partir do agenciamento de fabulações e corporeidades musicais, uma vez que: "Um agenciamento em suas multiplicidades trabalha forçosamente, ao mesmo tempo, sobre fluxos semióticos, fluxos materiais e sociais (independentemente da retomada que pode ser feita dele num *corpus* teórico ou científico)" (Deleuze; Guattari, 1995, p. 34).

Nessa linha de raciocínio, escuta conexa amplifica e redimensiona a ação fisiológica do ato de ouvir. Ela sugere justamente que escutamos também com o corpo sinestesicamente, logo, um sentido não anula o outro; pelo contrário, eles se amplificam.

Há outros exemplos voltados aos estudos de cena musical que acionam a corporeidade privilegiando narrativizações e corpos até então distantes dos conceitos acadêmicos. O trabalho de Karina Moritzen (2022) tomou como recorte e ponto de partida as transformações do movimento feminista de 1960, 2000 e 2010, de modo que a autora revisitou historicamente bandas como As Gatas, da década de 1960, Darma, Flor de Nis, e a contemporânea Demônia, trazendo suas contribuições estéticas para a música local, bem como suas negociações e posturas em comparação com o movimento feminista de sua época. Os corpos-políticos femininos são suas fontes e protagonistas na pesquisa, diferencial que se apresenta descolonizando as perspectivas de rock vigente nos estudos acadêmicos. Mesmo porque, vale também destacar, as mulheres são recorrentemente excluídas de investigações e referenciais históricos.[5]

Um outro trabalho que potencializa a perspectiva de cena musical decolonial foi realizado pela pesquisadora Nadja Vladi Gumes e os pesquisadores Marcelo Garson e Marcelo Argôlo. O artigo "Por acaso eu não sou uma mulher?: interseccionalidade em Luedji Luna e na cena musical de Salvador"[6] apresenta uma análise do *álbum* visual *Bom mesmo é estar debaixo d'água*, da cantora negra Luedji Luna,[7] e a respectiva contribuição das mulheres negras feministas para a atual cena musical. O álbum visual e sua sonoridade jazzística transitam por temas caros à discussão do lugar da mulher negra na sociedade, da solidão, da afrorreligiosidade e de territorialidades – muitas cenas foram coletadas na cidade majoritariamente negra de Salvador/BA –, com ativa menção a Sojourner Truth, Nina Simone e à poeta negra Tatiana Nascimento. A racialidade é tema de primeira ordem para a cantora, que até mesmo tem um projeto paralelo chamado de Aya Bass[8] com outras duas cantoras negras, Larissa Luz e Xênia França.[9] Esse trio capitaneia em Salvador/BA uma reconfiguração da música pop local, acionando temas fundamentais para a negritude e buscando ocupar um lugar midiático e de reconhecimento que foi historicamente negado às artistas negras. Para concluir, cito alguns recentes trabalhos que tiveram o mérito de expandir essas proposições, seja diretamente ou não, de cena musical, amplificando narrativizações e ensejando outras corporeidades em seus olhares investigativos.

---

[5] Exemplo disso é o *Almanaque do heavy metal potiguar* (Pereira, 2021), o qual catalogou bandas que atuaram de 1985 a 1999, mas no qual não há uma única mulher mencionada; além disso, o compêndio apresenta visão ego-geo-centrada, pois, das 23 bandas expostas, apenas três não pertencem à cidade de Natal/RN. Sobre o termo "potiguar", este refere-se à pessoa nascida no estado do Rio Grande do Norte, no Nordeste do Brasil.

[6] Trabalho apresentado na Compós 2021, para mais detalhes acessar www.compos.org.br.

[7] O álbum de Luedji Luna foi lançado no dia 14 de outubro de 2020 e encontra-se disponível em: https://www.youtube.com/watch?v=Z7lPX61UdJ4. Último acesso em: 26 jun. 2024.

[8] "Aya Bass" é um trocadilho feito a partir do nome do Orixá feminino (Yabás). O material de divulgação do AfroPunk contextualiza: "O Aya Bass é o poder da mulher negra com toda a magia e fluxo da música baiana – Larissa Luz, Luedji Luna e Xênia França têm como objetivo chamar a atenção para cantoras negras e ocupar um lugar de destaque historicamente relegado a elas". Mais detalhes em: https://afropunk.com/festival/brasil/line-up/aya-bass. Último acesso em: 26 jun. 2024.

[9] Para saber mais sobre o projeto, ver Argôlo e Gumes (2019).

O livro de Luciana Xavier (2018), fruto de seu doutoramento pelo Programa de Pós-graduação em Comunicação da Universidade Federal Fluminense (PPGCOM/UFF), no qual abordou a cena musical da Black Rio, e o seu mais recente artigo sobre a festa BateKoo, bem como a pesquisa de Melina Silva (2018), também pelo PPGCOM/UFF, sobre o heavy metal em Angola e a reconfiguração da ideia de gênero musical.

Uma outra menção deve ser realizada ao trabalho do pesquisador Edinaldo Araújo Mota Júnior (2022), o qual também rompeu com a ideia estabilizada de cena musical ao apresentar sua tese de doutoramento, *Cenas Transviadas – performances, investimentos afetivos e vídeos musicais em rede* (PPGCOM/ UFBA). Mota Júnior tece uma cena musical desterritorializada calcada, entre outras, nas especificidades que a dimensão dos corpos e dos gêneros (musicais e sexuais) implica. Ele busca expressões musicais dissidentes, sua relação com o espaço urbano, bem como os processos de desidentificação das dissidências sexuais e de gênero.

Enfim, temos aqui vários exemplos de pesquisas decolonizando os saberes estabilizados. Há pesquisas realizadas por mulheres negras sobre cenas musicais negras. Como há também pesquisas voltadas a olhar com carinho e atenção aos corpos dissidentes. As cenas transviadas nos desafiam a encarar as práticas musicais e culturais não somente pela geografia – apontada na definição anteriormente descrita de Straw (1991; 2006) –, mas pela persistência de sujeitas e sujeitos em existir nos espaços engendrados pelo sistema heteronormativo e patriarcal.

Os corpos que surgem nessas pesquisas buscam romper o silenciamento a que outrora foram destinados e, numa reexistência de si, articulam frestas no "padrão de poder", como aponta a expressão de Aníbal Quijano (2000). Esses corpos-políticos não se deixam controlar pela biopolítica.[10]

Enfim, quais são os pontos de convergência entre esses trabalhos? O que esses corpos-políticos têm em comum? A convergência gira em torno, logicamente, de discussões raciais, de gênero e da sexualidade. Com isso, pensar os fenômenos em torno da música, acionando-a corporal e racialmente – como propomos na "escuta conexa" –, tende a se distanciar da pseudoneutralidade

---

[10] Nos termos de Mignolo (2015, p. 147), a biopolítica é pós-moderna, portanto, busca controlar os corpos, pois implementa a construção da ideia da modernidade, já a corpo-política é o outro lado desta discussão, em que os corpos não se deixam controlar pela biopolítica. Em resumo: a corpo-política é decolonial; a biopolítica é um conceito pós-moderno.

do homem branco enquanto sinônimo de humano. É algo que se afasta automaticamente do *cogito* "penso, logo existo", e permite elaborar intimamente sobre uma preocupação formulada por Fanon (2008, p. 191): "Ô meu corpo, faça sempre de mim um homem que questiona!".

Assim, nesta minha proposição, visualizo a "escuta conexa" como significante fundamental para acionar a relação corporal e, evidentemente, racial e sexual com a música. Da mesma forma, reivindico como marco político a ação de dar atenção para as multiplicidades de corpos e de "pessoas" que habitam um espaço, recorrentemente nominado por aqueles(as) que o frequentam como um "lugar de aconchego" (Queiroz, 2021).

Cena musical decolonial

Este termo foi inicialmente acionado em minha investigação (Queiroz, 2021) para tentar dar conta de um fenômeno peculiar aos bares de rock e de heavy metal em cidades no interior do Nordeste do Brasil. Os locais investigados foram os bares: Valhalla Rock Bar, em Mossoró/RN; Metal Beer, em Caruaru/PE; e All Black In, em Garanhuns/PE. Nesses locais, detectei um perfil plural de frequentadores, composto por mulheres, pela comunidade LGBTQIA+ e por negros. A princípio essas pessoas poderiam se distanciar de um espaço com uma gramática que põe em prática preconceitos presentes na sociedade como um todo, tais como misoginia, sexismo, homofobia e racismo. Porém, mesmo quando não afeitos à sonoridade do rock, era fácil localizar diversos grupos que transformaram o bar em seu espaço de sociabilidade predileto.

Mesmo ocupando uma periferia econômica ao compararmos com cidades pujantes da região Sudeste, Caruaru, Mossoró e Garanhuns configuram-se como polos regionais de caráter econômico, industrial e turístico. Isso nos leva a deduzir como o termo "periferia" deve ser visualizado numa perspectiva conjuntural e relacional. Ou seja, da mesma maneira que o Brasil pode ser entendido como uma centralidade-periférica graças à ruptura do Sepultura com o mundo anglófono do hemisfério Norte – chegando a ser referência de metal para alguns países, a exemplo de Angola (Silva, 2018) –, as cidades aqui investigadas podem ser vistas como uma centralidade um tanto periférica. Há uma dinâmica que põe no jogo cidades como Caruaru e Mossoró, com lojas especializadas de CDs, selos, dezenas de bandas, e o Valhalla, existindo há dezesseis anos; além de Garanhuns, com o All Black In. Todas se destacam como protagonistas em seus respectivos estados quando me refiro ao metal, esta é uma das diferenças desses espaços para os bares localizados nos grandes centros. Sua centralidade e protagonismo são mais evidentes e seu público difuso e diverso não fica restrito àquele especializado no consumo de determinados gêneros musicais.

Devo destacar algumas similaridades e singularidades na existência desses bares como fundamentais para a materialização das respectivas cenas musicais. Como apontei, não basta apenas o bar ter músicas de metal e rock como prerrogativa de sua existência para automaticamente deduzir que seja tudo igual. Os espaços são totalmente distintos e suas singularidades saltam aos olhos, mesmo partindo do pressuposto de que a trilha sonora é praticamente a mesma, de que os três estabelecimentos têm nomes de origem estrangeira (*Valhalla*, *All Black In* e *Metal Beer*), de que têm como carro-chefe de sua existência e manutenção o consumo de álcool paralelamente ao ato da escuta coletiva – logo, da "escuta conexa" –, ou, ainda, de que incorporam parte do *ethos* existente na cultura global do metal.

A estrutura das cidades e suas formações políticas podem ser localizadas em pequenos detalhes nos respectivos bares. O Metal Beer, por exemplo, configura-se como um lugar de encontro, pois consegue apresentar um amplo espectro de perfil em seu público frequentador, e, em algumas situações, notei uma aproximação estética com a noção de uma arena pública – mesmo sendo privada –, por comportar em seu amplo espaço distintos públicos de forma aparentemente harmoniosa. Percebo também um reflexo da cultura de entretenimento noturno em Caruaru, onde há poucos espaços abertos, tornando consequentemente o Metal Beer uma referência. O All Black In em Garanhuns configura-se de forma totalmente diferente. É o fisicamente menor bar entre os três – levando em consideração a capacidade de público em suas mesas e cadeiras –, no entanto, apresenta um papel fundamental para a cena local, dada a carência de outros espaços. Como pude observar, ao passar historicamente pelos bares na cidade de Garanhuns e o All Black In, tais espaços são fundamentais para a cena musical. Tornam-se pontos de ritualização territorial e, durante períodos específicos, suas dinâmicas são totalmente alteradas para se adequar aos grandes eventos governamentais. O Valhalla, levando em consideração a sua longevidade, contabiliza uma relação mais próxima entre os *headbangers* e seu espaço; é curioso observar a sua localização geográfica na cidade, pois é o único bar (entre os três) a se encontrar na periferia, sem acesso a transporte público e numa área totalmente residencial. Essa dinâmica apresenta algo característico da cidade de Mossoró, onde a especulação imobiliária nos principais pontos e corredores da cidade não permite que pequenas iniciativas comerciais, como o Valhalla, possam se sustentar.

Além dessas singularidades, destaco também as distinções e as diferentes apropriações realizadas pelo público consumidor nos três bares. Cito resumidamente que a comunidade LGBTQIA+ é mais presente no Metal Beer; as novas gerações de mulheres do metal e do rock de Mossoró têm resistência e um maior enfrentamento com o público masculino do Valhalla, gerando assim festivais, coletivos e bandas organizadas e geridas somente por mulheres; e em Garanhuns os gays têm ressalvas quanto a frequentar o bar.

Como o heavy metal é propagado globalmente, julgo que é importante evidenciar as diferenças e as funções de cada bar e, no caso de minha pesquisa, consequentemente, a cena musical em cada cidade. As cenas respondem localmente aos estímulos evidenciados. Assim, posso evocar a interseccionalidade entre raça, classe, gênero e nação na formatação das identificações dos públicos de metal. Em outras palavras, as cenas musicais respondem localmente às cidades onde vão emergir, mesmo aderindo a uma cultura e um *ethos* de outros países. As cenas musicais têm em suas dinâmicas internas um dos recortes sociológicos visíveis da sua localidade.

Outro fator preponderante a atuar na formação de público nesses espaços se refere exatamente à negociação aberta entre proprietários e sua postura inclusiva – ou não. Logicamente, existem também apropriações por parte de determinadas comunidades, não estamos aqui excluindo essas possibilidades de ressignificações de espaços e apropriações territoriais. No entanto, o Metal Beer, por exemplo, tem no casal de proprietários, Thiago e Dominique, uma postura mais inclusiva referente à comunidade LGBTQIA+. Sua recepção positiva vai desde postagens comemorativas às datas importantes para a pauta da comunidade, a uma orientação aos garçons para atender a todos de maneira igualitária e atenciosa, conforme coletamos ao ouvirmos Thiago.[11]

Por outro lado, o All Black In se consolida como o bar dos "motociclistas", fazendo assim com que esse espaço fosse inundado por códigos e signos da masculinidade hegemônica. Pelos homens gays consultados (Moacir e Felipe), foi-nos relatado uma certa tensão no ar ao frequentar o bar, como receio em ir ao banheiro ou de equivocadamente alguém tomar satisfação por apenas uma troca de olhares casuais. Mesmo com todo esse desconforto para a comunidade gay, conversamos durante a madrugada com Adriana, uma cabeleireira travesti que diz se sentir confortável em frequentar o All Black In. Essas contradições apontam para uma homofobia e, ao mesmo tempo, para uma indiferença e/

---

[11] As conversas com Thiago, bem como com Moacir, Felipe e Márcio, foram realizadas em maio/abril de 2018. Para mais detalhes, ver Queiroz (2019).

ou um exercício de invisibilidade para a presença de Adriana no bar. Abaixo transcrevo a fala de Márcio Vetis, que à época trabalhava como gerente do All Black In:

> Sempre é assim, aqui em Garanhuns, tudo o que é novo é novidade, vem aquela massa, mas quando é depois parece que vai selecionando, e dia de hoje vem mais aquele público que realmente gosta, mas mesmo assim, às vezes, aparece pessoas que não tem nada a ver com o movimento, vem pra o bar e realmente se sente bem e sempre volta. Já os gays são poucos! Poucos porque aqui tem bares específicos pra isso. Tem bares específicos pra isso assim. Mesmo assim você ontem presenciou uma trans aqui, que é a Adriana, a altona, só ela e de vez em quando ela traz umas amigas dela pra cá, somente. Mas é muito difícil, de vez em quando rola um casal de mulheres, homossexuais. Mas é muito pouco que aparece. Mas aparece e fica de boa aí, a galera não mexe com eles!

Diante da dificuldade de se manterem de maneira autônoma economicamente em cidades de médio porte[12] com um restrito público, pondo em prática estratégias mercadológicas de enfrentamento aos eventos do poder público local, notei algumas adaptações feitas pelos bares para garantir sua sobrevivência. Esse movimento acabou por criar frestas para que houvesse outras performatizações de gosto híbridas, as quais impulsionaram uma ampliação do cardápio sonoro disponibilizado nos bares, com a intenção de atrair outros públicos, além dos *headbangers*.

É algo importante de notar, pois foi esse movimento que fez emergir aquilo que Mignolo (2015) nomeia como "corpo-política" e uma outra "geopolítica", de caráter "decolonial". A potência que emerge desse pensar decolonial se dá principalmente por permitir enxergar fenômenos urbanos de cena musical agenciados por corpos outros em um país tão complexo como o Brasil, razão pela qual se faz de suma importância abrir frestas em que corpos negros e/ou LGBTQIA+ e/ou de mulheres sejam protagonistas de sua própria sensibilidade de mundo.

---

[12] O geógrafo e intelectual Milton Santos (1993) sugere cautela ao classificar o "porte" das cidades, pois elas são organismo vivos, portanto, sempre em fluxo e em mutação. Porém, para efeitos metodológicos e observando a realidade brasileira atual, a menção a cidades de médio porte refere-se àquelas entre 100 mil e 500 mil habitantes. Isso significa também afirmar que historicamente existe uma rarefação e, em muitos casos, uma ausência de estudos e pesquisas sobre elas, como também uma estrutura e economia mais tímida quando comparada a grandes cidades da mesma e de outras regiões do país.

Uma cena musical filiada ao pensamento decolonial acaba por se diferenciar da cena musical, digamos, "tradicional", por buscar marcar politicamente esses espaços ao se desprender da corporeidade da imagem e semelhança da masculinidade hegemônica, previstas no sistema conceitual do que é "homem" e "humanidade" e daquilo que reconhecemos também como "branquitude". Portanto, não se trata de um conceito prestes a ser replicado, muito menos de uma ideia que guarda a expectativa de ser ouvida pelos atores a circular pela cena na cidade. Buscamos, isso sim, propor reflexões com o intuito de reconfigurar criticamente os olhares acadêmicos para a pesquisa em Comunicação e Música, por entendermos que não há a mínima aproximação com dada realidade em pesquisas que excluem elementos estruturais e estruturantes da sociedade como a raça, a sexualidade e o gênero. Pensamos que a decolonialidade, em diálogo com os estudos de racialidade, negritude e outras contribuições vindas de estudos de sexualidade e gênero nos campos de Comunicação e Música, pode contribuir para relativizar e repensar termos como "periferia" e "resistência", trazendo assim novas perspectivas geopolíticas e novas formas de habitar o mundo (re)existindo.

Como podemos observar, inclusive, as cenas musicais de rock e metal das cidades investigadas transcendem e transbordam por outras corporeidades. Como detectamos na pesquisa, não se faz necessário, *a priori*, ter afeição aos gêneros musicais executados nos bares para que se tenha uma audiência ampla. O corpo-político a integrar boa parte de seu público é responsável por ajudar a manter economicamente esses espaços, e se caracteriza, vale salientar, por não se restringir ao ouvinte de rock e metal especializado. Ele é amplo, se move por afetos e encontra nesses bares a materialização da cena musical – que, às vezes, pode se configurar como um "lugar de aconchego"; por outras, não.

Os corpos-políticos frequentadores falam e anunciam, mesmo antes de ser pronunciada uma palavra sequer, quais lugares almejam, pois escuta-se com o corpo, logo, unem-se em corporeidades, proporcionando assim, como afirma Mignolo (2017, p. 31) possibilidades de agrupamento, não para resistir – pois a resistência significa obedecer às regras do jogo controladas por alguém a quem resistimos –, mas para ressurgir, reemergir e reexistir. Enfim, uma das várias formas de inscrição no mundo através do corpo.

Por fim, estas propostas não se limitam nem pressupõem essencialismos ou determinismos. Incluir a decolonialidade nos estudos de Comunicação e Música, com ênfase no caso das cenas musicais, é o mesmo que diversificar e visualizar outras opções de pesquisas e investigações. Em outras palavras, pensar a cena musical decolonial é acionar outros corpos, até então obliterados em investigações na América do Sul. É reconfigurar as espacialidades, as territorialidades e, consequentemente, as multiterritorialidades gestadas nesse trânsito.

Referências

Amaral, A. *et al. Mapeando cenas da música pop: cidades, mediações e arquivos.* João Pessoa: Marca de Fantasia, 2017.

Argôlo, M.; Gumes, N. V. A Cor Dessa Cidade Sou Eu: ativismo musical no projeto Aya Bass. In: Congresso Brasileiro de Ciências da Comunicação, 42, 2019, Belém. *Anais...* Belém: Intercom, 2019.

Fanon, F. *Pele negra, máscaras brancas.* Salvador: Ed. da UFBA, 2008.

Fanon, F. *Por uma revolução africana: textos políticos.* Rio de Janeiro: Zahar, 2021.

Gumes, N. V.; Garson, M.; Argôlo, M. Por acaso eu não sou uma mulher?: interseccionalidade em Luedji Luna e na cena musical de Salvador. In: Encontro Anual da Compós, 30, 2021, São Paulo. *Anais...* Campinas: Galoá, 2021.

Herschmann, M. *O funk e o hip hop invadem a cena.* Rio de Janeiro: Ed. da UFRJ, 2005.

Jaji, T. E. *Africa in stereo: modernism, music, and pan-Africanism solidarity.* New York: Oxford University Press, 2014.

Janotti Jr., J. *Aumenta Que Isso Aí É Rock and Roll - mídia, gênero musical e identidade.* Rio de Janeiro: E-Papers, 2003.

Janotti Jr., J. *Gêneros musicais em ambientações digitais.* Belo Horizonte: PPGCOM/UFMG, 2020.

Janotti Jr., J. *Heavy Metal com Dendê: rock pesado e mídia em tempos de globalização.* Rio de Janeiro: E-Papers, 2004.

Janotti Jr., J.; Queiroz, T. Deixa a gira girar: as lives de Teresa Cristina em tempos de escuta conexa. *Galáxia*, São Paulo, v. 46, p. 1-17, 2021.

Janotti Jr., J.; Queiroz, T.; Pires, V. *Deixe a gira girar: corporeidades musicais em tempos de escuta conexa.* Belo Horizonte: PPGCOM/UFMG, 2023.

Janotti Jr., J.; Queiroz, T.; Pires, V. Um Corpo Rexistente: a gira poética de Giovani Cidreira. *Revista Trilhos*, Santo Amaro, v. 3, n. 1, p. 174-193, 2022.

Maldonado-Torres, N. Transdisciplinaridade e decolonialidade. *Sociedade & Estado*, [S.l.], v. 31, n. 1, p. 75-97, 2016.

Mignolo, W. Desobediência epistêmica: a opção descolonial e o significado de identidade em política. *Cadernos de Letras da UFF*, Niterói, n. 34, p. 287-324, 2008.

Mignolo, W. *Habitar la frontera. Sentir y pensar la descolonialidad (Antología, 1999-2014).* Barcelona: CIBOB y UACI, 2015.

Mignolo, W. Desafios decoloniais hoje. *Epistemologias do Sul*, [S.l.], v. 1, n. 1, p. 12-32, 2017.

Moritzen, K. *Entre Gatas, Demônias, Flores e Darma: atravessamentos de gênero em cenas musicais natalenses de rock*. Mossoró: Ed. da UERN, 2022.

Oliveira, L. X. de. Bata o seu koo: estéticas corporais alternativas e novas performances de gênero e raça em uma festa negra LGBTQIA+. In: Encontro Anual da Compós, 30, 2021, São Paulo. *Anais...* Campinas: Galoá, 2021.

Pereira, D. B. F. *Almanaque do heavy metal potiguar: de 1985-1999*. Natal: Daniel Pereira, 2021.

Prysthon, A. Um conto de três cidades: música e sensibilidades culturais urbanas. *E-Compós*, [S.l.], n. 11, p. 1-13, 2008.

Queiroz, T. A. *Pandemônios e notívagos: decolonizando a cena do rock no Nordeste*. Belo Horizonte: PPGCOM/UFMG, 2021.

Queiroz, T. A. *Valhalla, All Black In e Metal Beer: repensando a cena musical a partir dos bares no interior do Nordeste*. Tese (Doutorado em Comunicação) – Programa de Pós-Graduação em Comunicação, Centro de Artes e Comunicação, Universidade Federal de Pernambuco, Recife, 2019. Disponível em: https://repositorio.ufpe.br/handle/123456789/35886. Acesso em: 17 fev. 2023.

Quijano, A. Colonialidad del poder, eurocentrismo y América Latina. In: Lander, E. (Ed.). *La colonialidad del saber: eurocentrismo y ciencias sociales: perspectivas latinoamericanas*. Buenos Aires: CLACSO, 2000. p. 122-151.

Resende, F. Geographies of the South: unfolding experiences and narrative territorialities? In: Amanshauser, H.; K. Bradley, K. (Ed.). *Navigating the Planetary: a guide to navigating the planetary art work: its past, present, ad potentials*. Vienna: Verlag für Moderne Kunst, 2020. p. 77-93.

Said, E. Figures, configurations, transfigurations. *Race & Class*, [S.l.], v. 32, n. 1, p. 1-16, 1990.

Said, E. *Orientalismo: o Oriente como invenção do Ocidente*. São Paulo: Companhia das Letras, 2003.

Santo, M. *Urbanização brasileira*. São Paulo: Hucitec, 1993.

Shank, B. Transgressing the boundaries of a rock 'n' roll community. In: Joint Conference Of Iaspm-Canada And Iaspm-USA, 1, 1988, New Haven. *Anais...* New Haven: Yale University. 1988.

Silva, M. A. S. *We do Rock too: Os percursos do Metal ao longo do movimento do rock angolano*. Tese (Doutorado) – Universidade Federal Fluminense, Niterói, 2018.

Silveira, F. Rock gaúcho, cultura urbana e cenas musicais em Porto Alegre. Um exercício metodológico. *Cadernos de Escola de Comunicação*, [S.l.], v. 1, n. 12, p. 35-44, 2014.

Soares, T. *Ninguém é perfeito e a vida é assim: a música brega em Pernambuco.* Recife: Carlos Gomes de Oliveira Filho, 2017.

Sousa, N. S. *Tornar-se negro: as vicissitudes da identidade do negro brasileiro em ascensão social.* Rio de Janeiro: Graal, 1983.

Straw, W. System of Articulation, Logics of change: Scenes and Communication in Popular Music. *Cultural Studies*, [S.l.], v. 5, n. 3, p. 368-388, 1991.

Straw, W. Scenes and Sensibilities. *E-Compós*, [S. l.], v. 6, 2006. Disponível em: https://www.e-compos.org.br/e-compos/article/view/83. Acesso em: 18 jan. 2023.

Trotta, F. Cenas musicais e anglofonia: sobre os limites da noção de cena no contexto brasileiro. In: Janotti Junior, J.; SÁ, S. P. de (Org.). *Cenas Musicais.* São Paulo: Anadarco, 2013. p. 57-72.

Fenda: a arte de um grupo musical no cruzamento de respiros de vida e registros de almas

Natália Amaro
Elton Antunes

Introdução

A história das coisas é uma versão, normalmente grafada, de uma coleção de momentos e indivíduos organizados, sob algum tipo de método (determinado pela própria história), em momentos específicos de um grupo. As violências comuns à história dos países e das pessoas participam também da seleção e do compartilhamento das memórias coletivas que integram a identidade de uma nação ou um grupo, por meio, por exemplo, da linguagem e das representações simbólicas. Na contramão de acordos desestimulantes, cinco mulheres artistas compuseram o coletivo de rap mineiro Fenda e produziram narrativas em que cantam e brincam sobre a própria identidade, a sexualidade, a arte, o talento e a política, impactando e articulando, ao mesmo tempo, a história da música, e, consequentemente, da cultura.

O registro em palavras, para Leda Maria Martins (1997, p. 22), é um movimento de trazer à vista uma realidade que "às vezes se vela, por um processo numinoso de ocultação, [e] é a força da palavra, como *alethéa*, aparição, não-esquecimento, que propicia o fulgor da revelação e da desvelação, fundadora da *arkhé* e da *axé*, do *logos*". A flexibilidade possível ao que é ou não esquecido na história – grafada ininterruptamente – da identidade afro-brasileira é percebida pela autora nas narrativas, oficiais ou não, sobre os reinados no interior do país, que "transformam-se e reatualizam-se, continuamente em novos e diferenciados rituais de linguagem e de expressão, coreografando a singularidade e alteridades negras" (Martins, 1997, p. 26). Em movimento semelhante, este artigo procura reconhecer as texturas que articulam e são articuladas por um mais recente ritual artístico-resistente da identidade afro-brasileira: o hip hop. Parte das vozes da cultura popular, a música feita por *rappers* é considerada, a partir da dimensão da *encruzilhada* (Martins, 1997, p. 28, grifo da autora), um operador conceitual de linguagens, sentidos e códigos "nos quais se confrontam e dialogam, nem sempre amistosamente, registros, concepções e sistemas simbólicos diferenciados e diversos" (p. 28).

Como nas batalhas de improviso, "de natureza móvel e deslizante" (Martins, 1997, p. 29), a análise do trabalho musical da Fenda, de Belo Horizonte/MG, e do movimento hip hop tenta "ler nas entrelinhas da enunciação fabular: […] canta-se e dança-se contra o arresto da liberdade e contra a opressão" (p. 57) dos papéis de gênero e de raça como os conhecemos. Ao considerar a rearticulação das próprias identidades por meio da arte, a proposta é reconhecer a interseção entre os códigos próprios do rap e sua vizinhança simbólica, que não obedece a uma lógica ocidental e funcional comum à história. É possível promover respiros de vida e registros de almas por meio da arte?

Buscamos levantar alguns elementos para responder a tal indagação também propondo uma escrita para este artigo que se vale de uma enunciação algo "oscilante", cujos sujeitos do discurso se alternam em um movimento de vai-e-vem não apenas entre quem fala, nas primeiras pessoas do singular e do plural, mas também na forma como observam um fenômeno. Ora singular, ora plural, em um momento se mostram de perto e de dentro; noutros, propõem alguma distância de observação. Nesse sentido, o texto é uma *exposição* ao menos em dois modos: expõe uma compreensão sobre algo e expõe aspectos das vozes de quem fala. A narrativa em alguns momentos explicita uma "presença junto ao grupo", uma experiência de pesquisa em campo apresentada sob a forma da primeira pessoa do singular, o que a nosso ver não obscurece que se trata de uma reflexão conjunta e coletiva, uma coenunciação entre os interlocutores de uma pesquisa.

Hip hop: a história que recebe a Fenda

Convido você que está lendo para participar desta conversa entre eu[1] e o hip hop, como se ele fosse uma entidade viva. Uma forma-espírito que eu imagino como um jovem adulto negro, inteligente, ranzinza, multiartista e inquieto.

---

[1] "Eu" aqui diz respeito a um movimento de subjetivação na narrativa do registro do trabalho realizado pela pesquisadora Natália Amaro, não apenas em campo, mas em reflexão, escrita e análise conjunta com o pesquisador Elton Antunes. Quando a pessoalização for necessária, como marcação da presença da enunciadora em cena, faremos uso de um texto em itálico.

Conto para ele (e para você) o que acho que sei sobre ele mesmo: como nasceu, como o conheci, o que canta e compartilha com o mundo. Dou atenção especial ao que diz e mostra sobre nós: as mulheres. Esse papo inventado é com ele e muita gente. Escuto e comento gente da ciência, na tentativa de apreender a reflexão – sinuosa, encabulada, espiral – que faço sobre o movimento hip hop em uma trajetória individual e coletiva de pesquisa. Convido as artistas da Fenda, um coletivo de rap de mulheres de Belo Horizonte/MG, gente da vida real, para conversar (às vezes, sem palavras) comigo e a entidade.

No final dos anos 1970, pioneiros músicos (DJs e produtores musicais), dançarinos e artistas visuais procuravam restabelecer as formas de expressão e interação entre os jovens negros da periferia e a sua participação nas cidades. As primeiras festas de hip hop eram alternativas de lazer nos próprios bairros da comunidade negra e latino-americana de Nova York. Eram também opção para o destino de suas vidas. Afrika Bambaataa é criador do nome "hip hop" e condutor do movimento no Bronx, bairro da periferia de Nova York. O líder era poeta e participante de uma reconhecida gangue da região, a Black Spades. O DJ abandonou a associação após uma viagem à África e convidou outros jovens a fazerem o mesmo. A nova proposta de ocupação eram os cinco elementos do hip hop: a discotecagem (*deejaying*), o graffiti, o rap (*rapping* ou *emeecing)*, a dança de rua (*break dancing* ou *bboying/bgirling*) e, mais tarde, o conhecimento. Leda Martins (1997) percebe uma articulação semelhante na origem do reinado, que unia pessoas de nações ou comunidades que guerreavam por milênios quando livres no território africano, onde se reuniam pacífica e igualmente durante as celebrações de coroação, tanto no contexto brasileiro quanto nos Estados Unidos e em Cuba.[2]

Martins (1997, p. 155) convoca as encruzilhadas para observar e tentar traduzir na letra escrita "espaços inseminados de significância, pletora de possibilidade de restituição e reversibilidade". As culturas negras africanas e de seus descendentes afro-americanos (e da diáspora, no geral) são recintos vivos que "têm o poder de barrar ou viabilizar o desenvolvimento do sujeito" (Martins, 1997, p. 155-156). A cultura hip hop, enquanto exemplar da cultura

---

[2] "Burlando o próprio sistema escravista, o rei negro coroado nos festivais Pinksters funcionava como agente aglutinador dos escravos oriundos de diferentes nações e etnias africanas, muitas das quais inimigas milenares. Os ritos realizados sob a regência desses reis reterritorializavam os repertórios culturais africanos, criando novas formas de expressão e singulares idiomas artísticos; instituíam uma ordem hierárquica paralela à escravista; apropriavam-se de um espaço lúdico, considerado menos 'nocivo' pelos 'senhores', fomentando estratégias simbólicas [...]" (Martins, 1997, p. 38).

negra, produz um saber próprio, que funciona como uma força vital ou uma energia cósmica "que não elide as linguagens das cores, dos sons e dos gestos, mas sim, sinestesicamente, as conjuga na elaboração de uma fala plural [...]" (p. 37). Há um contrato invisível que funda o indivíduo que participa do movimento hip hop e o une a todos os outros integrantes: o rap é compromisso.[3] A alvorada da arte hip hop acontece nos EUA após o assassinato dos grandes líderes negros Malcolm X e Martin Luther King, no final dos anos 1960, e concomitante à ascensão do Partido dos Panteras Negras (Rocha; Domenich; Caetano, 2001, p. 36), nos anos 1970, que denunciava as condições violentas do racismo e formulava o combate coletivo à opressão dos brancos e à pobreza. A proposta do rap é parecida: denunciar as condições precárias da periferia e providenciar outras possibilidades de experiência de vida e identidade. A realização de festas em boates e nas ruas foi a primeira frente de reapropriação da cidade pelos pioneiros DJs nova-iorquinos. Cantar, dançar, pintar e vestir-se (a moda urbana é marca fundamental) são "um ato de constituição e construção simbólicas de uma identidade coletiva, na medida em que reagrupa os sujeitos e os investe de um *ethos* agenciador" (Martins, 1997, p. 49).

O mito que origina os congados e reinados é uma metáfora ou revisita à persistência da vida das pessoas africanas, garantida por Nossa Senhora do Rosário na travessia marítima forçada às Américas. As cerimônias anuais são uma homenagem à santa que respondeu apenas ao chamado dos tambores dos escravos e não ao pedido dos brancos. As experiências promovidas e percebidas pelos artistas fundadores do hip hop nas periferias do EUA respondem a particularidades societárias que se assemelham ao contexto descrito por Leda. No quadro brasileiro, Jaqueline Santos (2016) reflete sobre o início do rap[4] no estado de São Paulo, nos anos 1990, e a relação com o hip hop dos EUA, além de reforçar a importância do estudo e da mudança sobre si mesmo e sobre a sociedade.

> A maioria dos *hip-hoppers* na Casa do Hip Hop de Diadema definiria o hip hop em termos de educação, estilo de vida, expectativas sociais e história. Ali, eles ensinavam os quatro elementos do hip hop [MC, DJ,

---

[3] Referência à música de Sabotage, rapper da Favela do Canão, na zona sul da capital de São Paulo. No início dos anos 2000, recebeu grande aprovação e popularidade com os primeiros trabalhos originais lançados. Foi assassinado aos 29 anos, em 2003. Letra disponível em: letras.mus.br/sabotage/65058/. Acesso em: 24 nov. 2021.

[4] Há uma tendência do uso da palavra "rap" como sinônimo de hip hop. O uso da palavra "rap", aqui e em outros momentos do texto, não é uma referência exclusiva à rima, e sim a toda manifestação artística compreendida pelo movimento hip hop (MCs, DJs, dança de rua, graffiti, moda, entre outros).

graffiti e dança de rua] e também conhecimento (o quinto elemento) pela biblioteca da Casa. Além disso, suas referências norte-americanas não remetiam a padrões de consumo, mas à luta negra política: a Universal Zulu Nation, Public Enemy e outros grupos de rap. Eles também criticavam o discurso do imperialismo cultural americano, em que "o hip hop não é um movimento norte-americano e o reposicionariam como um movimento diaspórico e patrimônio dos negros" (Santos, 2016, p. 172, tradução própria).

A inspiração nos ideais de líderes negros e dos Panteras Negras que transformaram (ou almejavam mudar) a própria realidade é parte das letras e da conduta tanto na dimensão individual quanto na coletiva da identidade hip hop em todo o mundo. Mano Brown (2013),[5] em entrevista à Rolling Stone, diz que "essa filosofia organizou nosso cérebro. Nos fez virar perigosos. Compramos armas, fomos fazer luta, resolvi ler mais, quis o carro com o motor mais potente e balas mais destrutivas. [...] Imaginava atentados, certas vinganças". O MC paulista faz referência às propostas de armamento, segurança pessoal e combate à polícia implementadas pelos Black Panthers. Durante a atuação do partido nos EUA, a estratégia do FBI era a desmoralização e perseguição do movimento e de seus participantes, para "prevenir seu crescimento entre a juventude" (The Black Panthers, 2016). Em depoimento, o membro do BPP (Black Panther Party) Blair Anderson revela que a criação de um senso de comunidade (The Black Panthers, 2016) também era parte do regimento do grupo. O movimento negro e o movimento hip hop dos EUA se aproximam, entretanto, na morte prematura e sob circunstâncias escusas de seus líderes já consolidados, como Malcolm X, Martin Luther King, Fred Hampton, Tupac Shakur, Notorious B.I.G., Pop Smoke, Nipsey Hussle.[6] Com a extinção do partido nos anos 1980, a permanência do hip hop pode ser tomada como uma alternativa que ainda cresce entre a juventude negra, imune ao FBI.

---

[5]   MC do grupo de rap Racionais MC's (junto aos MC's Edi Rock e Ice Blue e o DJ KLJay).

[6]   Malcolm X, Martin Luther King e Fred Hampton foram líderes do movimento negro dos EUA na década de 1960. Os três foram assassinados no auge de sua popularidade e envolvimento políticos. No auge de suas carreiras artísticas, nos anos 1990, os rappers Tupac Shakur e Notorious B.I.G. também foram assassinados. Suas influências musicais transformam e participam do repertório hip hop até os dias de hoje. Pop Smoke e Nipsey Hussle foram MCs consolidados no final da década de 2010. Ambos são dos EUA e foram vítimas recentes de homicídios. Apenas Pop Smoke e Fred Hampton morreram dentro das próprias casas, invadidas pela polícia, no caso de Hampton, e por ladrões, no caso de Pop Smoke. Os outros foram mortos em público: dentro de seus carros no trânsito, em um comício, na calçada da rua ou numa sacada de hotel.

Rimar, dançar (sem propósito utilitário), produzir música, intervir na cidade e estabelecer moda são aspectos reconhecíveis de intervenção e resposta (como um debate) intrínsecos à cultura negra em geral, de acordo com Muniz Sodré (1983). Diante da vulnerabilização social e racial e por causa dessa condição, o fazer artístico negro é uma das possíveis "operações de reversibilidade, isto é, de retorno simbólico, de reciprocidade na troca, na possibilidade de resposta" (Sodré, 1983, p. 136) à suposta condição política e cultural subalterna. "O hip hop é uma manifestação cultural que surge de ações produzidas por sujeitos desviantes, que, fora das normas estabelecidas pela sociedade, desafiam e concebem identidades alternativas que rompem os padrões dominantes e em algum momento criam novas identidades" (Santos, 2016, p. 175, tradução própria). A proposta de Jaqueline Santos recupera a reterritorialização de repertórios como estratégias simbólicas caras às afrografias (Martins, 1997, p. 150) e expressões das culturas negras. "Os festejos e cerimônias dos congos, em toda sua variedade e diversidade, são microssistemas que vazam, fissuram, reorganizam, africana e agrafamente, o tecido cultural e simbólico brasileiro, mantendo ativas as possibilidades de outras formas de veridicção e percepção do real que dialogam, nem sempre amistosamente, com as formas e modelos de pensamento privilegiados pelo Ocidente" (Martins, 1997, p. 35).

Ao considerar que o hip hop dá nome – e melodia, dança, roupa, tênis, poesia, pintura – ao que estava no reino do não ser e do não visto, podemos, "por meio do discurso hip hop brasileiro, especialmente a música rap e a cultura hip hop, traçar a trajetória histórica e a realidade dos negros na diáspora" (Santos, 2016, p. 175, tradução própria). Wilson Roberto Levi, membro do Núcleo Hip Hop de Diadema, concorda: "Trazemos uma leitura moderna da luta da juventude negra contra o desemprego e os 500 anos de exclusão do negro no Brasil" (Rocha; Domenich; Caetano, 2001, p. 116). O rapper paulista Kalil, do grupo Conceitos de Rua, reitera: "É inevitável falar de violência. Mas é preciso ter hiphoptude. Manifestar. Não esquecer a história do povo, ser o que é. Falar da realidade, e não da desgraça do outro. É preciso mostrar para as pessoas que elas podem ter alternativas de vida que não sejam o crime" (Rocha; Domenich; Caetano, 2001, p. 61).

A manutenção de métodos de ocupação e arrancamento de recursos pelos grupos de pessoas dominantes sustenta outros grupos de pessoas em condições de vida em que viver é "não morrer" (Mbembe, 2018, p. 292). O hip hop é a arte de pessoas em situação de quase-vida, que cantam palavras e experiências de vida. Para Achille Mbembe (2018, p. 290), as formas atualizadas de precarização e término de vida exigem formas de resposta, de reversibilidade, de "exercer sua liberdade, a se encarregar de si mesmo, a se nomear, a brotar para a vida ou, pelo contrário, a assumir sua má-fé". Para tal projeto de liberdade, o filósofo sugere a oferta de Franz Fanon: "*dar a morte* àquele que se habituou a jamais a receber, mas a sempre a ela submeter outrem, sem limites e sem contrapartida" (Mbembe, 2018, p. 288-289, grifo do autor). Quando N.W.A.[7] cantam "Fuck Tha Police", naquele momento, na hora do show, todos que cantam conseguem, de fato, foder a polícia. Em versão brasileira atual a vingança pode ser feita com "fogo nos racistas".[8] Rappers, grafiteiros, DJs, *bboys* e *bgirls* nasceram em regiões que Mbembe chama de formas-campo: campos de extermínio, campos de concentração, campos de realocação, que abrigam "uma humanidade declarada inútil, prejudicial, considerada inimiga, supérflua e imbuída de todas as formas parasitárias" (Mbembe, 2017, p. 167). Nos *projects*[9] ou nas favelas (e outros nomes das periferias do mundo), há uma concentração especial – e repetida constantemente – das ferramentas de prisão e morte, em especial, da população negra.

No Brasil, a violência policial nas favelas e periferias é responsável por inúmeros homicídios e abordagens agressivas constantes aos moradores, homens e mulheres. A manutenção do terror é, para Mbembe (2017, p. 24), parte do projeto de "fabricar toda uma massa de gente habituada a viver no fio da navalha, ou ainda, à margem da vida". As operações policiais – com complexidades diferentes – acontecem todos os dias e os oficiais circulam, frequentam, e, muitas vezes, atormentam a região. Todos os dias homens, mulheres e crianças – em sua maioria, negros e negras – que perderam irmãos, pais, maridos, esposas, filhas, avós, amigos, etc. pelas abordagens "equivocadas", balas "perdidas" e operações "de combate ao crime" assistem ao desfile de alguém no mesmo uniforme que os assassinos em carros enormes. "[...] A colonização ataca os corpos que deforma. Mas ela tem sobretudo por alvo o cérebro e, acessoriamente, o sistema nervoso. O seu objetivo é 'descerebrizar'" (Mbembe, 2017, p. 195-196). O hip hop, diferente de outras músicas afro-brasileiras, como o funk e o samba, não acontece na própria favela. Entretanto, a perseguição continua fora dos becos. Nos anos 1980, início do rap em São Paulo, os artistas da dança de rua – *bboys*, os homens, e *bgirls*, as mulheres – se reuniam na Praça Roosevelt, no centro da capital. Um dos

---

[7] Grupo de rap da Califórnia.

[8] Trecho de "Olho de Tigre", música de Djonga.

[9] Versões estadunidenses de conjuntos habitacionais para a população pobre.

coletivos, o Sindicato Negro – a primeira posse[10] do estado e com mais de duzentos integrantes – revelou que o "policiamento desconhecia a proposta do Sindicato Negro e começou a associar os integrantes ao surgimento de uma nova gangue" (Silva, 1998 citado por Rocha *et al.*, 2001, p. 53). Durante um show em novembro de 1994, os quatro integrantes dos Racionais MC's foram presos no palco enquanto cantavam a música "Homem na estrada", que traz o verso "Não confio na polícia, raça do caralho".[11] A polícia alegou que o grupo incitava a violência e o crime (cf. Polícia..., 1994).

A resistência à morte ultrapassa as narrativas artísticas e a criação de uma comunidade que se mantenha viva e funcionando em meio a um sistema que a desestimula e, mais ainda, a boicota é um princípio do rap. No caso de Belo Horizonte, o Duelo de MCs promovido pelo coletivo Família de Rua desde 2007 é uma amostra mais recente da ginga necessária às culturas negras de rearticulação e resistência às pulsões de enfraquecimento. Realizado debaixo do Viaduto Santa Tereza, às sextas-feiras e, mais tarde, aos domingos, o Duelo propõe a realização de batalhas de rimas entre os inscritos. O público decide a vitória de cada batalha e qual MC segue em frente na corrida ao prêmio em dinheiro. A região do chamado Baixo Centro da capital mineira é caracterizada pela situação de abandono de alguns estabelecimentos, bares com caixas de música, centros culturais, presença e permanência de moradores de rua, e circulação de usuários das linhas de ônibus municipais e intermunicipais e da Estação Central do metrô. O palco dos duelos, como o restante da região, é constantemente patrulhado pela polícia, que mantinha a postura irredutível ao divertimento nos dias de evento e circulava entre as pessoas e realizava batidas (a revista com as mãos do corpo e a verificação dos pertences de "indivíduos suspeitos"). Em um acordo entre a Família de Rua e a Prefeitura de Belo Horizonte, os eventos realizados no viaduto são previamente sinalizados à polícia do estado, que garante "apenas" o cumprimento do horário acordado de encerramento dos shows – normalmente às 22 horas. Mais uma vez, o hip hop mostra-se como uma "possibilidade de reversibilidade das posições de domínio em outros níveis" (Martins, 1997, p. 57) e em alguns momentos, como nas horas de domingo garantidas longe da polícia.

A constante repressão e vigilância são heranças de lógicas coloniais de ocupação e exploração (Mbembe, 2018, p. 21), que se metamorfoseiam

---

[10] Coletivos que reúnem diferentes artistas do hip hop (dançarinos, rappers, artistas visuais, estilistas, produtores) sob uma associação (a posse), formal ou informal.

[11] Música dos Racionais MC's. Letra disponível em: https://genius.com/Racionais-mcs-homem-na-estrada-lyrics. Acesso em: 12 nov. 2021.

em atualizadas formas de tortura, militarismo e prisões. O racismo é parte da argamassa que mantém funcionando as máquinas e projetos de morte e de interação com o outro. Sobre o contexto brasileiro, Muniz Sodré (2018) explica que, após a abolição política e jurídica do escravismo, uma forma social correspondente a este modelo foi incorporada. *"A abolição incidiu sobre a relação, e não sobre o vínculo.* Para as elites dirigentes, era preciso ter um perfil identitário com alguma valorização frente à Europa e, ao mesmo tempo, manter nos lugares dominados os índios e os negros. Sobre os últimos, existencialmente muito próximos, recaiu a barreira do racismo" (Sodré, 2018, p. 14, grifo do autor).

Para Mbembe (2017, p. 234), este é um dos princípios do capitalismo: fabricar raças e, consequentemente, a diferenciação entre as "espécies", em que a cor branca é referência e funda as outras que coloniza – entre elas, a negra. A invenção branca sobre a raça negra mantinha a lógica de lucro a qualquer custo. Logo, era preciso desvalorizar a cor negra para vendê-la mais barato. As ferramentas de descrédito são criadas – e constantemente renovadas – "em nome da civilização (desenvolvimento econômico, progresso tecnológico, educação, saúde, evangelização e assimilação)" (Mbembe, 2017, p. 170).

A cumplicidade disseminada entre o hip hop e seus integrantes mantém a arte como condutora e condição de uma projeção de vida que ultrapassa, pelo registro, a existência física do autor ou autora. É preciso projetar o futuro a partir da experiência no presente. Achille Mbembe (2018, p. 285) caracteriza a violência colonial como fenomênica, que afeta tanto os sentidos sensoriais quanto os domínios psíquico e afetivo. Uma de suas funções é precluir o futuro (Mbembe, 2018) em conformidade com o projeto de vida prematura e morte iminente ou, pelo menos, evidente. O racismo mantém pessoas negras em constante estado de doença: alerta, perseguição, violência, miséria, detenção. O projeto de descolonização radical de Fanon (Mbembe, 2017) dá-se quando o colonizado (ou doente) recusa-se à submissão e ao hábito da exploração. "Se, para o doente, comunicar, comungar e tecer cumplicidade para os seme-lhantes são meios para manter contato com o mundo e participar do mundo, lembrar-se e projetar-se no futuro é igualmente necessário para regressar à vida" (Mbembe, 2017, p. 191).

No tempo presente, o hip hop é capaz de manter financeiramente seus artistas e suas equipes – e, como efeito, suas famílias e, muitas vezes, suas comunidades. A garantia financeira é uma premissa de futuro conquistada. As narrativas – musicais, imagéticas e coreográficas – compartilhadas pelos mesmos artistas são canais de projeção de futuro pelo presente também para seus interlocutores. O pioneiro rapper brasileiro Thaíde, sobre o programa de rap na Febem de São Paulo,[12] declara: "Não estou dizendo que todos lá dentro vão ter um lugar no hip hop. O hip hop é que vai ter um lugar para aqueles que quiserem" (Rocha; Domenich; Caetano, 2001, p. 79).

Rap, sexo e mulheres

O fator que aglutina todos os cinco elementos fundamentais do hip hop – o rap, a discotecagem, o graffiti, o *break dancing* e o conhecimento – é a resistência, a possibilidade autônoma de transformar a própria realidade em um show, durante alguns instantes ou permanentemente com o desenvolvimento da autoestima. "Quando desejamos descolonizar mentes e imaginações, o foco de estudos culturais na cultura popular pode ser e é lugar poderoso para intervenção, desafio e mudança" (hooks, 2006, p. 14, tradução própria). As representações femininas feitas tanto de forma autônoma – como a Fenda, descrita na próxima seção do texto – e as representações criadas por terceiros – em letras e videoclipes, por exemplo – são amostras de "como controvérsias sobre a representação de mulheres racializadas na cultura popular podem [...] omitir o lugar particular de mulheres racializadas e, portanto, tornar-se outra fonte de enfraquecimento interseccional" (Crenshaw, 1991, p. 145). As interseções a que Kimberle Crenshaw se refere são de aspectos específicos da experiência de mulheres negras ou *women of color*, no texto original, que traduzimos como mulheres racializadas, para evitar a tradução literal "mulheres de cor":

> Mulheres negras por vezes enfrentam discriminação de maneiras semelhantes à experiência de mulheres brancas. Às vezes elas compartilham vivências bem similares às de homens negros. Contudo, com frequência experimentam dupla-discriminação – os efeitos combinados de práticas que as diferenciam com base na raça e com base no sexo. E, por vezes, experimentam discriminação enquanto mulheres negras – não a soma da diferenciação racial e sexual, mas enquanto mulheres negras (Crenshaw, 1989, p. 149, tradução própria).

---

[12] Nome antigo da Fundação Estadual para o Bem-Estar do Menor (Febem), modificado em 2006 para Fundação Centro de Atendimento Socioeducativo ao Adolescente (Fundação CASA/SP). As unidades da Febem, presentes em todo o país, foram reconhecidas como instituições que submetiam os internos, crianças e adolescentes carentes e eventualmente infratores, a um regime de violência próprio a certas culturas carcerárias.

Crenshaw defende que tanto a prática quanto a crítica política sobre a situação das pessoas negras devem ser centradas nas situações e nas chances de vida das pessoas, sem que interesse a origem de suas dificuldades. Tal posicionamento reforça que nosso objetivo aqui não é procurar uma possível fonte da violência que estrutura os discursos problemáticos encontrados no repertório da identidade hip hop: "colocar aqueles que atualmente são marginalizados no centro é o jeito mais efetivo de resistir aos esforços de limitar experiências" (Crenshaw, 1989, p. 167, tradução própria). Rita Segato relata que uma das contribuições do colonialismo e do patriarcado é a transformação da esfera doméstica – e da mulher que a habita – à "margem dos assuntos considerados de relevância universal e perspectiva neutra" (Segato, 2006, p. 117). Desse modo, retira o valor, o prestígio e a possibilidade de ação na arena pública, que determina as condições políticas e culturais de homens e mulheres. No caso das mulheres que fazem rap, o embaralhamento é duplo: sai da posição marginal frente à condição periférica e à condição limitante de gênero.

A hierarquização das relações que aconteciam dentro de casa, no primeiro contexto de nossas vidas, é transferida para outras relações que organizam "a imagem e semelhança: as raciais, as coloniais, a das metrópoles com suas periferias, entre outras" (Segato, 2006, p. 92, tradução própria). O hip hop torna-se um cenário para a mescla de diferentes elos: as relações consigo mesmo, com a comunidade hip hop – com homens e mulheres – e com a periferia – e, consequentemente, a metrópole. A perpetuação da violência em ações que promovem a cooperação, para Rita Segato (2006, p. 119), deve-se à carência de sensibilidade aos contextos e categorias próprios que respondem à falta de maleabilidade das identidades. Ao propor uma identidade autônoma – a identidade hip hop –, cria-se uma comunidade que mantém, à sua maneira, um sistema de poder próprio: que mantém as relações interpessoais em dinâmicas mais ou menos flexíveis de alternância de forças, dentre elas as relações de gênero.

A condução do movimento hip hop foi protagonizada por homens negros e/ou latino-americanos da periferia de Nova York. Os primeiros nomes reconhecidos pelo público e pelo mercado da música foram de artistas masculinos, MCs ou coletivos, como The Sugarhill Gang, Grandmaster Flash and the Furious Five, The Funky 4 + 1 e Big Daddy Kane (Hip Hop Evolution, 2016). As mulheres participavam de maneira secundária ou nos bastidores. Sylvia Robinson foi uma delas. Era cantora, produtora musical, executiva e empresária, e produziu o primeiro rap de sucesso gravado "Rapper's Delight", do The Sugarhill Gang, grupo que também gerenciava (Sylvia..., 2011). No Brasil, a estreia se repete com a participação tímida de mulheres. Camila Said (2007) realizou um estudo e uma série de entrevistas com rappers pioneiras de Belo Horizonte que revelaram como mulheres "desempenham um papel secundário, não participando das composições musicais e atuando apenas como backing vocais" (Said, 2007, p. 76). A rapper paulista Luciene, do APP (Apologia das Pretas Periféricas), nos anos 1990, diz que "muitas se consideram inferiores aos homens" e "rola um certo ciúme por parte das mulheres ao verem meninas da mesma faixa etária se tornarem o centro das atenções" (Rocha; Domenich; Caetano, 2001, p. 85). O contato com a misoginia também é marca da experiência de artistas na década de 2010. Em 2014, a MC Clara Lima (com 14 anos) participa de uma batalha de rima: "um menino me chamando de piranha, dizendo que era meu cafetão. A plateia, com muitos homens, aplaudiu e ele venceu o duelo. Mas não me acanhei, respondi o cara" (Lima, 2015).

> Andréa, integrante do grupo Damas do Rap, em entrevista ao jornal Tribuna da Imprensa em outubro de 1993, dá um depoimento semelhante ao de Luciene: "Assim como a maioria das garotas, começamos dançando charme em bailes, e decidimos ir à luta, cantar rap sem medo do preconceito. Isso causa desconforto para as outras" (Basthi, 1993). Luciene concorda com Andréa: "As mulheres, além de não se empenharem, dizem que grupo feminino não dá certo, que mulher só serve para ser backing vocal" (Rocha; Domenich; Caetano, 2001, p. 85).

Cenário parecido, mais uma vez, com o dos Panteras Negras. Elaine Brown, integrante do partido, revela que a aparência do grupo era bastante condescendente ao machismo, visto que "esses irmãos não foram achados em um céu revolucionário" (The Black Panthers, 2016, tradução própria). A solução do partido foi a "inversão de papéis": a partir daí, as mulheres receberam armas e os homens eram responsáveis pelo preparo do café da manhã no programa nacional de alimentação de crianças antes do horário escolar fundado pelo grupo. O céu que as mulheres (e homens) encontram no hip hop recebe marcas do machismo, do patriarcado e da violência que circunscrevem as relações de gênero e interpessoais. Patricia Hill Collins (2012) reconhece que participar e construir comunidades – Panteras Negras, hip hop ou a sua vizinhança – "é simultaneamente política, por negociar diferenças de poder dentro de um grupo; dinâmica, por negociar práticas que conciliam metas individuais e coletivas; e ambicioso" (Collins, 2012, p. 447-448, tradução própria). As negociações feitas entre homens e mulheres do rap não são declaradas e organizadas na mesma lógica de um partido político legítimo. Nos depoimentos anteriores das rappers, é possível perceber que foi preciso encarar o preconceito, este sim declarado, que encontravam dos homens e de outras mulheres. A réplica da violência entre as próprias mulheres é, para Audre Lorde (2019, p. 143), feita como se fosse possível, assim, se aproximar da posição dos homens: "[...] para sobreviver, sempre tivemos de estar vigilantes, de nos familiarizar com a linguagem e os modos do opressor, até mesmo adotando-os em certos momentos em nome de alguma ilusão de proteção".

O hip hop é uma resposta à dominação sofrida por artistas da periferia, que cantam novas oportunidades de viver. Entretanto, tal fato não mantém todos os integrantes na mesma posição, tanto na sociedade quanto dentro do próprio movimento. A revolução necessária à escrita de uma nova vida é feita muitas vezes à custa do prejuízo de outras. bell hooks (2006) questiona: "quantos homens negros marginalizados não se renderiam a expressar formas virulentas de sexismo se soubessem que as recompensas seriam extraordinários poder material e fama?" (hooks, 2006, p. 134). A presença de símbolos e comportamentos que deturpam ou agridem a identidade feminina é ainda reconhecível em videoclipes, letras e eventos do hip hop – e fora deles. Entretanto, em um "processo dinâmico de interação com o outro, transformam-se e reatualizam-se, continuamente em novos e diferenciados rituais de linguagem e de expressão" (Martins, 1997, p. 26) do gênero, mulheres que fazem rap alteram as amostras do que é fazer arte enquanto confrontam os papéis de gênero. A próxima seção deste ensaio dedica-se à apresentação – não necessariamente descritiva, entretanto pessoal e investigativa – de cinco artistas que contribuem atualmente com essa reforma.

A *girlgang*

A Fenda, coletivo de rap formado por DJ Kingdom, Iza Sabino, Laura Sette, Mayí e Paige, estreou suas atividades em novembro de 2019. Em entrevista para a Rede Minas,[13] a DJ e produtora musical Kingdom, de Contagem/MG, revelou que a equipe do rapper Criolo, de São Paulo/SP, pediu que um artista local abrisse seu show na capital mineira. A empresa responsável pela vinda do artista decidiu pela união – a princípio pontual – de cinco artistas da região metropolitana de BH para a abertura do evento. Em um período de poucos dias entre o convite e o espetáculo, as artistas compuseram "Não

---

[13] Disponível em: https://www.youtube.com/watch?v=DBXzc73avIA. Acesso em: 28 mar. 2022.

Se Ofenda", a primeira canção do grupo, que marca o posicionamento pouco inseguro frente a um cenário hostil e, ao contrário, revela-se desassombrado: "Não se ofenda se a FENDA tomar de assalto/ Mas só se contenta/ Que nós somos foda/ BH na cena/ Trampando pra que todas vença". A união ultrapassou o show único e tornou-se uma banda: *um encontro de estrelas, uma colisão de planetas*, descreve a DJ. O repertório das rappers – nas produções solo e coletiva – é marcado pelos temas da liberdade, autoestima e autonomia, que acompanham a proposta revolucionária desta investigação de pesquisa. Em um movimento declarado por Kingdom em entrevista ao *Jornal do Rap*, a premissa torna-se clara: "a liberdade de narrar contos onde nós podemos ser as dominantes e as tomadoras de decisão é muito importante".[14]

Nenhuma delas era, na verdade, estranha para mim. Ao contrário. Sou fã do trabalho artístico de todas: do flow *único do rap de Iza Sabino; da irreverência e riqueza dos sets[15] da DJ Kingdom, que mistura, como se fosse possível, todas as propostas de música negra; das músicas sinceras e viscerais – que se ouve com o estômago, intestino, coração – de Laura Sette; da dança, percussão e voz de Mayí – ou qualquer outra coisa que ela se dispuser a fazer: é multiartista; e da voz com DNA semelhante ao de Mariah Carey ou Beyoncé – sem exagero algum aqui – de Paige. A relação com DJ Kingdom é, primeiro, pessoal e começou na era pré-DJ, em 2015. Minha prima, Mariana, era sua colega de trabalho e nos apresentou, provavelmente, em alguma festa de hip hop. Participei da maioria dos "primeiros passos" na sua caminhada na discotecagem: dos primeiros sets tocados no antigo Mercado das Borboletas, do primeiro Baile Room,[16] da primeira Bronka e do lançamento do grupo. Nossa relação nasceu e permaneceu em um misto de amor, amizade e admiração. Já conhecia Mayí ou quase isso. Conheci a Gabi – ainda usava seu outro nome – em 2010, quando nós duas tínhamos 15 anos, ao acompanhar sua trajetória como percussionista no Bloco Oficina Tambolelê, inciativa do grupo de mesmo nome. Desde então, nos tornamos "amigas virtuais" e pude acompanhar seus trabalhos de cantora (além da percussão) na*

---

[14] Disponível em: https://www.jornaldorap.com.br/rap-nacional/fenda-lanca-manda-foto-de-agora. Acesso em: 09 fev. 2021.

[15] Conjunto de músicas e arranjos feito por um DJ (ao vivo ou gravado).

[16] Junto com os DJs DANV, Kramer e Vhoor, a artista criou em 2018 o Baile Room, evento com a proposta de difusão das músicas eletrônicas periféricas que não encontravam espaço ou convites para as festas tradicionais da cidade. No mesmo ano, criou a Bronka, projeto de festa e oficina de discotecagem promovido para mulheres e pessoas LGBTQIA+. A condução do projeto conta com uma equipe exclusivamente feminina de DJs: Bebela Dias, Pat Manoese e Roxie.

Banda Bala da Palavra, iniciativa mineira de MPB, e na carreira solo. Tenho confiança de que ouvi a rapper Laura Sette pela primeira vez em um set da Kingdom. Foi o suficiente para me apaixonar e querer ouvir mais músicas. Uma delas, "Diferenciada", marca minha barriga em uma tatuagem (tomei o visceral de forma literal). O som de Iza Sabino fez a mesma coisa: me arrebatou. Maria Izabel é DJ, produtora musical, compositora e MC. "Olhares" tocou em algum rolê e toca aqui em casa até hoje. Paige é especial, tem a voz que brinca com os agudos e o ritmo, e produz uma mistura única de rap, R&B[17] e pop.

Figura 1 - Foto de André Borges da Fenda: (da esquerda para direita) DJ Kingdom, Mayí, Paige, Iza Sabino e Laura Sette (embaixo)

Fonte: Instagram/Reprodução.

Uma primeira conversa – sem o formato de entrevista, ainda – com a Fenda aconteceu no dia 10 de junho, por volta das 16 horas, no escritório-casa do selo musical do grupo, no bairro Santa Tereza. A proposta era me apresentar e conhecer (ou reencontrar) as integrantes. Conforme a sugestão do Elton – que também (con)versa esta pesquisa –, o encontro era um momento informal, sem muitas expectativas e aberto ao que as próprias meninas falariam sobre si mesmas. DJ Kingdom e Mayí me avisaram que o grupo tem uma energia caótica

---

[17] *Rhythm and blues*: estilo musical que mescla rap e música eletrônica.

e os assuntos se perdem, vão e voltam (ótimo!). O objetivo era me apresentar; não sei se foi cumprido. Disse que nasci em Venda Nova[18] e contei sobre a graduação, sobre a experiência profissional com produção cultural e gestão de leis de incentivo cultural, e o que estou tentando fazer na dissertação.[19] Mayí e Paige me perguntaram sobre o que é comunicação e o que faz um comunicador, e explicaram como elas têm questões sobre a comunicação que o grupo faz com o próprio público. Há uma vontade de falar mais, comunicar-se mais ou de maneira diferente da que fazem agora, sobre questões sérias ou supérfluas. DJ Kingdom teve a ideia de fazer um podcast do próprio grupo para isso: sem muitos detalhes, ainda, sobre formato ou conteúdo. Mayí falou sobre uma "pira social", formas de falar e agir que transformam a realidade: além de conversar, promover ações que mudem a realidade de alguém, já que isso é ser hip hop.

Na segunda metade do encontro, a conversa parte para o desabafo e crítica sobre o movimento. Kingdom compartilha que o grupo está passando por uma nova fase, que começa com percalços, como a protela do lançamento das novas músicas e o colapso da pandemia do covid-19. Conversamos sobre a situação de rappers brasileiros, como Rico Dalasam, que não recebe apoio do movimento artístico; pelo contrário, é boicotado. A equipe de Pabllo Vittar, artista drag queen, *por exemplo, não deu créditos ao MC no hit do carnaval "Todo Dia", escrito por ele, que não recebeu nenhum retorno financeiro desde o lançamento. O músico entrou com um processo judicial e a canção, agora, não está disponível em nenhuma plataforma de streaming. Essa situação é comum: o hip hop recebe as mulheres, os homens gays e outras identidades vulnerabilizadas da mesma maneira que recebe os homens héteros? Não soubemos responder. Em seguida, compartilho que tenho o desejo de transformar o que é dito e vivido sobre ser mulher e preta (na vida e nesta pesquisa). Iza compartilha que ao falar de sexo, de sexualidade, de ser você mesma, há uma oportunidade de naturalizar esses assuntos e fazer com que eles sejam apropriados por quem ouve as músicas. Mayí relembra um vídeo em que Lauryn Hill discute sobre os efeitos da supremacia branca na nossa vida e autoestima. A conversa ainda andou sobre a breguice do cavalo de Troia – "quem inventou que surgimos na Grécia?" –, a costela de Adão e quem foi o primeiro ser da Terra (chegamos à conclusão de que foi uma mulher, por motivos óbvios). Respeitando a energia caótica, terminamos a conversa com críticas pouco construtivas aos diferentes produtos que assistimos na televisão. Agradeci a disposição para me receber e pela perda de uma parte da timidez com que cheguei ao encontro.*

---

[18] Distrito considerado popular na região norte de Belo Horizonte.

[19] Para conhecer a dissertação, ver Amaro (2022).

As várias direções que o primeiro bate-papo tomou avigoraram no âmbito da pesquisa a escolha da noção de encruzilhada, visto que "narrar e cantar, são, assim, jogos de improvisação [...] sobre os motes e os temas na série curvilínea e espiralar da tradição. A narração é, pois, sempre movediça ponte entre o individual e o coletivo, o plural e o singular" (Martins, 1997, p. 63).

Nesse dia 10 de junho, as meninas narraram sobre elas, sobre as próprias vidas, sobre o que pensam do rap e sobre mim. Faço desta pesquisa, também, uma pesquisa de mim, que é interceptada pela surpresa, pelo erro, pelo corpo, pela doença, pelo amor, pela dor, pelo que a esquina tem a me oferecer, mesmo contra a minha vontade. O contexto da pandemia, minha situação familiar à época e a agenda das carreiras solo de cada uma impediram outras reuniões "de campo" no formato de conversa guiada, com perguntas e intenção planejadas. O recuo na forma da entrevista coincidiu com a multiplicidade de questões que apareceram e com a dimensão pessoal e afetiva que não participou da construção de perguntas e respostas.

A convite da DJ Kingdom fui parte do elenco no mais recente videoclipe da Fenda, "Tenta" (2021). Não criei expectativas altas ou qualquer uma, ainda, de fazer pesquisa. A timidez se multiplicou quando uma lente milimétrica de vidro foi colocada na minha frente. Nesse dia, eram muitos centímetros de câmeras. Um terror. A gravação foi em um domingo, dia 22 de agosto, com apenas mulheres participando das imagens gravadas. Os homens participaram nos bastidores. A ideia do videoclipe era botar medo nas pessoas que duvidam do talento de cada uma, naqueles que contam mentiras, e mostrar o perigo de surfar no meu hype e se afogar.[20] *Éramos literalmente uma gangue de garotas preparadas para revidar com paus, correntes e ferros nas mãos. Durante as diferentes tomadas que duraram todo o dia e parte da noite trocávamos as armas e o diretor pedia para que as caras ficassem mais feias e bravas. DJ Kingdom lançou um coquetel Molotov. Era guerra. Recebi a tarefa de segurar um dos sinalizadores e amei (sou o fogareiro à direita na Figura 2). O ritmo do dia foi intenso. Nos intervalos para comer ou trocar de cenário, as convidadas para o elenco, os fotógrafos, as artistas da Fenda – Kingdom, Iza Sabino, Laura Sette, Mayí e Paige – e eu tínhamos a chance de conversar entre um cigarro e outro. Foi ali também que pude conhecer de perto e pessoalmente a Laurinha, como é chamada, e que não conseguiu participar da primeira conversa, quando viraram "objeto". No final da tarde, Murilo, filho dela, chegou*

---

[20] Referência à letra da música.

com o pai e durante um dos infinitos intervalos insistiu em uma batalha de rima com Paige. O MC de uns 7 anos lançava vários xingamentos, com rimas boas e outras de criança e não deixava a MC de 20 anos responder. Dava uma pausa, mas logo recomeçava sem que a cantora tivesse qualquer coragem de interromper. Foi o vencedor do "duelo".

Figura 2 – Parte do videoclipe de "Tenta"

Fonte: Reprodução/YouTube.

Figura 3 – Fotos de André Borges dos bastidores da gravação do videoclipe "Tenta"

Fonte: Arquivo pessoal.

O próximo encontro-que-pode-ser-pesquisa é marcado para o dia 3 de novembro, no ateliê d'Agomide, marca de roupas que convidou o grupo para modelar para a nova coleção. O plano era nos encontrarmos às 11 horas da manhã na casa-ateliê da Amanda, dona do negócio, no Santa Efigênia. O combinado era fazer as poucas perguntas que surgiram enquanto não iam para o estúdio fotográfico, na Serra, às 13 horas. Ou seja, tínhamos duas horas de papo: mais que suficiente. Errado! Fui a primeira a chegar no ateliê. Amanda me recebeu com muito carinho e me senti à vontade mesmo nunca tendo a visto antes. Du, seu companheiro na vida e na produção das fotos, e Zahi, a filha deles de três meses, também estavam lá. E só. Todas as meninas se atrasaram. Kingdom precisava esperar alguém, que também estava atrasado, que ficasse com suas duas filhas, Cora e Alícia. Iza Sabino teve problemas pessoais e não participou da programação do dia. Mayí estava cuidando do afilhado e também esperava para sair de casa. Paige chegou por volta do meio-dia. Precisava preparar a pele para a maquiagem. Também chegou o Pedro (a.k.a.[21] HBS), que fez o styling da sessão. Logo depois DJ Kingdom e Laura chegaram. Elas também precisavam preparar o rosto para as fotos. Enquanto isso, eu comia um tanto do cento de salgado pedido por Amanda. Todo mundo estava envolvido em alguma coisa ou contando um caso. Não tinha espaço ou timing para perguntas planejadas. Amanda percebeu o desencontro e sugeriu que eu também fosse para o estúdio de fotos. As tomadas aconteceriam individualmente, então eu teria possibilidades de falar com aquelas que não estivessem fotografando.

Errado de novo. Chegamos no local das fotos em uns cinco minutos, de carro. As fotos começaram em duplas, depois viraram trio, depois individuais, em um ritmo que desisti de acompanhar. Não tentei perguntar, preferi me entregar ao que quer que fosse acontecer. O Estúdio Beco é, como indica o nome, em um beco da favela da Serra. O espaço é pequeno e só abrigava quem realmente estava ativo na sessão. Então eu, os excluídos da lente naquele momento e Zahi, deitada no bebê conforto, esperávamos do lado de fora, na rua. Entre vários cigarros e outros, as meninas trocavam de lugar, de brinco, de roupa, de assunto. Eu acompanhava mais com os olhos e sorrisos do que com comentários. A timidez ainda não tinha ido embora e eu não achava que iria tão cedo. Em um dado momento, Zahi acordou e eu, que não resisto a um neném lindo, a peguei no colo. Tentei colocá-la de novo no bebê conforto. Reclamou e muito alto. Voltou para o colo. E ali ela ficou até o fim da tarde, quando sentiu fome e só o

---

[21] Sigla para *also known as* ou "também conhecido como", em português. Vocábulo comum no universo do rap.

peito da mãe resolvia. Para a Zahi consegui fazer várias questões, todas em um timbre agudo e provavelmente bobo demais para reproduzir. Ela me respondeu, acreditem se quiser, na sua própria língua (que escapa da boca de quem chegou na Terra há pouco tempo).

Figura 4 – Pedro HBS, Mayí, eu e Zahi (no colo) na sessão de fotos

Fonte: Arquivo pessoal.

     Terminei o dia com um misto de frustração, cansaço, fome e dúvida sobre o que fazer com o encontro-que-não-foi. Pensei que deveria ter avançado mais na condução da relação entre a Fenda, eu e a pesquisa. Entretanto, sentia que a aproximação com as meninas exigia certo respeito, um ritmo lento, que acomodasse a desconfiança mineira com que recebo toda a vida. E com a resistência que percebia das artistas-objeto que também me recebiam com desconfiança (ou só timidez?). A entrega ao campo e ao contato com mulheres que fazem hip hop e também vivem vidas que não são controláveis, contáveis em relógios planejados ou em roteiros de entrevista, reforçou a necessidade de uma atenção e apreensão maleável, que observa e ao mesmo tempo participa desta pesquisa. A entrega ao aqui e agora transformou-se, aqui e agora, em método de apreender as críticas e considerações que esmiúço neste texto. O fato de serem mulheres foi causa para os atrasos e desencontros durante o dia 3 de novembro. Praticamente todas eram responsáveis pelo cuidado e vigilância de crianças, que nem sempre são suas. Thaís (Kingdom) estava com as duas filhas. Mayí estava com o afilhado. Eu acabei *ficando com Zahi, porque Amanda, sua mãe, para cuidar dela, precisou levá-la para o trabalho. Com que frequência um cenário parecido com esse acontece em sets de fotografia com rappers homens? Seria preciso fazer uma investigação de campo para saber a resposta? O incômodo que começou com a circulação de imagens pornográficas e pouco diversas é desdobrado na experiência com o objeto de pesquisa vivo – e inquieto – que me interpela, me pergunta de volta e produz saberes sobre sua experiência de vida e, ao mesmo tempo, sobre este trabalho.*

Considerações finais

O rap, amostra da cultura popular, não passa ileso às conjecturas de seu contexto: a violência contra mulheres é um meio de enriquecimento e lucro. "É interessante pensar a misoginia como um campo que deve ser trabalhado e mantido tanto para sustentar o patriarcado quanto para fomentar uma reação antifeminista. E qual grupo melhor para trabalhar nessa 'plantação' do que jovens homens negros?" (hooks, 2006, p. 133, tradução própria). Em *Outlaw Culture* (2006), bell hooks esmiúça e critica as trocas simbólicas e sociais promovidas por artistas do *gangsta* rap dos anos 1990 enquanto um "reflexo de valores predominantes em nossa sociedade" (p. 132, tradução própria). Como um espelho identitário, homens negros, em sua maioria, reproduzem discursos violentos que alimentam a desigualdade entre os homens e mulheres, em geral. A crítica de hooks não se dirige aos indivíduos, mas às estruturas e dinâmicas que mantêm a violência como regra. "[…] a história e a necessidade de compartilhar a luta nos tornou, as mulheres negras, particularmente vulneráveis à falsa acusação de que ser contra o machismo é ser contra a negritude. Enquanto isso, o ódio contra mulheres como um recurso dos que não têm poder está minando as forças das comunidades negras, assim como nossas próprias vidas" (Lorde, 2019, p. 151).

A crítica deste trabalho, em movimento semelhante ao da autora, não está sobre os homens – e, muitas vezes, mulheres – que fizeram e fazem rap: "ao invés de vê-lo como a subversão ou interrupção da norma, o veríamos como uma manifestação da norma" (hooks, 2006, p. 134, tradução própria), visto que o rap não surge em um vácuo cultural (hooks, 2006, p. 132). A análise está na conservação da violência nas relações que tenta minar a completude e independência na condução das próprias identidades. Rappers, compositores, produtores musicais e audiovisuais – e homens – do hip hop tiveram certa liberdade para demonstrar suas contribuições sobre diferentes assuntos, entre eles, o sexo e a sexualidade. Tal liberdade demandou o respectivo confinamento que restou às apresentações e representações de mulheres, que coincidem com suas experiências na realidade.

Em conformidade com a afirmativa hip hop de transformação da própria realidade e a elasticidade possível às identidades, mulheres que também são artistas, apresentadas neste trabalho através da Fenda, promovem um "movimento de reversibilidade e heterogeneidade" (Martins, 1997, p. 41) do que é conhecido e promovido em contextos de violência de gênero. "Girlgang", a segunda música produzida pelo grupo, recebeu um videoclipe[22] lançado no Dia Internacional da Mulher de 2020 e é uma homenagem ao gênero, com a aparição de mais de trinta mulheres – com diferentes idades, tipos físicos, raças e formas de se apresentar em vídeo, em diferentes contextos. As artistas reconhecem que há uma desigualdade entre a presença deles e delas "na cena" e a proposta artística que promovem é uma resposta e, ao mesmo tempo, uma revisão da participação feminina no cenário hip hop. A letra reforça a postura corajosa: "*seguimo* abrindo o caminho que eles sempre *tava* fechando".[23] Em conformidade com o nome, a Fenda promove – artística e pessoalmente – uma cisão com o repertório simbólico e social que as recebe com portas fechadas. Há uma ruptura com o processo de exclusão e diminuição do próprio potencial que cria a possibilidade de viver em arte.

A autonomia sexual é também parte dos discursos. Nas faixas mais recentes "Casa das Primas" e "Manda Foto de Agora", as rappers tomam o sexo e a iniciativa sobre o prazer sob o próprio controle. Comum aos homens, fazem alegorias e referências diretas à atividade sexual, ao sexo, ao prazer, ao gozo, aos fluidos corporais. No videoclipe da canção "Manda foto de agora" (2020),[24] as montagens e fotos correspondem à letra, uma ode à sexualidade, à sensualidade e ao próprio prazer no sexo. Mayí rima: "não imaginava tamanha ousadia, *nigga* (Não, não, não)/ Mas isso tudo não é só pra você/ É também pra minha alegria, *nigga*".[25] Iza Sabino pergunta: "Dama, faz a posição que a Iza ama? [...] Molha meu corpo enquanto cê me toca". Não há atravessamento da violência como uma forma de manter mulheres submissas ou com medo do

---

[22] Disponível em: https://www.youtube.com/watch?v=gzhvtlDEYyY. Acesso em: 04 jan. 2021.

[23] Letra disponível em: https://genius.com/Fenda-girlgang-lyrics. Acesso em: 24 fev. 2021.

[24] Disponível em: https://www.youtube.com/watch?v=aALEFA4ZEas. Acesso em: 19 nov. 2021.

[25] Letra disponível em: https://genius.com/Fenda-manda-foto-de-agora-lyrics. Acesso em: 24 fev. 2021.

sexo. Ela permanece, mas "por meio da violência escolhida, em vez de sofrida, o colonizado opera um retorno a si mesmo" (Mbembe, 2018, p. 282): "Bota com raiva falando que ama/ Seu gosto eu adoro/ Sabe por onde eu choro, sabe a posição que eu gosto", diz Laura Sette na música.

"O narrar, cantado e dançado, é sempre um ato de constituição e construção simbólicas de uma identidade coletiva, na medida em que reagrupa os sujeitos e os investe de um *ethos* agenciador" (Martins, 1997, p. 49). A autonomia sobre o próprio corpo e sua disposição para o sexo e a sensualidade pela narração simbólica das próprias experiências e desejos é uma amostra da rearticulação de códigos compartilhados em um contexto que não faz refém a identidade "mulher". Como uma nova proposta de vida, a recusa às dinâmicas desiguais responde ao desejo de ir contra uma noção identitária que enclausura o potencial da arte ou da vida cotidiana. O registro compartilhado das almas de DJ Kingdom, Iza Sabino, Laura Sette, Mayí, Paige e *da minha* criam sopros de vidas possíveis e vivíveis. Poder ser hip hop ou o que quiser.

Referências

Amaro, N. M. *A invenção da mulher no rap: uma caminhada crítica sobre a construção de gêneros no hip hop a partir da experiência do grupo Fenda*. Dissertação (Mestrado em Comunicação Social) – Universidade Federal de Minas Gerais, Belo Horizonte, 2022.

Basthi, A. A. O charme das Damas do Rap. *Tribuna da Imprensa*, Rio de Janeiro, 2 e 3 out. 1993.

Brown, M. "Os Quatro Pretos Mais Perigosos do Brasil". [Entrevista concedida a] André Caramante. *Rolling Stone Brasil*, [S.l.], 6 dez. 2013. Disponível em: https://rollingstone.uol.com.br/artigo/racionais-mcs-quatro-pretos-mais-perigosos-do-brasil/. Acesso em: 12 nov. 2021.

Collins, P. H. *From Black power to hip hop: Racism, nationalism, and feminism*. Temple University Press, 2006.

Collins, P. H. Social Inequality, Power, and Politics: Intersectionality and American Pragmatism in Dialogue. *The Journal of Speculative Philosophy*, [S.l.], v. 26, n. 2, p. 442-457, 2012.

Crenshaw, K. Demarginalizing the Intersection of Race and Sex: A Black Feminist Critique of Antidiscrimination Doctrine, Feminist Theory and Antiracist Politics. *University of Chicago Legal Forum*, Chicago, n. 1, art. 8, 1989.

Crenshaw, K. Mapping the Margins: Intersectionality, Identity Politics, and Violence against Women of Color. *Stanford Law Review*, Stanford, v. 43, n. 6, p. 1241-1299, 1991.

Hip Hop Evolution. Direção de Darby Wheeler. Distribuição: Netflix. Canadá: Banger Films, 2016.

Lima, C. Resposta da Liga Feminina de MCs. [Entrevista concedida a] Lucas Simões. *O Tempo*, Belo Horizonte, 3 maio 2015. Disponível em: https://www.otempo. com.br/diversao/magazine/resposta-da-liga-feminina-de-mcs-1.1032639. Acesso em: 23 fev. 2021.

Lorde, A. *Irmã outsider*. Tradução de Stephanie Borges. Belo Horizonte: Autêntica, 2019

Martins, L. M. *Afrografias da memória: o reinado do Rosário no Jatobá*. Belo Horizonte: Mazza, 1997.

Mbembe, A. *Políticas da inimizade*. Lisboa: Antígona, 2017.

Mbembe, A. *Crítica da razão negra*. São Paulo: N-1, 2018.

Preciado, P. *Testo Junkie: sexo, drogas e biopolítica na era farmacopornográfica*. São Paulo: N-1. 2018.

Polícia prende grupos de rap durante show. *Folha de S.Paulo*, São Paulo, 28 nov. 1994. Disponível em: https://www1.folha.uol.com.br/fsp/1994/11/28/brasil/23. html. Acesso em: 12 nov. 2021.

Rocha, J.; Domenich, M.; Caetano, P. *Hip-hop: a periferia grita*. São Paulo: Fundação Perseu Abramo, 2001.

Said, C. do C. *Minas da rima: jovens mulheres no movimento hip hop de Belo Horizonte*. Dissertação (Mestrado em Educação) – Universidade Federal de Minas Gerais, Belo Horizonte, 2007.

Santos, J. L. Hip-hop and the reconfiguration of Blackness in Sao Paulo: the influence of African American political and musical movements in the twentieth century. *Social Identities*, [S.l.], v. 22, n. 2, p. 160-177, 2016. Disponível em: http://dx.doi.org/10.1080/13504630.2015.1121573. Acesso em: 28 fev. 2021.

Segato, R. L. *La guerra contra las mujeres*. Madrid: Traficantes de Sueños, 2016.

Sodré, M. *A verdade seduzida: por um conceito de cultura no Brasil*. Rio de Janeiro: CODECRI, 1983.

Sodré, M. Uma lógica perversa de lugar. *Revista Eco-Pós*, Rio de Janeiro, v. 21, n. 3, p. 9-16, 2018.

Sylvia Robinson, a "mãe do hip-hop", morre aos 75 anos. *Folha de S.Paulo*, São Paulo, 1 out. 2011. Disponível em: https://www1.folha.uol.com.br/ ilustrada/2011/10/984305-sylvia-robinson-a-mae-do-hip-hop-morre-aos-75-anos.shtml. Acesso em: 13 nov. 2021.

The Black Panthers: Vanguard of the revolution. Direção de Stanley Nelson. Fireflight Films, 2016.

SEÇÃO 5

Questões raciais em mídia e tecnologia

Representatividade, enfim, importa? A presença negra na comunicação das marcas mais valiosas do Brasil[1]

Pablo Moreno Fernandes

Um caso contestável
Direito questionável
Necessidade de ocupar
Invadir as vitrines, lojas principais
Referências acessíveis é poder pra imaginar
Mídias virtuais
Anúncios constantes
Revistas, jornais
Trocam estética opressora
Por identificação transformadora
Procuram-se bonecas pretas
Procuram-se bonecas pretas
Procuram-se bonecas pretas
Procuram-se, procuram-se representação
Larissa Luz, "Bonecas Pretas"

---

[1] Este artigo integra o projeto de pesquisa "Publicidade e Negritude: Olhares interseccionais sobre os discursos de promoção do consumo", desenvolvido no Departamento de Comunicação Social da UFMG. Registro os agradecimentos aos bolsistas de Iniciação Científica do curso de Publicidade e Propaganda que me acompanharam no projeto e tiveram participação fundamental na classificação do material e nos processos de heteroidentificação contemplados na pesquisa: Isabela Lima Rodrigues (ICV-UFMG), João Augusto Porto de Freitas (IC-CNPq), Larissa Loureiro da Silva (IC-CNPq), Poliana Pinto Lima (IC-CNPq). Ubuntu!

Introdução

Os dados do último Censo do IBGE publicados até a finalização deste texto são de 2010. Segundo eles, a população negra brasileira é de 53,9% (Censo Demográfico, 2010). Esse percentual considera, para efeitos de políticas públicas, o somatório entre pretos e pardos, importante conquista do Movimento Negro brasileiro, como já foi discutido por Abdias Nascimento (2019). O número é utilizado como referência para cálculo de políticas afirmativas, implantadas no século 21, a fim de corrigir distorções históricas causadas pelo racismo na constituição da sociedade brasileira.

Começo este texto com uma epígrafe que cita a música "Bonecas Pretas", da cantora baiana Larissa Luz, e com os dados do IBGE para uma reflexão de natureza pessoal. Assim como a dimensão genderizada – "meninos brincam de futebol e com carrinhos, meninas brincam de casinha e com bonecas" –, a dimensão racial ocupa um espaço fundamental na constituição da subjetividade de crianças e em seu lugar no mundo.

Quando criança, ainda na década de 1980, tive na televisão uma das minhas "babás eletrônicas". Nos programas televisivos, via poucas pessoas com a mesma cor de pele que a minha. Nos programas infantis, nas telenovelas, nos filmes, era raro haver personagens negros que me inspirassem a ser como eles. O distanciamento era ainda maior nos programas humorísticos, pois os poucos negros eram alvo de chacota, de piada ou de representação degradante, como já foi discutido pelo pesquisador Adilson José Moreira (2019).

Em minhas brincadeiras "de menino" – assim com aspas mesmo, pois eram poucas que realmente acolhiam a participação de uma 'criança viada' –, gostava muito de brincar com os Comandos em Ação.[2] Apesar da narrativa bélica envolvida nos brinquedos (tanques de guerra, porta aviões e personagens militarizados), os bonecos da franquia me permitiam brincar criando histórias e imaginando situações para eles, e aquilo me fascinava. Um dos bonecos que tive dessa franquia era o médico da equipe, boneco negro que integrava a equipe em função – na minha percepção de criança – desprestigiada, pois não era um valente sargento, capitão ou general, como os demais personagens do desenho animado. Ainda assim, em minhas brincadeiras, aquele médico exercia função primordial, pois se parecia comigo (Figura 1).

---

[2] Comandos em Ação era o nome de uma linha de brinquedos, que posteriormente tornou-se série animada para televisão e filmes *live action*.

Figura 1 – Boneco Médico S.O.S Comandos em Ação

Fonte: Imagem obtida em anúncio do produto veiculado na Shopee.

Essa digressão sobre o médico dos Comandos em Ação remete à letra da música de Larissa Luz e à vontade de se ver representado. O único brinquedo que tive que se parecia comigo era esse. Anos depois, as discussões sobre representatividade no âmbito da cultura emergiram a um alcance até então inédito. Exemplo disso foi a repercussão de uma foto na qual uma criança brasileira aparece segurando o boneco do personagem Finn, de Star Wars, interpretado pelo ator John Boyega (John..., 2016). A história da fotografia e a realização do garoto ao conhecer um herói com a mesma cor de pele que a sua me reconectaram com a importância do boneco do médico dos Comandos em Ação em minha formação. Mais do que um simples desejo de se ver representado, vem a pergunta, diante dessas situações: qual o impacto da ausência de representação de corpos negros nos espaços da cultura? O tema é objeto de estudo em pesquisas da Psicologia, das Ciências Sociais e da Comunicação. Hoje, já se compreende a importância de ver corpos como o seu na construção e no desenvolvimento de processos de empoderamento. E é a partir daí que nasce a proposta deste trabalho, que pretende refletir acerca da representatividade como fenômeno que permite aos corpos negros ocuparem espaços de poder na sociedade.

Como estão os números referentes à representatividade negra na comunicação de marcas no final da segunda década do século 21? Para responder a esse questionamento, desenvolvemos o estudo que apresentamos neste trabalho, que compartilha resultados do projeto de pesquisa "Publicidade e Negritude: olhares interseccionais sobre os discursos de promoção do consumo", desenvolvido desde 2019 na UFMG. Na primeira fase da pesquisa, realizamos um levantamento quantitativo sobre a representatividade negra na comunicação das marcas mais valiosas do Brasil.

Realizamos a contagem, a partir da análise de conteúdo, das pessoas negras presentes em anúncios veiculados pelas dez marcas mais valiosas de 2016, 2017 e 2018. As marcas analisadas foram: 1) Antarctica; 2) Banco do Brasil; 3) Bradesco; 4) Brahma; 5) Cielo; 6) Itaú; 7) Natura; 8) Petrobras; 9) Vivo; 10) Skol.

A pesquisa contemplou a seleção dos conteúdos veiculados pelas marcas na revista *Veja* sob a forma de anúncios e em suas páginas no Instagram no intervalo de 2018 a 2020. O anúncio em mídia tradicional ainda é um importante espaço para a manifestação da expressividade marcária em sua complexidade (Perez, 2017). No entanto, as redes sociais se consolidaram como um espaço essencial para as marcas, onde é fundamental que estejam presentes. Nessas plataformas, as marcas constroem uma narrativa em torno de seu posicionamento, utilizando-as como espaço para estreitamento de diálogo com seus consumidores, na perspectiva da produção conhecida como conteúdo de marca (Covaleski, 2010). Desenvolvida atenta às dinâmicas de persuasão, conteúdo, interação e compartilhamento, a comunicação das marcas no Instagram permite estabelecer relações com o público em um contexto diferente dos intervalos comerciais nos meios tradicionais ou nos espaços dos anúncios impressos, rompendo com uma ideia de interrupção, como debatido em Viana (2018).

A justificativa para a análise quantitativa da representatividade é municiar o trabalho de informações numéricas, considerando a representatividade elemento político útil na reflexão sobre o lugar das pessoas negras e do racismo como estrutura constituinte da sociedade brasileira. Observar a representatividade a partir da comunicação de marcas é um importante exercício, pois nos permite compreender como algo tão presente na sociedade de consumo – as narrativas construídas pelas marcas – atuam no enfrentamento (ou na manutenção) do racismo e na construção de um mundo no qual a identidade negra tenha elementos da cultura das mídias que a afirmem de forma positiva, ocupando espaços.

Qual o lugar da publicidade na estrutura racista?

Com a ampliação da discussão sobre o racismo no Brasil e a amplificação de reflexões sobre a responsabilidade da população na tomada de ações antirracistas, muito se tem debatido sobre estruturas. O problema é que, muitas vezes, o argumento de que o racismo é estrutural aparece como um subterfúgio para anular a discussão, como se o fato de ele se tratar de uma estrutura consolidada impedisse o debate, impedisse a construção de novas estruturas ou que se pense em sua desconstrução.

Por essa razão, acreditamos na perspectiva tridimensional em torno da análise e da compreensão do racismo, proposta por Campos (2017). O autor reflete que o racismo é um sistema complexo e que sua análise demanda um ponto de vista que seja capaz de perceber suas dimensões lógicas e práticas para que se possa, assim, entender suas estruturas. Segundo o autor, "uma estrutura racista pode ser o motor causal da reprodução de práticas discriminatórias. Isso não quer dizer, entretanto, que tais estruturas sejam totalmente autônomas em relação às práticas e ideologias" (Campos, 2017, p. 15). Assim, ele conclui que as ações antirracistas devem ser capazes de atingir, além de suas estruturas, suas dimensões práticas e ideológicas, para que tenham efetividade.

Em um cenário como esse, considerando a urgência de uma publicidade antirracista, consciente de suas responsabilidades em uma sociedade que atribui ao consumo uma dimensão simbólico-cultural de centralidade, "A comunicação publicitária antirracista é um discurso metodológico crítico que, sem neutralizar a essência do anunciar, opõe-se às expressões do racismo em suas ações de marcas" (Leite, 2019, p. 37). Dessa forma, uma publicidade que se pretende antirracista atua na promoção da diversidade, como um meio de compartilhamento e promoção da igualdade, agindo diretamente na desconstrução de estruturas racistas e enfrentando práticas que fortaleceram um discurso que diminuía o lugar de pessoas negras, ao longo da história.

Tomando as estruturas racistas contemporâneas, é preciso pensar: quais foram as práticas e ideologias que as ergueram? A história da escravidão dos povos africanos, sua vinda forçada para o Brasil, suas revoltas e resistências, o processo de abolição e as ações do poder público em todo esse período ilustram o fato, demonstrando como se constituíram as estruturas que, ao longo de séculos, negou a humanidade de pessoas negras (Mbembe, 2018). E a publicidade: qual o seu lugar nessa construção?

O século 19 viu a sociedade de consumo se organizar em todo o mundo. O consumo ganha centralidade, por meio da constituição do comércio varejista, da organização das metrópoles, do marketing, da publicidade e de outras manifestações (Lipovetsky, 2007). Os ideais de uma sociedade moderna aparecem nos discursos de promoção do consumo, que encantam a humanidade e transformam a publicidade em importante narrativa sociocultural, em virtude dos estilos de vida retratados em pôsteres, cartazes e anúncios de jornal.

Os valores modernos de igualdade, ainda que em teoria considerassem todos os seres humanos iguais, não abrangiam a população negra escravizada na categoria "humano". Por não serem seres humanos, recebiam o mesmo tratamento que objetos, inclusive nas relações de trocas comerciais. Compravam-se, vendiam-se e trocavam-se pessoas negras como produtos. Por estarem submetidas às regras comerciais de objetos, as pessoas escravizadas poderiam também ser anunciadas, fato comum na imprensa do Brasil no século 19, quando esta chega ao país.

Freyre (1979) discute os anúncios de pessoas escravizadas, demonstrando como elas foram o principal produto anunciado no século 19. O autor chega a afirmar que a escravidão no Brasil não fora tão violenta como nos demais países da América, naturalizando o absurdo de terceiros anunciarem a venda, a troca ou o desejo de compra de corpos negros, como se fossem objetos inanimados, afirmando a completa negação da humanidade desses corpos. O trabalho de pesquisa do autor, ressalvadas as barbaridades em torno da naturalização da escravidão, é um importante retrato da concordância dos profissionais da publicidade do século 19 com a ideologia escravocrata, que desumanizou pessoas negras, submetendo-as a violências de diversas naturezas e contrariando os ideais modernos de humanidade. Ilustra, também, a participação da publicidade no reforço a práticas racistas.

Abolida a escravidão, ainda no século 19, o que muda no Brasil? A população negra, que antes não era protegida pelo Estado por não possuir humanidade, passa a ser vítima de descaso desse mesmo Estado por meio de estratégias de marginalização, que resultam em estatísticas públicas sobre pobreza, desemprego, baixos índices de escolaridade, altos índices de encarceramento, entre outras coisas, que têm a população negra como protagonista.

Na publicidade, em outra direção, um curioso fenômeno se desenvolve. Antes principal produto, quando libertos, não estão presentes em seus discursos como consumidores. O século 20 vê as pessoas negras desaparecerem das narrativas publicitárias, sob o argumento de que não se representam negros por serem indesejáveis ou por não possuírem poder de consumo (Santos, 2019). O cenário começa a mudar a partir do fim do século, mas ainda está distante da ideia de pensar a negritude como universal (Kilomba, 2019): quando se pensa em uma pessoa na publicidade, imagina-se uma pessoa branca; a pessoa negra é retratada na comunicação de produtos segmentados (Sodré, 2015).

Nos últimos anos, com a emergência de discussões sobre o enfrentamento ao racismo com alcance até então inédito no Brasil, as estruturas racistas vêm sendo questionadas e problematizadas. Debates sobre representatividade, melhores formas de representação, reivindicação por maior participação em espaços de poder têm demonstrado como a demanda por ações antirracistas na publicidade, por exemplo, fazem-se necessárias (Leite; Batista, 2019).

E por que os índices de representatividade negra na publicidade merecem discussão? Porque o consumo ocupa um contexto central na contemporaneidade. Por meio de anúncios publicitários, criam-se mundos desejados, aspirações sobre bens de consumo, que servem também para manifestar identidades. "No contexto de uma sociedade capitalista, ninguém está apartado do consumo, pois o desejo remete sempre para algo além do objeto de consumo, para uma negação da necessidade: ele remete para a falta, para a insatisfação, para a não saciedade" (Perez; Pompeu, 2019, p. 72).

Compreendemos, em consonância com Perez e Pompeu (2019, p. 72), que "a publicidade ocupa um lugar privilegiado como construtora de valores, desde que, efetivamente, queira-se construí-los e desde que se acredite que a sua função é também esta: contribuir para uma sociedade mais justa, solidária e cidadã". Dessa forma, refletindo sobre a sociedade de consumo, ainda que as pessoas negras tenham sido apagadas dos discursos como consumidoras, elas ainda consumiam, desejavam os produtos e aspiravam às representações ali construídas, apesar de não se verem nelas. É por esse motivo que compreendemos que a publicidade atuou ativamente no processo de apagamento de uma identidade negra, de uma ideia positiva de pertencimento.

O conceito de negritude de Aimé Césaire refere-se a um processo de reconstrução positiva da identidade negra. A partir desse conceito, Munanga (2020, p. 20) afirma que "A negritude torna-se uma convocação permanente de todos os herdeiros dessa condição para que se engajem no combate para reabilitar os valores de suas civilizações destruídas e de suas culturas renegadas". Abrimos um parêntese para reafirmar que temos plena consciência de como o capitalismo teve na escravidão de povos africanos um pilar de sua estruturação, considerando que um dos passos para a construção de uma sociedade igualitária é o seu fim. No entanto, enquanto isso não ocorre, é preciso encontrar formas de afirmar a dignidade, a humanidade e de despertar a consciência da população negra sobre a potência de sua identidade. Acreditamos, portanto, que a representatividade na mídia contribua para esse processo.

Com a intenção de avaliar os resultados dessas demandas, avançamos aos procedimentos de nosso trabalho para discutir o processo de coleta do material analisado e os métodos de análise.

Procedimentos metodológicos

Nossa pesquisa utilizou como método para a coleta e a filtragem inicial do material a análise de conteúdo. A técnica, aqui, serve para que possamos dimensionar a "frequência da apariçâo de determinados elementos da mensagem" (Bardin, 2004, p. 144). Considerando nossa discussão teórica sobre os processos de marginalização e invisibilização promovido pelas mídias às pessoas negras, nossa coleta buscou responder à pergunta: quantas pessoas negras são representadas na comunicação das dez marcas mais valiosas do país, no intervalo selecionado?

Os processos de coleta do material foram apresentados em trabalhos publicados recentemente (Moreno Fernandes, 2021; Moreno Fernandes *et al.*, 2021, Moreno Fernandes, 2022a). Os anúncios de revista e as postagens no Instagram das marcas foram coletados e analisados por meio de processos de heteroidentificação, e os resultados permitiram chegar aos números que colocamos em discussão. A heteroidentificação (Rios, 2018; Dos Santos; Estevam, 2018; Jesus, 2018) foi importante para compreendermos como os processos de miscigenação afetam na percepção sobre a negritude da população brasileira, mas também foi bastante eficiente para que pudéssemos identificar as pessoas negras no material selecionado.

Outros levantamentos de natureza semelhante foram realizados por Hasenbalg (1982), D'Adesky (2002), Miranda e Martins (2010), Corrêa (2006; 2011), Campos e Felix (2019), Santos (2019). Esses pesquisadores investigaram a representatividade negra em peças publicitárias, concluindo, sem exceção, que a presença de corpos negros nos anúncios é sub-representada. Entendemos, portanto, que a sub-representatividade é um fenômeno histórico na comunicação de marcas brasileiras. A fim de compreender se o cenário mudou, apresentamos os nossos resultados.

O conceito de representatividade é tratado como algo corriqueiro nas discussões sobre a presença de grupos minorizados em espaços de poder. Discute-se a representatividade feminina, a representatividade negra, a representatividade LGBTQIA+, mas uma coisa que percebemos é que os trabalhos que as discutem fazem poucos esforços na intenção de conceituar o termo. Silvio Almeida (2018, p. 84), em discussão sobre o racismo estrutural, faz breves apontamentos sobre o conceito, referindo-se à "participação de minorias em espaços de poder e prestígio social, inclusive no interior dos centros de difusão ideológica, como os meios de comunicação e a academia". Ele explica dois efeitos importantes da representatividade no enfrentamento à discriminação: "1. propiciar a abertura de um espaço político para que as reivindicações das minorias possam ser repercutidas, especialmente quando a liderança conquistada for resultado de um projeto político coletivo; 2. desmantelar as narrativas discriminatórias que sempre colocam as minorias em locais de subalternidade. Isso pode servir para que, por exemplo, mulheres negras questionem o lugar social que o imaginário racista lhes reserva" (Almeida, 2018, p. 84-85).

Na sequência de suas reflexões, Almeida pontua os riscos de pensar que a representatividade é suficiente para pensar a superação do racismo. O maior problema do racismo, como defende o autor, não é de visibilidade, é de poder: "No caso do Brasil, um país de maioria negra, a ausência de representantes da população negra em instituições importantes já é motivo de descrédito para tais instituições, vistas como infensas à renovação, retrógradas, incompetentes e até antidemocráticas – o que não deixa de ser verdade" (Almeida, 2018, p. 85).

O pesquisador faz uma provocação na discussão sobre a representatividade, demonstrando como a presença de corpos negros proporcionalmente à população negra do país, no caso do Brasil, deveria ser natural em todos os espaços da sociedade, sobretudo naqueles espaços considerados como de poder. No entanto, o que a realidade nos mostra é que, em função da força do racismo como estrutura constituinte da identidade brasileira, a dificuldade de acesso a tais espaços perdura, sendo necessária a reivindicação por representatividade. "[...] a representatividade de minorias em empresas privadas, partidos políticos, instituições governamentais não é, nem de longe, o sinal de que o racismo e/ou sexismo estão sendo ou foram eliminados. Na melhor das hipóteses, significa que a luta antirracista e antissexista está produzindo resultados no plano concreto, na pior, que a discriminação está tomando novas formas" (Almeida, 2018, p. 86).

Colocar a representatividade em discussão é essencial para tornar publicizada a violência racial pelo apagamento. No entanto, é importante destacar que os esforços no sentido de promover somente a representatividade não derrubam as estruturas raciais. Pelo contrário: enquanto pensarmos apenas em representatividade, as estruturas seguirão intactas. É por esse motivo que o movimento de investigação da representatividade é o ponto de partida de nosso projeto, que avançou, após os resultados aqui obtidos, a uma análise em torno da representação.

A partir daqui, em diálogo com autores que já observaram os números de presença negra na publicidade anteriormente, pretendemos refletir sobre a complexidade das estruturas racistas nos discursos de promoção do consumo e averiguar possíveis avanços ou novas formas tomadas pelas estruturas, baseando-nos nos números de presença de corpos negros na comunicação das marcas.

Consideramos aqui a publicidade como espaço privilegiado para pensar a representatividade, dada a sua relevância social em uma sociedade de consumo (Trindade; Perez, 2019). No contexto de um regime racializado de representação (Hall, 2016), as imagens da publicidade – que participaram de processos históricos de construção de signos negativos associados à negritude ou de sua invisibilização – são fundamentais para compreendermos o status atual desses signos, diante da emergência da pauta antirracista.

Discussão dos resultados

Para começar a discussão dos resultados obtidos, observaremos os números a cada um dos anos, com base nos materiais coletados nas redes sociais das marcas. A coleta envolveu, primeiramente, organizar os links para todas as postagens das marcas no Instagram em um quadro. Posteriormente, as postagens foram acessadas e foi realizada uma captura de tela do conteúdo. A partir daí, foi realizada a heteroidentificação, movimento no qual três integrantes da equipe do projeto analisaram os materiais, listando o total de pessoas representadas nos conteúdos e o total de pessoas negras (pretas e pardas). Um novo quadro contendo todos os conteúdos em que havia pessoas negras foi montado, para cada ano, e esse quadro é base da discussão dos resultados.

Um primeiro dado que salta aos olhos na observação dos números de pessoas negras representadas na comunicação das dez marcas nas redes sociais em 2018 (Quadro 1) diz respeito a um volume significativo da presença de corpos negros. Com exceção da Cielo, que não teve nenhuma pessoa negra representada em suas postagens no Instagram, todas as marcas analisadas contaram com índices de representatividade superiores a 35% em 2018.

Em termos de segmentos, notamos como a Skol se destaca entre as marcas de bebidas alcoólicas, com índices de representatividade superiores a 50% nos conteúdos veiculados. O número é bastante superior em relação à Antarctica e Brahma, que ficam com números próximos à casa dos 40%. No caso dos bancos, o Banco do Brasil se destaca, com índices de representatividade que chegam a 75% nos materiais coletados. No caso do Bradesco, o índice de representatividade é de quase 60%. Já a representatividade do banco Itaú está pouco acima dos 50%.

Em relação às demais marcas, Natura, a única marca de cosméticos do corpus, traz índices de representatividade abaixo de 50%. Petrobras e Vivo se aproximam dos 50%.

Quadro 1 – Representatividade negra no Instagram em 2018

Marca	Total de posts com pessoas	Total de posts com pessoas negras	Percentual de posts com pessoas negras
Antarctica	41	17	41,46
Banco do Brasil	92	69	75
Bradesco	72	42	58,33
Brahma	13	5	38,46
Cielo	2	0	0
Itaú	15	8	53,33
Natura	138	65	47,1
Petrobras	33	15	45,45
Vivo	24	12	50
Skol	10	6	60
Total	440	239	54,31

Fonte: Elaboração própria.

Em 2019, novamente, percebemos que os percentuais de posts com representatividade negra seguem superiores ao que se vê nas mídias tradicionais (Quadro 2), com a diferença, em relação à 2018, de não haver casos sem representatividade. Ainda assim, percebemos oscilações diversas entre os percentuais de representatividade, também em comparação com 2018.

Observando a partir dos segmentos, no caso das bebidas, a Skol tem uma queda, passando a contar com o índice de representatividade em torno de 50%, ao passo que a Antarctica apresenta números próximos a 70%. A Brahma segue com representatividade inferior, com números ainda menores que em 2018, mesmo tendo feito muito mais postagens em 2019.

No segmento financeiro, o Banco do Brasil também apresenta regressão nos índices de representatividade, ao passo que o Bradesco segue com representatividade superior a 70%, sendo a única marca que traz crescimento por dois anos consecutivos. A Cielo avança em relação a 2018, trazendo representatividade negra em percentuais significativos. O Itaú, por sua vez, apresenta grande aumento na representatividade, trazendo um número superior a 70%.

Nos demais segmentos, identificamos que a Natura apresenta queda nos índices de representatividade, assim como a Petrobras e a Vivo. Natura e Petrobras, inclusive, que possuíam índice de representatividade inferior a 50%, reduzem ainda mais esses índices em 2019.

Quadro 2 – Representatividade negra no Instagram em 2019

Marca	Total de posts com pessoas	Total de posts com pessoas negras	Percentual de posts com pessoas negras
Antarctica	9	6	66,66
Banco do Brasil	100	54	54
Bradesco	109	78	71,55
Brahma	129	23	17,82
Cielo	24	10	41,66
Itaú	76	58	76,31
Natura	321	108	33,64
Petrobras	187	62	33,15
Vivo	69	15	21,73
Skol	82	42	51,21
Total	1106	457	41,50

Fonte: Elaboração própria.

Em 2020, vivenciamos o primeiro ano da pandemia de covid-19, que provocou situações de isolamento social em todo o globo, fazendo com que o mercado de trabalho se reorganizasse para encontrar formas de operação mediante trabalho remoto. Tais medidas foram necessárias para a contenção da doença, ainda desconhecida, sem vacina ou tratamentos eficazes. Com isso, o trabalho de profissionais de Comunicação – em suas diversas áreas – se viu frente a muitos desafios. A publicidade enfrentou dificuldades acerca da produção de peças publicitárias, visto que o trabalho de fotógrafos e produtores audiovisuais ficou comprometido com o isolamento. Tínhamos como hipótese a redução de índices de representatividade na comunicação de marcas nas redes sociais, pois identificamos o fenômeno na publicidade tradicional em revistas (Moreno Fernandes, 2022b). Tomamos como argumento para a redução o isolamento social e a dificuldade de produção de imagens para campanhas publicitárias com presença negra em agências de publicidade, considerando também a baixa representatividade nos bancos de imagens (Carrera, 2020). No entanto, ao observar os resultados para as redes sociais, percebemos que a hipótese não se confirmou. Apesar das oscilações, notamos, em boa parte das marcas, crescimento da representatividade negra nas redes sociais (Quadro 3).

Observando o segmento de bebidas, identificamos novo crescimento na Antarctica, aumentando ainda mais a representatividade. A Brahma apresenta crescimento em relação a 2019. A Skol, dessa vez, apresenta queda nos índices de representatividade.

No caso das instituições financeiras, o Banco do Brasil segue em trajetória decrescente de representatividade, com índices ainda menores que em 2018 e 2019. A Cielo apresenta pouco crescimento em relação a 2019, mas a rota ainda é ascendente. O banco Itaú, por motivos desconhecidos, arquivou boa parte de suas postagens no Instagram durante o ano de 2020, tornando inacessíveis boa parte dos conteúdos publicados naquele ano. Como nossa coleta era iniciada sempre no início do ano subsequente, em 2021 fomos surpreendidos com esse fato, o que prejudicou a interpretação dos dados para a marca no ano. Ainda assim, dos onze posts com presença de representação humana, havia representatividade negra em 54% deles.

Em 2020, foi a primeira vez que Natura, Petrobras e Vivo tiveram crescimento de representatividade.

Quadro 3 – Representatividade negra no Instagram em 2020

Marca	Total de posts com pessoas	Total de posts com pessoas negras	Percentual de posts com pessoas negras
Antarctica	23	18	78,26
Banco do Brasil	207	75	36,23
Bradesco	118	83	70,33
Brahma	285	79	27,71
Cielo	182	77	42,30
Itaú	11	6	54,54
Natura	171	89	52,04
Petrobras	100	51	51
Vivo	134	56	41,79
Skol	47	22	46,8
Total	1278	556	43,66

Fonte: Elaboração própria.

Num comparativo entre os percentuais de representatividade nos três anos de análise (Quadro 4), o que percebemos é que a curva de representatividade faz movimentos oscilatórios de crescimento e redução no intervalo, fato já percebido na observação em anúncios de revista, como discutido em Moreno Fernandes (2022). Com isso, não é possível perceber uma tendência ascendente nos movimentos da curva de representatividade.

Do total das dez marcas analisadas, apenas duas – a Antarctica e a Cielo – tiveram curva ascendente nos percentuais de representatividade de 2018 a 2020, chamando atenção a Cielo, que partiu de uma ausência total de corpos negros em 2018. Na mesma direção, apenas uma – o Banco do Brasil – teve tendência de queda, partindo de um índice de representatividade de 58,33% em 2018, caindo para 54% em 2019 e chegando a 36,23% em 2020. As outras marcas do corpus tiveram variações diversas, como Bradesco e Itaú, que cresceram os índices de representatividade de 2018 para 2019 e reduziram os índices em 2020. Brahma, Natura, Petrobras e Vivo apresentaram queda do percentual de representatividade de 2018 para 2019 e crescimento para 2020.

Quadro 4 – Percentuais de representatividade nos anos observados

Marca	2018	2019	2020
Antarctica	41,46	66,66	78,26
Banco do Brasil	75	54	36,23
Bradesco	58,33	71,55	70,33
Brahma	38,46	17,82	27,71
Cielo	0	41,66	42,30
Itaú	53,33	76,31	54,54
Natura	47,1	33,64	52,04
Petrobras	45,45	33,15	51
Vivo	50	21,73	41,79
Skol	60	51,21	46,8

Fonte: Elaboração própria.

Em uma comparação entre os percentuais de representatividade identificados na revista *Veja* (Moreno Fernandes, 2022b), o que se percebe é uma leve tendência a uma maior representatividade nas redes sociais, quando observamos as marcas isoladamente. Há exceções, como percebemos na comunicação da Natura em 2018, do Banco do Brasil, Bradesco, Itaú e Vivo em 2019 e do Itaú em 2020.[3] Ainda assim, destacamos o fato de que em 2019 a representatividade negra nos anúncios de mídia impressa foi superior do que nas redes sociais, com a inversão do cenário em 2020.

Boa parte das marcas mais valiosas do país não veiculou anúncios na revista *Veja* ou não veiculou anúncios com representação de figuras humanas negras e, por essa razão, não aparecem no quadro. O fato, ainda que não seja objeto de nossa discussão, é revelador de uma distribuição de anunciantes

---

[3] Como destacamos, tivemos um problema com a coleta do material do Itaú em 2020, pois o material referente a uma parte significativa do ano foi retirado do ar pela marca, quando fizemos a coleta.

em outros meios, veículos e plataformas e merece o comentário, a título de reflexão sobre as lógicas comerciais da publicidade na contemporaneidade.

Quadro 5 – Comparativo entre percentuais na revista *Veja* e no Instagram

Marca	2018		2019		2020	
	Instagram	*Veja*	Instagram	*Veja*	Instagram	*Veja*
Antarctica	41,46	-	66,66	-	78,26	-
Banco do Brasil	75	33,33	54	100	36,23	-
Bradesco	58,33	38,46	71,55	100	70,33	61,5
Brahma	38,46	-	17,82	-	27,71	-
Cielo	0	-	41,66	-	42,30	-
Itaú	53,33	50	76,31	100	54,54	100
Natura	47,1	100	33,64	-	52,04	-
Petrobras	45,45	-	33,15	-	51	-
Vivo	50	30,76	21,73	71,42	41,79	16,67
Skol	60	-	51,21	-	46,8	-

Fonte: Elaboração própria.

Os resultados dessa análise não servem para ser comparados com os percentuais da população negra brasileira, visto que são números que contam apenas a frequência de ocorrência da representatividade. Nossa observação não conta, nas cenas de consumo, a composição das representações, averiguando quantos por cento de pessoas negras estão em cada imagem.

Considerando a discussão teórica empreendida sobre representatividade e sobre publicidade como um discurso midiático inserido na cultura, para que houvesse uma realidade realmente correspondente à realidade brasileira, seria necessário que houvesse representatividade negra em 100% dos materiais analisados, o que não ocorreu nenhuma vez nas redes sociais. Se tivéssemos essa representatividade de 100%, saberíamos que a diversidade racial brasileira aparece em todas as peças de comunicação veiculadas pelas marcas no Instagram, o que não é o caso.

Em todo o intervalo, o maior índice de representatividade no Instagram foi na comunicação do Banco Itaú, em 2018, quando identificamos, nas postagens em que havia pessoas representadas, um total de 76%. O número é otimista se olharmos apenas para os percentuais, mas frustrante quando observamos os números absolutos: foram 76 conteúdos postados e em 58 deles havia pessoas negras. Em 18 deles havia pessoas representadas, mas elas não eram negras.

O corpus de análise compreendeu, ao todo, 2.824 conteúdos veiculados nas redes sociais das dez marcas nos três anos. Desse total, 1.256 postagens possuem pessoas negras. Isso corresponde a um percentual de representatividade médio de 44,5 nas redes sociais. Em 2018 foram 440 postagens, sendo 239 com pessoas negras; em 2019 foram 1.106 postagens, sendo 459 com pessoas negras; já em 2020 foram 1.278 postagens, com 558 com pessoas negras (Gráfico 1).

Gráfico 1 – Crescimento da representatividade em números absolutos

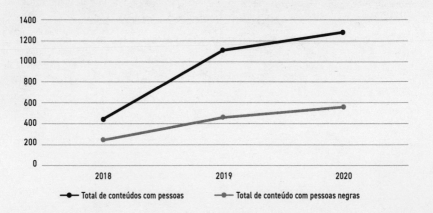

Fonte: Elaboração própria.

Observar a curva de crescimento de conteúdos postados nas redes sociais com pessoas em comparação com o mesmo dado para a representatividade negra escancara a dimensão do racismo na representatividade. A curva de crescimento da representatividade negra faz um movimento ascendente tímido em relação à curva geral de representação de pessoas. Isso nos informa que a representação de pessoas cresce em ritmo ainda mais acelerado, tornando o avanço da representatividade negra tímido, no geral.

Transformando os números absolutos em percentuais (Gráfico 2), os resultados se modificam, indicando o que havia sido percebido na discussão dos resultados do quadro: não há tendência de crescimento, como notamos na curva de representatividade negra percebida no trabalho de outros pesquisadores que abordaram o assunto e discutimos em Moreno Fernandes (2022a).

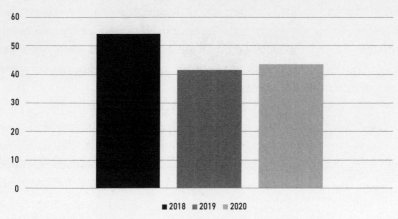

Gráfico 2 – Representatividade por ano

Fonte: Elaboração própria.

Considerações finais

Uma pergunta que sempre emerge nos debates sobre negritude é se a representatividade, de fato, importa. Retomando nossa digressão da introdução deste texto, partimos do pressuposto de que sim, ela importa, ainda que ela não seja prova de desconstrução do racismo como estrutura em nossa sociedade. Neste trabalho tentamos, por meio de uma discussão teórica sobre o conceito, refletir sobre a representatividade, desenvolvendo também uma observação empírica acerca do conceito na comunicação das dez marcas mais valiosas do Brasil, segundo o ranking Interbrand. Tomando a publicidade como espaço de construção de um mundo culturalmente constituído (McCracken, 2010), acreditamos que a representatividade negra nas narrativas de promoção do consumo seja importante na constituição de uma subjetividade negra, participando de processos de afirmação de uma identidade negra.

Diante de um cenário que reivindica processos antirracistas em todas as rotinas da sociedade, incluída aí a da produção publicitária, reconhecida em nossa perspectiva teórica como importante constituinte da cultura, tentamos observar a ponta de um processo, a fim de verificar as manifestações do racismo como estrutura da sociedade. A representatividade nos permite inferir sobre a presença de corpos negros nas diversas instâncias da produção publicitária.

Os números nos comprovaram como a publicidade ainda atua a favor da construção de um imaginário de Brasil embranquecido, no qual as marcas se comunicam construindo representações de uma maioria branca, relegando a presença negra para uma minoria dos conteúdos, no geral.

Nesse contexto, a representatividade ainda é importante, pois é por meio dela que será consolidada no país a ideia de uma negritude como identidade positiva a ser afirmada com orgulho. A colonização, a escravidão, a marginalização e a exclusão violentaram tal identidade historicamente e, por essa razão, é preciso haver compromisso consistente na construção de um futuro que permita novos signos para a negritude.

A sub-representatividade demonstra como o racismo estrutural ainda é peça-chave na comunicação de marcas, que não se preocupam em transformar sua comunicação em espaço de repercussão das minorias, no caso da população negra – com o destaque à ironia de a maioria se tornar minoria, como citado no filme musical vencedor do Cannes Lions *Bluesman*,[4] de Baco Exu do Blues.

A presença de corpos negros, no caso da comunicação de marcas, é um importante espaço para manifestação da negritude. Tem sido cada vez mais comum que marcas se apropriem dos discursos dos movimentos sociais em suas narrativas, sendo constantemente criticadas por uma apropriação esvaziada de uma luta histórica. No caso de nosso material, o que analisamos é a comunicação cotidiana dessas marcas. Em algumas delas, há, de fato, esse esforço de apropriação de signos de lutas políticas, sobretudo em datas comemorativas, mas nos debruçamos aqui sobre a comunicação delas durante o ano todo. É neste período que a baixa representatividade negra se revela de forma mais gritante: na comunicação ordinária, cotidiana, quando um discurso politicamente correto não tem a obrigação de se fazer presente. Com isso, revela-se o pouco compromisso dessas marcas com processos antirracistas.

Os índices de representatividade indiciam a ausência de pessoas negras em cargos de decisão nas organizações que aprovam as campanhas, nas agências de publicidade que produzem as campanhas, e nas produtoras e agências de modelos que prestam serviços para a realização das peças analisadas. Isso revela como os processos antirracistas (Leite, 2019) ainda estão distantes de ser realidade, tornando necessária a cobrança pelo aumento nos índices de representatividade e por ações mais consistentes na inclusão de pessoas negras em todos os processos de produção da comunicação publicitária.

Enquanto os números forem irregulares e oscilantes, sem avanços significativos rumo a indicadores que naturalizem a presença de corpos negros na comunicação das marcas, será necessário fazer pesquisas que analisem a representatividade a fim de denunciar o racismo em suas diversas manifestações.

---

4 https://youtu.be/-xFz8zZo-Dw.

Como apontamentos futuros, sinalizamos a necessidade de analisar, também, a composição das cenas de consumo nas peças em que há representatividade, de forma qualitativa. Nessa análise, recorremos à semiótica e aos fundamentos teórico-metodológicos da interseccionalidade, na intenção de compreender quem são as pessoas negras representadas na comunicação das marcas. Esse processo vai nos trazer respostas sobre como são os imaginários sobre a negritude e os papéis sociais associados a ela – numa dimensão que considera os cruzamentos das avenidas identitárias de raça, gênero, sexualidade, classe, orientação sexual, localização geográfica, deficiência e padrões corporais.

À guisa de conclusão, por enquanto, deixamos duas perguntas, para futuros pesquisadores que queiram discutir o assunto: 1) os índices de representatividade dentro da cena de consumo desses anúncios correspondem ao percentual de população negra brasileira? 2) as representações construídas são capazes de incorporar signos positivos à identidade negra?

Referências

Almeida, S. *O que é racismo estrutural?* Belo Horizonte: Letramento, 2018.

Bardin, L. *Análise de conteúdo*. 3. ed. Lisboa: Ed. 70, 2004.

Campos, L. A. Racismo em três dimensões: Uma abordagem realista-crítica. *Revista Brasileira de Sociologia*, [S.l.], v. 32, n. 95, 7 ago. 2017. Disponível em: http://www.scielo.br/pdf/rbcsoc/v32n95/0102-6909-rbcsoc-3295072017.pdf. Acesso em: 25 nov. 2022.

Campos, L. A.; Felix, M. Diversidade Racial e de Gênero na Publicidade Brasileira das Últimas Três Décadas (1987-2017). *Grupo de Estudos Multidisciplinares de Ação Afirmativa (GEMAA)*, Rio de Janeiro: Universidade do Estado do Rio de Janeiro, 2019.

Carrera, F. A. S.; Carvalho, D. Algoritmos racistas: a hiper-ritualização da solidão da mulher negra em bancos de imagens digitais. *Galáxia*, São Paulo, p. 99-114, 2020.

Censo Demográfico 2010. Características da população e dos domicílios: resultados do universo. Rio de Janeiro: IBGE, 2011. Disponível em: https://ww2.ibge.gov.br/home/estatistica/. Acesso em: 12 ago. 2022.

Corrêa, L. G. *De corpo presente: o negro na publicidade em revista*. Dissertação (Mestrado em Comunicação) – Programa de Pós-Graduação em Comunicação, Universidade Federal de Minas Gerais, Belo Horizonte, 2006.

Corrêa, L. G. Reflexões sobre a publicidade de homenagem e o dia da consciência negra. In: Bastista, L. L.; Leite, F. (Orgs.). *O negro nos espaços publicitários brasileiros: perspectivas contemporâneas em diálogo*. São Paulo: ECA/USP; CONE, 2011. p. 197-207.

Covaleski, R. *Publicidade híbrida*. Curitiba: Maxi, 2010.

D'adesky, J. *Pluralismo étnico e multiculturalismo: racismo e antirracismos no Brasil*. Rio de Janeiro: Pallas, 2002.

Dos Santos, A. P.; Estevam, V. S. As comissões de heteroidentificação racial nas instituições federais de ensino: panorama atual e perspectiva. In: Congresso Nacional de Pesquisadores Negros, 10, Uberlândia, 2018. *Anais...* Uberlândia: COPENE, 2018.

Freyre, G. *O escravo nos anúncios de jornais brasileiros do século XIX*. São Paulo: Global, 1979.

Hall, S. *Cultura e Representação*. Rio de Janeiro: Ed. da PUC-RJ, 2016.

Hasenbalg, C. A. O negro na publicidade. In: Gonzalez, L.; Hasenbalg, C. A. *Lugar de negro*. Rio de Janeiro: Marco Zero, 1982. p. 103-114.

Jesus, R. E. Autodeclaração e heteroidentificação racial no contexto das políticas de cotas: quem quer (pode) ser negro no Brasil?. In: Santos, J. S.; Colen, N. S.; Jesus, R. E. (Orgs.). *Duas décadas de políticas afirmativas na UFMG: debates, implementação e acompanhamento*. Rio de Janeiro: LPP/UERJ, 2018. p. 125-142.

John Boyega, de 'Star wars', manda recado a Matias, fã brasileiro de 4 anos. *Uai Entretenimento*. [S.l.], 12 jan. 2016. Disponível em: https://www.uai.com.br/app/noticia/mexerico/2016/01/12/noticias-mexerico,175993/john-boyega-de-star-wars-manda-recado-a-matias-fa-brasileiro-de-4-anos.shtml. Acesso em: 28 nov. 2022.

Kilomba, G. *Memórias da plantação: episódios de racismo cotidiano*. Tradução de Jess Oliveira. Rio de Janeiro: Cobogó, 2019.

Leite, F. Para pensar uma publicidade antirracista: entre a produção e os consumos. In: Leite, F.; Batista, L. L. *Publicidade Antirracista: reflexões, caminhos e desafios*. São Paulo: ECA-USP, 2019. p. 17-66.

Leite, F.; Batista, L. L. *Publicidade Antirracista: reflexões, caminhos e desafios*. São Paulo: ECA-USP, 2019.

Lipovetsky, G. *A felicidade paradoxal: ensaio sobre a sociedade de hiperconsumo*. São Paulo: Companhia das Letras, 2007.

Mbembe, A. *Crítica da razão negra*. São Paulo: N-1, 2018.

Mccracken, G. *Cultura & consumo: novas abordagens ao caráter simbólico dos bens e das atividades de consumo*. Rio de Janeiro: Mauad, 2010.

Moreira, A. *Racismo recreativo*. São Paulo: Polén, 2019.

Moreno Fernandes, P. A carne mais barata do mercado na publicidade: representatividade negra em anúncios publicitários. *Líbero*, São Paulo, n. 47, p. 179-196, jan.-abr. 2021b.

Moreno Fernandes, P. O racismo brasileiro a partir da Publicidade: um olhar sobre a representatividade em anúncios de revista. *Comunicação Mídia e Consumo*,

[S. l.], v. 19, n. 54, 2022. Disponível em: https://revistacmc.espm.br/revistacmc/article/view/2556. Acesso em: 1 dez. 2022.

Moreno Fernandes, P. Racismo e invisibilização: Representatividade negra em anúncios de revista. *E-Compós*, [S. l.], v. 25, 2022. Disponível em: https://www.e-compos.org.br/e-compos/article/view/2384. Acesso em: 1 dez. 2022.

Moreno Fernandes, P.; Loureiro Da Silva, L.; Pinto Lima, P. Racializando a Publicidade de uma paixão nacional: Representatividade negra no segmento de bebidas. *Anagrama*, São Paulo, v. 15, n. 1, 2021. Disponível em: https://www.revistas.usp.br/anagrama/article/view/180700. Acesso em: 17 nov. 2021.

Munanga, K. *Negritude: usos e sentidos*. Belo Horizonte: Autêntica, 2020.

Nascimento, A. *O genocídio do negro brasileiro: processos de um racismo mascarado*. São Paulo: Perspectivas, 2016.

Perez, C.; Pompeu, B. Quando a presença está longe da equidade: o negro na publicidade brasileira, ainda um estereótipo. In: Leite, F.; Batista, L. L. *Publicidade antirracista: reflexões, caminhos e desafios*. São Paulo: ECA-USP, 2019. p. 67-86.

Rios, A. M.; Mattos, H. M. O pós-abolição como problema histórico: balanços e perspectivas. *TOPOI*, [S.l.], v. 5, n. 8, p. 170-198, jan.-jun. 2004.

Santos, R. O racismo sutil na representação afrodescendente na publicidade impressa: pré e pós-estatuto da igualdade racial. In: Leite, F.; Batista, L. L. (Orgs.). *Publicidade antirracista: reflexões, caminhos e desafios*. São Paulo: ECA-USP, 2019. p. 247-288.

Sodré, M. *Claros e escuros: identidade, povo e mídia e cotas no Brasil*. Petrópolis: Vozes, 2015.

Trindade, E.; Perez, C. O consumidor entre mediações e midiatização. *Revista Famecos*, [S.l.], v. 26, p. 32066, 2019.

Viana, P. M. F. *Publicidade que entretém: a circulação transbordada dos conteúdos de marca*. Curitiba: Appris, 2018.

Os estudantes negros já são maioria no ensino superior brasileiro? Breves reflexões sobre a cobertura midiática a respeito dos dados de raça/cor no Brasil produzidos pelo IBGE em 2019

Rodrigo Ednilson de Jesus

Introdução

Nos primeiros dias do mês de novembro de 2019, mês dedicado à Consciência negra no Brasil, o Instituto Brasileiro de Geografia e Estatística (IBGE) tornou público o informativo intitulado "Desigualdades sociais por cor ou raça no Brasil" (2019). Produzido a partir de dados provenientes, em sua maioria, da Pesquisa Nacional por Amostra de Domicílios (PNAD) Contínua, o referido informativo abarca "temas essenciais à reprodução das condições de vida, como mercado de trabalho, distribuição de rendimento, condições de moradia, educação, violência e reprodução política" (IBGE, 2019, p. 1-2).

Embora os dados analisados pelo IBGE e apresentados no informativo tenham evidenciado as "severas desvantagens da população de cor ou raça preta ou parda no que tange as dimensões necessárias para a reprodução e/ ou a melhora de suas condições de vida" (IBGE, 2019, p. 12), as repercussões midiáticas acabaram por focalizar aspectos bastante específicos do informativo, o que acabou gerando desconfianças sobre a qualidade, veracidade e intencionalidade dos dados.

"Negros são maioria pela primeira vez nas universidades públicas";[1] "pela primeira vez, negros são maioria nas universidades públicas"[2] e

---

[1] Matéria do jornal *O Globo*, do dia 13/11/2019. Disponível em: https://oglobo.globo.com/sociedade/educacao/negros-sao-maioria-pela-primeira-vez-nas-universidades-publicas-aponta-ibge-24077731. Acesso em: 15 nov. 2019.

[2] Matéria do jornal *O Estado de São Paulo*, do dia 13/11/2019. Disponível em: https://educacao.estadao.com.br/noticias/geral,pela-1-vez-negros-sao-maioria-nas-universidades-publicas-diz-ibge,70003088013. Acesso em: 15 nov. 2019.

"negros são maioria nas universidades públicas do Brasil"[3] foram algumas das manchetes que estamparam longas reportagens sobre as análises feitas pelo IBGE. Importante mencionar que as semelhanças entre as reportagens não se resumiram aos títulos mencionados, destacando o aumento progressivo de estudantes negros no ensino superior, já que as estruturas de apresentação das temáticas se repetiram em boa parte das matérias. Nas reportagens citadas, e na maioria das demais reportagens divulgadas, as desiguais condições de vida experimentadas pela população branca e negra foram mencionadas, mas o foco principal, tanto dos textos em destaque quanto das fotos que ilustravam as matérias, era o tema do ensino superior público.

Nas redes sociais, o impacto de tais reportagens foi considerável. Na página do Facebook do jornal *O Globo*, por exemplo, a reportagem veiculada no dia 13 de novembro foi a segunda matéria com o maior nível de engajamento,[4] contando com 9.800 curtidas, 1.900 comentários e 2.000 compartilhamentos. Uma breve análise do conjunto dos 1.900 comentários evidenciou não apenas a existência de divergências entre as opiniões dos internautas, mas uma clivagem político-partidária nas opiniões apresentadas. Foi possível observar ainda que, se por um lado havia um grande número de postagens elogiosas dirigidas ao governo do Partido dos Trabalhadores (PT), visto como partido responsável/facilitador da instituição das políticas de cotas, por outro lado, havia um grande número de postagens críticas ao governo do PT, que, com a institucionalização das cotas, teria favorecido a divisão dos brasileiros em grupos de raça/cor. Entre o conjunto de comentários, foi possível perceber também uma polarização entre aqueles que se alegravam com os resultados democratizantes da política de cotas, expressando confiança na realidade apresentada pelos dados, e aqueles que desconfiavam da veracidade dos dados, colocando em questão a idoneidade do IBGE, sobretudo no contexto político do governo de Jair Bolsonaro.[5]

---

[3] Matéria do jornal *El País*, do dia 13/11/2019. Disponível em: https://brasil.elpais.com/brasil/2019/11/13/politica/1573643039_261472.html. Acesso em: 15 nov. 2019.

[4] Das matérias publicadas no dia 13/11/2019 na página do Facebook do jornal *O Globo*, aquela com maior engajamento no dia, traduzido pelo número de curtidas, comentários e compartilhamentos, foi a matéria intitulada "Em 11 anos, SUS recebeu R$30 bi do DPVAT, extinto por Bolsonaro", com 8.100 curtidas, 3.100 comentários e 8.800 compartilhamentos. A terceira matéria com maior engajamento no dia foi "Carlos Bolsonaro sai das redes sociais e do Rio", com 2.200 curtidas, 1.100 comentários e 492 compartilhamentos. Disponível em: https://www.facebook.com/jornaloglobo. Acesso em: 15 nov. 2019.

[5] Entre os que expressaram suas desconfianças em relação aos dados divulgados pelo IBGE, muitos fizeram referências ao episódio, ocorrido no mês de julho de 2019, envolvendo

Compreender essa desconfiança e contribuir para o aprimoramento do debate sobre as interfaces entre Ações Afirmativas e a presença da população negra no ensino superior brasileiro é um dos objetivos do presente capítulo.

Mas o que diz o informativo do IBGE?
Perpetuação das desigualdades raciais

Conforme mencionado anteriormente, o informativo do IBGE aborda temas como mercado de trabalho, distribuição de rendimento, condições de moradia, educação, violência e reprodução política. Já na introdução, os(as) autores(as) afirmam que é impossível pensar as dinâmicas de desigualdades sociais brasileiras sem levar em consideração o processo de desenvolvimento brasileiro, que teria produzido importantes clivagens ao longo da história. "Como consequência, há maiores níveis de vulnerabilidade econômica e social nas populações de cor ou raça preta, parda e indígena, como demonstram diferentes indicadores sociais que vêm sendo divulgados nos últimos anos (Síntese..., 2018; Censo..., 2012)" (IBGE, 2019, p. 1).

O primeiro tema abordado pelo informativo é sobre o *mercado de trabalho*, que, de acordo com os(as) autores(as), é composto, em sua maioria, por pessoas de cor preta ou parda. "Em 2018, tal contingente correspondeu a 57,7 milhões de pessoas, ou seja, 25,2% a mais do que a população de cor ou raça branca na força de trabalho, que totalizava 46,1% milhões" (IBGE, 2019, p. 2). Apesar de representar pouco mais da metade da força de trabalho, foi possível observar uma sobrerrepresentação da população preta e parda nos postos mais precarizados, incluindo a subutilização e a informalidade, e, ao mesmo tempo, uma sub-representação nos postos mais elevados, o que gera, como consequência, um nível de renda mais baixo para esses grupos de cor/ raça. De acordo com o informativo, quando se comparam as condições no mercado de trabalho por cor e por sexo, as mulheres pretas ou pardas são aquelas que estão em piores condições e com maior desigualdade salarial, sendo que sua média salarial é de 44,4% da média salarial de homens brancos e 58,6% da média salarial de mulheres brancas.

---

o ex-diretor do Instituto Nacional de Pesquisas Espaciais (INPE) e o presidente Jair Bolsonaro. Criticado por divulgar dados sobre o aumento do desmatamento na Amazônia brasileira, Ricardo Galvão foi exonerado do cargo, sob a justificativa de que os dados "mentirosos" afetariam a imagem do Brasil no exterior, assim como os acordos comerciais em andamento. Para ler mais, ver Diretor... (2019).

O segundo tema abordado pelo informativo foi relativo à *distribuição de rendimento e condições de moradia.* De acordo com os(as) autores(as), a distribuição de rendimentos se mostrou muito semelhante aos dados sobre rendimento do trabalho, evidenciando que a população preta ou parda detém os menores rendimentos em relação às pessoas de cor ou raça branca. Considerando, por exemplo, a linha de pobreza de US$ 1,90 diários, "a diferença também foi expressiva: enquanto 3,6% das pessoas brancas tinham rendimentos inferiores a este valor, 8,8% das pessoas pretas ou pardas situavam-se abaixo desse patamar" (IBGE, 2019, p. 5). No que se refere às condições de moradia, as desigualdades por cor e raça também se fizeram presentes. Nas duas maiores cidades brasileiras, São Paulo e Rio de Janeiro, por exemplo, "a chance de uma pessoa preta ou parda residir em um aglomerado subnormal era mais do que o dobro da verificada entre pessoas brancas" (IBGE, 2019, p. 5).

O terceiro tema abordado foi a *Educação.* Embora tenha sido possível observar, entre os anos 2017 e 2018, uma trajetória de melhora nos indicadores educacionais da população preta e parda, as desigualdades entre negros e brancos se repetiram, à exemplo dos dois primeiros temas analisados. Tanto no que se referia aos índices de analfabetismo quanto aos índices de acesso e permanência nos sistemas de ensino, a população negra se encontrava em desvantagem em relação à população branca, sendo que, no que tange os índices de analfabetismo, por exemplo, a população preta residente das zonas rurais brasileiras estava em situação ainda mais vulnerável. Os dados relativos à permanência nos sistemas escolares evidenciaram que "a proporção de pessoas pretas ou pardas de 18 a 24 anos de idade com menos de 11 anos de estudo e que não frequentavam escola caiu de 30,8% para 28,8%, mas a proporção de pessoas brancas na mesma situação, em 2018, era 17,4%" (IBGE, 2019, p. 7).

No tangente ao acesso ao ensino superior, enfoque preferencial dos veículos jornalísticos citados aqui, o informativo apresenta a complexa dinâmica que, indiretamente, remonta aos últimos vinte anos. De acordo com os(as) autores(as), entre 2016 e 2018, a proporção de estudantes pretos e pardos, entre 18 e 24 anos, cursando o ensino superior (incluindo a rede pública e particular) passou de 50,5% para 55,6%, uma evolução mais lenta do que se observou entre brancos, que, em 2018, já apresentavam o percentual de 78,8%. Ainda segundo os(as) autores(as), a diferença na participação percentual de pretos, pardos e brancos no ensino superior, amplamente positiva para o grupo branco, é explicada, em partes, pelos índices de permanência e conclusão do ensino médio, amplamente desfavorável para a população preta e parda, em especial, para os jovens pretos e pardos do sexo masculino.

Embora extenso, acredito que seja importante citar, na íntegra, a parte final da seção de "Educação" do informativo, já que aqui reside parte da resposta à pergunta central do presente capítulo. Importante observar, neste ponto, que, ao contrário dos dados apresentados anteriormente, incluindo a rede privada e pública de ensino superior, os dados aos quais o texto a seguir se refere dizem respeito, exclusivamente, à rede pública de ensino superior.

> Com vistas a ampliar e democratizar o acesso ao ensino superior, uma série de medidas foi adotada a partir dos anos 2000: na rede pública, a institucionalização do sistema de cotas, que reserva vagas a candidatos de determinados grupos populacionais, o Programa de Apoio a Planos de Reestruturação e Expansão das Universidades Federais – REUNI e o Sistema de Seleção Simplificada – SISU; e, na rede privada, a expansão dos financiamentos estudantis, como o Fundo de Financiamento Estudantil – FIES e o Programa Universidade para Todos – PROUNI. Nesse contexto, e com a trajetória de melhora nos indicadores de adequação, atraso e abandono escolar, estudantes pretos ou pardos passaram a compor a maioria das instituições de ensino superior da rede pública do país (50,3%), em 2018. Entretanto, seguiam sub-representados, visto que constituíam 55,8% da população, o que respalda a essência das medidas que ampliam e democratizam o acesso à rede pública de ensino superior (IBGE, 2019, p. 8-9).

Como se observa na citação, além de darem destaque ao contexto social e político que possibilitou o aumento considerável de jovens negros (de cor preta e de cor parda) nas instituições de ensino superior (IES) brasileiras, os(as) autores(as) do informativo também se posicionam em prol da continuidade de políticas de democratização do acesso à rede pública de ensino superior.

O quarto item refere-se ao tema da *violência*, e evidencia que a desigualdade que atinge a população preta e parda não se limita às condições de vida, mas também às condições de morte, na medida em que uma pessoa preta ou parda tinha, em 2017, 2,7 vezes mais chances de ser vítima de homicídio intencional do que uma pessoa branca. "A série histórica revela ainda que, enquanto a taxa manteve-se estável na população branca entre 2012 e 2017, ela aumentou na população preta ou parda nesse mesmo período, passando de 37,2 para 43,4 homicídios por 100 mil habitantes desse grupo populacional" (IBGE, 2019, p. 9), deixando evidente que, no âmbito da segurança pública, as políticas públicas colocadas em prática nos últimos anos não foram capazes de proteger a população preta e parda das mortes violentas. Além disso, o informativo mostrou que "a violência não letal na adolescência e juventude também produz efeitos de longo prazo. Adolescentes e jovens vítimas de violência estão mais propensos a desenvolverem doenças como depressão, ao vício de substâncias químicas, a problemas de aprendizado e até o suicídio" (IBGE, 2019, p. 10).

O quinto item refere-se ao tema da *representação política*, que, segundo os(as) autores(as), teria a potencialidade de criar espaços estratégicos para que a população preta ou parda, e outras minorias, pudessem atuar nos processos de planejamento de políticas e de tomadas de decisão, que, muitas vezes, decidem sobre suas vidas, mas não escutam suas vozes. Referindo-se, de modo específico, às casas legislativas brasileiras, o informativo destaca que o quadro de sub-representação da população preta e parda se faz sentir em todos os âmbitos: federal, estadual e municipal. "Com efeito, apesar de constituir 55,8% da população, esse grupo representa 24,4% dos deputados federais e 28,9% dos deputados estaduais eleitos em 2018 e por 42,1% dos vereadores eleitos em 2016 no País" (IBGE, 2019, p. 11). Assim como nas outras dimensões abordadas pelo informativo, recortes específicos evidenciaram que, mesmo no interior da população preta e parda, era possível identificar estratos e grupos ainda mais fragilizados do que outros. É o caso das mulheres pretas e pardas, por exemplo, no que se refere à participação política: "Por último, mas não menos importante, cite-se a situação das mulheres pretas ou pardas, em desvantagem no quesito representação, tanto em comparação aos homens de mesma cor ou raça, quanto em relação às mulheres brancas. Em 2018, as mulheres pretas ou pardas constituíram 2,5% dos deputados federais e 4,8% dos deputados estaduais eleitos, e, em 2016, 5,0% dos vereadores" (IBGE, 2019, p. 12).

Nos comentários finais, os(as) autores(as) apresentam uma síntese dos resultados encontrados, na qual evidenciam que "a superação das desigualdades raciais em suas variadas dimensões, permanece um desafio" (IBGE, 2019, p. 12). Muito embora tenha sido possível observar uma melhora em alguns indicadores educacionais, fato que mereceu amplo destaque pelos veículos jornalísticos citados, o que se destaca no conjunto de informações apresentadas pelo informativo é que a perpetuação, no presente, de assimetrias raciais produzidas ao longo de nossa história tem sido a marca das relações raciais no Brasil.

"O incrível lado bom das coisas horríveis": pensando sobre as coberturas jornalísticas

Como já mencionado anteriormente, a afirmação, veiculada pelos jornais, de que os "estudantes pretos ou pardos passaram a compor maioria das instituições de ensino superior da rede pública do país (50,3%), em 2018", de fato, consta no texto do informativo; o que dispensa, portanto, um debate em torno da veracidade da informação. Intriga-nos, todavia, como intrigou boa parte dos internautas que comentaram e compartilharam as referidas matérias, o fato dessa constatação positiva ter se tornado o carro chefe do jornal *O Globo*, que, durante a década de 2000, foi visto ora abertamente contrário às cotas para estudantes negros (Leibão, 2017), ora expressando posicionamentos ambíguos em relação à política (Campos; Junior; Daflon, 2012).

Frente à diversidade de dados acerca das desigualdades vivenciadas pela população preta e parda no Brasil, por que os diferentes veículos jornalísticos – e o jornal *O Globo*, de modo mais específico – optaram por dar amplo destaque a um dos poucos dados positivos apontados pelo estudo? Uma explicação possível seria a de que os veículos jornalísticos que noticiaram os dados teriam aderido à lógica do "copo meio cheio" ou à Síndrome de Poliana,[6] procurando dar destaques a pontos positivos, mesmo diante do cenário de horror em que ainda se encontra a grande maioria da população negra, como bem mostrou o informativo publicado pelo IBGE.

Em artigo intitulado "*O Globo* e as cotas raciais: uma análise dos editoriais do jornal (2003-2012)", Leibão (2017) procura mostrar como os editoriais publicados pelo jornal *O Globo*, no período compreendido entre 2003 e 2012, se destacavam pelos posicionamentos contrários à Lei de Cotas, em especial à sua dimensão racial. Em outro artigo, intitulado "*O Globo* e as cotas raciais: um panorama do debate na última década", Campos, Feres Júnior e Daflon (2012) apresentam uma análise um pouco distinta daquela apresentada por Leibão. Nela, os autores chamam a atenção para os diferentes posicionamentos expressos nas páginas do referido jornal, produzidos por diferentes atores:

> No caso específico do nosso objeto de estudo, a cobertura que *O Globo* dispensou às cotas raciais, algumas conclusões gerais podem ser deduzidas. Em primeiro lugar, há uma tendência de o jornal utilizar critérios dicotômicos para lidar com o tema. A partir desses critérios, o jornal matiza sua posição crítica da medida com a publicação proporcional e controlada de opiniões alternativas. De um lado, a sociedade civil organizada e os políticos defendem as cotas, de outro a opinião pública,

---

[6] A Síndrome de Poliana é definida como a tendência que as pessoas têm de se lembrarem mais de coisas agradáveis do que das coisas desagradáveis. Essa definição se baseia na obra literária *Pollyanna*, considerada um clássico da literatura infantojuvenil, escrita por Eleanor H. Porter e publicada em 1913. No mundo de Pollyanna, todas as pessoas são boas e o mundo é o melhor possível. Para ver o melhor do mundo, basta saber cativar e dialogar com elas, descobrindo o melhor de cada uma.

representada pelos missivistas do periódico, e os seus editores defendem uma posição contrária. No meio estão os jornalistas responsáveis por produzir informações sobre a política e, sobretudo, os especialistas e intelectuais (Campos; Feres Júnior; Daflon, 2012, p. 24).

Tomando os editoriais como ponto de vista da empresa ou da redação do jornal, apresentamos, no Quadro 1, um conjunto de trechos que nos oferece um panorama de seu posicionamento, sobre esse tema, durante a década de 2000.

Quadro 1 – Editoriais do jornal *O Globo* sobre cotas (Década de 2000)

Página	Ano	Trecho
6	2003	O debate fica mais profundo se tratar da fase posterior aos estudos. Ou seja, *tratar da capacidade do formando beneficiado pelas cotas competir para ocupar um espaço nos estreitos mercados profissionais.* Sem o acesso de todos – independentemente de cor, sexo e classe social – a uma escola eficiente no ciclo básico, ideias bem-intencionadas de proteção deste ou daquele grupo na sociedade produzirão apenas frustrações. Um profissional sem qualificação, seja rico, pobre, preto ou branco, não tem espaço no mercado de trabalho.
6	2004	A discussão é apaixonada por estar contaminada por ideologias. Mas há um ponto central do debate que merece ser analisado com um mínimo de sensatez: *a qualidade do ensino.* Sem que essa questão se torne prioritária, a política de cotas não gerará apenas injustiças no ingresso ao ensino superior. Patrocinará, também, distorções graves na formação profissional de gerações de brasileiros, com defeitos ruinosos para o país.
6	2006	Os grupos de pressão que querem aprovar as cotas a todo custo demonstraram, mais uma vez, que *pretendem manter à distância qualquer discussão racional,* recorrendo em seu lugar a palavras de ordem e à truculência contra seus opositores. Naturalmente, as toscas encenações e as vaias que marcaram a sessão na câmara deixam claro que esse lobby sabe que o projeto dificilmente resistirá a um exame consistente.
6	2007	No momento em que o IBGE revela o impulso que tomou a tendência de mestiçagem da população brasileira, fica mais evidente do que nunca como é contraproducente a ideia das ações afirmativas, especificamente a criação das cotas raciais nas universidades. A intenção é a melhor possível: abrir para negros, pardos e índios melhores oportunidades de ascensão social; mas o artificialismo da proposta faz dela um verdadeiro tiro no pé. De fato, quando vão desaparecendo as diferenças raciais no Brasil – a tal ponto que, de dois gêmeos idênticos, um foi aceito para ocupar vaga em cota na Universidade de Brasília sendo o outro rejeitado – *já não é mais hora de insistir em diferenciar brasileiros pela cor da pele.*

Página	Ano	Trecho
6	2007	Quando se critica a proposta, o objetivo é impedir que haja um *apartheid contra o branco pobre, um dos mais prejudicados pela ideia.* Conforme alerta o documento encaminhado ao STF por 113 intelectuais, artistas, representantes de movimentos sociais e de sindicatos, as cotas, ao contrário do que se quer fazer crer, são elitistas, pois beneficiarão apenas uma franja da classe média, média/baixa, mantendo a grande massa de pobres, independentemente da cor, na margem do ensino.

Fonte: Leibão (2017, grifos nossos).

Os trechos apresentados no Quadro 1 deixam evidente alguns dos argumentos mobilizados pelo jornal para sustentar seu posicionamento contrário às cotas: previsão de baixo desempenho de estudantes cotistas, de queda da qualidade no ensino superior, de ideologização dos debates no âmbito das universidades, de divisão da sociedade brasileira, e de instauração de um *apartheid* contra os brancos. Como procurei mostrar em trabalho de conclusão de doutorado, intitulado *Ações afirmativas, educação e relações raciais: conservação, atualização ou reinvenção do Brasil?,*

> [...] as críticas incisivas apresentadas às políticas com recorte racial, além de possibilitar a formação de um julgamento desfavorável entre a opinião pública em relação à temática, também exerceram influência direta nas antíteses apresentadas pelos defensores de tais políticas. Nesse contexto, não bastava apenas apresentar argumentos favoráveis a tais iniciativas; era preciso apresentar indicadores capazes de refutar as previsões pessimistas com relação aos efeitos de tais políticas (Jesus, 2011, p. 134).

Embora muitas pesquisas dedicadas a avaliar dimensões como desempenho e permanência de estudantes cotistas (Santos, Queiroz, 2007; Queiroz; Menezes, 2013; Velloso, 2009; Reis, 2007; Faro; Silva; Machado, 2016; Venturini, 2017) tenham sido realizadas nos últimos anos, tanto no âmbito acadêmico quanto no âmbito governamental, e, em geral, tenham evidenciado que o desempenho acadêmico de estudantes cotistas são iguais ou superiores aos estudantes não cotistas, e que, portanto, não houve queda na qualidade no ensino superior, divisão racial da sociedade brasileira (maior do que a já existente), ou instauração de um sistema de *apartheid* contra os brancos pobres; raros ou inexistentes são os editoriais que se propuseram a fazer uma autocrítica de suas previsões apocalípticas feitas no período que antecedeu a promulgação da Lei Federal n.º 12.711/12.[7]

---

[7] Sancionada em agosto de 2012, a Lei n.º 12.711 estabeleceu a reserva de 50% das matrículas por curso e turno nas 59 universidades federais e 38 institutos federais de

Considerando o "fracasso" das previsões apocalípticas feitas antes da implementação das cotas, as primeiras perguntas que nos surgem são: será que a publicação de reportagens destacando os aspectos positivos das políticas de cotas, enfatizando o maior equilíbrio na participação de jovens negros e brancos no ensino superior público, pode ser considerada como uma mudança de perspectiva, um mea-culpa, do jornal *O Globo*, e de outros veículos de comunicação, em relação às ações afirmativas destinadas à população negra? E, se a maior parte dos dados apresentados pelo informativo do IBGE destaca a perpetuação das desigualdades sociais entre negros e brancos, por que essa notícia – sobre aspectos positivos –, em específico, mereceu destaque?

Aqui importa destacar que jornais pertencem a empresas que, como tal, esperam, além de informar os leitores, vender notícias. A julgar pelo nível de engajamento que as reportagens alcançaram, acredito que os jornais conseguiram atingir seus objetivos de informar os leitores e, sobretudo, vender notícias. Enfim, sem pretender apresentar respostas definitivas às perguntas apresentadas anteriormente, uma vez que qualquer resposta possivelmente se restringiria a meras especulações, quero discutir, no próximo tópico, algumas das ambiguidades entre os achados do IBGE e as matérias produzidas pelos veículos de comunicação.

Qual a participação dos cotistas na ampliação da população negra no ensino superior?

No início de 2019, foi publicado o livro *Reafirmando direitos: trajetórias de estudantes cotistas negros(as) no ensino superior brasileiro*, fruto da pesquisa "Ações Afirmativas no Ensino Superior: continuidade acadêmica e mundo do trabalho",[8] desenvolvida entre os anos 2017 e 2019. Com o objetivo de alargar

---

educação, ciência e tecnologia a estudantes oriundos integralmente do ensino médio público, em cursos regulares ou da educação de jovens e adultos (Brasil, 2012). As vagas reservadas às cotas foram subdivididas entre estudantes de escolas públicas com renda familiar bruta igual ou inferior a um salário-mínimo e meio *per capita*, e estudantes de escolas públicas com renda familiar superior a um salário-mínimo e meio. Em ambos os casos, são levadas em conta um percentual mínimo correspondente ao da soma de pretos, pardos e indígenas no estado, de acordo com o último censo demográfico do Instituto Brasileiro de Geografia e Estatística (IBGE).

[8] Coordenada pelo Programa de Ações Afirmativas da UFMG, a pesquisa foi realizada em articulação com seis equipes regionais, todas localizadas em universidades públicas brasileiras: na Universidade Federal do Amapá, na Universidade Federal do Rio Grande do Norte, na Universidade Federal do Recôncavo da Bahia, na Universidade Federal de São Carlos, na Universidade Estadual de Goiás e na Universidade Federal de Santa Catarina.

as compreensões em torno dos impactos das Políticas de Ações Afirmativas no Brasil, tanto no que se refere às trajetórias acadêmicas e profissionais dos(as) estudantes quanto às estruturas universitárias, a referida pesquisa se dedicou a investigar diferentes dimensões da política, fazendo uso não apenas da pesquisa documental, mas também de análise quantitativa dos dados do Censo da Educação Superior (CES) e de entrevistas em profundidade com estudantes egressos das políticas de reservas de vagas.

No segundo capítulo do livro, "O ingresso de cotistas negros e indígenas em universidades federais e estaduais no Brasil: uma descrição a partir do Censo da Educação Superior", Oliveira, Viana e Lima (2019) apresentam uma análise do CES e detalham a evolução do número de estudantes negros (cotistas e não cotistas) entre os anos de 2009 e 2016:

> Neste exercício, foram selecionados os dados referentes aos alunos ingressantes em cursos de graduação oferecidos por Universidades estaduais e federais do país. Nelas, concentramos os esforços em identificar e descrever os novos registros de alunos que ingressam naquela graduação por meio do sistema de reserva de vagas. Para tal, como grupo de interesse deste exercício, foram selecionados, anualmente i) aqueles cujo ano de ingresso fosse o mesmo ano de referência do CES, ii) para os quais houvesse a informação sobre a situação de reserva de vagas e iii) que se autodeclararam pretos, pardos ou indígenas. Assim, os cotistas mencionados nesta seção são os ingressantes negros (pretos ou pardos) e indígenas cujo acesso tenha se dado por qualquer uma das formas de reserva de vagas (não apenas aquelas de cunho étnico) (Oliveira; Viana; Lima, 2019, p. 136).

O intervalo selecionado pelas pesquisadoras é extremamente rico para a investigação do processo de constituição das ações afirmativas nas instituições de ensino superior públicas no país, na medida em que contempla o período anterior e o período posterior à publicação da Lei Federal n.º 12.711/2012.

De acordo com as autoras, entre 2009 e 2016, o Censo da Educação Superior captou 266.302 novos registros de estudantes negros (pretos ou pardos) e indígenas, cujo acesso se deu por qualquer uma das formas de reserva de vagas. "O período até 2013 acumula 24,5% do total de ingressos de cotistas negros e indígenas, desde 2009, enquanto os anos seguintes contribuem com 75,5% do total de novos registros desse grupo, com destaque para os 86.717 identificados no ano de 2016 (32,6%)" (Oliveira; Viana; Lima, 2019, p. 138), o que evidencia o papel determinante da política de reservas de vagas no expressivo aumento do número de estudantes (Tabela 1).

Tabela 1 – Ingressos de pretos, pardos e indígenas cotistas em universidades federais e estaduais por meio de reserva de vagas em comparação ao total de ingressos, segundo o ano do ingresso (2019 a 2016)

	Ingressos de Cotistas negros e indígenas				
	N	%	% Acumulado	Incremento Percentual	
2009	7.889	2,96%	2,96%		
2010	9.980	3,75%	6,71%	2009-2010	26,51%
2011	12.155	4,56%	11,27%	2010-2011	21,79%
2012	13.514	5,07%	16,35%	2011-2012	11,18%
2013	21.745	8,17%	24,51%	2012-2013	60,91%
2014	50.942	19,13%	43,64%	2013-2014	134,27%
2015	63.360	23,79%	67,44%	2014-2015	24,38%
2016	86.717	32,56%	100,00%	2015-2016	36,86%
Total	266.302	100,00%		2009-2016	999,21%
	Total de Ingressos				
	N	%	% Acumulado	Incremento Percentual	
2009	344.326	10,81%	10,81%		
2010	385.348	12,10%	22,90%	2009-2010	11,91%
2011	390.663	12,26%	35,16%	2010-2011	1,38%
2012	416.762	13,08%	48,25%	2011-2012	6,68%
2013	394.979	12,40%	60,64%	2012-2013	-5,23%
2014	427.147	13,41%	74,05%	2013-2014	8,14%
2015	417.393	13,10%	87,15%	2014-2015	-2,28%
2016	409.354	12,85%	100,00%	2015-2016	-1,93%
Total	**3.185.972**	**100,00%**		**2009-2016**	**18,89%**

Fonte: Censo da Educação Superior (CES) citado por Oliveira, Viana e Lima (2019).

Na Tabela 1, podemos observar que, no ano de 2009, o número de ingressantes por cotas foi de 7.889, o que representava menos de 3% do total de ingressantes nas IES federais e estaduais. Em 2016, já sob a vigência da Lei n.º 12.711, o número de ingressantes cotistas foi para 86.717 em 2016, passando a representar 32% do número de ingressantes em universidades federais e estaduais. Os dados referentes ao total de ingressantes também evidenciam o crescimento do número de vagas entre 2009 e 2016, mas em proporção bem menor que o ritmo de crescimento dos estudantes cotistas. Importante chamar a atenção aqui, como fazem as autoras, para o fato de que o grupo de cotistas negros e indígenas era composto, em sua maioria, por negros (pretos e pardos), com uma participação bem menor de estudantes indígenas.

Assim, quando observamos a presença da população negra, de modo especifico, no ensino superior federal e estadual (Gráfico 1), podemos notar que a participação relativa dos estudantes negros cotistas foi, ao longo dos anos, aumentando de modo progressivo, passando de 7.801 estudantes negros cotistas em 2009, valor que correspondia a 2,27% do total de ingressantes nas IES públicas, para 84.684 estudantes negros cotistas em 2016, valor que correspondia a 20,69% do total de ingressantes nas IES públicas.

No gráfico a seguir (Gráfico 1), podemos observar que o aumento do número absoluto de estudantes negros cotistas foi significativo a ponto de, no ano de 2016, ultrapassar o número de ingressantes negros não cotistas. Ao passo que, em 2009, o número de estudantes cotistas negros (7.801) correspondia a 15,1% do total de ingressantes negros (cotistas + não cotistas), em 2016, o número de ingressantes cotistas negros (84.684) passou a corresponder a 51,6% do total de ingressantes negros (cotistas + não cotistas), fazendo com que, pela primeira vez, a maioria dos ingressantes negros fossem estudantes cotistas.

Gráfico 1 – Percentual de pretos e pardos cotistas e não cotistas ingressas nas universidades federais e estaduais em relação ao total de ingressos, sendo o ano de ingresso (2009 a 2016)

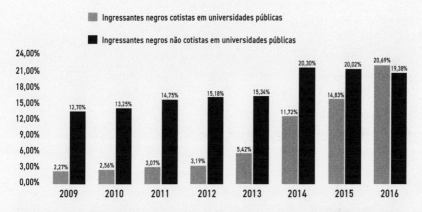

Fonte: Censo da Educação Superior (CES) citado por Oliveira, Viana e Lima (2019).

Embora não abarquem os anos de 2017 e 2018, os dados apresentados nesta seção, com base no trabalho de Oliveira, Viana e Lima (2019), guardam muitas semelhanças com os achados apresentados no informativo do IBGE. É possível observar não apenas a considerável elevação do percentual de estudantes negros no conjunto de estudantes das IES federais e estaduais no Brasil, mas também que a política de reserva de vagas para estudantes negros foi decisiva para tal elevação.

Apesar de dedicarem-se a analisar dados exclusivamente de ingressantes, face à natureza das informações disponíveis, o trabalho de Oliveira, Viana e Lima (2019) apresenta um conjunto de dados mais amplo do que aquele disponibilizado pelo IBGE, na medida em que trabalha com variados recortes, considerando o percentual de novas matrículas por ano do ingresso e por categoria de reserva de vagas, além de comparações entre a amostra da PNAD 2016 e os estudantes ingressantes. O trabalho contém, ainda, descrições dos ingressantes por tipo de reserva, área do conhecimento, modalidade de ensino e unidade da federação. Além disso, as informações estão separadas por universidades federais e estaduais.

Enfim, os dados apresentados pelas autoras, que valem a pena serem lidos na íntegra, mostram não apenas a melhora nos índices de participação da população negra no ensino superior público, mas desvelam algumas das particularidades desse movimento, tanto no que se refere à superação de algumas barreiras no ingresso quanto na perpetuação de outras barreiras que, por exemplo, ajudam a compreender uma presença mais expressiva de estudantes negros em determinadas áreas do conhecimento e menos expressiva em outras.

Mas se os dados evidenciam que os negros são maioria, onde reside a desconfiança?

Boa parte das pesquisas que se dedicaram a mensurar os desempenhos acadêmicos e os níveis de evasão entre os estudantes cotistas, negros e não negros, carregava, como questão subjacente a seus estudos, a preocupação em compreender o impacto da cultura universitária nas trajetórias acadêmicas dos estudantes ingressantes. Entretanto, poucos estudos se dedicaram a compreender quais os impactos da presença desse "novo tipo de estudante" na cultura universitária, ou como, a despeito da cultura elitista e racista que marcou a gênese – e, em alguns casos, o cotidiano atual – de boa parte das instituições de ensino superior no Brasil, esses estudantes permaneceram e conseguiram concluir seus cursos.

Preocupados em encontrar respostas para essas questões, os responsáveis pela pesquisa de Ações Afirmativas no Ensino Superior procuraram "deixar evidente a centralidade que suas trajetórias têm para nós e, em nossa avaliação, também na própria política de Ações Afirmativas" (Jesus, 2019, p. 33). Uma das consequências dessa procura, por considerar os estudantes como protagonistas de suas narrativas, foi a identificação, em paralelo com o aumento progressivo de estudantes negros nas instituições de ensino superior federais e estaduais, do fortalecimento de inúmeros coletivos de estudantes negros que, além de desempenharem um importante papel nos processos coletivos de apoio à permanência e continuidade acadêmica dos estudantes negros e indígenas, têm atuado no enfrentamento de conflitos raciais antes silenciados nas universidades, seja no interior dos próprios coletivos, seja nas estruturas de diretórios estudantis e centros acadêmicos. Outro ponto de destaque foi o reconhecimento do protagonismo que grupos e coletivos de estudantes negros têm assumido nos diferentes casos de denúncias de fraudes em cotas no interior das universidades (Vaz, 2016). "O fato de as denúncias serem oriundas, majoritariamente, do corpo discente organizado em grupos e coletivos parece evidenciar a existência de um senso de incompatibilidade entre o modo como os estudantes candidatos ao ingresso na universidade se veem (a autodeclaração) e o modo como os demais estudantes, de modo particular os(as) estudantes negros(as), enxergam estes(as) candidatos(as) (heteroidentificação)" (Jesus, 2019, p. 129).

Como procurei sustentar nesse artigo de 2019, no Brasil, toda pessoa negra é preta (pessoa com mais acúmulo de melanina) ou parda (pessoa com menos acúmulo de melanina). No entanto, nem toda pessoa que se identifica como parda é, necessariamente, negra. Embora tal afirmação soe, inicialmente, ambígua, a explicação para esta ambiguidade reside, justamente, no mito da Democracia Racial brasileira, que possibilita que algumas pessoas que se autoidentificam como pardas justifiquem sua autodeclaração recorrendo ao fato de não serem nem negras, nem brancas, já que se enxergam como mestiças. São, portanto, como procurei explicitar, mestiços(as) desracializados(as):

> O mito da democracia racial, erigido no Brasil no início do período de modernização (década de 1930), aos poucos se vinculou aos interesses de garantir bases de coesão nacional, favorecendo aquilo que Gilberto Freyre (1993) chamou de "equilíbrio de antagonismos", se arraigando como um discurso nacional. Nesse sistema, que contribuía para equilibrar os conflitos, o mestiço passa a desempenhar um papel estratégico, já que, sendo a síntese das diferenças, pode existir sem ser nenhum de seus pontos de origem. O mestiço, nesse sentido, não é, necessariamente, uma realidade concreta, produto de ancestrais racialmente distintos. O mestiço torna-se, assim, a expressão do projeto nacional moderno: uma nação racialmente indiferenciada! A ambiguidade das relações étnico-raciais no Brasil, todavia, se expressa na afirmação de uma sociedade racialmente indiferenciada, mas que, de modo ambíguo, mantém o branco como ideal que não se pode, mas, que de modo inconfessável, se deseja alcançar (Jesus, 2019, p. 135).

Creio, portanto, que, embora os negros autodeclarados (soma dos auto-declarados pretos e pardos) representem mais de 50% dos estudantes de ensino superior atualmente, é possível afirmar que nem todos se veem e/ou são vistos como parte da população negra. Nesse contexto de avanços na implementação das políticas de Ações Afirmativas e de dúvidas em relação à sua plena efetividade, é importante dizer que as comissões de heteroidentificação racial,[9] já implementadas em uma série de instituições de ensino superior e do serviço público brasileiro, têm cumprido um importante papel. A um só tempo, as bancas de heteroidentificação têm contribuído para a diversificação racial de nossas universidades e instituições públicas e, ao mesmo tempo, garantido que as vagas sejam destinadas àqueles e àquelas que possuem esse direito: pessoas potencialmente alvo do racismo e que mesmo sem querer se autodeclarar como negras são heteroidentificadas como tal de forma compulsória, nas escolas, nas ruas, nas festas e em quase todos os espaços sociais pelos quais seus corpos transitam.

Se ao longo da década de 2000, período de efervescência do debate sobre cotas raciais no Brasil, os grandes veículos jornalísticos raramente se viram confrontados por suas posições a respeito das cotas, a emergência das redes sociais possibilitou a proliferação e visibilização de opiniões divergentes dessas hegemônicas, o que possibilitou o deslocamento de alguns da posição de meros receptores de informação para a posição de locutores com voz e alcance. Em alguns casos, considerando o nível de engajamento de seus perfis nas redes, muitos desses brasileiros se tornam capazes de influenciar posicionamentos e apresentar contrapontos públicos às previsões apocalípticas feitas por alguns dos veículos citados neste capítulo. Embora devamos reconhecer que a crítica

---

[9] "De acordo com o levantamento realizado por Santos (2018), em 2017 (1º e 2º semestre) já havia 18 de um total de 104 Instituições de Ensino Superior subordinadas à Lei de Cotas que constituíram comissões de heteroidentificação racial. Deste total, 13 são universidades e cinco são Institutos Federais. [...] Em 2018, por sua vez, houve a ampliação deste tipo de procedimento adicional de aferição das informações raciais. Conforme salientado ao longo deste trabalho, não há uma legislação ou orientação específica do Ministério da Educação que padronize os procedimentos a serem utilizados pelas comissões, o que é um problema. Desse modo, observa-se diferentes procedimentos sendo adotados para a validação da autodeclaração racial. Um dos meios de aferir a cor/raça do cotista é a entrevista com gravação de áudio e imagem, por parte da comissão, que tem quantidade de componentes que variam de 3 a 12 a depender da instituição, podendo ser pesquisadores (as) da área de relações étnico-raciais, representantes do Movimento Social Negro, dos Núcleos de Estudos Afro-Brasileiros e Indígenas (NEABI's) ou por funcionários e estudantes das instituições. Todas as comissões baseiam-se nas características fenotípicas. Algumas, porém, consideram também ascendência e o histórico social do sujeito que se autodeclara negro (preto e pardo) e indígena" (Santos; Estevam, 2018).

de mídia feita pela própria mídia ainda tem sido benevolente, quando não silenciosa em relação a tais previsões catastróficas, a crítica de mídia feita por alguns receptores, agora empoderados pelas redes sociais, não parece se contentar com narrativas únicas sobre políticas que os atinjam diretamente. Creio que essa nova geração de jovens universitários não se contentará apenas em ser maioria nas instituições de ensino superior, fazendo justiça à sua participação percentual na sociedade brasileira. Creio que se trata, principalmente, de uma disputa – e não só uma solicitação – em torno da participação nas narrativas sobre suas trajetórias nesses espaços até então não ocupados por eles, seus pais ou seus avós.

Referências

Brasil. Lei n.º 12.711, de 29 de agosto de 2012. Dispõe sobre o ingresso nas universidades federais e nas instituições federais de ensino técnico de nível médio e dá outras providências. *Diário Oficial [da República Federativa do Brasil]*. Brasília: Presidência da República, 2012.

Campos, L. A.; Feres Júnior, J.; Daflon, V. T. *O Globo* e as cotas raciais: um panorama do debate na última década. In: Encontro da Associação Brasileira de Ciência Política, 8, 2012, Gramado. *Anais...* Gramado: ABCP, 2012.

Diretor do Inpe é exonerado após críticas de Bolsonaro sobre dados de desmatamento. *Gazeta do Povo*, [S.l.], 2 ago. 2019. Disponível em: https://www.gazetadopovo.com.br/republica/breves/bolsonaro-inpe-exonerado-desmatamento/. Acesso em: 25 nov. 2019.

Faro, A.; Da Silva, P.; Machado, A. Como a sociedade os receberá? Preconceito e Expectativas de Inserção Profissional de Estudantes Egressos do Sistema de Cotas. *Veredas*, [S.l.], v. 6, n. 8, 2016.

Freyre, G. *Casa grande e senzala*. Rio de Janeiro: Schmidt, 1993.

Instituto Brasileiro de Geografia e Estatística (IBGE). Desigualdades Sociais por Cor ou Raça no Brasil. In: *Estudos e pesquisas: Informações Demográficas e Sociodemográficas*, n. 41. Rio de Janeiro: IBGE, 2019. Disponível em: https://biblioteca.ibge.gov.br/visualizacao/livros/liv101681_informativo.pdf. Acesso em: 15 nov. 2019.

Jesus, R. E. de. *Ações afirmativas, educação e relações raciais: conservação, atualização ou reinvenção do Brasil?*. Belo Horizonte: UFMG, 2011. Tese (Doutorado em Educação) – Programa de Pós-Graduação em Educação, Faculdade de Educação, Universidade Federal de Minas Gerais, Belo Horizonte, 2011.

Jesus, R. E. de. Autodeclaração e heteroidentificação racial no contexto das políticas de cotas: quem quer (pode) ser negro no Brasil. In: Santos, J. S.; Colen, N. S.; Jesus, R. E. de. (Org.). *Duas décadas de políticas afirmativas na UFMG: debates, implementação e acompanhamento*. Rio de Janeiro: Ed. da UERJ, 2018. p. 125-142.

Jesus, R. E. de (Org.). *Reafirmando direitos: trajetórias de estudantes cotistas negros(as) no ensino superior brasileiro*. Belo Horizonte: Ações Afirmativas na UFMG, 2019.

Leibão, M. de C. *O Globo* e as cotas raciais: uma análise dos editoriais do jornal (2003-2012). *História em Reflexão*, Dourados, v. 11, n. 22, p. 68-82, dez. 2017. Disponível em: http://ojs.ufgd.edu.br/index.php/historiaemreflexao/article/view/7937. Acesso em: 20 nov. 2019.

Oliveira, V. C.; Viana, M. M. G.; Lima, L. C. O Ingresso de Cotistas Negros e Indígenas em Universidades Federais e Estaduais no Brasil: Uma Descrição a Partir do Censo da Educação Superior. In: Jesus, R. E. de (Org.). *Reafirmando direitos: trajetórias de estudantes cotistas negros(as) no ensino superior brasileiro*. Belo Horizonte: Ações Afirmativas na UFMG, 2019. p. 135-170.

Queiroz, D. M.; Menezes, J. M. F. Desigualdade no ensino superior: cor, status e desempenho. In: Menezes, J. M. F.; Santana, E. C.; Aquino, M. S. (Org.). *Educação, Região e territórios. Formas de inclusão e exclusão*. Salvador: Ed. da UFBA, 2013. p. 77-95.

Santos, A. P. dos; Estevam, V. das S. As comissões de heteroidentificação racial nas instituições federais de ensino: panorama atual e perspectiva. In: Congresso Brasileiro de Pesquisadores Negros, 10, 2018, Uberlândia. *Anais...* Uberlândia: COPENE, 2018. Disponível no link https://www.copene2018.eventos.dype.com.br/resources/anais/8/1538350288_ARQUIVO_TrabalhoversaoAdilson.pdf. Acesso em: 25 nov. 2019.

Santos, A. P. *Implementação da Lei de Cotas em três universidades federais mineiras*. Tese (Doutorado em Educação). – Programa de Pós-Graduação em Educação, Conhecimento e Inclusão Social da Faculdade de Educação, Universidade Federal de Minas Gerais, Belo Horizonte, 2018.

Santos, J. T. dos; Queiroz, D. M. Sistema de cotas e desempenho de estudantes nos cursos da UFBA. In: Brandão, A. A. (Org.). *Cotas raciais no Brasil: a primeira avaliação*. Rio de Janeiro: DP&A, 2007. p. 115-135.

Reis, D. B. Acesso e permanência de negros(as) no ensino superior: o caso da UFBA. In: Lopes, M. A.; Braga, M. L. de S. (Orgs.). *Acesso e permanência da população negra no ensino superior*. Brasília: Ministério da Educação, Secretaria de Educação Continuada, Alfabetização e Diversidade: Unesco, 2007. p. 49-69.

Vaz, C. Coletivos universitários denunciam AfroConveniência em possíveis fraudes de cotas. *JusBrasil*, [S.l.], 2016. Disponível em: https://www.jusbrasil.com.br/noticias/coletivos-universitarios-denunciam-afroconveniencia-em-possiveis-fraudes-de-cotas/335121526. Acesso em: 16 nov. 2019.

Velloso, J. Cotistas e não-cotistas: rendimento de alunos da Universidade de Brasília. *Cadernos de Pesquisa (Fundação Carlos Chagas)*, São Paulo, v. 39, n. 137, maio/ago. 2009.

Venturini, A. C. Formulação e implementação da ação afirmativa para pós-graduação do Museu Nacional. *Cadernos de Pesquisa (Fundação Carlos Chagas)*, São Paulo, v. 47, p. 1292-1313, 2017.

Circularidade e política de presença:
produção e circulação de saberes e identidades nas redes

Deivison Campos

Introdução

O fluxo do escravismo produziu uma fissura inaugural nas culturas negras em diáspora que se constitui na ausência de um território de referência. Esse processo gerou culturas em fluxo que agregaram características dos locais em que foram realocadas, mas que estão em permanente diálogo e presentificação com os rastros de tradição, os africanismos. Esses constituem uma tradição igualmente em fluxo, as "culturas viajantes" (Gilroy, 2001), pela impossibilidade e recusa de sua reterritorialização pelo escravismo e o consequente racismo.

A internet e as redes sociais mediadas têm sido um importante lócus de circulação e presentificação desses rastros de tradição. Esse atravessamento da circularidade do afro com a circulação midiática produz um circuito e, consequentemente, territorialidades simbólicas em que os rastros são presentificados e apropriados, oferecendo referências de identidades, saberes e políticas negras no contemporâneo. As interações surgidas na rede, no entanto, não dão conta de todas as dinâmicas de realização dessas culturas, fomentando formas de organização e encontros de corpos em territórios transitórios.

Identificam-se, dessa forma, dois sentidos de usos das redes na perspectiva de territorialização e desterritorialização do afro. Alguns grupos se utilizam das redes para manter a relação e a presença articuladas no cotidiano; outros surgem nas redes e demandam a presença do corpo para se realizar. Esse segundo movimento é o que se denomina de *política de presença*, ou seja, a articulação na rede de movimentos que ganham as ruas dando visibilidade, a partir da presença e do corpo, para diferentes pautas políticas.

Essas formas de constituição do comum das culturas negras em diáspora estão ligadas à tentativa de reconstituição da territorialidade negada desde o processo escravista. A busca por construir territórios negros, a partir dos africanismos, é o que se mantém de mais tradicional nas culturas reelaboradas na diáspora. A primeira tentativa de reconstruir um território africano fora do continente foi a roda de batuque. Dinamizados pela música, corpos e memória, a roda produz um território transitório que aparece e desaparece de acordo com as interações pessoais. Seu surgimento produz uma profunda afetação espaço-temporal, criando um território simbólico no qual o aqui-agora liga-se à tradição.

São nesses territórios transitórios, em fluxo, que as tradições afro, tendo como elemento central um "mesmo mutante" (Gilroy, 2007), circulam e são permanentemente presentificadas. Nessa matriz cultural, "o mesmo é retido sem precisar ser reificado. Ele é permanentemente reprocessado. Ele é mantido e modificado naquilo que se torna decididamente uma tradição não tradicional, pois não se trata de uma tradição como uma repetição fechada ou simples" (Gilroy, 2007, p. 159). O processo de presentificação dessa tradição que constitui o afro se dá principalmente nos processos de territorialização transitória.

Este texto tem como objetivo investigar os processos de construção e presentificação de pertencimento afro no uso das mídias, considerando o atravessamento da circularidade afrodiaspórica e da circulação midiática, produzindo um *circuito afromidiático*. Para isso, aciona-se como empírico a circulação de imagens de cabelos crespos naturais, que leva à criação da Marcha do Orgulho Crespo, movimento que surge em 2015 em São Paulo, com edições desde então em diferentes estados do país.

Trata-se de uma tentativa de reflexão e amadurecimento de um modelo que busca apreender algumas das estações do referido circuito. Esse modelo tem sido utilizado como base teórico-metodológica para reflexões, com pretensão epistêmica afrodiaspórica, partindo da roda de batuque como um dispositivo afro. Observa-se igualmente como os rastros de africanismos mantêm um diálogo permanente com uma tradição em movimento, a "tradição não tradicional" (Gilroy, 2007), e como eles aparecem em camadas narrativas visíveis, ou latentes, em diferentes produtos midiáticos sobre e a partir das culturas negras.

A roda como tecnologia afro na diáspora

A roda tradicional afro configura-se na primeira tentativa de reconstituição de um território africano em diáspora. Esses territórios simbólicos aparecem e desaparecem condicionados pelas interações pessoais possíveis. Intrinsecamente ligada à presença, a roda produz um deslocamento espaço- temporal, juntando o aqui-agora e a tradição, e resultando num potente território simbólico. Torna-se, assim, um mesmo novo lugar em que as culturas são presentificadas.

A demarcação do território, ao mesmo tempo em que aciona o tempo da tradição, faz com que a leitura do espaço no centro da roda adquira outros sentidos. A formação da roda possibilita, assim, um retorno simbólico à África imaginária, ou, pelo menos, ao que há de afro na diáspora. Na roda, constitui-se um *ethos* que "incorpora e privilegia a musicalidade e tudo o que ela permite de extravasamento emocional e utilização do corpo de modo comunicativo e sensual" (Amaral; Silva, 2006, p. 190).

A roda ressignifica o princípio africano da circularidade que representa "a ciranda da criação [...] símbolo da horizontalidade nas relações humanas" (Oliveira, 2004, p. 38). Nessa cosmovisão, a perspectiva relacional do círculo propõe uma hierarquia que "existe fundamentalmente para a condição de estar a serviço do outro. A circularidade, portanto, propõe uma diferente relação de alteridade" (p. 51), favorecendo a experiência comunicacional pela presença.

A experiência afro está ligada ao corpo que nas culturas afro-brasileiras, segundo Oliveira (2004, p. 11), é "um universo e uma singularidade: é a unidade mínima possível para qualquer aprendizagem. É a unidade máxima para qualquer experiência". A roda, nesse contexto, torna-se o território para as pedagogias de pertencimento. Através do ritmo, da memória no tempo (Halbwachs, 2006), musical e do corpo, as tradições mantiveram-se, ao mesmo tempo, presentes e presentificadas.

Essa tecnologia espaço-temporal foi mantida nos processos de territorialização das comunidades negras. Pode ser observada nos processos associativistas, com sedes permanentes ou transitórias, em espaços geográficos, permanentemente gentrificados e tensionados pelo necropoder – como os quilombos urbanos e rurais e as áreas de população majoritariamente negra –, e igualmente na imprensa negra. Será em torno das páginas dos jornais que se constituirão importantes canais de reivindicações e resistência, criando igualmente espacialidades simbólicas.

As dinâmicas espaço-temporais da roda, portanto, foram apropriadas pelas culturas negras da diáspora e tornaram-se uma tecnologia que, por desencadear um sistema complexo de relações, constitui um dispositivo do afro. Nesse sentido, a roda mantém relação com o dispositivo interacional, proposto por Braga (2017, p. 36), por ser "uma organização *ad hoc*, prática, pragmática mesmo, que funciona enquanto funciona, recuperando sua historicidade". Observa-se, aqui, um atravessamento possível do afro e da midiatização, possibilitando a configuração de um circuito.

O atravessamento entre circulação midiática e circularidade afro

Por suas características de fluxo, as culturas negras construíram na diáspora formas alternativas de territorialização, que se mantiveram permanentemente pressionadas pela repressão e violência promovidas pelo escravismo e sua permanência no racismo. Marcadas pelo movimento e pela desterritorialização, encontraram no processo de circulação acelerada um território possível. Para isso, a tecnologia da roda foi reapropriada das mais diferentes formas ao produzir estratégias de territorialização, utilizando-se em muitos casos da circulação midiática.

A circulação (Grohmann, 2020) refere-se à troca de sentidos discursivos, culturais ou de capital inseridos em processos comunicacionais de maneira mediada ou não. Na perspectiva cultural, refere-se a "maneiras de produzir e consumir ideias, mercadorias e espaços, inclusive com determinados rituais, não somente midiáticos ou de consumo, mas de fazer circular determinadas formas culturais, produzindo e/ou modificando vínculos de sentido entre sujeitos e instituições" (Grohmann, 2020, p. 6).

A circularidade afro, segundo Gilroy (2001), teve nos navios seu primeiro importante dispositivo, sendo substituído pelo LP. A circulação dos produtos fonográficos ampliou o processo de diálogo e de presentificação das culturas negras, potencializando as características geocomunicacionais da diáspora, necessárias para organizar as relações de identidade e resistência.

As manifestações culturais e políticas produzidas em diáspora provocam uma tensão permanentemente pelo fato de, "em todo lugar, subverter[em] e traduzir[em], negociar[em] e fazer[em] com que se assimile o assalto cultural global sobre as culturas mais fracas" (Gilroy, 2001, p. 45). Refletindo sobre os circuitos transnacionais de comunicação, García Canclini (1998, p. 309) diz que as "buscas mais radicais sobre o que significa estar entrando e saindo da modernidade são as que assumem as tensões entre desterritorialização e reterritorialização", características inerentes às culturas negras em diáspora.

Essa forma de ser e pertencer "não se trata de um contra-discurso, mas de uma contracultura que reconstrói desafiadoramente sua própria genealogia crítica, intelectual e moral em uma esfera pública parcialmente oculta e inteiramente sua" (Gilroy, 2001, p. 96). Essa contracultura se configura igualmente por manter-se voltada à ancestralidade e à tradição, mesmo que essa seja permanentemente presentificada, num movimento contrário à cultura eurorreferenciada, que se mantém ligada às ideias de evolução e progresso.

O desenvolvimento tecnológico e a consequente aceleração da circulação possibilitaram uma maior relação nessa esfera pública entre as culturas negras da diáspora. Com isso, as relações mediadas dão continuidade às sociabilidades tradicionais e, ao mesmo tempo, produzem novas sociabilidades. Essa sobreposição entre a circulação midiática e a circularidade afro produz um circuito. Esse se refere a "uma base objetivada para aquilo a ser repassado como circulação de 'mãos em mãos'. A cada ponto nodal ou 'estação' identificável, são realizadas ações interacionais, adjunção de códigos, geração de inferências" (Braga, 2017, p. 44).

Esse circuito está contido no atravessamento da esfera pública capitalista por essa esfera pública alternativa negra, a diáspora, a qual Gilroy (2001) denomina como "Atlântico Negro". É nesse ponto que as características contramodernas se sobressaem. Além de estarem em processo de circulação acelerada mesmo antes das possibilidades tecnológicas, as culturas negras em diáspora se organizam a partir da tradição, mesmo que não tradicional. Nessa perspectiva, as possibilidades geocomuniciacionais e geopolíticas do circuito se ampliam para o tensionamento de diferentes demandas e a celebração de realizações.

Sodré (2002, p. 24) propõe que o médium acoplado a um dispositivo técnico pode "tornar-se ambiência existencial". Na perspectiva do *circuito afromidiático*, a própria circulação se configura, numa apropriação insolente, na esfera pública negra, ou seja, no desterritório da diáspora africana. O alargamento das fronteiras fez desse espaço público alternativo um lugar em que o centro cultural está em todo o lugar, oferecendo elementos de presentificação permanentes. Ao mesmo tempo, conferiu "às culturas e etnicidades negras um status especial no mundo das relações interétnicas. É que, ao enfatizar e reconstruir a África, a cultura negra é também, em grau elevado, independente em relação à cultura ocidental popular e de elite" (Sansone, 2007, p. 28).

Portanto, o uso insolente da circulação midiática tem produzido territorialidades simbólicas para os negros em diáspora. Para apreender esses processos, dinâmicos e em permanente presentificação, propõe-se a constituição de um modelo para o estudo do afromidiático, com caraterísticas em movimento e de contramodernidade, que aciona o dispositivo afro, gerado pela roda.

O circuito afromidiático

A apropriação insolente de produtos midiáticos produzidos nas e partir das culturas negras tem possibilitado a construção de territorialidades simbólicas, acionando a tecnologia da roda. Esse atravessamento, resultado da afetação espaço-temporal e da articulação experiencial-midiática, produz o *circuito afromidiático*, que, nas "estações identificáveis", configura três ciclos – o de materialidades, o simbólico e o comum afro –, em que podem ser observados os atravessamentos sociomidiáticos, ou seja, a relação entre a esfera pública alternativa negra e a esfera pública capitalista. A partir dessas proposições, o circuito adquire a seguinte conformação (Figura 1):

Figura 1 – Circuito afromidiático

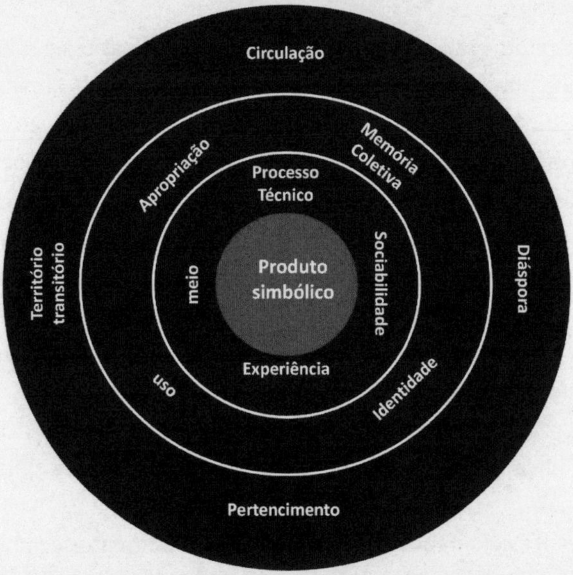

Fonte: Elaboração própria.

O circuito observa processos de constituição do comum a partir de *produtos simbólicos* que carregam rastros de africanismos. Esse comum, produzido no consumo coletivo, constitui uma territorialidade, uma ambiência midiática, na qual a tradição e o pertencimento são presentificados e construídos. O consumo se refere ao "conjunto de processos socioculturais em que se realizam a apropriação e os usos dos produtos" (García Canclini, 2008, p. 60).

O eixo espaço-temporal relaciona o *território transitório* com a *diáspora*, a partir da relação entre *mídia* e *sociabilidades*. Essa relação se dá pelo acionamento da tecnologia da roda, possível de observar no eixo experiencial-midiático em que os rastros de africanismos, colocados em *circulação* por *processos técnicos*, são *experienciados* produzindo diferentes formas de *pertencimento*.

O cruzamento dos eixos produz o ciclo das materialidades, em que se encontram processos midiáticos, *meio* e *processo técnico*, e do afro, *sociabilidades* e *experiência*. Também produz o ciclo das processualidades simbólicas, no qual *território transitório* e *circulação* fundem-se com *diáspora* e *pertencimento*. O ciclo das mediações é formado pelas estações *memória coletiva, apropriação, uso* e *identidade* – lido no sentido anti-horário do circuito, seguindo em direção à ancestralidade, o que reforça a característica de contramodernidade (Gilroy, 2001) da identidade cultural afro.

Os processos contidos no circuito pretendem apreender o movimento e, portanto, os afros resultantes não aspiram nenhum tipo de essencialismo. Pelo contrário, a abertura das estações – teórica e contextual – busca dar conta das possibilidades de fluxo e presentificação que marcam essa tradição não tradicional, com suas características de "mesmo mutante" (Gilroy, 2007). Igualmente, os empíricos e o lócus de observação garantem a abertura necessária para apreender os fenômenos relacionados às culturas negras na diáspora.

As redes sociais mediadas têm sido utilizadas como um lócus de insolência e construção de territorialidades. Esse uso insolente das redes, no entanto, não é recente. As primeiras organizações em grupo na web já apontavam para uma *política de presença*, ou seja, o uso da plataforma para visibilizar pautas políticas e mobilizá-las para a rua.

O Black Chat como matriz possível

As estratégias de usos midiáticos têm gerado diferentes tipos de afetações e afetos principalmente a partir do desejo de estar junto: a sociabilidade. Sodré (2006, p. 199) retoma a definição de *alegria trágica*, usada por Nietzsche para referir-se aos ritos coletivos tradicionais, por relacionar-se a uma "entrega radical do indivíduo à comunidade". Esse sentido aparece então como uma continuidade e reinvenção da tecnologia da roda.

A alegria nas atividades coletivas é um dos elementos e resultado da revitalização da força vital e estaria ligada ao "reconhecimento do aqui agora da existência, das relações interpessoais concretas, a experiência simbólica do mundo" (Sodré, 2006, p. 210). Essas dinâmicas relacionadas à alegria têm sido utilizadas em manifestações estéticas que adquirem potência política pelo fato de "estar junto".

As tecnologias midiáticas, principalmente as audiovisuais e digitais, utilizam-se igualmente de princípios da oralidade. Agregam, no entanto, elementos de estandardização e banalização (Glissant, 2005). Possibilitam, por outro lado, a circulação de "uma outra forma de oralidade, fremente e criativa, e que corresponde àquelas culturas que surgem atualmente na grande cena do mundo" (2005, p. 48). Essa característica possibilita às culturas marginais adequarem os usos dos meios às suas dinâmicas e interesses.

Na cultura negra, esses usos adquirem características de insolência (Campos, 2016), ou seja, uma duplicidade que agencia sentidos da tradição e da experiência negra em camadas narrativas visíveis ou latentes. Conforme Hall (2003, p. 372), "um texto comporta – tanto quanto os significantes reais podem sustentar – uma leitura diferente". A insolência, nesse sentido, trata-se de "estratégias de desvio, com potência antirracista, que subvertem discursos e práticas sociais que estabelecem barreiras físicas ou simbólicas às populações negras no que se refere a cidadania e direitos humanos" (Campos, 2016).

As redes sociais têm oportunizado formas de uso a partir dessa estratégia. Apesar dos algoritmos, que estabelecem quais publicações serão disponibilizadas nas *timelines*, a possibilidade da criação de grupos e disponibilização de eventos potencializam a circulação de ideias e a articulação de estratégias para construção e fortalecimento do pertencimento – neste caso, étnico-racial. Esses territórios digitais tornam-se e ampliam a esfera pública alternativa negra (Gilroy, 2001) por possibilitarem, diferente das mídias tradicionais, uma maior circulação de informações específicas sobre demandas consideradas marginais.

As características do meio tornam necessário um engajamento no acesso das informações e o reconhecimento dos temas e sentidos possíveis. A participação, característica da presença digital, é determinante para a atuação política dos grupos identitários nas redes. Desta maneira, os indivíduos engajam-se e participam dos debates e ações inicialmente pelo digital, mas seguindo as relações tradicionais de negritude acabam por gerar demandas de presencialidade o que faz com que ganhem a rua.

Um marco possível para esse tipo de uso é o Black Chat, sala de bate-papo criada em 1997, origem da internet comercial, pela revista *Raça Brasil* e hospedada no site do Universo Online (UOL). Numa carta do número 24 da revista, publicado em agosto de 1998, já se lê:

> Estamos no Brasil inteiro com vocês, navegando nas ondas da rede mundial, Internet. Acessamos diariamente o chat da *Raça Brasil*, onde conversamos, fazemos novos amigos e marcamos encontros regionais, estaduais e nacionais. São Paulo e Rio de Janeiro têm um número maior de freqüentadores. Mas também temos participantes de Goiás, Bahia, Rio Grande do Sul, Pernambuco e Brasília, entre outros, que marcam presença, divulgando o Black Chat da *Raça Brasil*. Já o frequentamos

há quase um ano e gostaríamos de sair do anonimato e ampliar ainda mais nossa rede de amigos e de discussão sobre diversos temas. Telmo, Rio de Janeiro, RJ[1] (Nicolini, 2007, p. 93).

A sala de bate-papo reunia a cada noite, num período de internet comercial ainda em implantação no país, centenas de "navegantes". As dinâmicas da rede, no entanto, não foram suficientes para satisfazer as demandas de sociabilidades, estar junto, dos usuários, levando à organização de encontros para aprofundar as discussões iniciadas nas redes e conferir corpo aos *nicknames* da sala de bate-papo. Com isso, passaram a ser organizados encontros estaduais e tentativas de encontros nacionais.[2]

Essas sociabilidades acabam por se tornar reportagens que buscam fidelizar e ao mesmo tempo ampliar a base de leitores, como em "Os novos navegantes", edição 44, que questiona: "os novos navegantes negros – você está plugado na Net? Então, não perca tempo: acesse o site www.uol.com.br/simbolo/raca, click o link Black Chat e encontre uma fabulosa família. Lá rola de tudo"[3] (Nicolini, 2007, p. 94). O material jornalístico vai render comentário na sessão de cartas/e-mails da revista: "Gostaria de parabenizar a *Raça Brasil* pela matéria Os novos navegantes negros [...]. Para minha satisfação, nosso espaço tem se expandido gradualmente. Melhor: as pessoas que costumam frequentar essas salas de bate-papo são cultas, o que torna as conversas agradáveis e interessantes. Não é à toa que sempre há eventos para reunir esta animada galera" (Nicolini, 2007, p. 95).

Esse conjunto de trechos reunidos em outro contexto por Nicolini (2007) reforça a demanda por sociabilidades fora da rede – mesmo tendo surgido dentro dela, a partir da dimensão espacial conferida ao *chat* pelos usos. Essa questão também aparece no estudo de Ramos (2010, p. 5) quando afirma que *Raça*, além de um lugar de visibilidade social, "É também um espaço de denúncia das discriminações sofridas, bem como lugar de exaltação da cultura negra". Também Andrade (2012) diz que o comercial da revista *Raça* entendia que "o Black Chat constituiu-se num espaço de sociabilidade negra, onde questões de lazer, paqueras, cultura conviveram também com discussões de cunho político e formativo".

---

[1] Outras Palavras, *Raça Brasil*, n. 24, p. 8, ago. 1998.

[2] Registros de encontros disponíveis em: https://www.facebook.com/familiablackchat/about. Acesso em: 20 jun. 2024.

[3] Comportamento, *Raça Brasil*, n. 44, p. 70, abr. 2000.

As dinâmicas espaço-temporais, assim como as experienciais-midiáticas, estão presentes na configuração e nos usos das redes sociais mediadas desde as primeiras iniciativas, presentificando a tecnologia da roda. Essa demanda por construção de territórios, como referido, busca atender a ausência de referências territoriais nas identidades e culturas diaspóricas, mantidas em fluxo ou como culturas viajantes pela impossibilidade no escravismo e na opressão do racismo. Esse novo território produz de forma indissociável referências estéticas e políticas que ganham presença, novamente, através do uso dos corpos.

Política de presença: um olhar para a Marcha do Orgulho Crespo

O movimento nacional Marcha do Orgulho Crespo surgiu em 2015 em São Paulo a partir da mobilização em torno de duas iniciativas de valorização das mulheres negras, o *Blog das Cabeludas*, criado por Nanda Cury, e a Hot Pente, produtora de Neomisia Silvestre e Thaiane Almeida. A marcha surgiu com o objetivo de "identidade e da ancestralidade negra; a representatividade, a autoestima, a livre expressão do cabelo natural e o empoderamento da mulher negra na sociedade, em todas suas vertentes e espaços".[4]

O *Blog Cabeludas* surgiu em 2008, numa iniciativa de Cury em fotografar para "inspirar e empoderar" outras mulheres a usarem o cabelo crespo natural.[5] A mobilização, os acessos, as interações em torno das publicações e a repercussão nas redes sociais criaram a demanda pela presencialidade do corpo, levando à organização da primeira marcha em 26 de julho de 2015. A organização contou com a parceria das integrantes do projeto Hot Pente,[6] evento itinerante criado em março de 2014, que visa à valorização da cultura negra e o espaço da mulher no hip hop.

A Marcha do Orgulho Crespo – tornada oficial em São Paulo pela lei[7] que tornou 26 de julho o Dia do Orgulho Crespo –, nas edições em diferentes estados do país, constitui-se como um evento que constrói *política de presença*, como expansão do processo de construção de pertencimento realizado no

---

[4] Disponível em: https://www.facebook.com/marcha.crespo.9. Acesso em: 20 jun. 2024.

[5] Disponível em: https://www.blogger.com/profile/11549480910358346817. Acesso em: 20 jun. 2024.

[6] A provocação do nome remete ao uso dos shortinhos de 1940 e ao pente quente usado para alisar cabelos crespos.

[7] Lei n.º 16.682/2018, SP.

circuito afromidiático. As fotografias do blog, *produto simbólico*, desencadeiam o sistema de relações que configuram o circuito.

As fotografias, publicadas na *mídia* do blog, produziram uma rede social mediada, a *territorialidade transitória*, na qual foi estruturado um conjunto de *sociabilidades* em torno do uso do cabelo natural, ressaltando a necessidade da presença do corpo que levou à organização da Marcha. No acontecimento, são acionados e presentificados rastros de tradições africanas que são constituintes das culturas afrodiaspóricas. As fotografias publicadas na página, o *processo técnico*, e através desta colocadas em *circulação*, levam ao engajamento de mulheres de cabelo crespo, à *experiência*, e à construção de *pertencimento*.

O cabelo de negros e negras, para Gomes (2008, p. 21), é político e, ao mesmo tempo, um lugar de tensão, pois mudar o cabelo "pode significar a tentativa do negro de sair do lugar da inferioridade ou a introjeção deste. Pode ainda representar um sentimento de autonomia, expresso nas formas ousadas e criativas de usar o cabelo". Por isso, mais do que uma questão de vaidade, a relação com o cabelo é identitária. Isso torna muitos dos penteados utilizados por mulheres e homens negros uma continuidade e recriação – o mesmo mutante – de elementos culturais africanos na diáspora.

Esses usos e sentidos conferidos ao cabelo foram mantidos como rastros de africanismos na *memória coletiva*, como forma de resistência e de manutenção da relação com a ancestralidade. Essas memórias são *apropriadas* pelo acesso às fotografias e pela presença digital na rede, a territorialidade transitória, antecipando a lógica do metaverso, mas igualmente contramoderno, por ser voltado à tradição. Os rastros são *usados* pelas mulheres, que assumem o crespo natural e/ou passam a adotar penteados políticos. O *uso* do cabelo torna-se assim um instrumento de construção ou presentificação de *identidade* afro para mulheres e homens negros que se integram à rede.

No entanto, muitas dessas mobilizações nas plataformas digitais, principalmente as de caráter identitários, não se completam nas relações mediadas, desencadeando manifestações de *políticas de presença*. Esta refere-se à constituição de redes mediadas que, em determinado momento, não mais satisfazem as demandas de interação, o que leva à ocupação de determinado espaço geográfico que é transformado pela presença dos corpos negros, produzindo um território simbólico divergente e transitório (Campos, 2011).

A ideia de que as relações mediadas não atendem todas as demandas interacionais nas culturas negras não é uma proposição somente desta pesquisa. Aparece, por exemplo, em *AmarElo: é tudo pra ontem* (2020). Sobre a realização do show no Theatro Municipal de São Paulo, Emicida (2020, 8') diz que é importante "firmar um lugar físico grande". Diz ainda que isso não começou agora e que é preciso marcar esse tempo para não se dissipar no digital. Em sua fala, refere-se às dinâmicas espaço-temporais. Diz ainda que as redes digitais não seguram o movimento dos jovens negros.

Foi a partir da mobilização nas redes que um grupo de mulheres no Rio Grande do Sul, leitoras do *Blog Cabeludas* e de outros sites e redes em torno da beleza negra, tomou conhecimento da proposta e, junto às coordenadoras do movimento em São Paulo, replicou a marcha em Porto Alegre ainda em 2015. Nenhuma das três organizadoras[8] eram ligadas a alguma das organizações tradicionais do movimento negro no RS, estado em que 82% da população se declara branca. A marcha ocorreu no dia 15 de novembro, abrindo as manifestações da Semana da Consciência Negra.

Novamente observa-se a emergência de uma organização nas redes – agora não mais do blog diretamente, mas das redes e da cobertura midiática da marcha. As redes da Marcha, assim como de outros grupos em torno do mesmo princípio, constituíram a *territorialidade transitória*, na qual foram estruturadas um conjunto de *sociabilidades* locais em torno do uso do cabelo natural, já objetivando a presença do corpo em marcha. As publicações nas redes, o *processo técnico*, colocou em *circulação* o acontecimento, levando a essa adesão em outros estados e lugares que igualmente demandaram da *experiência* para a construção de *pertencimento*.

Será em presença dos corpos, assim como na roda, que o *ethos* afro presentificado será plenamente reconstituído. É onde ocorre o processo tradicional de afetação espaço-tempo que irá produzir um comum afrodiaspórico com pretensão a ser africano. Esse é o lugar da alegria trágica em que são partilhados não somente os rastros de africanismos, mas os projetos de existência e de futuro do afro. A dinâmica busca ser apreendida pelo *circuito afromidiático*. O aprofundamento da análise de cada uma das estações do circuito oferece elementos mais qualitativos do processo. No entanto, em muitos casos, será no uso dos corpos que o aprendizado se tornará um conhecimento.

Considerações

As culturas negras em diáspora mantêm características desterritorializadas em função do processo de transposição espacial pelo escravismo. Mesmo com o processo de realocação das populações e a ressignificação de rastro

---

[8] No Instagram: @debora_otunola; @irish_nunes; @umafamiliapretaemgramado.

culturais, as identidades não possuem uma referencialidade espacial, pois têm sua condição e existência permanentemente negadas e violadas simbólica e fisicamente pelo racismo.

Essa condição levou à criação de uma tecnologia de manutenção do *ethos* afro que é a constituição de territórios transitórios, como o da roda – espaços que surgem com leituras da tradição e desaparecem em fluxo. Nesses lugares, é possível o processo de presentificação dos rastros e a consequente construção e fortalecimento do pertencimento. A característica de fluxo confere às identidades negras em diáspora um caráter de contramodernidade por existirem de forma desterritorializadas e voltadas à tradição.

O desenvolvimento das mídias em rede produziu um espaço (ciberespaço) com caraterísticas desterritorializadas e circulação acelerada. Essa característica tem sido utilizada pelas culturas negras em diáspora para a constituição de territórios simbólicos. Esse uso subversivo das redes tem dado dimensão e fortalecido as relações na esfera pública negra diaspórica. O atravessamento entre o midiático e o afro possibilita, então, a configuração de um circuito cujo modelo apresentado neste texto busca apreender as dinâmicas de realização e uso.

Observa-se da mesma maneira que na perspectiva identitária a reconstituição do *ethos* afro presentificado demanda em muitos casos a presencialidade corporal. Esse movimento configura uma política de presença em que o consumo dos rastros presentificados acionados no circuito são validados e fortalecidos. É quando o comum da rede ganha sentido pela experiência, entendendo a vivência e o corpo como lugares de aprendizado tradicionais nas culturas afro. A presença dos corpos é sempre uma volta à tradição. Uma volta à roda.

Referências

Amaral, R.; Silva, V. G. da. Foi conta para todo canto: as religiões afrobrasileiras nas letras do repertório musical popular brasileiro. *Revista Afro-Asia*, [S.l.], n. 34, p. 189-235, 2006.

Andrade, M. M. de F. *Negritude em rede: discursos de identidade, conhecimento e militância: Um estudo de caso da comunidade NEGROS do Orkut (2004-2011)*. Dissertação (Mestrado em Educação) – Faculdade de Educação, Universidade de São Paulo, São Paulo, 2012. Disponível em: https://teses.usp.br/teses/disponiveis/48/48134/tde-04102012-135144/publico/MELISSA_MARIA_DE_FREITAS_ANDRADE_rev.pdf. Acesso em: nov. 2022.

Braga, J. L. Dispositivos Interacionais. In: Braga, J. L. *et al. Matrizes interacionais: a comunicação constrói a sociedade.* Campina Grande: Ed. da UEPB, 2017. p. 16-41.

Campos, D. M. C. A insolência como modelo heurístico e como afecto das culturas negras. XVI Fórum de Pesquisa Científica e Tecnológica, 16, 2016, Canoas. *Anais...* Canoas: ULBRA, 2016. Disponível em http://www.conferencias.ulbra.br/index.php/fpu/xvi/paper/view/4961. Acesso em: 10 jun. 2017.

Campos, D. M. C. *Do disco à Roda: A construção do pertencimento afro-brasileiro pela experiência na festa Negra Noite.* Tese (Doutorado) – Programa de Pós-graduação em Ciências da Comunicação, Universidade do Vale do Rio dos Sinos, São Leopoldo, 2014.

Campos, D. M. C. Desterritorialidades, política de presença e insolência das negritudes. In: Seminário Internacional de Comunicação, 14, 2017, Porto Alegre. Mídias em transformação: intermídia, transmídia, crossmídia. Porto Alegre: Ed. da PUC-RS, 2017. p. 9-10.

Emicida. *AmarElo: É tudo pra ontem.* Direção: Fred Ouro Preto. Produção: Fioti. São Paulo: Labfantasma/Netflix, 2020. Digital.

García Canclini, N. *Consumidores e cidadãos.* Rio de Janeiro: Ed. UFRJ, 2008.

Gilroy, P. *Entre campos: Nações, culturas e o fascínio da raça.* São Paulo: Annablume, 2007.

Gilroy, P. *O Atlântico Negro. Modernidade e dupla consciência.* São Paulo: Ed. 34, 2001.

Glissant, Ed. *Introdução a uma poética da diversidade.* Juiz de Fora: Ed. da UFJF, 2005.

Gomes, N. L. *Sem perder a raiz: corpo e cabelo como símbolos da identidade negra.* São Paulo: Autêntica, 2008.

Grohmann, R. O que é circulação na comunicação? Dimensões Epistemológicas. *Revista FAMECOS*, Porto Alegre, v. 27, p. 1-13, jan.-dez. 2020.

Halbwachs, M. *A memória coletiva.* São Paulo: Centauro, 2006.

Hall, S. *Da diáspora. Identidades e mediações culturais.* Belo Horizonte: Ed. da UFMG, 2003.

Nicolini, V. K. Revista Raça Brasil: negros em movimento 1996–2004. 2007. PUCSP: São Paulo, 2007. Disponível em https://sapientia.pucsp.br/bitstream/handle/13011/1/Veridiana%20Kunzler%20Nicolini.pdf. Acesso em: nov. 2022.

Oliveira, E. D. de. *Cosmovisão africana no Brasil: elementos para uma filosofia afrodescendente.* Fortaleza: LCR, 2004.

Ramos, D. G. *Raça em revista: identidade e discurso na mídia negra.* Dissertação (Mestrado em Ciências da Comunicação) – Escola de Comunicação e Artes, Universidade de São Paulo, São Paulo, 2010.

Sansone, L. *Negritude sem etnicidade.* Salvador, Rio de Janeiro: Ed. da UFBA, Palla, 2007

Sodré, M. *As estratégias sensíveis. Afeto, mídia e política.* Petrópolis: Vozes, 2006.

Sodré, M. *Antropológica do espelho. Uma teoria da comunicação linear e em rede.* Petrópolis: Vozes, 2002.

Algoritmos brancos: notas sobre a branquitude algorítmica e a inexistência do erro

Fernanda Carrera

Este ensaio visa apresentar um olhar sobre a problemática algorítmica em plataformas digitais a partir da sua racialização: antes de sugerir a emergência de erros e vieses, é direcionado pela percepção de que os processos algorítmicos que condicionam majoritariamente a vida cotidiana atual seguem a lógica da branquitude. Nesse sentido, o ensaio versa, inclusive, sobre a lacuna da nomeação que solidifica o problema dos algoritmos contemporâneos, isto é, a incapacidade de identificar os beneficiados rotineiramente – tanto no plano macro como na dimensão micro da vida cotidiana – pelo funcionamento das tecnologias, tornando-os escondidos sob o véu da neutralidade branca. Dentro dessa perspectiva, argumenta-se que os algoritmos são uma ramificação da atitude branca, uma vez que a "a branquitude se expande, se espalha, se ramifica" (Bento, 2002, p. 47), tornando embranquecido qualquer objeto no qual repousa seu toque.

A lógica da branquitude algorítmica também se arvora pela sua dupla neutralidade: tanto porque é branca quanto porque é tecnologia. A concepção de neutralidade tecnológica, ou seja, de que os artifícios construídos são exatos, objetivos e independentes dos entornos culturais, é associada a mais uma camada de neutralidade, que é a sua racialização, a branquitude. Nessa direção, toda e qualquer tecnologia que emerge de contextos racializados, sobretudo quando não operam por sua demarcação racial e em prol de iniciativas deliberadas por justiça social, provavelmente reproduzirão os enlaces coerentes a suas estruturas sociais, culturais e subjetivas. A concepção de que há erros que necessitam de identificação e conserto, portanto, negligencia essas camadas, encobrindo a problemática mais importante: os algoritmos contemporâneos funcionam perfeitamente, mas sob apenas o ponto de vista branco.

Com o intuito de apresentar este panorama a respeito da branquitude algorítmica atual, toma-se como ponto de partida conceitual as perspectivas de "branco-drácula" e "branco-narciso", de Lourenço Cardoso (2014), assim como a noção de "fiador imaginário", de Liv Sovik (2009), que fundamentam a concepção de um "*apartheid* algorítmico" que se desenvolve aqui em diálogo com o pensamento de Ruha Benjamin (2019). Com esse percurso, busca-se perceber a problemática algorítmica a partir da ideia de branquitude enquanto propriedade (Harris, 1993), cuja intenção fundamental é ser protegida a qualquer custo, mesmo se for às custas de outras existências e subjetividades.

Um *nome* para os brancos

Octavia Butler, importante autora de ficção científica estadunidense, impactou e impacta o debate sobre processos de racialização com narrativas potentes em torno da relação histórica e violenta entre pessoas brancas e negras. Em contos e estórias que mais parecem metáforas da vida contemporânea, a escritora traça em linhas potentes as problemáticas enfrentadas por personagens em geral racializados, espelhando e expondo um "olhar opositor" (hooks, 2019) previsto, uma vez que viveu a vida sendo uma mulher negra: "Comecei a escrever sobre o poder, porque era algo que eu tinha muito pouco" (Butler, 2017, p. 3). Em um dos seus livros, *Kindred: Laços de Sangue*, lançado pela primeira vez em 1979, Octavia Butler ainda não poderia conceber a dimensão das tecnologias digitais contemporâneas, mas permitiu que as faíscas críticas da sua intelectualidade negra pairassem como fundamentais para entendermos o problema algorítmico atual, ou melhor, a branquitude como lógica algorítmica.

Em *Kindred*, a personagem principal é uma mulher negra urbana que, em linhas gerais, volta aos tempos de escravização nos EUA. A narrativa se desenvolve a partir dos impactos sentidos por uma mulher que experimenta racismos cotidianos, mas não poderia estar preparada, é claro, para sentir a potência da violência vivida neste momento histórico dos EUA. Em um trecho de muita sensibilidade, Octavia descreve a sensação da personagem quando vê pela primeira vez, ao vivo, uma pessoa negra sendo chicoteada. No trecho, a personagem diz:

> Já tinha visto pessoas serem surradas na televisão e nos filmes. Já tinha visto sangue falso nas costas delas e ouvido gritos bem ensaiados. Mas não havia ficado perto e sentido o cheiro do suor nem ouvido as súplicas e as orações das pessoas humilhadas diante de suas famílias e de si mesmas. Eu provavelmente estava menos preparada para a realidade do que a criança que chorava não muito longe de mim. Na verdade, ela e eu estávamos reagindo de modo muito parecido. Meu rosto estava

banhado em lágrimas. E minha mente ia de um pensamento a outro, tentando me desligar das chibatadas. Em determinado momento, **essa covardia extrema até trouxe algo útil. Um *nome* para os brancos** que atravessavam a noite no Sul pré-guerra, derrubando portas, surrando e torturando negros (Butler, 2017, p. 31, grifo nosso).

No momento da leitura desse trecho, ficou evidente para mim que essa lacuna da nomeação, vista como útil pela personagem com o intuito, talvez, de direcionar melhor o seu ressentimento, também solidifica a problemática algorítmica: não conseguimos nomear, de fato, os beneficiados por uma lógica tecnológica que condiciona a vida de todos os sujeitos e, sobretudo, funciona com princípios de crueldade para a experiência cotidiana de indivíduos racializados. Um *nome* para os brancos. É esse nome, essa identificação precisa e imperativa para as devidas responsabilizações, que não conseguimos com transparência na lógica algorítmica. É o que as neutralidades, tanto tecnológicas quanto da branquitude, apagam. Os nomes estão encobertos, opacos, turvos. Nesse sentido, há uma nebulosidade significativa que dificulta o entendimento de quem é, de fato, beneficiado por essa lógica, embora haja, evidentemente, quem se beneficia, tanto corporativamente (no plano macro) como no domínio do ordinário e do cotidiano (no plano micro). Se há, portanto, alguma noção dos beneficiados no plano dos grandes conglomerados de tecnologia a serviço do sistema capitalista, a dimensão micro, rotineira, que parece banal por ser banalizada, talvez passe despercebida no debate sobre as tecnologias digitais contemporâneas. Essa dimensão, a meu ver, carece também, urgentemente, de maior nitidez e visibilidade.

A denúncia apresentada pelo artigo da *ProPublica* (Larson *et al.*, 2016) foi uma das primeiras a mostrar a potência da falta de nomeação para a construção dos beneficiados quase invisíveis. O artigo analisa o COMPAS, sistema jurídico adotado por alguns estados dos EUA, que funciona com algoritmos de predição criminal, ou melhor, de predição de risco de reincidência criminal. Ou seja, o dispositivo oferece aos juízes um perfil dos acusados, expondo aqueles que supostamente têm a tendência de novamente cometer crimes. Essa predição é utilizada, portanto, como fator importante para a determinação da pena. Ao analisarem o funcionamento do dispositivo, os pesquisadores da *ProPublica*, então, apresentaram o problema: o algoritmo negligenciava o princípio fundamental do seu objetivo – o histórico de reincidência criminal –, uma vez que o fator preponderante para a avaliação do risco era, na verdade, a raça, o gênero, a cor e a etnia dos acusados. Um dos casos denunciados foi o de uma mulher negra chamada Brisha Borden, qualificada pelo algoritmo como de "alto risco de reincidência", sendo que só havia cometido delitos pequenos e não reincidiu, em comparação a um homem branco chamado Vernon Prater, que já colecionava três assaltos à mão armada e reincidiu com um grande roubo, tendo sido qualificado como de "baixo risco de reincidência". Outros exemplos foram apontados pela organização e, portanto, ficou evidente que o algoritmo tinha, pelo menos, um viés racial muito bem demarcado (ver Figura 1).

Figura 1 – Caso de viés racial do algoritmo COMPAS, denunciado por artigo da *ProPublica*

Fonte: Angwin *et al.* (2016).

Nesse sentido, além da imensa problemática de usar esse tipo de dispositivo tecnológico com o intuito de definir de modo tão potente a vida das pessoas, com a atribuição de pena, há algo importante a se demarcar: no apontamento do "viés racial do algoritmo", quando este é identificado, em geral são feitas tentativas de "consertar o erro", alterando o resultado do injustiçado – no caso discutido, da mulher negra. Possivelmente, no contexto do reconhecimento do "erro", as tentativas se voltam para a alteração do seu resultado, apresentando o injustiçado agora como de "baixo risco de reincidência". No entanto, são negligenciados os benefícios causados àquele que ganhou a "piedade algorítmica". Foi essa piedade que permitiu a Vernon Prater um retorno mais rápido às ruas, mesmo que para cometer crimes ainda mais graves. O que pretendo argumentar aqui, então, é que o conserto do "erro" para os impactados negativamente com os algoritmos contemporâneos anda sendo utilizado como cortina de fumaça para esconder o real problema: as tecnologias digitais e seus algoritmos foram criados para beneficiar pessoas brancas.

Esses benefícios ofertados à branquitude, na verdade, são produto do que Cida Bento (2002) chama de "pacto narcísico", ou do que alguns autores chamam de "protecionismo branco" (Dirks; Heldman; Zack, 2015).

A benevolência algorítmica a pessoas brancas, portanto, segue o princípio de um pacto firmado há muito tempo, a todo o momento e sempre que possível reforçado pelos sujeitos que se identificam com a branquitude. Se continuarmos no âmbito jurídico, o trabalho de Dirks, Heldman e Zack (2015) expõe de modo inequívoco a potência da prática ao apresentar uma análise dos comentários online feitos em "*mugshots*", isto é, fotografias de registro e arquivamento policial. Em linhas gerais, o argumento e os resultados trazidos pelos autores são representados pelo título do artigo, "'She's white and she's hot, so she can't be guilty': Female criminality, penal spectatorship, and white protectionism",[1] evidenciando que o pacto narcísico se manifesta pela constante defesa e justificação do ato criminal, sobretudo acionando o pretexto da saúde mental estremecida. É este pacto narcísico que contamina todas as materialidades e instituições: uma branquitude que funciona sob o princípio da maldição de Midas, espalhando-se para tudo que toca. Cida Bento, portanto, resume essa perspectiva ao dizer que a racialidade do branco é "vivida como um círculo concêntrico: a branquitude se expande, se espalha, se ramifica" (Bento, 2002b, p. 47). A lógica algorítmica é, então, uma das ramificações da atitude branca.

Algoritmos racistas (ou por que os algoritmos nunca erram)

Estando sob os moldes da branquitude, os algoritmos das tecnologias digitais contemporâneas espelham e reforçam os trâmites das estruturas em que se encontram. Reivindico, portanto, o termo "algoritmo racista" para fazer referência a todo viés racial manifestado nesses códigos computacionais que consideram a hierarquia entre sujeitos como um dos seus fundamentos. Embora entenda o argumento de que não haveria tecnologias racistas sem indivíduos racistas, é preciso reconhecer que não há tecnologias deslocadas de contextos socioculturais, ou seja, faz-se necessário revogar por completo a ideia de tecnologias neutras e objetivas. Algoritmos contemporâneos de mecanismos de busca, de sites, redes sociais, aplicativos, para dispositivos móveis e tantos outros, parecem se arvorar pela concepção absoluta da neutralidade, apenas por se basear em princípios matemáticos de computação. Essa percepção de neutralidade tecnológica, ainda, é associada a mais uma camada neutra, que é a branquitude. Nesse sentido, no contexto em que vivemos hoje, algoritmos são racistas tanto porque são tecnologias quanto porque são brancos.

---

[1] "Ela é branca e ela é sexy, então não pode ser culpada: criminalidade feminina, audiência penal e protecionismo branco" (tradução própria).

Então esta costuma ser uma pergunta comum: é o algoritmo que é racista ou as pessoas que são e transformam o algoritmo em racista? Embora considere uma discussão pouco relevante, uma vez que os impactos dessas ferramentas estão cada vez mais evidentes, entendo quem prefere pensar em "algoritmização do racismo" como modo de marcar que há alguém responsável por esses códigos que deveria ser responsabilizado. No entanto, penso em "algoritmos racistas" por dois motivos: o primeiro é um gesto político, marcando a não neutralidade tecnológica que precisa vir como um princípio urgente do letramento digital; o segundo é atestar fortemente que as tecnologias *se originam, nascem* racistas, e não *se tornam* racistas. Onde está esse antes e depois? Se formos pensar em "algoritmização", inserimos uma noção de processo, algo que acontece em determinado momento, portanto com início e fim. Seguindo esse caminho, considera-se a existência de uma tecnologia anterior à cultura, tábula rasa, que a ela se inscreve o racismo, o sexismo, a homofobia, a xenofobia, etc. Nessa perspectiva, existiria a possibilidade, então, de tecnologias neutras. Mas tecnologias surgem dentro de culturas, servem aos sujeitos e suas práticas; mesmo quando são apenas uma ideia, estando apenas no plano da virtualidade, já carregam códigos e símbolos socioculturais.

Nessa perspectiva da não neutralidade algorítmica, é preciso deixar claro que o problema algorítmico não é o erro. Algoritmos que, em geral, são questionados por seus vieses raciais, de gênero, sexualidade, nacionalidade, etc., não estão apresentando falhas. A ideia de falha pressupõe uma intenção contrária, desviante do objetivo central. Nesse sentido, se houvesse falha, seria possível "consertar" o deslize, já que o fluxo fundamental, contrastante do equívoco, poderia seguir. No entanto, embora a ideia de erro e viés surja como uma estratégia importante de manutenção de imagem para corporações e agentes de empresas de tecnologia (Katz, 2021), os algoritmos digitais contemporâneos estão funcionando perfeitamente, mas por uma perspectiva: o ponto de vista branco – e, claro, cisgênero, heterossexual, masculino e de tantas outras estruturas de poder nas culturas vigentes. O erro aconteceria se o comando dado pretendesse resultados diferentes. Mas o comando é branco, então o resultado está sendo branco; o comando é masculino, então o resultado não podia ser diferente; o comando é cis-hétero, então o resultado não foge da cis-heteronormatividade. Especificamente na dimensão racial, Yarden Katz (2021) concorda, ao finalizar, que "a IA é uma tecnologia da branquitude em dois sentidos: é uma ferramenta que serve a uma ordem social baseada na supremacia branca, mas também imita a forma da branquitude como uma ideologia".

Algoritmos-drácula; algoritmos-narciso; algoritmos-*apartheid*

Lourenço Cardoso (2020), em estudo minucioso sobre pesquisadores brancos e suas práticas científicas na academia, resume a branquitude em duas dimensões fundamentais: o "branco-drácula" e o "branco-narciso". Ao entender as tecnologias digitais contemporâneas, especificamente os algoritmos, como ramificações da lógica branca, entendo esses dispositivos, então, sob as mesmas inscrições. Pensar a lógica algorítmica, portanto, é pensar a lógica da branquitude, agora sob os trâmites dos códigos matemáticos e computacionais.

O branco-drácula, então, é a primeira chave para entender os algoritmos, que são brancos. De acordo com Cardoso (2020, p. 143-144), reivindicar a metáfora do Drácula é importante para o entendimento de um sujeito que não se questiona e não volta os olhos para si: "o branco cuja imagem não reflete no espelho. Portanto, não se enxerga, não se observa literalmente. Observa somente os outros, os não-brancos, os não-Dráculas [...]. O branco não é interpelado a enxergar-se". A dificuldade, portanto, de pensar a lógica algorítmica é a mesma que, historicamente, acomete a pessoa branca; é a dificuldade de entender a si como racializada. Por serem brancas, as tecnologias digitais parecem não precisar se ver, se olhar, se questionar, para além da ideia de ajuste, erro, viés: são deslizes mínimos, perdoáveis e compreensíveis, não previstos. A racialização da tecnologia, portanto, é o primeiro passo para o questionamento das suas estruturas, que, além de computacionais, também são identitárias.

O caso do algoritmo de corte de imagens do Twitter exemplifica essa característica de Drácula pensada por Lourenço Cardoso para a branquitude. Desde setembro de 2020, usuários da plataforma denunciam o corte de pessoas negras das suas fotografias, a favor do destaque de pessoas brancas. O chamado "algoritmo de saliência" da plataforma foi criado para priorizar partes principais no corte das imagens na primeira visualização, com o intuito de padronizar o tamanho das fotos e permitir que mais conteúdo fosse disponibilizado rapidamente na página dos usuários. O problema é que as partes principais eram sempre aquelas que continham pessoas brancas, tirando dos destaques qualquer indivíduo negro, inclusive em imagens que continham celebridades e outras figuras importantes (ver Figura 2). Além disso, o corte em fotografias de pessoas, em geral, considerava como ponto de destaque os seus rostos, mas os algoritmos funcionavam de forma diferente em pessoas negras, errando costumeiramente esse enfoque (Yee; Tantipongpipat; Mishra, 2021).

Figura 2 – Algoritmo de corte do Twitter priorizou, inclusive, o rosto do senador Mitch McConnell em detrimento do ex-presidente dos EUA Barack Obama

Fonte: Twitter... (2021).

Quando as denúncias começaram a chegar e o estudo de Yee, Tantipongpipat e Mishra (2021) confirmou o racismo algorítmico da plataforma, o Twitter então lançou uma competição para usuários, pesquisadores e hackerativistas, oferecendo três mil e quinhentos dólares a quem fosse capaz de "corrigir o erro" do seu código. Ao pensar na estratégia do erro a ser ajustado e contornado, ao pensar que o viés é uma questão de regulagem exclusivamente computacional e matemática, ao recusar o questionamento sobre sua estrutura de funcionamento e contratação racista, a plataforma se comporta sob o viés da branquitude-drácula: não tem a intenção de se enxergar. Plataformas digitais e seus algoritmos, portanto, não se reconhecem racializadas, e é nessa lacuna de reconhecimento que reside seu devaneio: nunca será possível retirar o viés racial e tantos outros da sua codificação se a transformação de toda a estrutura e sistema, inclusive de contratação, não for uma prioridade empresarial.

Além de Drácula, os algoritmos também estão sob a lógica narcísica da branquitude, que luta sempre para se manter intacta e indestrutível porque, aos seus olhos, é perfeita. Questionar-se, portanto, parece ser impossível, porque faria escapar o seu melhor, já que o seu melhor é ser branco: "O seu espelho é uma imagem de fotografia. Uma imagem congelada. Ele é a expressão do divino, do belo, da inteligência" (Cardoso, 2020, p. 148). Nesse sentido, para completar a sua fantasia, o branco, então, necessita do seu contraponto, aquilo que estaria no plano do mundano, do feio e desprovido de intelectualidade, isto é, os outros sujeitos racializados, como aponta Frantz Fanon (2012) e Stuart Hall (2016).

Em trabalhos anteriores, foi possível perceber como essa perspectiva narcísica atravessa os algoritmos de bancos de imagem, como Shutterstock e Getty Images. Para esses mecanismos de busca, palavras-chave que representam beleza, riqueza e cargos de chefia são exclusivas para a branquitude, enquanto aquelas que acionam sentidos de *feiura*, *pobreza* e *cargos subalternos* são mais apropriadas a sujeitos racializados, sobretudo mulheres negras. Se, por exemplo, mulheres e homens brancos eram resultado absoluto da pesquisa por *beauty*, *wealth* e *boss*; mulheres e homens negros apareciam mais frequentemente em *ugliness*, *poverty* e *secretary* (Carrera, 2020a; 2020b). Em feiura, aliás, o caráter narciso da branquitude algorítmica e imagética se mostrava sofisticado: na palavra-chave *"ugliness"*, a feiura é representada nas imagens como uma inscrição variável; enquanto no corpo branco é um elemento externo, um acessório advindo de outro lugar (careta, acne, roupa, óculos), em corpos negros é uma inscrição constitutiva, como se fosse uma característica natural, biológica (ver Figura 3).

Figura 3 – Diferença de resultados para pessoas brancas e negras na palavra-chave *"ugliness"* no Getty Images e Shutterstock. A feiura inscrita no corpo branco e constitutiva no corpo negro

Fonte: Carrera (2020a).

Margaret Hunter, no artigo "Technologies of racial capital" (2019), aponta para outro exemplo de racismo algorítmico, coerente com a perspectiva narcísica da branquitude proposta por Cardoso (2020). Segundo a autora, aplicativos como Instagram e Snapchat (pode-se adicionar na atualidade o TikTok) construíram sua força por meio de filtros em imagens que negam atributos físicos que não são brancos, isto é, "corrigem" corpos diminuindo narizes, clareando peles e ocidentalizando olhos. Na verdade, mais do que negar outras racializações, filtros em imagens dessas plataformas permitem uma "glorificação da branquitude", traduzindo, na tecnologia, o projeto colonial (Hunter, 2019, p. 53). Na branquitude algorítmica narcísica, só é bela a característica branca, portanto, melhorar a imagem nesses aplicativos significa destituí-la de traços negros, indígenas e asiáticos, moldando a fotografia à reprodução da "hegemonia do branco como ideal estético" (Sovik, 2009, p. 79).

Acompanhando, ainda, a histórica motivação branca, os algoritmos contemporâneos também incitam a segregação e, portanto, podem ser algoritmos-apartheid. A comparação não é leviana, uma vez que há *redlines* definidas que estabelecem de modo obscuro os espaços permitidos para a entrada de algumas pessoas em detrimento de outras no ambiente digital. Mecanismos de automação podem e costumam ser utilizados para banir completamente alguns indivíduos do acesso a benefícios sociais e serviços fundamentais, como denunciado pela pesquisadora Virginia Eubanks em seu livro *Automating Inequality: how high-tech tools profile, police, and punish the poor* (2018). Eubanks expõe de que forma predições algorítmicas de acesso a crédito costumam privilegiar indivíduos ricos, assim como excluir pessoas pobres a partir da negativa de crédito ou de acesso a serviços de saúde, por exemplo. Ao entender que as dimensões de classe estão, pelo menos, imbricadas em problemáticas de raça, pode-se dizer que mecanismos de automação estão servindo para barrar pessoas negras e pobres do acesso a produtos e serviços essenciais.

A pesquisadora Ruha Benjamin, em seu livro *Race after technology* (2019), deixa o *apartheid* algorítmico ainda mais explícito, uma vez que propõe a expressão *"The New Jim Code"* para descrever as dinâmicas atuais de discriminação racial fazendo referência às leis de Jim Crow, que impuseram a segregação racial nos Estados Unidos no final do século 19 e início do século 20. De acordo com a pesquisadora, a lógica da doutrina jurídica *"Separate but equal"*, que fundamentava as leis de Jim Crow pela ideia de manutenção da ordem pela separação dos indivíduos, mas pela promessa de direitos iguais a brancos e negros (Hasian Jr.; Condit; Lucaites, 1996), é semelhante à ideia de neutralidade tecnológica, que mascara a segregação estimulada e fortalecida pelas tecnologias digitais contemporâneas. A falácia da neutralidade algorítmica, então, é o alicerce para a segregação tecnológica em raça, gênero e classe, ancorando-se no ideal de uma tecnologia que funciona igualmente para todos, ou seja, "o emprego de novas tecnologias que refletem e reproduzem as desigualdades existentes, mas que são promovidas e percebidas como mais objetivas ou avançadas do que os sistemas discriminatórios anteriores" (Benjamin, 2019, p. 11).

Alguns exemplos trazidos pelo projeto "Linha do tempo do racismo algorítmico: casos, dados e reações", do pesquisador Tarcízio Silva (2019), corroboram para essa percepção de algoritmos-*apartheid* no contexto contemporâneo, como a possibilidade de exclusão racial em anúncios do Facebook para habitação, apontada em pesquisa da *ProPublica* (2016); APIs de reconhecimento facial que não reconhecem gênero e raça de mulheres negras, denunciados pelas pesquisadoras Joy Buolamwini e Timnit Gebru (2018); plataformas de locação de imóveis, como Airbnb, que permitem maior rentabilização para pessoas brancas; aplicativos de transporte que cobram mais de pessoas periféricas e não brancas (Pandey; Caliskan, 2021); dispositivos vestíveis ou "*wearables*", que foram percebidos como mais imprecisos em pessoas de pele escura, etc. Enquanto casos de segregação algorítmica racial continuam se multiplicando, percebe-se cada vez mais a sua racialização branca, historicamente fundamentada por princípios coloniais.

Algoritmos: dispositivos de segurança para a propriedade branca

Alicerçada por princípios de colonialidade, a branquitude algorítmica precisa ser percebida tanto como propriedade (Harris, 1993) quanto em sua dimensão interseccional (Crenshaw, 1989). Ao compreendermos a branquitude sob a lógica das opressões cruzadas, entende-se que o branco não é igual em qualquer lugar. Há diferentes branquitudes; trata-se de um processo de racialização localizado e flexível, dependente de dinâmicas contextuais e fluidas de opressão e privilégio. É nesse sentido que a branquitude algorítmica também tem classe, gênero, sexualidade, nacionalidade, território. São inúmeras as ilustrações: aplicativos de relacionamento que se propõem deliberadamente transfóbicos e terminam excluindo mulheres negras a partir de seus códigos caucasianos de feminilidade; o site Decolar, que pratica *geo-pricing* ou *geo-blocking*, e discrimina pessoas e etnias – precificando passagens e pacotes de viagem de forma diferente – com a identificação de suas localizações geográficas; o banco de imagem Shutterstock, que insere "brasileiros" e "africanos" como filtro racial, revelando o que seus códigos algorítmicos entendem como raça e as cristalizações do imaginário sobre países e continentes;[2] dispositivos de autocorreção, que continuamente "corrigem" nomes que não parecem "brancos" o suficiente (Dyal-Chand, 2021).

Entender a interseccionalidade como potência complexificadora da branquitude é apontar para o caráter dinâmico das opressões e dos privilégios nos processos de racialização, sobretudo quando as conjunturas analisadas não são fixas e propõem códigos e símbolos culturais específicos. Embora as algoritmizações das desigualdades obedeçam a lógicas simplistas de acesso e proibição, pessoas podem ser desfavorecidas e favorecidas pelas tecnologias contemporâneas a depender da leitura racial, de gênero e de território que o aparato técnico e matemático conseguiu, na ocasião, entregar. Ao mesmo tempo que um indivíduo branco brasileiro pode ser favorecido pela sua cor de pele na utilização de um dispositivo vestível ou no reconhecimento facial de sistemas jurídicos e policiais, pode também ser barrado por uma *redline* algorítmica estadunidense que não o considera, de forma alguma, branco. Nesse sentido, há hierarquias raciais e coloniais que são reforçadas e protegidas continuamente para a manutenção da supremacia branca nos moldes históricos já cristalizados há tanto tempo. Ao localizar os grandes conglomerados de tecnologia em países do Norte Global, percebe-se, de modo amplo e generalista, a respeito de que branquitude algorítmica estamos falando.

Os algoritmos contemporâneos, portanto, podem ser pensados como agentes de segurança para a proteção do ideal branco. Sendo brancos e existindo sob a lógica narcísica, os algoritmos estão à serviço da vigilância e da escolta de uma propriedade: a branquitude (Harris, 1993). De acordo com Cheryl Harris, perceber a branquitude como propriedade é entendê-la sob a lógica colonial: é fundamental restringir o acesso ao que ela proporciona e, claro, protegê-la a qualquer custo e por todos os aparatos de combate. Ao ser propriedade, a branquitude é algo a ser desfrutado plenamente por quem a possui, negando o acesso e o uso a quem não tem direito de pôr a mão em seus benefícios. É nesse sentido que um simples autocorretor de celular pode ser uma experiência extremamente satisfatória para uns – brancos – e extremamente violenta para outros, ou no mínimo desconfortável e inútil para aqueles que não são detentores da propriedade branca. Isto é, como conclui Emicida (2020): "para brancos a felicidade plena, para pretos, quase". Algoritmos, portanto, enquanto agentes

---

[2] O filtro "pessoas" permite selecionar resultados de imagem por raça. No grupo, o banco sugere "brasileiros" e "africanos".

de segurança brancos, agem a favor daqueles que os contrataram; são mais um dispositivo para a manutenção da branquitude em todas as suas prerrogativas.

Nesse sentido, voltando para Octavia Butler, parece ser fundamental apontar para a racialização algorítmica, dando nomes a esses *proprietários*, nome à branquitude que, enquanto um bem a ser protegido, favorece e proíbe acessos a depender da familiaridade com os indivíduos que se aproximam. É preciso apontar para esses nomes. Apontar para a ordinariedade do racismo algorítmico que deixa escapar quem está ganhando com ele todos os dias. Na lógica da colonialidade algorítmica, identifica-se mais facilmente os sujeitos colonizados e prejudicados, mas ainda se encontram nebulosos e opacos os sujeitos colonizadores, sobretudo no plano dos seus benefícios cotidianos, ordinários, elementares. Estes indivíduos, arvorando-se pela sua neutralidade branca, emergem livres, absolutos, meritocráticos. Compreender os algoritmos sob a chave da sua racialização branca pode, então, ser uma chave para a transformação, principalmente no que diz respeito ao campo produtivo das tecnologias contemporâneas e na reivindicação pela diversificação das narrativas que envolvem o domínio tecnológico.

Referências

Angwin, J. *et al.* Machine Bias. *ProPublica*, [S.l.], 23 maio 2016.

Benjamin, R. *Race after technology: abolitionist tools for the New Jim Code.* Cambridge: Polity, 2019

Bento, M. A. da S. *Pactos narcísicos no racismo: branquitude e poder nas organizações empresariais e no poder público.* Tese (Doutorado) – Universidade de São Paulo, São Paulo, 2002a.

Bento, M. A. S. *Branqueamento e branquitude no Brasil. Psicologia social do racismo: estudos sobre branquitude e branqueamento no Brasil.* Rio de Janeiro: Vozes, p. 5-58, 2002b.

Buolamwini, J.; Gebru, T. Gender shades: Intersectional accuracy disparities in commercial gender classification. In: *Conference on fairness, accountability and transparency*. PMLR, 2018. p. 77-91.

Butler, O. E. *Kindred: Laços de Sangue.* São Paulo: Morro Branco, 2017

Cardoso, L. *O branco ante a rebeldia do desejo: um estudo sobre o pesquisador branco que possui o negro como objeto científico tradicional.* Curitiba: Appris, 2020

Carrera, F. A raça e o gênero da estética e dos afetos: algoritmização do racismo e do sexismo em bancos contemporâneos de imagens digitais. *MATRIZes*, v. 14, n. 2, p. 217-240, 2020a.

Carrera, F. Racismo e sexismo em bancos de imagens digitais: análise de resultados de busca e atribuição de relevância na dimensão financeira/profissional. In: Silva, T. (Org.). *Comunidades, Algoritmos e Ativismos Digitais*, p. 139, 2020b.

Dirks, D.; Heldman, C.; Zack, E. 'She's white and she's hot, so she can't be guilty': Female criminality, penal spectatorship, and white protectionism. *Contemporary Justice Review*, v. 18, n. 2, p. 160-177, 2015.

Dyal-Chand, R. Autocorrecting for Whiteness, *Northeastern University School of Law Research Paper*, n. 403, 2021. Disponível em: https://ssrn.com/abstract=3800463. Acesso em: 16 jul. 2024.

Eubanks, V. Automating inequality: How high-tech tools profile, police, and punish the poor. St. Martin's Press, 2018.

Fanon, F. Black skin, white masks [1952]. *Contemporary Sociological Theory*, v. 417, 2012.

Hall, Stuart. *Cultura e representação*. Rio de Janeiro: PUC-Rio, 2016

Harris, C. I. Whiteness as property. *Harvard law review*, p. 1707-1791, 1993.

Hasian Jr., M.; Condit, C. M.; Lucaites, J. L. The rhetorical boundaries of 'the law': A consideration of the rhetorical culture of legal practice and the case of the 'separate but equal'doctrine. *Quarterly Journal of Speech*, v. 82, n. 4, p. 323-342, 1996.

hooks, b. Olhares negros: raça e representação. Tradução de Stephanie Borges. São Paulo: Elefante, 2019. 356 p.

Hunter, M. Technologies of racial capital. *Contexts*, v. 18, n. 4, p. 53-55, 2019.

Katz, Y. Inteligência artificial, branquitude e capitalismo: entrevista com Yarden Katz – DigiLabour (2021). Disponível em: https://digilabour.com.br/2021/02/16/inteligencia-artificial-branquitude-e-capitalismo-entrevista-com-yarden-katz/. Acesso: em 07 abr. 2022.

Larson, J. *et al.* How we analyzed the COMPAS recidivism algorithm. *ProPublica*, v. 9, 2016.

Pandey, A.; Caliskan, A. Disparate Impact of Artificial Intelligence Bias in Ride-hailing Economy's Price Discrimination Algorithms. In: Proceedings of the 2021 AAAI/ACM Conference on AI, Ethics, and Society. 2021. p. 822-833.

Silva, T. Linha do Tempo do Racismo Algorítmico. *Blog do Tarcízio Silva*, 2019. Disponível em: https://tarciziosilva.com.br/blog/posts/racismo-algoritmico-linha-do-tempo. Acesso em: 02 maio 2022.

Sovik, L. R. *Aqui ninguém é branco*. Aeroplano, 2009.

Twitter investigates racial bias in image previews. *BBC News*, [S.l.], 21 set. 2020. Disponível em: https://www.bbc.com/news/technology-54234822. Acesso em: 18 jun. 2024.

Yee, K.; Tantipongpipat, U.; Mishra, S. Image cropping on twitter: Fairness metrics, their limitations, and the importance of representation, design, and agency. *Proceedings of the ACM on Human-Computer Interaction*, v. 5, n. CSCW2, p. 1-24, 2021.

Da representatividade à comodificação da Outridade: negritude, experiências e a racialização nas redações brasileiras

Márcia Maria Cruz
Rafael Francisco

Introdução

Entre os dias 14 e 16 de maio de 2021, realizamos o 1º Congresso Nacional de Jornalistas Negros e Negras do Coletivo Lena Santos. O encontro, que não pôde ser presencial, mas, sim, mediado por telas de computadores e celulares – por conta da pandemia causada pelo covid-19 –, causou surpresa. A participação do público rendeu ao congresso cerca de quinhentas visualizações para cada uma das dez mesas de apresentação.

Durante aqueles dias, discutimos a respeito dos profissionais negros no jornalismo esportivo, suas presenças e ausências, e a constituição de uma imprensa negra, além de abordar estratégias e caminhos para um movimento que pudesse "enegrecer" os telejornais brasileiros. Também foram trazidas à discussão as vozes e potências periféricas, junto a pesquisas atinentes à raça, gênero e jornalismo.

O que foi compartilhado durante o congresso é o resultado de manifestações pessoais e coletivas "em função do [...] enraizamento da *experiência* e de sua sintonia com o *nosso viver cotidiano*, com as indagações e desejos" (França; Simões, 2016, p. 22, grifo nosso). Nesse contexto de experiências compartilhadas, impelidas sobretudo pelo nosso viver cotidiano, em que sentimos na carne o assombro daquilo que foi inventado pelo "pretenso espírito do mundo" (Sodré, 2020) – em nosso caso, a racialização –, algo nos provocou um estado de desassossego. Colocamos o nosso ponto de partida desta maneira: sob quais perspectivas têm sido pensadas questões atinentes à negritude e para quais direções têm apontado as discussões sobre a racialização? Para refletir essas perguntas que norteiam este trabalho, utilizamos como empiria alguns dos depoimentos do 1º Congresso Nacional de Jornalistas Negros e Negras do Coletivo Lena Santos[1] – espaço de compartilhamento de experiências dos participantes que deram a ver o que os afetam como profissionais negros atuando no campo do jornalismo. O nosso ponto de partida articulado às reflexões teóricas acionadas neste trabalho, colocadas em confronto com os depoimentos selecionados, apontam para três eixos: a negritude como postura política, representatividade e a comodificação da Outridade.

Vale ressaltar que este capítulo dá sequência à reflexão iniciada por Márcia Maria Cruz e Edilene Lopes no texto "Jornalistas negros: como a experiência da negritude pauta a atuação nas redações em Minas Gerais", disponível no primeiro volume do *Vozes negras em comunicação: mídia, racismos, resistências*, publicado em 2019, pela Autêntica Editora.

Os tensionamentos que propomos neste trabalho podem ensejar outras formas de apropriação e ressignificação sobre o fenômeno racial. Criando-se esses confrontos reflexivos, podemos, ademais, afastar do nosso processo emancipatório armadilhas que serviriam para um duplo funcionamento: tanto para projetos de direita neoliberais quanto para uma esquerda antirrevolucionária.

No contexto da comunicação, as questões aqui provocadas colocam em evidência algumas cotidianidades da produção da notícia no campo do jornalismo profissional em um novo contexto do fazer jornalístico, com maior representatividade de jornalistas negros na redação e de debates sobre a produção jornalística a partir de uma perspectiva antirracista. Empreitadas que podem revelar, inclusive, as falhas nas coberturas da mídia tradicional e seus enquadramentos de narrativas que se esquivam da luta antirracista.

A nossa inquietação não pretende endossar um tipo de abordagem única da temática. Pelo contrário, distanciamo-nos de um saber negro universal, como se todos e todas nós fôssemos iguais porque partilhamos do mesmo enclausuramento do corpo baseado na ideia de raça. A diferença, vale destacar, "supõe pluralidade numérica e espacial a ser sensivelmente reconhecida" (Sodré, 2017, p. 19), inclusive entre nossos irmãos e irmãs racializados como *Pessoas Negras*.[2]

---

[1] O 1º Congresso de Jornalistas Negros e Negras do Coletivo Lenas Santos está disponível em https://www.youtube.com/@ColetivoLenaSantos, na íntegra e para acesso público no canal do Coletivo Lenas Santos.

[2] Repetimos neste artigo a escolha de escrever, sempre que for possível, o termo *Pessoa Negra* em letras maiúsculas e em itálico. Essa opção foi retirada da pesquisa de doutorado de Rafael P. Francisco, em fase de desenvolvimento, em que se analisa 1) que tipo de racialização experienciada pode ser midiatizada como um acontecimento jornalístico; 2) em quais condições uma racialização experienciada encarna-se nas disputas de narrativas midiáticas como um acontecimento jornalístico; 3) os tensionamentos que podem ser

As análises feitas pelo autor e pela autora deste artigo não refletem os posicionamentos, ou opiniões, daquelas pessoas que tivemos a honra de receber em um congresso tão importante como o que aconteceu em 2021, tampouco refletem necessariamente a maneira como o Coletivo Lena Santos vem articulando as perspectivas teóricas sobre como questões atinentes à raça, racialização e negritude pautam o jornalismo. A nossa intenção é colocar em debate como podemos avançar e vislumbrar processos emancipatórios – a partir das muitas vozes que falam legitimamente sobre raça, negritude e emancipação racial na comunicação.

O texto que se desenvolve a seguir, portanto, é fruto do desassossego do espírito, do corpo e da alma, transformado no que chamaremos de *hipóteses sensíveis*. França (2016) nos lembra de que o processo de conhecer – ou *dar-se conta de* – algo pode ser realizado de muitas maneiras. Em outras palavras, o nosso ponto de partida para este texto é um impulso de uma experiência localizada, sentida pelo autor e pela autora destas linhas. As perspectivas abordadas no capítulo não são uma espécie de realidade incontestável, capazes de serem apresentadas a quem lê este trabalho como "verdades absolutas" (Freeman, 2018, p. 3). O que trazemos a esta reflexão são "interpretações sobre o mundo, analisadas a partir das nossas experiências, observações e emoções" (p. 3).

---

identificados na interação entre essas duas dimensões (a racialização e a transformação dessa experiência em enquadramentos jornalísticos), e quais são os quadros de realidade que podem ser reconhecidos e produzidos como resultado desse encontro a partir da midiatização do caso George Floyd, homem negro norte-americano assassinado por um policial branco, em 2020, a partir do jornal *Em Pauta*. Trazemos essa escolha para este texto por dois motivos: primeiro, para retirar o *status* simbólico colonial da palavra negro. Isto é, embora essa palavra tenha sido ressignificada pelos movimentos contra o racismo ao redor do Brasil e do mundo, a palavra negro, historicamente, é utilizada para fundamentar dinâmicas sociais perversas baseadas na cor da pele. Nesse sentido, a palavra negro não só é utilizada, formalmente, como um adjetivo para reforçar categorias étnico-racistas, mas como um substantivo que essencializa e projeta sobre a *Pessoa Negra* as condições do racismo como aspectos naturais e irrevogáveis. De outro modo, em boa parte dos dicionários da língua portuguesa utilizados no Brasil, ligadas à palavra "negro" – tanto em seus sentidos adjetivados como nos substantivados – existem ainda definições coloniais e negativas como: "escravo"; "meu negro"; "negro velho"; "sujo"; "encardido"; "triste"; "fúnebre". Em segundo lugar, optamos por acrescentar *"Pessoa"* ao termo utilizado neste trabalho para retirar o gênero da palavra negro/negra. Dessa maneira, quando dizemos a *"Pessoa Negra"*, estamos sinalizando de que se trata de homens e mulheres racializados. Os estudos feministas de mulheres negras têm sublinhado a necessidade de análises intersecionais ao olhar para a raça e o gênero. Aqui no Sul, a partir de Lélia Gonzalez, entre outras tantas, e no Norte Global, a partir de Kimberlé Williams Crenshaw. Vale acrescentar que para este capítulo não utilizamos a perspectiva teórico-metodológica da interseccionalidade para olhar a questão que norteia o trabalho.

A negritude como postura política e as
verdades das aparências inacabadas

As discussões sobre as estruturas raciais são predominantemente conduzidas por grupos de trabalho de intelectuais, coletivos, movimentos político-partidários e outros organismos sociais de *Pessoas Negras*. A exemplo disso, citamos o 1º Congresso Nacional de Jornalistas Negros e Negras do Coletivo Lena Santos, em que se discutiu, entre outros temas, a necessidade de enegrecer as telas da televisão brasileira, de chamar a atenção para a ausência de profissionais negros no telejornalismo, de constituir uma mídia negra no Brasil, e os desafios que serão enfrentados para um tipo de atuação antirracista no jornalismo.

A necessidade de um aquilombamento para essas discussões por si só é autoexplicativa. Mas entendemos que os fundamentos das nossas reflexões precisam estar estrategicamente *desalinhados* aos propósitos e à maneira como a raça em si foi e tem sido concebida pelos saberes que se consideram dominantes.

Obviamente, o emprego do termo raça neste trabalho não tem relação com uma abordagem biológica, uma vez que essa discussão já está superada. Desse modo, nossa perspectiva está pautada na compreensão do que entendemos de "raça social" (Guimarães, 1999, p. 153). Isto é, relações sociais "atravessadas pelo imaginário de raça, ancorado em diferenças de gradação de cor de pele" (Sodré, 2018, p. 11). Contudo, a superação da ideia retrógrada sobre raça, como um demarcador justificado na ciência biológica, não fez esmaecer o seu sentido supremacista, tampouco diminuiu as experiências socializantes dentro das relações sociais atravessadas pela raça.

A dominação explicitamente racial, isto é, "o racismo em seus termos clássicos, como estratégia de poder, tem esmaecido no interior de um complexo maior e mais moderno de dispositivos disciplinares, a que se deu o nome de biopoder" (Sodré, 2018, p. 11). Superado ou não o conceito biológico sobre "raça", esta substância ainda parece ser elementar e responsável por fermentar delírios humanos (Mbembe, 2019), embora, como já afirmou Sodré (2018), ela já não essencialize "as diferenças humanas" (Sodré, 2018, p. 11).

Notadamente, esses novos modos de subjetivação e, claro, de racialização, característicos da sociedade neoliberal, são resultados do processo de fabricação de sujeitos em que se fabulou e enclausurou o corpo como produto para a mais desprezível forma de servidão – notadamente o empreendimento colonial sobre a África e sobre o corpo que habita esse espaço. Na alvorada da modernidade, o negro foi "o único de todos os humanos cuja carne foi transformada em coisa e o espírito em mercadoria – a cripta viva do capital" (Mbembe, 2019, p. 21).

O princípio racial, afirma Mbembe (2019, p. 21), "e o sujeito da mesma matriz [o corpo negro] foram operados sob o signo do capital".

É exatamente essa característica que distingue a alienação do corpo racializado, ao longo do primeiro capitalismo, e a instituição de outras formas de servidão. Vale lembrar que nem todas as *Pessoas Negras* são africanas. Tampouco todos os africanos são *Pessoas Negras*. Mas isso pouco importa, uma vez que o corpo é enclausurado como objeto de discurso sob um tipo de estatuto e função sígnica de representação (Mbembe, 2019).

Embora a condição negra aponte para um certo tipo de universalização em que se manifestem "os riscos sistemáticos aos quais os escravos negros foram expostos durante o primeiro capitalismo" (Mbembe, 2019, p. 17) – que nada mais é que o resultado de um tempo em que a defesa do neoliberalismo é imperativa para que toda economia de vida passe a ter um valor atribuído no mercado –, não é verdade que esse *devir-negro* no mundo acarrete a extinção do racismo e, consequentemente, a destruição dos novos dispositivos disciplinares do biopoder (2019, grifo nosso).

À parte dessa nova condição no mundo, da sua institucionalização e generalização como um *ethos* de vida, está o fato de que "o negro e a raça nunca foram elementos fixos […], mas sempre fizeram parte de um encadeamento de coisas elas mesmas inacabadas" (Mbembe, 2019, p. 20). É certo dizer que a raça é um "recorte móvel de um processo perpétuo de poder" (2019, p. 68), constatação que infere, portanto, reatualizações e ressignificações que rompem com os paradigmas do próprio empreendimento racial. Também há verdade ao se dizer que a raça e o racismo são eles mesmos simbolizados "pela lembrança de um desejo originário frustrado" (p. 68). É, nesse sentido, aquilo que Sodré chamou de um tipo de afeto: isto é, a saudade do escravo ou "uma espécie de memória afetiva que está na superfície psicológica do fato histórico-econômico de que as bases da organização […] foram dadas pelo escravismo" (Sodré, 2018, p. 13).

Existem algumas razões para a constatação feita no início deste tópico a respeito da predominância de pessoas – e lugares – interessadas em discutir sobre as estruturas raciais. O que podemos observar é que os efeitos da racialização sobre as pessoas não negras só são sentidos quando as ideias racializantes produzem danos objetivos, portanto materiais, ao mundo daqueles que se autointitulam civilizados e possuidores do *status* de sujeito.

O espanto universal diante dos horrores do nazismo, por exemplo, se justifica menos pelas atrocidades experienciadas por homens, mulheres e crianças judias, e mais pelo fato de que os aparatos de violência neocoloniais foram colocados em prática contra pessoas não negras. Ariana Maria da Silva, em artigo publicado para o portal Geledés, nos lembra que os "países que conformam a ONU nesse período não se ativeram às perdas de vidas e aos sofrimentos causados pela neocolonização em África no século XIX e XX, ou mesmo as consequências da colonização na América Latina nos séculos anteriores. Ou seja, a discussão sobre raça só ganha importância no momento em que os europeus se veem afetados pelo racismo justificado no racialismo" (Silva, 2014).

Um outro exemplo mais recente sobre o espanto universal diante da violência – e que se mostra seletivo – é a própria guerra da Rússia contra a Ucrânia. Os principais veículos de comunicação não se sentiram inibidos em assumir que o conflito entre os dois países se tratava de um atentado contra um "povo relativamente europeu, de olhos azuis e cabelos loiros" (Ianhez, 2022).

É provável que esse contexto de espanto seletivo seja oriundo também dos enquadramentos midiáticos em que certos grupos de pessoas são classificados como humanos e que as suas vidas, perdidas em confrontos, como no caso da Rússia e Ucrânia, são passíveis de luto (Butler, 2020). A gradação da cor da pele, nesse contexto, é a justificativa tácita, mas paradoxalmente evidente, utilizada para não dignificar a perda de certas vidas. Daí a urgência de enegrecer as redações e produzir condutas de noticiabilidade que estejam em concordância com uma luta antirracista, como ficou evidenciado ao longo do 1º Congresso Nacional de Jornalistas Negros e Negras do Coletivo Lena Santos.

A raça ressignificada em negritude como uma postura política, portanto uma potência de vida, deve estar paralela à própria invenção não só da equação raça-igual-a-negro, mas raça-igual-a-branco numa lógica em que essas duas abstrações servem, ao fim e ao cabo, para fazer permanecer uma lógica social de lugares fixos. "Por mais que uma identidade "negra" possa adquirir valor tático, apoiada pela afirmação de "raça" como ideia política – em função de oportunas ações afirmativas, no quadro conjuntural das lutas por direitos civis ou por status dentro de uma sociedade em que a hierarquização social é reforçada pela discriminação racial – a separação de indivíduos humanos por cor é filosoficamente questionável" (Sodré, 2020, p. 16).

Nesse jogo de *coisas sempre inacabadas,* a política identitária sem que haja o vislumbre de transformações da mecânica social racializante, lugar onde se produz identidades sociais, "gera uma camisa de força que faz com o que o sujeito negro, mulher, LGBT, possa ser, no máximo, uma versão melhorada e menos sofrida daquilo que o mundo historicamente lhe reserva" (Almeida, 2019, p. 15).

Na ávida criação de mitos que justificassem o seu poder, a Europa, como centro e gravidade do mundo ao longo do advento do primeiro e segundo capitalismo, edificou uma sociedade civil das nações capaz de se autodenominar como lugar dotado de direitos 1) políticos, 2) sociais, e 3) individuais. Ideais, como nos lembra Kilomba (2020), que seriam o caminho para se alcançar o *status* completo de sujeito, identificando-se e reconhecendo-se – e sendo reconhecido – em todas aquelas três diferentes dimensões. Para o restante, em oposição a essas dimensões, restaria um tipo de realidade manifestada na existência objetificada.

A ressignificação da raça em negritude e o nosso aquilombamento como tentativa de estabelecer uma comunidade racial – "primeiro para fazer nascer um vínculo e fazer surgir um lugar com base nos quais nós possamos manter de pé em resposta a uma lógica de sujeição e de fratura da biopolítica" (Mbembe, 2019, p. 29) –, como foi o caso do 1º Congresso Nacional de Jornalistas Negros e Negras do Coletivo Lena Santos, não deve perder de vista esses complexos processos de microdeterminações para reafirmar um tipo de poder. Tampouco perder de vista a força e a capacidade dos processos de racialização de operar enquanto afeto, que se converte em imagem e, acima de tudo, em estrutura imaginária. A raça "é um lugar de realidade e de verdade – verdade das aparências" (Mbembe, 2019, p. 70).

Os debates sobre negritude como postura política, encabeçados por nós e para nós, como fica evidente, não podem estar descolados da percepção e do resgate dessa mecânica de aparências que se colocam como verdade, sempre inacabadas. Do contrário, a negritude como postura política, que visa ressignificar a raça, quando não a desfazer, ao mesmo tempo que possibilita a *Pessoa Negra* se tornar sujeito, seria uma outra forma de assujeitamento ou, na melhor das hipóteses, um movimento encurtado.

Representatividade e poder de decisão

Ao dar as boas-vindas na abertura do Congresso Nacional de Jornalistas Negros e Negras, umas das pessoas participantes evocou a expressão ubuntu: "eu sou, porque você é", "eu sou, porque nós somos". A saudação coloca-nos de imediato frente à importância de não se vivenciar a negritude nas redações de forma isolada.

Até bem pouco tempo, as discussões em torno dos processos de racialização e da necessidade de ressignificar raça em negritude não existiam nas redações da mídia comercial, ou se existiam não ganhavam relevância para se pensar a produção da notícia. O congresso se apresenta, nesse sentido, como uma elaboração pública e coletiva do que são essas experiências de racialização e negritude nas redações.

Convidada para abrir o momento histórico que foi o 1º Congresso Nacional de Jornalistas Negros e Negras do Coletivo Lena Santos, Maju Coutinho afirmou que se atualmente ela é apresentadora do *Jornal Nacional*,[3] isso se deve ao fato de que outros jornalistas negros a precederam. Algum tipo de mudança na composição do quadro de jornalistas negros e negras nas redações é perceptível, embora se trate de movimentos ainda questionáveis. O que nos leva a observar como a discussão de raça se apresenta e sobre a presença de jornalistas negros e negras nas redações.

Os principais veículos de comunicação brasileiros ainda são compostos majoritariamente por jornalistas brancos, como demonstram pesquisas quantitativas. O Perfil Racial da Imprensa Brasileira, realizado pelo Jornalistas & Cia, Portal dos Jornalistas e Instituto Corda, divulgado em novembro de 2021, aponta que a composição das redações não reflete o perfil da população brasileira. O levantamento demonstrou que apenas 20,10% dos jornalistas se autodeclaram negros (pretos e pardos), sendo que a maioria se autodeclara branca (77,60%).

A falta de diversidade é ratificada pelo levantamento realizado pelo Reuters Institute e pela Universidade de Oxford. Foi analisada a diversidade em cargos de decisão (editores) em cem dos principais veículos de notícia (online e off-line) de cinco países, entre eles Brasil, Alemanha, África do Sul, Reino Unido e Estados Unidos. O levantamento revelou que em cargos de decisão a diversidade é ainda mais baixa. Nas redações dos principais veículos no Brasil, 34% são jornalistas não brancos, no entanto apenas um editor não branco ocupava alto cargo (5%).

O percentual nos veículos brasileiros, em termos de representatividade, está muito aquém do percentual de pessoas negras (pretas e pardas) na população brasileira, que, segundo o Censo Demográfico de 2010 do Instituto Brasileiro de Geografia e Estatística (IBGE), é de 52%. O estudo conclui que a lacuna de diversidade tem reflexos nos processos de tomada das decisões editoriais.

A importância de haver mais diversidade nas redações foi um aspecto levantado pelos jornalistas que participaram do 1º Congresso Nacional de Jornalistas Negros e Negras do Coletivo Lena Santos. Os participantes[4]

---

[3] Maju Coutinho tempos depois deixou a ancoragem do *Jornal Nacional* para assumir a apresentação do Fantástico.

[4] Optamos por não identificar as falas utilizadas neste artigo. Embora a íntegra do evento esteja disponível no canal de YouTube do Coletivo Lena Santos, a anuência de exposição dos participantes ficou reservada, neste momento, apenas ao evento.

apontam que a presença de um número maior de jornalistas negros implica em possibilidades de uma cobertura mais diversa.

> [...] De a gente ver redações mais plurais, mais diversificadas, que a gente leia histórias que também consigam refletir essa nossa sociedade e falem com fontes que também reflitam essa diversidade. Enfim, eu não acho que seja um processo que vai acontecer de uma hora para outra. É um processo longo que começou há muito tempo, com emprego de esforços que vêm sendo feitos já [há] bastante tempo. Mas como eu falei, o meu lugar é esse de esperança, mas não só, também de muito trabalho, de muita mão na massa para fazer com que essas mudanças acelerem e enfim nos levem para uma imprensa mais democrática (Palestrante 3).

O depoimento sinaliza que aumentar o número de jornalistas negros nas redações é um processo, ou seja, uma mudança iniciada e em curso. No entanto, para que essa mudança siga é necessário o engajamento de jornalistas negros e negras impulsionando as transformações nas redações. Fica evidente também, em depoimento da mesma pessoa palestrante citada anteriormente, a necessidade de que os próprios veículos de comunicação se atentem à representatividade e promovam ações para tornar as redações mais diversas, com a realização de programas de *trainee* e com a criação de oportunidades para que jornalistas negros e negras ocupem postos de chefia.

A ampliação da diversidade nas redações pode dar início a um processo de se repensar o próprio jornalismo, pois uma maior diversidade implica adequações, inclusive na possibilidade de se ter nas tomadas de decisões a negritude como postura política, como apontamos nos parágrafos anteriores. Uma outra pessoa palestrante no evento aponta como as redações estão estruturadas, de uma forma geral, para não serem acolhedoras aos jornalistas negros e negras. Para exemplificar, ao longo do congresso, jornalistas que atuam em TV denunciaram certos tipos de padrões, utilizados por muito tempo, para afastar profissionais negros e negras da frente das câmeras – microdeterminações disciplinares que podiam ser percebidas em relação a não aceitação da textura do cabelo, do uso de penteados ou tranças afro, e até mesmo do uso de cores e estampas no figurino que poderiam corresponder a uma postura identitária étnico-cultural. Além dessas imposições de padrões, que para nós são projeções ideológicas de poder em exercício, os participantes informaram que há outras formas sutis de tornar a redação de um veículo hostil para jornalistas negros e negras. Como demonstrou a pessoa palestrante 1, a existência desses padrões de conduta e cerceamento pode minar a autoestima de quem não se encaixa naquilo que Sodré (2018) chamou de "primazia existencial". Ela mesma, por muitas vezes, se perguntou se era boa no que fazia: "[...] eu sempre tive isso muito na minha cabeça que eu deveria fazer um caminho diferente, porque eu vou dar um exemplo rápido. [...] foi pesado pra mim e entender que eu era bom no jornalismo e de me dedicar a isso sem sofrimento, no sentido de [entender que] eu não vou ser o William Bonner. Mas isso não é um problema [...]" (Palestrante 1).

A inadequação pode causar sofrimento de várias ordens nos profissionais de jornalismo negros e negras, até o ponto de não haver mais a possibilidade de permanecer naquela estrutura, conforme a experiência percebida no depoimento anterior. O palestrante 1 revelou ainda que, para entrar naquele ambiente de trabalho, foi necessário passar por uma das seleções e um dos programas de *trainee* mais difíceis de serem prestados para um jornal de circulação nacional, embora ele tivesse uma excelente formação. No entanto, depois de um tempo de carreira, por não se sentir pertencente, preferiu deixar a redação.

> As redações brasileiras – ou pelo menos as redações dos jornais nos quais eu trabalhei (a *BandNews FM*, *Estadão* e *O Globo*) – não são acolhedoras e elas expulsam seus profissionais negros. Elas fazem com que os repórteres negros, as repórteres negras não queiram continuar lá. Eu vi isso acontecer com diversos colegas meus lá no jornal *Globo* e no próprio *Estadão*. Enfim, eu saí do jornal e vejo ainda os colegas que estão lá, como que é um ambiente insalubre para quem é negro, um ambiente totalmente não acolhedor nesse sentido de saúde (Palestrante 2).

Os palestrantes apontam, nesse sentido, não só o desafio para que as redações se tornem mais diversas, que aumentem a presença de corpos negros, para que possam ocorrer mudanças significativas no campo editorial, mas também a importância de a representatividade ser acompanhada da ocupação de cargos com poder de decisão editorial. "Hoje a gente já vê a nossa pele preta ocupando os espaços, mas a caminhada é longa, porque não é só chegar. É chegar, permanecer e é também preciso atingir os espaços de poder e decisão das redações. Esse processo deve ser feito preservando a nossa saúde mental e física" (Palestrante 5).

O que fica evidenciado nos depoimentos, a partir dos questionamentos acerca da representatividade feitos pelas pessoas que participaram como palestrantes no congresso, é a postura de inclusão assumida nas redações apenas como um movimento de adaptação a determinações mercadológicas, como uma "moda". Faz parte do discurso corporativo a necessidade de ter um quadro de funcionários que seja diverso. Nesse sentido, o termo diversidade passou a integrar o discurso das boas práticas corporativas: seja para apresentar uma imagem de empresa alinhada a boas práticas de gestão, adequada ao mundo contemporâneo, seja para chegar a um determinado nicho, como uma estratégia mercadológica. Ao mesmo tempo que cresce esse discurso da importância da diversidade nas empresas, também há um aumento do número de críticas que, muitas vezes, revela como a diversidade e a inclusão são assumidas nas ações de marketing sem efetividade e implementadas estrategicamente. O palestrante 4 apresenta essa preocupação no que concerne às ações implementadas nas redações: "[...] inclusão não pode ser uma pauta, eu vi hoje essa expressão da moda porque não é da moda, diversidade e inclusão. [Os jornalistas negros e negras] precisam estar aqui presentes para valer".

A representatividade, quando não acompanhada de ações para tornar o ambiente das redações mais adequado, pode, conforme apontado, se tornar fonte de sofrimento mental para o jornalista negro. Para além disso, como veremos no tópico seguinte, a representatividade alinhada à lógica e às estratégias de mercado projetam outros problemas e maneiras de racialização das *Pessoas Negras*.

Comodificação da Outridade

O terceiro e último eixo de interesse para este trabalho se relaciona às críticas e à maneira como a questão racial tem sido incorporada às redações. Como já vimos, a raça é uma *invenção duradoura* que se pauta em processos contínuos e diversificados para fazer permanecer a racialização dentro das relações sociais. É "uma figura autônoma do real, cuja força e densidade se devem ao seu caráter extremamente móvel, inconstante e caprichoso" (Mbembe, 2019, p. 29). São esses processos contínuos que moldam paradigmas sobre claros e escuros, além de endossar e localizar um tipo de leitura sociocultural específica para o *Eu, o Outro e o Nós, Outridade* é a característica da racialização no tempo das tecnologias do *self*. O que reforça o caráter mutável da raça e a sua possibilidade de ressignificar-se no tempo.

Se, por um lado, as categorias "morfo-fenotípica como *homem-negro* ou *homem-branco* permanecem como marcações operativas de hegemonia dentro de um paradigma étnico" (Sodré, 2018, p. 12, grifo nosso), por outro – e ao mesmo tempo –, a sociedade onde toda economia de vida passa a ter um valor atribuído no mercado "declara publicamente e perpetua a ideia de que existe prazer a ser descoberto no reconhecimento e na apreciação da diferença racial" (hooks, 2019, p. 65).

Se com a nossa *negritude como postura política* demandávamos também por *representatividade*, as aparências inacabadas do processo de racialização têm alcançado êxito, para a nossa consternação, a um tipo de comodificação da *Outridade*[5] dentro da cultura pela busca da representatividade. bell hooks (2019), que encabeça essa discussão, lembra que a diversidade confere um selo ao homem branco "de uma vida mais rica, mais aprazível se ele aceitar a diversidade". "O medo maior é que as diferenças raciais, culturais e étnicas sejam continuamente transformadas em commodities e oferecidas como novas refeições para aprimorar o paladar dos brancos – que os outros sejam comidos, consumidos e esquecidos" (hooks, 2019, p. 86).

A autora alerta para a comodificação da diferença, em outras palavras, a forma como a diferença cultural e o outro podem se tornar *commodities* no campo da Comunicação, regido por padrões ocidentalizados e brancos. hooks (2019) questiona se a *Outridade* e a diferença na cultura de massa desafiam o racismo. Adaptamos a pergunta para o campo do Jornalismo: em que medida a *Outridade* no Jornalismo desafia o racismo?

"A comodificação da outridade tem sido bem-sucedida porque é oferecida como um novo deleite, mais intenso, mais satisfatório do que os modos normais de fazer e de sentir. Dentro da cultura das commodities, a etnicidade se torna um tempero, conferindo um sabor que melhora o aspecto da merda insossa que é a cultura branca dominante" (hooks, 2019, p. 59).

A Outridade é parte do fazer jornalístico, e o jornalista regularmente precisa lidar com o outro, que pode ser uma fonte – especialista ou personagem – que o ajudará na construção da narrativa. Ao longo do congresso, os palestrantes apontam a importância de diversificar as fontes, como maneira de tornar as

---

[5] Em pesquisa ainda em desenvolvimento no Programa de Pós-graduação em Comunicação da Universidade Federal de Minas Gerais, Rafael P. Francisco olha justamente para esse contato com o Outro a partir de uma possível superação da falta de representatividade, que, na verdade, sinalizaria um novo paradigma de racialização em relação à *Pessoa Negra*. O trabalho tenta observar as disputas de narrativas e de imaginários quando o programa *Em Pauta*, jornal do grupo Globo, veiculado pelo canal fechado de televisão *GloboNews*, mobiliza Heraldo Pereira, Flávia Oliveira, Zileide Silva, Aline Midlej, Lilian Ribeiro e Maju Coutinho para comentarem sobre as manifestações nos Estados Unidos decorrentes do assassinato de George Floyd, homem negro asfixiado até a morte por um policial branco, em Mineápolis. A convocação do "time de jornalistas negros", nomeado assim por Marcelo Cosme, âncora e apresentador recorrente do *Em Pauta*, só acontece após uma mensagem postada no Twitter provocar a ausência de profissionais negros para falar da temática do racismo. A mobilização feita pela redação do programa *Em Pauta* pode ser problematizada, nesse caso, como uma resposta para colocar em evidência a Outridade no que se evidenciaria em uma "experiência de conversão que altera o lugar e a participação do sujeito na política cultural contemporânea" (hooks, 2019, p. 67). A resposta – e a promessa para o caso analisado na pesquisa de doutorado mencionada – é de que o reconhecimento e o encontro com a Outridade "irá se opor às forças aterrorizantes do *status quo*" (p. 67, grifo nosso).

narrativas mais plurais. No entanto, como demonstraram alguns depoimentos, as *Pessoas Negras* ficam restritas a certas editorias, notadamente, a policial.

O palestrante 4 sinaliza para a maneira como as *Pessoas Negras* não são vistas como aptas para falar da própria realidade. Nesse sentido, o palestrante 4 traz uma reflexão essencial: a de como, em muitos casos, os modos de olhar do jornalista esvaziam o protagonismo da *Pessoa Negra*.

> Uma coisa que sempre me incomodou é que a gente, sempre, no jornalismo não ouve, não escuta as pessoas que não temos como autoridade. Naquela discussão as pessoas atingidas pela política pública, que é criada para elas. Sempre são outras pessoas que não têm nada a ver com aquela política pública dando pitaco sobre a política pública que, no fim das contas, vão atingir outras pessoas (Palestrante 4).

A práxis jornalística de certa forma espelha a dinâmica da ciência de sujeito/objeto, principalmente no que se refere aos temas sociais, mesmo de direitos humanos. A falta de diversidade nas redações muitas vezes coloca o jornalista (homem/branco/cis/heterossexual) para contar as histórias de personagens muito diferentes dele.

Não se trata aqui de uma crítica a *priori* ao resultado das reportagens, mas uma reflexão sobre o papel de quem constrói as narrativas jornalísticas e o seu lugar de sujeito enquanto os personagens são objetos. Se essa discussão epistemológica é amplamente realizada na Ciência, também é tangenciada na teoria do Jornalismo quando tratamos da objetividade. No entanto, é essencial tematizar a partir de uma teoria do Jornalismo que parta da discussão da diversidade.

> Tornar-se vulnerável à sedução da diferença, buscar um encontro com o Outro, não exige que o sujeito abdique de sua posição dominante de forma definitiva. Quando a raça e a etnicidade são comodificadas como recursos para o prazer, a cultura de grupos específicos, assim como os corpos dos indivíduos, pode ser vista como constituinte de um playground alternativo onde os integrantes das raças, gêneros e práticas sexuais dominantes afirmam seu poder em relação íntima com o outro (hooks, 2019, p. 61).

Quando a falta de diversidade é superada pelo discurso comodificado sobre a representatividade, então surge, como reflete hooks (2019, p. 66), "uma retomada do interesse no *primitivo*". Por meio dessa nova reconfiguração racializante, o Outro, demarcado como diferente, poderia ser explorado de maneira contínua sem que haja substancialmente algum tipo de rompimento com as estruturas do *status quo*.

O que podemos considerar, nesse sentido, é que a Outridade não passa a nortear as ações corporativas, mas de tempos em tempos, em efemérides, é acionada. O palestrante 1 aponta para os riscos dessa postura.

> Pessoas sendo humilhadas sendo perseguidas seja pelo racismo estrutural ou racismo institucional, racismo recreativo quando vai reportar para o chefe… "pessoal é uma brincadeira", então, o treinamento ou a palestra ou a roda de conversa não pode acontecer uma vez por ano – isso me mata. Estourou um caso de racismo… a nota de repúdio vem rápida. Isso também as empresas de comunicação fazem. "Nós rejeitamos, nós repudiamos", mas por que que não foi feita uma ação antes? Por que que não foi feito uma ação de realmente levar essa diversidade ou levar essa informação sobre a diversidade para dentro das empresas de uma forma mais sistemática num programa de verdade, e não apenas uma vez por ano ou quando o racismo ali acontece (Palestrante 1).

O encontro com a Outridade, que para nós perpassa um novo processo de racialização da diferença, "não exige que o sujeito abdique de sua posição dominante de forma definitiva" (hooks, 2019, p. 68). Para nós, a comodificação da Outridade pela ótica da representatividade e do contato com o diferente faz parte das muitas situações em que o fenômeno raça aparece, e que são bastante diferentes entre si, vale reforçar. Para entender essas persistências classificatórias e signatárias da racialização, e suas formas de operações, temos que falar sobre essas situações em suas especificidades" (Haider, 2019, p. 75).

Repensar o futuro da raça

O que podemos considerar até aqui é que as operações racializantes originais têm sido desfeitas em detrimento de outros complexos e modernos dispositivos disciplinares. Segundo Sodré (2020), apesar da permanente necessidade de se falar e desvelar as maneiras de funcionamento e de reconfiguração que assujeitam pessoas a partir dos processos disciplinares para racialização, a afirmação da raça deve ser feita "em um sentido revolucionário para que um dia seja possível superá-la" (Almeida, 2019, p. 19, grifo nosso), reforçando seu sentido de "provisória ferramenta política" (Sodré, 2020, p. 19).

É nesse campo, onde se encontra uma espécie de capilaridade reflexivo--discursiva sobre "raça", que talvez possa surgir um tipo de armadilha que, ao ensejar possíveis ressignificações sobre as categorias operativas de domínio, demarcadas por uma lógica com base em uma pretensa cor dominante da pele, endossa também, e ao mesmo tempo, uma inércia que inviabiliza algum vislumbre e prática de transformação a respeito da racialização.

Pensar raça e suas variadas implicações torna o indivíduo *sujeito* de si e permite, ao que parece, que *Pessoas Negras* ressignifiquem dispositivos disciplinares que se sustentam na ideia de raça. Entretanto, como afirma Sodré (2018), "determinadas palavras continuam carregando o cadáver insepulto do conceito odioso que as animou no passado" e, portanto, "a forma linguística *raça* é provavelmente algo de que a consciência lúcida deva desembaraçar--se" (p. 18, grifo nosso). Nesse sentido, pensar raça cria um *duplo vínculo* diante da tentativa de um processo emancipatório: torna as pessoas *sujeitos* de si ainda *sujeitas* à raça, simbólica e objetivamente. Se assim for, as nossas intenções ao se pensar sobre as dinâmicas raciais, como aconteceu ao longo do 1º Congresso Nacional de Jornalistas Negros e Negras do Coletivo Lena Santos – embora desejosas de transformações radicais –, não passariam de movimentos dentro dos limites de um sistema que se reconfigura e que, talvez, tende a se manter em funcionamento. Seriam essas nossas movimentações já previstas dentro de uma mecânica tão sofisticada que não permite, a princípio, qualquer verdadeira forma de escape? É possível que pavimentemos um tipo de percurso em que não persista "ele próprio, o negro, a se reconhecer apenas pela e na *diferença*?" (Mbembe, 2019, p. 22).

Apontamentos sobre o debate

Neste capítulo, procuramos nos amparar nas discussões que tensionam o processo de racialização por entendermos que se trata de uma discussão urgente e fundamental. Procuramos fazê-lo no campo da Comunicação pela centralidade que o *ethos* dessa instituição assume na sociedade contemporânea, *locus* da formação de boa parte dos vínculos sociais. Este texto em si é um movimento importante de pesquisa e ação. Vale ressaltar, como salientado na introdução, que este capítulo dá sequência às reflexões iniciadas no primeiro volume do *Vozes negras em comunicação*. É também crucial destacar que o Coletivo de Jornalistas Negros e Negras Lena Santos foi formado a partir de um grupo de jornalistas negros e negras que estão envolvidos também no processo e avanço de pesquisas.

O grupo se formou de maneira orgânica, pela necessidade de um espaço coletivo para que profissionais negros e negras pudessem falar da própria experiência, apresentar angústias e conquistas. Ademais, o coletivo sentiu-se impelido a se posicionar acerca de como o jornalismo trata da luta antirracista, o que resultou na realização do congresso – uma iniciativa inédita. Ao longo do 1º Congresso Nacional de Jornalistas Negros e Negras do Coletivo Lena Santos, foram realizadas inúmeras discussões de muita profundidade. Este capítulo debruçou-se sobre uma pequena parte dos apontamentos, havendo ainda um vasto material a ser acessado.

Também é importante pontuar que foi realizado o 2º Congresso Nacional de Jornalistas Negros e Negras do Coletivo Lena Santos, em 2022, no formato presencial em Belo Horizonte, mais uma vez como formação de um espaço qualificado para o debate sobre o fenômeno racial no campo da Comunicação. Por certo, há avanços a serem comemorados, mas as discussões apontam que ainda há um longo caminho a ser trilhado no que se refere à luta antirracista nas redações brasileiras. As discussões revelam, inclusive, que esse debate deve ser permanente. O debate é fundamental para um processo emancipatório.

A representatividade nas redações deve ser ampliada, como apontam os palestrantes, tanto do ponto de vista numérico quanto do ponto de vista dos processos de acolhimento aos jornalistas negros e negras que chegam às redações, garantindo-lhes saúde mental e possibilidades reais de ascensão na carreira. A representatividade enseja no movimento de garantir esse acolhimento, cabendo aos profissionais negros ajudar na manutenção da representatividade bem como indicar melhores práticas para a permanência desses profissionais, e na democratização das linhas editoriais, com sugestão de enquadramentos mais plurais e menos estigmatizantes.

A discussão sobre negritude nas redações, por sua vez, permite também superar armadilhas identitárias que podem nos colocar em caixinhas, como se fossemos únicos, estratégia essa que vem desde o processo de escravização como demonstramos aqui. A racialização não pode ser algo unidirecional como se fosse um problema do negro. A discussão do que é ser negro invariavelmente também impõe a reflexão do que é ser branco e tudo que implica a branquitude. Ao propor essa discussão no que se refere às coberturas jornalísticas, sabemos do impacto no debate público e na sociedade. Por fim, a discussão aponta para uma preocupação de não transformar a Outridade em *commodity*, tornando a diferença apenas produto de consumo.

Referências

Almeida, S. Prefácio. In: Haider, A. *Armadilha da identidade*. Tradução de Leo Vinicius Liberato. São Paulo: Veneta, 2019. Coleção Baderna.

Butler, J. *Vida precária: os poderes do luto e da violência*. Tradução de Andreas Lieber. 1. ed. Belo Horizonte: Autêntica, 2020.

Congresso Nacional de Jornalistas Negros e Negras do Coletivo Lena Santos, 1, 2020, [online]. *Congresso Nacional de Jornalistas Negros e Negras...* [S.l.]: Coletivo Lena Santos, 2020. Disponível em: https://www.youtube.com/@ColetivoLena-Santos/. Acesso em: 20 jun. 2024.

Cruz, M. M.; Lopes, E. Jornalistas negros: como a experiência da negritude pauta a atuação nas redações em Minas Gerais. In: Corrêa, L. G. (Org.). *Vozes negras em comunicação: mídia, racismos, resistências.* Belo Horizonte: Autêntica, 2019. p. 93-112.

Freeman, E. H. Bringing Your Whole Self to Research: The Power of the Researcher's Body, Emotions, and Identities in Ethnography. *International Journal of Qualitative Methods*, [S.l.], v. 17, p. 1-9, 2018.

Guimarães, A. S. A. Raça e os estudos de relações raciais no Brasil. *Novos Estudos CEBRAP*, [S.l.], v. 54, p. 147-156, 1999.

Haider, A. *Armadilha da identidade.* Tradução de Leo Vinicius Liberato. São Paulo: Veneta, 2019. Coleção Baderna.

Ianhez, R. Reações à guerra na Ucrânia expõem a russofobia e racismo ocidentais. *Folha de S.Paulo*, São Paulo, 15 mar. 2022. Disponível em: https://www1.folha.uol.com.br/ilustrissima/2022/03/reacoes-a-guerra-na-ucrania-expoem-russofobia-e-racismo-ocidentais.shtml. Acesso em: 21 abr. 2022.

Kilomba, G. *Memórias da plantação: episódios de racismo cotidiano.* Tradução de Jess Oliveira. Rio de Janeiro: Cobogó, 2019.

Mbembe, A. *Crítica da razão negra.* Tradução de Sebastião Nascimento. 3. ed. São Paulo: N-1, 2019.

Silva, A. M. Racialismo e Racismo. *Geledés, Artigos e Reflexões*, [S.l.], 15 jul. 2014. Disponível em: https://www.geledes.org.br/racismo-e-racialismo/. Acesso em: 23 fev. 2023.

Sodré, M. *Pensar Nagô.* Petrópolis: Vozes, 2017.

Sodré, M. Uma lógica perversa de lugar. *Revista Eco-Pós*, Rio de Janeiro, v. 21, n. 3, p. 9-16, 2018. Disponível em: https://revistaecopos.eco.ufrj.br/eco_pos/article/view/22524. Acesso em: 23 fev. 2023.

SEÇÃO 6

Entrevistas

"Trazer o empírico, trazer a vida, muda a gente de lugar": um diálogo com Vera França sobre a pesquisa em Comunicação atravessada pela raça

Camila Meira Moreira
Cecília Bizerra Sousa
Mayra Bernardes

Na segunda década do século 21, iniciou-se uma significativa transformação no perfil do público que estuda nas universidades brasileiras a partir da implantação da Lei de Cotas (Lei n.º 12.711/2012), que consolidou nacionalmente a implantação de políticas de ações afirmativas para o ingresso de pessoas negras no ensino superior brasileiro, já adotadas em algumas universidades públicas.[1] A lei resulta de um processo longo de reivindicações do movimento negro brasileiro por políticas públicas que visavam a uma maior inclusão e diversidade no ensino superior. E, apesar de recente, a Lei de Cotas, que completou dez anos em 2022, já deixa um legado de mudança do perfil sociorracial das universidades brasileiras, democratizando o acesso ao ensino superior para as pessoas negras que, mesmo constituindo 56% da população brasileira,[2] não se viam de modo expressivo nessa instância de saber.

---

[1] As primeiras universidades públicas brasileiras a adotarem a política de cotas para ingresso da população negra foram a Universidade Estadual do Rio de Janeiro (UERJ), que em 2001, por meio da Lei Estadual n.º 3.708/2001, destinava 40% de vagas para candidatos autodeclarados negros; a Universidade Estadual da Bahia (UNEB), cujo Conselho Universitário aprovou em 2002 a Resolução n.º 196/2002, que decide pela criação de uma cota de 40% das vagas para candidatos negros nos seus cursos de graduação e pós-graduação; e a Universidade de Brasília (UnB), cujo Conselho de Ensino, Pesquisa e Extensão (Cepe) aprovou, em 2003, um plano de metas para a integração social, étnica e racial, que previa a reserva de 20% das vagas do vestibular para pessoas negras. Informações coletadas nos sítios eletrônicos das referidas instituições. Acesso em: 18 fev. 2023.

[2] De acordo com dados da Pesquisa Nacional de Amostra de Domicílios (PNAD) Contínua, realizada pelo Instituto Brasileiro de Geografia e Estatística (IBGE) em 2021, 56,1% da população brasileira se autodeclara negra (pretos e pardos).

Essas transformações também se estenderam, mais recentemente, aos programas de pós-graduação, dentre eles o Programa de Pós-Graduação em Comunicação Social (PPGCOM), da UFMG. Em 2017, ano em que a universidade regulou a Política de Ações Afirmativas para inclusão de pessoas negras, indígenas e com deficiência na pós-graduação *stricto sensu*, o PPGCOM/ UFMG deu início às políticas afirmativas, sendo um dos primeiros programas de pós-graduação da universidade a debater e implementar ações para reduzir as desigualdades de acesso à academia. Desde então, metade das vagas do processo seletivo para mestrado e doutorado no programa são reservadas para pessoas autodeclaradas negras. Além disso, a partir de 2018, passou a ser lançado também um edital suplementar para a seleção de candidatos indígenas e pessoas com deficiência.[3]

Com a chegada de mais pessoas negras no programa, também ingressam novas temáticas, novos interesses de pesquisa e novas perspectivas teóricas que conferem centralidade à fala de grupos que foram historicamente definidos por um olhar externo colonizador. Esses novos pesquisadores entram em contato com os métodos da ciência tradicional, caracterizada por seu olhar predominantemente branco, masculino e eurocêntrico, que agora se vê desafiado a ver esses indivíduos não mais como objetos de pesquisa, e sim como sujeitos de suas próprias narrativas. A Comunicação, campo de estudos recente e que ainda lida com a discussão de suas especificidades, agora também precisa lidar com os tensionamentos das questões raciais e de gênero que perpassam a produção de conhecimento. O que tem resultado dessas interações?

Pensando em tais tensionamentos, nós somos parte integrante dessa história recente. Ingressamos no PPGCOM nesse momento de virada – Mayra ainda antes da política de cotas, atuando na criação desse mecanismo no programa, e Cecília e Camila como alunas das primeiras turmas com alunos negros ingressando por meio da reserva de vagas. Nos propusemos, a partir desse lugar, a fazer um exercício de diálogo com a história do Programa de Pós--Graduação onde nos formamos, tendo como referência a Profa. Vera França, que não só nos orientou em diferentes fases de nosso percurso acadêmico, mas também orientou outros colegas pesquisadores negros que se tornaram professores do próprio PPGCOM/UFMG e de outras universidades que são referência nacional em estudos de Comunicação. E de 2017 até aqui, muitas

---

[3] Informações coletadas no site do Programa de Pós-Graduação em Comunicação Social da UFMG. Acesso em: 06 mar. 2023.

transformações aconteceram no nosso PPG: estudantes negros, que antes eram minoria ou totalmente ausentes das salas de aula, se transformaram em presença equânime ou até maior do que o número de estudantes brancos matriculados no programa; grupos de pesquisa e disciplinas da pós-graduação foram criadas e reorganizadas a partir das discussões sobre raça e comunicação; eventos relevantes local e nacionalmente, como o nosso Colóquio Discente, a Intercom e a Compós, passaram a ter grupos de trabalho focados neste tema; entre outros acontecimentos de impacto.

Para refletir sobre essas transformações, conversamos com a Profa. Vera França, que, integrante do corpo docente do PPGCOM/UFMG desde a sua criação, em 1995, e ao longo de sua trajetória acadêmica, fez contribuições teóricas para o campo da Comunicação amplamente reconhecidas, elaborando reflexões epistemológicas acerca das controvérsias e dos desafios da análise comunicacional, com base em uma perspectiva interacional praxiológica. Vera também é fundadora e pesquisadora do Grupo de Pesquisa em Imagem e Sociabilidade (GRIS), primeiro grupo de pesquisa do curso de Comunicação Social, e que, segundo a professora, só recentemente se viu desafiado de forma expressiva pela temática racial, com o ingresso de mais pesquisadores e pesquisadoras negras no Departamento de Comunicação Social da UFMG.

A seguir, apresentamos trechos da entrevista que ela nos concedeu em 2022, em diferentes momentos, em que descreve o impacto do contato com pesquisadoras negras em sua trajetória profissional na universidade, e os efeitos da temática racial no PPGCOM/UFMG como um todo.

■ **Camila Meira (CM): Você está no PPGCOM/UFMG desde o início de suas atividades, em 1995. Ao longo desses anos, muitas mudanças ocorreram na universidade em geral e no PPGCOM/ UFMG em particular, como o início da implementação das cotas, que diversificou o público que ingressa nas universidades federais. Para você, que tem uma longa história com o programa, como foi observar a chegada cada vez mais expressiva de pesquisadores(as) negros(as) e, consequentemente, de epistemologias negras? Qual foi o impacto da chegada desses(as) pesquisadores(as) e dessas temáticas raciais?**

Vera França (VF): Partindo do início da minha história como professora, que começa até antes do PPGCOM, como professora do curso de Comunicação, nós tivemos muito poucos alunos negros. Os primeiros de que me lembro foram o Elton Antunes,[4] e na turma dele tinha uma outra aluna muito ativa, a Bete Antunes. Foi um momento de mudança do currículo, e os dois, do ponto de vista estudantil, da luta discente, tiveram um grande protagonismo. Foram pessoas muito importantes e que participaram da construção do próprio perfil do curso de Comunicação nos anos 1980. Mas eu devo confessar – porque agora estamos percebendo melhor a naturalização das relações e dos preconceitos – que nunca pensei no Elton e na Bete como pessoas negras. Eram alunos muito bons, muito inteligentes, muito presentes. Então, digamos que, quando eu olho para trás, na convivência com pessoas negras, me lembro deles, talvez, como os primeiros a fazerem parte desse círculo, mas o momento não colocava a pauta do racismo para nós, professores.

O início do PPGCOM, então, já foi 10 anos depois, em meados dos anos 1990. Também nesse momento não me lembro de ver alunos negros ingressando no mestrado, criado em 1994.

■ **Mayra Bernardes (MB): Imagino, também, que não fosse tão comum que as pessoas se colocassem dessa forma publicamente, afirmando a própria identidade negra ao se apresentarem como pesquisadores do programa, né?**

VF: Não era mesmo, talvez por isso eu não lembre – ou não me arrisque a afirmar – quais foram os primeiros alunos negros ingressantes no programa. Mas, certamente, a Laura [Guimarães Corrêa] foi uma das primeiras estudantes negras do mestrado, e depois, quando ela retornou ao programa para o doutorado, em 2008, foi minha primeira orientanda negra. Naquela época,[5] a temática racial da mulher negra também não estava colocada entre os alunos com tanta centralidade como agora.

■ **Mayra Bernardes (MB): Mas o debate sobre identidade, mesmo que menos focado na questão racial, já estava presente no GRIS desde a sua criação, certo? Isso fica bem evidente nas narrações feitas**

---

4   Elton Antunes integra o quadro de docentes do Departamento de Comunicação Social da UFMG desde 1995 e faz parte do Grupo de Pesquisa em Historicidades das Formas Comunicacionais (Ex-Press), que se originou a partir de seu trabalho em um dos antigos núcleos de pesquisa do GRIS, o GRISpress.

5   Laura Guimarães Corrêa, além de uma das organizadoras deste livro, integra o quadro de docentes do Departamento de Comunicação Social da UFMG desde 2007, e coordena o Grupo de Pesquisa em Comunicação, Raça e Gênero (Coragem), que também teve origem em um dos antigos núcleos de pesquisa do GRIS, o GRISpub.

naquele livrinho verde do GRIS, o *Trajetória, conceitos e pesquisa em comunicação*...

VF: Sim. Um dos primeiros projetos de pesquisa do GRIS, de 2001, o "Imagens do Brasil",[6] tratou das celebrações dos quinhentos anos da chegada dos portugueses ao Brasil, e a questão das origens e da identidade brasileira ficou muito colocada na pauta jornalística daquele momento, naqueles primeiros anos da década de 2000. E colocada para nós também. Naquele momento, o GRIS era composto por vários professores, e nos dividimos dentro do projeto, desenvolvendo em cada subgrupo uma temática específica. O meu subgrupo trabalhou com os grupos "*marginais*" – do ponto de vista de classe e condições de vida – e com a população das favelas.

Nessa pesquisa, fizemos um estudo sobre a Rádio Favela, logo no início da sua criação, quando ela ainda tinha um perfil muito engajado com a comunidade. A pesquisa era feita in loco, lá no Aglomerado da Serra, em diálogo com os moradores e tratando das questões daquela e de outras favelas, abordando as relações com a cidade. O viés mais acentuado foi a questão de classe, a marginalização socioeconômica. Já no projeto dos quinhentos anos, o professor Paulo Bernardo, trabalhando a questão identitária, junto com Ricardo Fabrino e Frederico Tavares (que na época eram bolsistas de iniciação científica no GRIS), desenvolveu um estudo sobre as imagens que ilustravam os livros didáticos de História. Eles trabalharam com a lista de livros recomendados pelo MEC e, ao analisar as figuras retratadas, a questão racial apareceu com muita força, tanto na figuração do indígena quanto na do negro, que era retratado ora apanhando, ora com o dorso nu e o corpo suado. O negro aparecia sempre como força de trabalho e como trabalhador castigado naquelas imagens que estavam integrando o material didático de formação de crianças e adolescentes.[7] Foi um trabalho muito importante do GRIS e que chamou a nossa atenção, que nos fez começar a pensar: "como ainda não tratamos disso?!". O GRIS sempre foi muito tocado pela questão da exclusão, da marginalização, da desigualdade social. Mas, no caso da minha pesquisa específica, trabalhei, então, com esse tipo de mídia voltado para as classes populares, mas naquele momento a questão racial não chegou a ser tematizada.

---

[6] "Imagens do Brasil: modos de ver, modos de conviver", projeto de pesquisa desenvolvido por professores e bolsistas do GRIS no biênio 1999-2001. Ver mais em França, Martins e Mendes (2014).

[7] Parte dos resultados dessa pesquisa são apresentados no artigo "A marca do negro: jornal impresso e livro didático", de Vaz e Mendonça (2004).

■ **CM: Pensando nessas lacunas que ficaram nas pesquisas, como foi para você, enquanto líder do GRIS, ver a chegada e amadurecimento do debate racial e interseccional no grupo nos últimos anos? Consegue perceber muitas diferenças na configuração do grupo desde o seu início, em 1994, até agora, com essas discussões?**

VF: Do meu ponto de vista, a primeira pessoa que trouxe a questão racial com mais força para o GRIS foi você, Mayra.

Eu consigo rememorar várias reuniões em que as suas pontuações eram como se abrissem uma outra janelinha para mostrar coisas que estavam lá, mas que não estávamos tratando pelo olhar que ela trouxe... Tem um caso específico, e eu acho que nem foi em uma reunião do GRIS, foi um momento de conversa nossa. Estávamos conversando sobre a questão das cotas e, em um dado momento, estávamos discutindo em que medida a questão passa pela cor da pele. Eu acho que o tema era a autodeclaração do aluno ou da aluna negra, e em que medida indivíduos com a pele clara teriam direito às vagas de cotas. Então nós tivemos uma discussão, porque eu achava que a cor da pele importava, mas não era o mais importante; tinha que ser considerada também a origem familiar, os pais ou avós negros. Então ela me questionou: "Olha para a sala de aula, para os seus alunos. Quantos negros têm? Onde estão os negros aqui na universidade, aqui dentro da sala ou fora dela?". E ela me contou como é se sentir negra no meio dos brancos, o que é se ver nesse lugar da diferença, se abrindo até de um ponto de vista mais pessoal. Essa observação, sobre se sentir diferente, ainda que o olhar do outro tenha naturalizado essa diferença, me fez perceber que a questão do fenótipo é uma coisa que o indivíduo carrega e que, de alguma maneira, marca a sua identidade dentro de um grupo.

■ **CM: Você já participou das atividades do Orientação Afirmativa,[8] iniciativa que buscava auxiliar pessoas negras na entrada no PPGCOM. Você pode lembrar um pouco dessa participação e contar o que achou dessa experiência?**

VF: Eu me lembro de entrar na sala do GRIS para uma das aulas dirigidas àquele grupo e ver a grande mesa de reuniões cercada de pessoas negras... Era uma visão que se destacava e se distinguia do cotidiano na universidade, de uma outra sala de aula! As pontuações da Mayra e, depois, a presença desse grupo lá no GRIS foram marcos para mim, de desnaturalizar, de perceber a

---

[8] Grupo de estudos pré-acadêmico fundado por estudantes do PPGCOM/UFMG, em 2018. Para saber mais, ver Guimarães-Silva (2021).

presença (ou ausência) desse "outro" racializado no ambiente universitário. Racionalmente, eu sabia que havia poucos negros na universidade. Mas a força disso eu tive nesse dia, bem como a compreensão do que poderia significar para essas pessoas se sentirem diferentes da maioria dos alunos da universidade.

Olhando para essas histórias da minha própria vida, a primeira coisa que eu comecei a colocar em xeque quando a temática racial foi mais evidenciada foi a naturalização da qual eu mesma participava. É claro que, teoricamente, desde sempre eu discursava contra o racismo e contra a diferenciação social, essa hierarquização perversa. Mas, no dia a dia, era como se eu falasse: "Não, no meio em que eu vivo, as pessoas negras não sofrem, elas vivem bem". Não, não viviam, e eu não via. Então, voltando para a Mayra e para o GRIS, a primeira coisa foi trazer a questão e, num segundo momento, começar a estudar.

E aí entra a questão das novas epistemologias. Desde o meu mestrado, portanto, em toda a minha formação, já se criticava a matriz teórica norte-americana, que nos formou aqui no Brasil, como uma epistemologia da dominação. Eu ainda era estudante, mas marcou muito a minha formação o surgimento da escola latino-americana, que resgatava essa característica de como o conhecimento nos situa num dado universo sociocultural. Então a escola latino-americana queria, já nos anos 1970, resgatar um outro olhar, que era o olhar latino-americano. Mas o olhar latino-americano também não enfatizava, naquela época, a questão racial, nem negra, nem indígena.

■ **MB: Mas de quais autores estamos falando quando referenciamos esse olhar da escola latino-americana? Seriam mais homens brancos?**

VF: Sim, eram homens brancos – mas alguns, a partir de traços físicos, sugerem ascendência indígena. Como referências que acabaram ficando mais próximas do GRIS, cito Eliseo Verón (argentino), Luis Ramiro Beltrán (boliviano), Paulo Freire (brasileiro), Armand Mattelart (belga sediado no Chile), Frank Gerace (americano).

■ **MB: Acho que o próprio modo como vão se estabelecendo escolas e autores(as) dá a ver como mulheres, e em especial as mulheres negras, que também produziram reflexões teóricas nesse mesmo período, foram sendo apagadas dos registros *canônicos*, por assim dizer.**

VF: Sim. Esses autores falavam mais de um ponto de vista de classe, destacando desigualdades entre países ricos e países explorados, da crítica à matriz desenvolvimentista, às teorias legitimadoras do atraso. Então, entender que a ciência é, historicamente, estruturalmente condicionada, eu já entendia.

Mas não tinha pensado que a epistemologia do dominado tinha particularidades e, dentro delas, a particularidade racial.

Com a chegada de mais alunas negras nos últimos anos e a discussão dessas temáticas, surgiram novas autoras e autores que antes não eram estudados ou eram estudados e conhecidos por poucos professores no GRIS e também no programa como um todo. Naquele momento, nós nos demos conta de que o GRIS, que era tão engajado e comprometido com a denúncia e crítica da exclusão social, tinha que estudar mais, ler mais sobre esses outros olhares; os olhares que vêm de outras experiências. Diferentemente de uma epistemologia paternalista, que fala: "Mas o meu conhecimento também valoriza esse outro", o grande passo foi ver esse outro e buscar escutá-lo. Não é esse conhecimento mais ou menos pronto, que tivemos com a herança norte-americana e europeia, não é só esse conhecimento "esclarecido"... Não recuso esse conhecimento, não quero negar completamente a base teórica em que fui formada, em particular o marxismo, mas não é só ele que vai nos situar dentro de uma nova epistemologia. Temos que começar a escutar e aprender desses outros lugares de pensamento.

No entanto, devo confessar que eu ainda sinto dificuldade de afirmar que toda essa movimentação fundou uma *outra* epistemologia. Eu conheci alguns conceitos fortes, como o de "estrangeira de dentro",[9] por exemplo, e acredito que as pensadoras negras norte e latino-americanas trazem, sem dúvida, uma grande contribuição para o campo da Sociologia. Porém, nesse novo repertório não cheguei a identificar exatamente uma *nova* epistemologia... Eu tenho visto muitos estudos que denunciam a epistemologia dominante, estudos que apontam a importância de construir esse novo lugar de fala, mas acho que essa nova epistemologia ainda está sendo construída. E aí cabe a vocês, aos novos estudos e questões que vêm colocando, trilhar um percurso de construção.

Eu me sinto devedora com relação à minha própria consciência social, e me dou conta de que fui formada por uma ciência do norte, uma ciência branca, hétero e masculina; e que de alguma maneira eu a reproduzo. Os teóricos que eu uso são principalmente franceses, são homens e são brancos. Então nós fazemos uma crítica disso, mas sinto que ainda falta um passo mais definitivo. E também não sou eu quem vou dar, não cabe a nós; cabe a vocês, a essa nova geração, mulheres negras, ou pessoas negras, lésbicas, indígenas... Eu acho que a valorização da diversidade na ciência aponta para esses novos caminhos.

---

9   Tradução para português do termo "*outsider within*", utilizada como conceito pela socióloga negra norte-americana Patricia Hill Collins (1986).

■ **Cecília Bizerra (CB): Você falou da sua percepção enquanto professora e também da perspectiva do GRIS. Mas qual foi o impacto da chegada desses pesquisadores e pesquisadoras e da temática racial no programa (PPGCOM/UFMG)?**

VF: Foram principalmente as cotas que trouxeram esse momento decisivo para o curso. O ingresso de mais pessoas negras, pessoas das classes mais populares, que tiveram trajetórias escolares e universitárias bastante diferentes do que conhecíamos até então, nos impôs novas exigências. Então o programa começou a se questionar. A temática atravessou, até onde eu acompanho, o trabalho de todo mundo. A questão racial e a questão de gênero. O programa foi modificado pela entrada dessas novas alunas e alunos negros, pela postura desses discentes. O seu caso, Cecília, foi emblemático, ao chegar e dizer para mim: "Eu quero outra coisa". Vocês geraram uma insegurança no corpo docente. E aí tentamos dizer: "Vocês estão nos tratando como o outro lado, não estão vendo que somos um 'nós', que estamos juntos?". No entanto, ao pensar sobre isso, até onde, de fato, dá para falar "nós"? Vocês mexeram com o nosso lugar ao colocarem, de fato – e aí entra um conceito que foi, de certa forma, banalizado, mas que é muito rico –, o lugar de fala, que é uma mistura de lugar social com lugar discursivo. A presença de vocês colocou em xeque o nosso lugar discursivo. Nós falamos a partir de teorias que são críticas à dominação, que falam da diversidade, mas que são um marco teórico que vem de fora. É possível pensar do lugar da Camila? Então, eu acho que a primeira coisa, e a mais evidente, é que a presença dos novos alunos e alunas trouxe uma nova temática e novos objetos de estudo, sobretudo em torno da mulher negra.

Mas, para além disso, numa dimensão epistemológica: vocês colocaram em xeque o saber que nós, corpo docente, detínhamos. Aí eu falo: mas o que eu tenho que aprender para estar pensando desse outro lugar? Claro que esse pensamento dá uma certa angústia. Por exemplo, ministrando a disciplina de Metodologia de Pesquisa, eu sei lidar com as diferentes correntes teóricas que se sucederam ou conviveram nos últimos anos – pragmatismo, empirismo, fenomenologia, hermenêutica. Eu sei identificar as diferentes correntes de pensamento, e já escrevi sobre isso, como elas são marcadas historicamente e condicionam o nosso olhar. No entanto, até então não consegui perceber/apreender bem essa nova epistemologia. E me pergunto se ela, talvez, ainda esteja no estágio de construção...

■ **CB: O que todo esse processo pode gerar? O desconforto, as dúvidas e os questionamentos, mas também esse lugar que está sendo construído:**

onde isso pode dar? O que podemos colher de diferente, de riqueza – ou não – teórica e epistemológica, a partir dessa quebra, dessa busca?

VF: Quando uma coisa é mexida e sofre, de alguma maneira, uma desestrutura, não se volta atrás. Às vezes é possível um enrijecimento, aquela coisa do retorno do recalcado: as correntes de pensamento dominantes, os valores dominantes, quando eles se veem em xeque, às vezes podem se radicalizar e chegar a negativas absurdas – a terra plana é um exemplo. Mas o caminho da humanidade, depois que uma cunha é enfiada, não volta atrás. O caminho é daí para a frente. Lembremos Galileu Galilei, quando mostra o que descobre e acaba com a doutrina heliocêntrica, de que é a Terra que gira em torno do Sol. A Igreja, com suas teorias, entra em crise, e taxa de heresia os novos conhecimentos. Mas em vão: é a Terra que gira em torno do Sol, e isso não podia continuar a ser negado. A resistência da Igreja foi só uma questão de tempo: uma outra realidade estava colocada, e não tinha como ser detida. Mais dia, menos dia, a questão do movimento da Terra em torno do Sol viria com evidência.

Então, voltando ao nosso caso (do PPGCOM): qual a perspectiva que eu vejo? Nesse momento, fomos incomodados. Uma forma de pensamento foi questionada. Assim como o paradigma da modernidade foi questionado – e sobretudo o paradigma moderno da ciência –, o pensamento branco, masculino e nortista de conhecimento também foi questionado dentro do nosso programa. Não sei ao certo dizer o que essa soma de novos estudos está apontando. Consigo perceber nuances – é como se eu visse peças de uma outra construção, ou de um outro terreno. Mas a gente precisa querer mais do que isso, precisamos vislumbrar de fato uma nova perspectiva. O conceito de estrangeira de dentro, que falei anteriormente, sem dúvida é um conceito revelador. A ciência tradicional, digamos, e o nosso curso se veem hoje diante de uma fissura, que abalou nossas convicções teórico-epistemológicas. Não se trata ainda de outro corpo de conhecimento teórico, mas de elementos de realidade que colocaram em xeque a ciência e o nosso modo de pensar. Estando estremecido, alguma coisa nova vai surgir. No entanto, como em todo período de transição, não é possível ainda nomear e identificar claramente o que vem pela frente. É possível perceber, ou sentir, que estamos vivendo uma transição. Do ponto de vista da temática, sim, novas temáticas entraram em nosso programa. Porém, podemos já dizer que as novas temáticas criaram fissuras nas perspectivas teóricas predominantes no programa? Não sei.

Nas minhas pesquisas, costumo dizer que sigo uma inspiração do pragmatismo americano do início do século 20. Ora, esse tipo de abordagem – a ênfase na experiência – dialoga e alimenta – ou antes compromete – uma visada latino-americana, decolonial? Em um projeto de estudos que almejo desenvolver, eu queria olhar para essa indagação decolonial, para essa perspectiva que aponta para uma nova epistemologia, e perguntar se o pragmatismo a ajudaria a deslanchar ou lhe colocaria restrições e limitações. Se deveríamos deixar para trás o pragmatismo, o marxismo – esses "ismos" existentes que, no meu caso, foram responsáveis por minha formação – e dar lugar a essas novas formas de pensar que virão. Eu ainda aposto na perspectiva pragmatista e no princípio em que ela se baseia, que é partir de fragmentos da realidade que vivemos. Pensar a partir da experiência, do vivido. Trazer o empírico, trazer a vida, muda a gente de lugar.

Referências

Brasil. Lei n.º 12.711, de 29 de agosto de 2012. Dispõe sobre o ingresso nas universidades federais e nas instituições federais de ensino técnico de nível médio e dá outras providências. *Diário Oficial [da República Federativa do Brasil]*. Brasília: Presidência da República, 2012. Disponível em: https://www.planalto.gov.br/ccivil_03/_ato2011-2014/2012/lei/l12711.htm. Acesso em: 6 mar. 2023.

Collins, P. H. Learning from the outsider within: the sociological significance of black feminist thought. *Social Problems*, [S.l.], v. 33, n. 6 [special theory issue], p. 14-32, out.-dez. 1986.

França, V.; Martins, B.; Mendes, A. (Orgs.). *Grupo de Pesquisa em Imagem e Sociabilidade (GRIS): trajetória, conceitos e pesquisa em comunicação*. Belo Horizonte: PPGCOM/UFMG, 2014.

Guimarães-Silva, P. *Orientação Afirmativa: Interseccionalidade e Comunicação*. Belo Horizonte: PPGCOM/UFMG, 2021.

Instituto Brasileiro de Geografia e Estatística (IBGE). *Informativo PNAD Contínua 2020-2021: características gerais dos moradores*. Rio de Janeiro: IBGE, 2021. Disponível em: https://biblioteca.ibge.gov.br/visualizacao/livros/liv101957_informativo.pdf. Acesso em: 9 mar. 2023.

Oliveira, D. 18 anos de Cotas na UNEB: Histórias de Lutas e Garantia de Direitos. *Universidade do Estado da Bahia*, Salvador, 2020. Disponível em: https://agenciadecomunicacao.uneb.br/18-anos-de-cotas-na-uneb-historias-de-lutas-e-garantia-de-direitos/. Acesso em: 6 mar. 2023.

Programa de Pós-Graduação em Comunicação Social da Universidade Federal de Minas Gerais (PPGCOM/UFMG). *Ações Afirmativas*. Belo Horizonte, 2023. Disponível em: http://www.ppgcom.fafich.ufmg.br/acoesafirmativas.php. Acesso em: 6 mar. 2023.

Universidade Federal do Estado do Rio de Janeiro (UERJ). *Sistema de Cotas*. Rio de Janeiro, 2023. Disponível em: https://www.uerj.br/inclusao-e-permanencia/ sistema-de-cotas/. Acesso em: 6 mar. 2023.

Vaz, P. B. F.; Mendonça, R. F. A marca do negro: jornal impresso e livro didático. *Studium*, [S.l.], n. 18, p. 17-29, 2004.

Veloso, S. Aprovação das cotas raciais na UnB completa 15 anos. *UnB Notícias*, Brasília, 2018. Disponível em: https://noticias.unb.br/76-institucional/2319-aprovacao-das-cotas-raciais-na-unb-completa-15-anos. Acesso em: 6 mar. 2023.

De preto pra preta: algumas reflexões de um baiano nagô chamado Muniz Sodré

Etiene Martins

O terreiro e a cidade: a forma social negro-brasileira; *Samba: o dono do corpo*; *Pensar Nagô*; *Antropológica do espelho: uma teoria da comunicação linear e em rede*; *Monopólio da fala*; *A ciência do comum: notas para o método comunicacional*; *A verdade seduzida: por um conceito de cultura negra no Brasil*; e *Máquina de Narciso: televisão, indivíduo e poder no Brasil* são apenas alguns dos tantos livros publicados por este homem que é um dos maiores intelectuais da atualidade. Mesmo já estando oficialmente aposentado, faz questão de atuar como professor no Programa de Pós-Graduação em Comunicação e Cultura da Universidade Federal do Rio de Janeiro (UFRJ), sendo um de seus fundadores. Nascido na cidade de São Gonçalo dos Campos, no estado da Bahia, em 1942, foi condecorado professor emérito pela UFRJ em 2012.

Muniz Sodré é Obá de Xangô do Ilê Axé Opô Afonjá, uma das três casas matriciais do culto jeje-nagô na Bahia. É mestre em Sociologia da Informação pela Université de Paris IV (Paris-Sorbonne), doutor em Ciência da Literatura pela UFRJ e realizou estágio pós-doutoral em Sociologia e Antropologia pela École Pratique des Hautes Études en Sciences Sociales.

No ano em que completou 79 anos de idade, publicou a obra *A sociedade incivil: mídia, liberalismo e finanças*, e agora, em 2023, no auge dos seus 81 anos, acabou de publicar *O fascismo da cor: uma radiografia do racismo nacional*, livro em que apresenta um conceito filosófico inovador para se entender o racismo no Brasil e o que o difere do racismo presente em outros países. Esse é o tema da primeira parte da entrevista que ele me concedeu em 14 de março de 2023, um dia simbólico que marca a data de nascimento do grandioso Abdias do Nascimento, da incomparável Carolina Maria de Jesus e da execução cruel de Marielle Franco. Esse bate-papo entre professor e aluna, além de perpassar pelos conceitos do novo livro, aborda a visibilidade e a invisibilidade de intelectuais negros e negras, a relação de afeto e carinho que Muniz teve com Beatriz Nascimento, a presença ou ausência negra na Escola de Comunicação (ECO) da UFRJ e uma reflexão direcionada à juventude negra que tem interesse em pesquisar a comunicação a partir das relações raciais.

■ **Etiene Martins (EM): Eu gostaria de começar esta entrevista abordando um aspecto do seu livro mais recente, *O fascismo da cor: uma radiologia do racismo nacional*, que muito provavelmente vai pegar de surpresa muitas pessoas que leram textos de outros autores que falam de racismo e afirmam que o racismo é estrutural, como é o caso do livro de autoria do Silvio de Almeida. O senhor nega o aspecto estrutural do racismo e apresenta argumentos em um momento em que muitas pessoas já assimilaram e afirmam que o racismo é estrutural. O senhor pode falar um pouco sobre isso?**

Muniz Sodré (MS): Primeiro, eu digo no pé de página do livro que eu não tenho nada contra as pessoas continuarem repetindo "racismo estrutural", porque eu acho que é uma bela formulação política. O Silvio inovou com essa formulação, enquanto se falava de racismo intersubjetivo, interpessoal, ele citou a estrutura. E é uma boa formulação porque politiza o conceito de racismo aqui no Brasil. Mas teoricamente, filosoficamente e epistemologicamente, estrutura é uma coisa muito mais complexa. E ele não diz em nenhum instante no livro dele, que eu li, o que é estrutura. Ele diz que é estrutural, mas não diz o que é estrutura – eu digo: estrutura é uma totalidade em que os elementos internos são interdependentes. Então, se você tem uma estrutura racista e se o racismo é estrutural, as estruturas de Estado e sociais têm que ser interdependentes nesse sentido e têm que ter um Estado, instituições e um sistema judiciário explicitamente racistas para fazer uma conexão entre os elementos e produzir estruturalmente o racismo, uma estrutura integrada do racismo; e, no Brasil, não é assim. No Brasil, não é; tanto que eu cito o ministro Barroso; na fala dele, ele diz: "nenhuma estrutura foi feita para funcionar no Brasil". Uma excelente frase, ele está falando das estruturas de Estado. Ele diz que a Justiça não é feita para funcionar, e nós sabemos que não é que a Justiça é feita para proteger as classes dirigentes, é para bater em quem é pobre e em quem é negro, mas a Justiça diz que não é isso que ela é. Ela diz que ela é igual para todo mundo e nós sabemos que ela não é. É uma estrutura que não funciona. Sabemos também que a estrutura econômica, a isenção da economia não é como diz, porque na hora do emprego, na hora dos investimentos produtivos, eles são feitos onde estão os brancos, os dominantes, e não onde estão os pobres e os negros. Então cadê a isenção? Ela não está ali. E assim, diante da estrutura da política, a frase do Barroso é muito boa. Então eu pergunto e ele não diz: por que então o racismo funciona como estrutura, se nada funciona como estrutura? Eu digo mais: não é estrutura e é mais difícil de apreender exatamente porque não é estrutura. Ele é invisível, porque você tem que fazê-lo aflorar e aflorar a partir de um conceito, e esse conceito que, para mim, é inovador no livro, que é o conceito de forma social escravista.

■ **EM: Fale um pouco mais sobre esse conceito que para mim é inovador, e para muitas outras pessoas também pode ser. O que é a forma social escravista?**

MS: A forma social escravista não é a mesma coisa que a sociedade escravista. A forma começa depois da abolição, que é quando o racismo fica efetivamente forte no Brasil. As pessoas confundem racismo com escravidão: esse é o primeiro erro. Escravidão é terrível, escravidão é tortura consentida, mas exatamente quando havia mais torturas contra negros trabalhadores neste país foi quando emergiu uma classe média negra de intelectuais e artistas sob o governo de Dom Pedro II. Como que pode isso? Como é que pode o primeiro embaixador negro brasileiro nomeado no século 19 ter sido um baiano negro, negro retinto, negão competentíssimo. Negro onde? No centro do Império mundial, que, na época, era a Inglaterra, a corte inglesa. Abdias do Nascimento muito tempo depois foi cometer o engano de dizer que nunca houve um embaixador negro no Brasil a não ser Souza Dantas; ele não sabia. Francisco Gê Acayaba foi o primeiro, com Dom Pedro II. E os ministros negros, e os artistas do Império? O racismo forte começa depois da abolição. Porque já não se pode colocar o negro no lugar dele com chicote. A polícia que vai fazer isso batendo, prendendo, mas os fazendeiros, não mais. Então, a Lei Áurea acabou com a escravidão, mas a Lei Áurea deu margem ao racismo que apareceria, assim, dentro da forma social escravista – que não é a sociedade real concreta, mas o embate da sociedade. Esse conceito é incompatível com o racismo estrutural; o racismo é institucional, é intersubjetivo e é interpessoal. E é difícil, Etiene, de lidar com isso, porque no racismo estrutural, no caso do racismo americano, você sabe, o negro sabe que um branco americano do meio-oeste é inimigo, não tem conversa. Aqui, nós não sabemos. Se fosse estrutural, era natural ser racista.

■ **EM: Ainda no livro *O fascismo da cor: uma radiografia do racismo brasileiro*, o senhor afirma que o adjetivo "paraestrutural" seria o** mais adequado para a sistematização do racismo. Nesse momento, eu, como leitora, me senti desafiada e creio que outros leitores também se sentirão desafiados a compreender como essa "paraestrutura" elucida a transmissão dos mecanismos discriminatórios. Afinal de contas, o que o senhor chama de "paraestrutural"?

MS: Esse *"para"*, em grego, quer dizer "ao lado de". Eu acho que o racismo brasileiro está em torno da estrutura, porque ele está nas instituições, está nas relações pessoais, está nos discursos oficiais, mas ele não é oficial, nem estrutural.

■ **EM: Nesse livro, o senhor cita alguns autores, como Clóvis Moura, Milton Santos, Frantz Fanon, Joel Rufino e, o mais jovem, Silvio de Almeida. Nomes esses que, a meu ver, sofrem com o epistemicídio, conceito que Sueli Carneiro aborda embasada no Foucault. Como esse epistemicídio se dá partir da sua percepção nessa forma social escravista, como se dá esse saber elaborado pelo negro, já que o senhor também é um intelectual negro?**

MS: Primeiro, essa expressão, "epistemicídio", está no livro *A verdade seduzida*, que publiquei em 1984, e não foi eu que inventei: foi criada por Immanuel Wallerstein.[1] A primeira vez que eu vi essa expressão foi com ele. Essa era uma expressão mais ou menos corrente nos anos 1980 sobre matar conhecimentos; o colonizador sempre tentou apagar a memória e a história dos povos colonizados, queimar as bibliotecas e os escritos incas, queimar as bibliotecas de astecas e maias, isso é epistemicídio. Negar a cultura indígena, podemos ver, não adiantou muito, já que foram irrompendo intelectuais indígenas fortes neste tempo, como o Ailton Krenak e o Daniel Munduruku. Portanto, o epistemicídio é uma das formas de calar a voz teórica do outro, não é só calar a possibilidade de falar qualquer coisa, é de calar o conhecimento.

E o negro sempre foi vítima de epistemicídio, quando, digamos, expressava e tentava trazer a público a cultura dos terreiros. Não é o caso das pessoas que você citou aí, não é o caso do Milton Santos. Milton Santos tinha fama, ganhou praticamente [o equivalente a] o prêmio Nobel de Geografia – não existe prêmio Nobel de Geografia, mas o prêmio mais alto da área,[2] o Milton

---

[1] Immanuel Wallerstein foi um sociólogo estadunidense. Nascido em 1930, é conhecido por seu pensamento crítico contra o capitalismo global e os sistemas coloniais, incluindo estudos sobre o continente africano.

[2] Prêmio Internacional de Geografia Vautrin Lud.

ganhou. Intelectual, foi professor de quarenta universidades estrangeiras, deu palestras, e foi uma pessoa a quem eu fui ligado a vida inteira. Outro, o Joel Rufino, também. Joel Rufino não era exatamente de terreiro, e Joel Rufino é também amigo meu. Fui eu quem trouxe o Joel Rufino de volta à universidade, porque ele tinha sido expulso da UFRJ por guerrilha. Joel assaltou banco, Joel foi guerrilheiro. E quando Lamarca morreu, prenderam Joel; ele foi uma das pessoas mais torturadas, exatamente por ser negro e guerrilheiro. Ali na Ilha das Flores, Ilha das Cobras, levou três anos amigando o pão que o diabo amassou. Ele tem um livro falando das torturas; ele não falava com ninguém disso, comigo ele nunca se queixou. Um homem frágil, pequeno, mas de uma coragem extraordinária. Joel Rufino é um dos maiores intelectuais negros que eu conheci. Epistemicídio não se aplica a essas pessoas. Você falou em quem mais?

■ **EM: Eu falei do Clóvis Moura.**
MS: Grande sociólogo, Clóvis Moura foi um sociólogo na esteira do Guerreiro Ramos, que era um sociólogo negro de nome internacional, que foi para os Estados Unidos. Clóvis Moura não foi para os Estados Unidos, ficou em São Paulo, mas era um sociólogo desse nível. E mais, mesmo [nível] que o Guerreiro Ramos; no que diz respeito ao negro e à crítica do discurso sobre o negro, Clóvis Moura foi o mais importante. Mas você esqueceu de falar do Guerreiro Ramos. O Silvio de Almeida é recente, é novo, é ministro. Aqui, Frantz Fanon sempre foi lido e respeitado. Na França, também, depois – porque, quando ele escreveu, ali não se permitia um negro com aquela qualidade intelectual. Frantz Fanon é glória para todo mundo, o resto é rastro de esquerda.

■ **EM: Este ano, o Programa de Pós-Graduação em Comunicação e Cultura da UFRJ completa cinquenta anos. O senhor conhece o programa desde a sua fundação, uma pós-graduação tão importante, sendo a única na área da Comunicação avaliada pela Coordenação de Aperfeiçoamento de Pessoal de Nível Superior (Capes) com a nota 7, a maior nota que um programa de pós-graduação pode obter. Dos 37 professores que compõem o corpo docente do programa, apenas três são negros, são apenas três homens negros. Recentemente, foi implementada a política de reserva de vagas lá. Nessa sua trajetória, o que o senhor viu nessas cinco décadas em relação à presença negra na área da Comunicação?**
MS: Eu sou fundador, um dos fundadores. A maioria se aposentou ou morreu e, daquele grupo inicial, restamos eu e o Márcio Tavares. Eu sou até

anterior ao Márcio. Não teve negro ali a não ser eu. A ECO não tinha nem professores negros, nem alunos negros; isso começou com angolanos e moçambicanos que vinham por convênio do Ministério Itamaraty. O ingresso de alunos brasileiros, mesmo, foi recente; você vê ali uma população de moças e rapazes negros na ECO, mas isso tudo é novo. É uma escola pequena também, é uma escola que foi ganhando uma importância na reitoria aos poucos, mas ainda muito reduzida. Porque quando a ECO começou, não conseguia nada na universidade. Ninguém sabia o que era; a Comunicação era o antigo curso de Jornalismo. E o preconceito era muito grande. Aquele prédio ali só se conseguiu porque Simeão Leal, diretor que era extraordinário, que era valente, seguiu ali na raça, porque as pessoas tinham medo dele, medo físico. Ele era também sobrinho do Ronaldo de Almeida. Ronaldo de Almeida era comandante da região, militar aqui no Rio em plena ditadura. Então ninguém mexia com Simeão, que conseguia as coisas no grito. E ali não tinha negros. A UFRJ foi uma das últimas universidades, que eu saiba, a admitir cotas.

■ **EM: Recentemente, foram lançados por uma grande editora dois livros de uma autora muito conhecida pelo movimento negro e pelo senhor. Essa autora é a Beatriz Nascimento. O pensamento dessa mulher preta quilombola está ultrapassando barreiras e alcançando um público bem mais amplo. O senhor teve uma relação de professor orientador com essa intelectual, que deixou para a sociedade muitas reflexões relevantes. Como foi conviver com Beatriz Nascimento?**

MS: Um desses livros tem um posfácio meu. A minha relação com a Beatriz, antes de ela ser acadêmica ali na ECO – fui eu que levei ela para lá –, era uma relação pessoal – porque eu fui padrinho de casamento da Beatriz com o Jhozan, um arquiteto que estudou Arquitetura aqui, mas era de Cabo Verde. Eles se casaram e ele também é o pai da filha da Beatriz, pai da Bethânia; ele já morreu.

A relação com a Beatriz era de casa. Beatriz passava dias na minha casa. A família morava em Rio das Ostras e a gente passava o final de semana catando mexilhão nas pedras para cozinhar. Então, em um determinado momento levei a Beatriz para a ECO, nem tanto porque o trabalho dela tivesse muito a ver com a ECO, mas como uma maneira de protegê-la em uma época em que ela precisava de muita proteção. Ela era pioneira, a Beatriz, era pioneira naquele momento e naquele instante. Outra coisa: a Beatriz era uma mulher muito bonita, tinha um rosto muito bonito. Naquele momento, uma mulher com aquelas características, uma intelectual ativa, não era comum, era raro.

Ela era muito atacada, muito agredida, e também por isso ela ficava violenta. Beatriz não era fácil, não, e as pessoas se afastavam; mas era incrível, porque ela podia estar no meio do surto que, quando eu chegava, era o padrinho que tinha chegado, ela ficava quietinha. Mas foi assassinada covardemente, brutalmente, antes do tempo, por esse indivíduo. Os trabalhos dela eram muito publicados. É ótimo esse trabalho do Alex Ratts, esse livro organizando os trabalhos dela. Os artigos dela, o trabalho dela; ela não chegou a fazer um livro. Nós chegamos a fazer um filme em Cachoeira, o *Ori*, e é uma pena.

Eu estou lendo nesses dias um livro de uma pessoa que foi muito amiga minha, uma grande amiga minha, a psicanalista Neuza Santos, você conhece?, que tem um livro chamado *Tornar-se negro*.

■ **EM: Conheço e repito muito uma frase dela: "Ser negro não é uma condição dada *a priori*. Ser negro é um vir a ser, ser negro é tornar-se negro".**

MS: Ela mesma. Neuza era muito inteligente, mas ela tem esse livro e tem um livro chamado *A psicose*. Eu estou lendo e, assim, meu Deus, que intelectual era a Neuza. Que competência ela tinha para explicar a psicose do Lacan, que, geralmente, é assunto complicado. A Neuza, primeiro, tem uma escrita maravilhosa, uma certeza na frase; é uma grande psicanalista a Neuza. E não era tida como grande psicanalista, assim, maravilhosa, porque era negra. Infelizmente ela se matou. Ela gostava de vinho, a gente tomava vinho com o Joseph em Laranjeiras; nas noites de vinho, ela era divertida e, para mim, foi um choque quando ela se matou. Foi um choque grande, eu não esperava isso dela. Neuza foi uma grande intelectual. Mas ela deixou aqueles dois livros.

A Beatriz não deixou livros inteiros. Ela deixou trechos, diversos textos, e não pôde concluir um livro. Acho que a importância dela é inegável; a importância da ação. A UFRJ deu o título de Doutor Honoris Causa para ela, eu participei do grupo que mobilizou. Mas é uma coisa muito difícil para mim, falar da Beatriz, porque, quando você é muito próximo da pessoa, é difícil falar; ela foi muito próxima. Ela, a família e as irmãs, também.

■ **EM: Anteriormente, eu perguntei sobre o epistemicídio que atinge os homens negros e, ao te ouvir, resolvi mudar a abordagem da pergunta em relação às mulheres. Qual é a sua percepção em relação à invisibilidade das intelectuais negras?**

MS: Mas essa invisibilidade não é só da mulher negra, eu acho que toca também no intelectual negro. Quando você vê, nesse momento, um autor como o Itamar (Vieira) Junior com o livro *Torto arado*, que está há, sei lá, três anos na lista dos best-sellers do *Globo*; quem olha, pensa: "como é possível?". Só é possível entender se ler o livro, que é extraordinário, o livro do Itamar. Ana Maria Gonçalves, ela não teve o mesmo sucesso de vendas do Itamar, mas teve sucesso também. Depois, falando do Clóvis Moura, eu me pergunto se, em São Paulo, fora do Movimento Negro, no âmbito da Sociologia, se o Clovis Moura é lembrado. Eu tenho minhas dúvidas. E eu, pessoalmente; é um pouco difícil, também, porque eu tenho muitos livros. Eu tenho uma certa notoriedade, estive em jornal também, né, *Jornal do Brasil*, *O Globo*, fui diretor da TVE, mas já velho, e olha que eu publico há muito tempo. Mas sempre vendi bem, porque o público da Comunicação também me empurrou, mas só que eu não sou mais da Comunicação, eu estou na Sociologia, um pouco na Antropologia. Eu acho que, com as mulheres, é pior, mas a Neuza, também no meio psicanalítico – porque eu frequento o meio psicanalítico –, eu nunca vi ninguém falar da Neuza. Não vejo. E te digo uma coisa, preta: este livro dela, *A psicose* – porque estudei essa área psicanalítica também, dei aula –, explicando a psicose de Lacan, é melhor que a maioria das coisas que eu li sobre psicose lacaniana. Mais seguro, mais claro, esse livro da Neuza. Eu vou até fazer uma provocação aos meus amigos psicanalistas, perguntar se já leram. Eu não tenho feito isso.

■ **EM: O senhor é referência para inúmeros pesquisadores e pesquisadoras negras que estão iniciando na vida acadêmica, e até de jovens que ainda estão se decidindo se é esse mesmo o caminho que querem trilhar. Para concluirmos esta entrevista, qual reflexão que o senhor pode deixar para quem quer conciliar a ciência do comum aos estudos das relações raciais e para essa juventude negra que quer seguir na área da Comunicação? O que é importante para se estar atento e atenta?**

MS: A primeira coisa é que eu acho que em estudos relativos ao negro, à Comunicação, à Comunicação do negro, ou ao negro no Brasil, é preciso desconfiar um pouco. Eu desconfio um pouco da Sociologia branca dos negros e às vezes bem-feita; por exemplo, o livro *O escravo meridional*, do Fernando Henrique Cardoso, um livro bem-feito, vê quem é que vai ler. Quem tem um trabalho que é, ao mesmo tempo, afetivo e conceitual sobre o negro na Sociologia é, primeiro, o Florestan Fernandes; segundo, o Clóvis Moura; terceiro, o Octavio Ianni; tem os escritos do Kabengele Munanga, um cara importante; e, atualmente, o Jessé de Souza. Não [se deve] entrar de cara nessa Sociologia, é preciso escolher, solucionar e não tentar abarcar o globo que vê pela frente.

Eu não conheço um livro argentino, nem sul-americano, da Sociologia sobre o negro brasileiro e o racismo que preste, eu não conheço um. Eu estou fazendo uma afirmação ousada, porque não li tudo, mas o que eu leio não presta, não dizem nada. Dizem mais sobre a Sociologia do que sobre o objeto.

Esses são os meus ídolos das Ciências Sociais no Brasil. Eu também tendo muito para a Economia, tendo como "ídola" a Maria da Conceição Tavares. A admiração que eu tenho por essa mulher é enorme. Celso Furtado, para mim, era um filósofo. Na América Latina, Aníbal Pinto, Echeverría; essa gente para mim está sempre em primeiro plano na Economia Histórica, mas se debruçaram sobre o negro? Ninguém se debruçou realmente sobre o negro, a não ser a Maria da Conceição em um ensaio. Viram a estrutura econômica, mas não viram o negro, não viram o sofrimento da cor e o que é passar por isso na relação. Então, eu diria que é importante selecionar bem as leituras. Olhar com mais seriedade para os terreiros. Agora mesmo, escrevendo para minha coluna de domingo na *Folha de S.Paulo*, eu, pela primeira vez – eu não abordo muitas coisas do candomblé, quase não ponho, raramente –, comecei com um provérbio lá do Axé Opô Afonjá; você não fala yorubá, então, vou dizer em português: "Não se pode sentar de roupa branca na graxa". Esse "sentar de roupa branca na graxa" é ler livro errado.

Sobre as autoras e os autores

Camila Meira Moreira – Mestra pelo Programa de Pós-Graduação em Comunicação Social da Universidade Federal de Minas Gerais. Seus interesses de pesquisa são relacionados à interseccionalidade.

Cecília Bizerra Sousa – Doutora pelo Programa de Pós-Graduação em Comunicação da Universidade Federal de Minas Gerais. Servidora pública federal da carreira de Analista de Políticas Sociais. Integrante do Grupo de Pesquisa em Imagem e Sociabilidade (GRIS). Seus interesses de pesquisa são: participação social, gênero, raça e políticas públicas.

Deivison Campos – Doutor pelo Programa de Pós-Graduação em Ciências da Comunicação da Universidade do Vale do Rio dos Sinos. Professor do Departamento de Jornalismo da Famecos e do Programa de Pós-Graduação em Comunicação Social da Pontifícia Universidade Católica do Rio Grande do Sul. Líder do grupo de pesquisa "Comunicação, políticas dos corpos e decolonialidades – Muntu". Pesquisa a relação entre processos comunicacionais e relações étnico-raciais, além do tensionamento de epistemologias afrodiaspóricas às ciências humanas e sociais.

Dione Oliveira Moura – Doutora em Ciências da Informação pela Universidade de Brasília. Professora titular, atua na graduação e pós-graduação da Faculdade de Comunicação da Universidade de Brasília. Diretora da Faculdade de Comunicação da Universidade de Brasília de 2019 a 2023, atuou na diretoria de associações como SBPJor, ABEJ e Socicom, tendo sido sócia-fundadora, diretora editorial e presidenta da SBPJor. Atualmente é diretora Centro-Oeste da ABEJ. Bolsista PQ2 do CNPq.

Elen Cristina Ramos dos Santos – Mestra em Sociologia pelo Programa de Pós-Graduação em Sociologia da Universidade Federal do Rio Grande do Sul. Seus interesses de pesquisa são: relações raciais e racismo, intelectualidade negra, ações afirmativas, teorias pós-coloniais e decoloniais.

Elton Antunes – Doutor pelo Programa de Pós-Graduação em Comunicação e Cultura Contemporânea da Universidade Federal da Bahia. Professor do Departamento de Comunicação Social e do Programa de Pós-Graduação em Comunicação da Universidade Federal de Minas Gerais. Líder do grupo de pesquisa "Ex-press - historicidade das formas comunicacionais". Seus interesses de pesquisa são em estudos do jornalismo e gênero.

Etiene Martins – Pesquisadora das relações étnico-raciais. Doutoranda e mestre em Comunicação e Cultura pela Universidade Federal do Rio de Janeiro. Especialista em Comunicação e Saúde pela Escola de Saúde Pública de Minas Gerais. Integra os movimentos sociais negros e de mulheres negras há duas décadas. Na breve passagem pela UFMG, integrou o Grupo de Pesquisa em Comunicação, Raça e Gênero (Coragem) e atualmente segue como membro dos grupos de estudos ORI e Muniz Sodré, ambos da UFRJ. Seus interesses de pesquisa são as relações raciais e de gênero na comunicação e mulheres negras na política institucional.

Felipe Messias – Doutorando no Programa de Pós-Graduação em Comunicação Social da Universidade Federal de Minas Gerais. Professor da rede municipal de Contagem/MG. Integrante do Grupo de Pesquisa em Comunicação, Raça e Gênero (Coragem). Seus interesses de pesquisa são a fotografia e as racialidades, assim como sua influência nos processos de produção de sentido.

Fernanda Carrera – Professora da Escola de Comunicação e do Programa de Pós-Graduação em Comunicação e Cultura da Universidade Federal do Rio de Janeiro (UFRJ), e do Programa de Pós-Graduação em Comunicação da Universidade Federal Fluminense (UFF). Bolsista de produtividade em pesquisa CNPq – Nível 2 e líder do Laboratório de Identidades Digitais e Diversidade (LIDD), da UFRJ. É doutora em Comunicação pela UFF e mestre em Comunicação e Cultura Contemporâneas pela Universidade Federal da Bahia (UFBA). Pesquisa raça, gênero e interseccionalidade na comunicação e cultura digitais.

Francisco Leite – Publicitário. Doutor e mestre em Ciências da Comunicação pela Escola de Comunicações e Artes da Universidade de São Paulo (USP), com estágio de doutoramento na Universidade de Trento e na Universidade de Bolonha (Itália). Realizou pós-doutorado em Comunicação, Diversidade e Consumo na USP, com subsídio da Fundação de Amparo à Pesquisa do Estado de São Paulo (Fapesp). É pesquisador e vice-líder do grupo de pesquisa "Estudos Antirracistas em Comunicação e Consumo", na USP. Integra também o grupo de pesquisa "Inteligência Artificial Responsável", na Cátedra Oscar

Sala, do Instituto de Estudos Avançados da USP. É autor de livros sobre temas como publicidade contraintuitiva, antirracismo e afetividades LGBTQIA+, e é um dos organizadores das obras *O negro nos espaços publicitários brasileiros* (2011) e *Publicidade antirracista: reflexões, caminhos e desafios* (2019), indicadas ao prêmio Jabuti 2012 e 2020, respectivamente.

Igor Sacramento – Doutor pelo Programa de Pós-Graduação em Comunicação e Cultura da Universidade Federal do Rio de Janeiro (UFRJ). Professor do Programa de Pós-Graduação em Comunicação e Cultura da UFRJ e do Programa de Pós-Graduação em Informação e Comunicação em Saúde da Fiocruz. Coordena, na Fiocruz, o Núcleo de Estudos em Comunicação, História e Saúde (Nechs). É bolsista de produtividade em pesquisa pelo CNPq e Jovem Cientista do Nosso Estado pela FAPERJ. Tem experiência de pesquisa nas áreas de Comunicação, História e saúde coletiva, dedicando-se especialmente aos seguintes temas: história da comunicação; televisão; memória social; narrativas biográficas; representações culturais; regimes de verdade; processos de subjetivação e discursos sobre corpos, saúde e doenças.

José Messias – Doutor pelo Programa de Pós-Graduação em Comunicação e Cultura da Universidade Federal do Rio de Janeiro. Professor do curso de Jornalismo e do Programa de Pós-Graduação em Comunicação da Universidade Federal do Maranhão, campus Imperatriz, e do Programa de Pós-Graduação em Comunicação da Universidade Federal Fluminense. Líder do Laboratório de Pesquisa em Games, Gambiarras e Mediações em Rede (GAMERLAB/UFMA). Atualmente, investiga o conceito de gambiarra no contexto do chamado Sul Global, especificamente nos videogames e outras mídias digitais, em suas interseções com a cultura hacker, pirataria e o desenvolvimento de competências cognitivas.

Josué Gomes – Doutorando e mestre pelo Programa de Pós-Graduação em Comunicação Social da Universidade Federal de Minas Gerais. Bolsista do Programa de Excelência Acadêmica da Coordenação de Aperfeiçoamento de Pessoal de Nível Superior (Proex/Capes). Integrante dos grupos de pesquisa "Coragem" e "Poéticas da Experiência". Seus interesses de pesquisa são: cinema negro, afropessimismo, cenas de morte e violência racial.

Kênia Freitas – Doutora pelo Programa de Pós-Graduação em Comunicação da Universidade Federal do Rio de Janeiro. Professora do curso de Cinema e Audiovisual do Departamento Comunicação Social da Universidade Federal do Sergipe. Integrante do Fórum Itinerante de Cinema Negro. Seus interesses de pesquisa são: afrofuturismo, cinema negro, curadoria e crítica de cinema.

Laura Guimarães Corrêa – Doutora pelo Programa de Pós-Graduação em Comunicação Social da Universidade Federal de Minas Gerais (PPGCOM/UFMG). Professora associada no Departamento Comunicação Social e no PPGCOM da UFMG. Bolsista de produtividade no CNPq. Realizou pesquisas na London School of Economics and Political Science e na Goldsmiths, no Reino Unido, com bolsa da Capes. Líder do Grupo de Pesquisa em Comunicação, Raça e Gênero (Coragem). Desenvolve pesquisas sobre comunicação visual, publicidade, raça, gênero, interseccionalidades e feminismo negro.

Leonardo Custódio – Doutor em Ciências Sociais e docente em Sociologia Cultural na Universidade Åbo Akademi, na Finlândia, também é copresidente do conselho diretor da organização internacional de direitos humanos witness.org.

Lucianna Furtado – Doutora em Comunicação e Sociabilidade Contemporânea pelo Programa de Pós-Graduação em Comunicação Social da Universidade Federal de Minas Gerais (PPGCOM/UFMG) e mestre pela mesma instituição. Professora substituta do Departamento de Comunicação Social da UFMG. Integrante do Grupo de Pesquisa em Comunicação, Raça e Gênero (Coragem). Desenvolve pesquisas no campo da Comunicação em diálogo com o pensamento feminista negro, interseccionalidade, epistemologias afrodiaspóricas, publicidade, música e cultura popular.

Márcia Maria Cruz – Doutora em Ciência Política e mestre em Comunicação Social pela Universidade Federal de Minas Gerais (UFMG). Jornalista e escritora. Integrante do Coletivo de Jornalistas Negras e Negros Lena Santos. Seus interesses de pesquisa são jornalismo, literatura e suas interseções.

Maria Aparecida Moura – Doutora em Comunicação e Semiótica pela Pontifícia Universidade Católica de São Paulo (PUC-SP). Doutoranda em Sociologia pelo Programa de Pós-Graduação em Sociologia da Universidade Federal de Minas Gerais (PPGS/UFMG). Professora titular vinculada ao Departamento de Organização e Tratamento da Informação da Escola de Ciência da Informação da UFMG. Integrante do Grupo de Pesquisa em Comunicação, Raça e Gênero (Coragem). Seus interesses de pesquisa são: Ciência da Informação, Comunicação Social e Educação, com ênfase em justiça epistêmica e decolonialidade, tecnologias da informação, semiótica e produção de conteúdos relacionados aos direitos humanos e à preservação, registro e difusão da cultura popular e dos saberes tradicionais brasileiros.

Mayra Bernardes – Doutoranda pelo Programa de Pós-Graduação em Comunicação Social da Universidade Federal de Minas Gerais (PPGCOM/UFMG), é mestre pela mesma instituição e integra o Grupo de Pesquisa em Comunicação,

Raça e Gênero (Coragem), desenvolvendo pesquisa sobre a representação de pessoas negras e discursos sobre diversidade étnico-racial na publicidade.

Natália Amaro – Mestra em Comunicação pelo Programa de Pós-Graduação em Comunicação Social da Universidade Federal de Minas Gerais (PPGCOM/UFMG). Gestora cultural, produtora artística e audiovisual. Seus interesses de pesquisa são as relações de gênero e de raça, identidade e o hip hop.

Pablo Moreno Fernandes – Professor adjunto no Departamento de Comunicação Social da Pontifícia Universidade Católica de Minas Gerais (PUC-MG), atuando como professor permanente do Programa de Pós-Graduação em Comunicação da mesma instituição. Doutor em Ciências da Comunicação pela Escola de Comunicações e Artes da Universidade de São Paulo, mestre em Comunicação Social pela PUC-MG e graduado em Publicidade e Propaganda pelo Centro Universitário Newton Paiva. Vice-líder do Grupo de Pesquisa em Comunicação, Raça e Gênero (Coragem) e membro do Grupo de Estudos Semióticos em Comunicação, Cultura e Consumo (GESC3). Pesquisa temas relacionados à Publicidade e consumo, investigando sua inserção na contemporaneidade na formação de identidades.

Rafael Francisco – Doutorando pelo Programa de Pós-Graduação em Comunicação Social da Universidade Federal de Minas Gerais (PPGCOM/UFMG) e mestre em Comunicação pela Universidade Federal de Ouro Preto (UFOP). Integrante do Grupo de Pesquisa em Comunicação, Raça e Gênero (Coragem) e do Coletivo de Jornalistas Negras e Negros Lena Santos. Pesquisa processos de racialização no audiovisual jornalístico e cinematográfico.

Rodrigo Ednilson de Jesus – Doutor em Educação, mestre em Sociologia e graduado em Ciências Sociais pela Universidade Federal de Minas Gerais (UFMG). Realizou pós-doutorado no Centro de Estudos Sociais da Universidade de Coimbra, em Portugal, investigando o tema "Ações Afirmativas, Heteroidentificação racial e identidade nacional no Brasil". Atualmente é integrante da linha de pesquisa Educação, Cultura, Movimentos Sociais e Ações Coletivas no Programa de Pós-graduação em Educação da UFMG e presidente da Comissão Permanente de Ações Afirmativas e Inclusão Social da UFMG. Tem atuado na formação de professores para a educação das relações étnico-raciais e na formação de membros de bancas de heteroidentificação na UFMG, do Sistema de Justiça brasileiro e de diversas universidades brasileiras.

Shakuntala Banaji – Doutora em Mídia e Comunicação pela University of London. Professora titular de Mídia, Cultura e Transformação Social, do Departamento de Mídia e Comunicação, e coordenadora da pós-graduação em Mídia, Comunicação e Desenvolvimento, da London School of Economics and Political Science (LSE). Pesquisa sobre os temas: gênero, racismo e orientalismo na mídia e no cinema.

Tobias Arruda Queiroz – Doutor pelo Programa de Pós-Graduação em Comunicação pela Universidade Federal de Pernambuco (UFPE). Professor do Departamento de Comunicação Social (DECOM) e do Programa de Pós-Graduação em Serviço Social e Desenvolvimento Social (PPGSSDS) da Universidade do Estado do Rio Grande do Norte (UERN). Líder do Grupo de Pesquisa em Comunicação, Cultura e Sociedade (GCOM) da UERN e vice-líder do Laboratório de Análises de Música e Audiovisual (LAMA) da UFPE. Atualmente é vice-coordenador do Grupo de Pesquisa de Comunicação, Música e Entretenimento do Intercom. Seus interesses de pesquisa têm a música como vetor com todos os seus atravessamentos, como os geopolíticos, as corporeidades e, principalmente, as relações étnico-raciais. É autor do livro *Pandemônios e notívagos: repensando as cenas musicais no interior do Nordeste*. Enfim, é um melômano inveterado.

Vívian Tatiene Nunes Campos – Doutora, mestre e graduada em Comunicação Social pela Universidade Federal de Minas Gerais (UFMG). Especialista em Gestão Estratégica da Comunicação pela Pontifícia Universidade Católica de Minas Gerais (PUC-MG). Servidora pública estadual, desde 2008, da Secretaria de Estado de Saúde de Minas Gerais. Compõe o Grupo de Pesquisa em Comunicação, Raça e Gênero (Coragem) e o Grupo de Pesquisa em Imagem e Sociabilidade (GRIS). Tem forte interlocução com a área de Comunicação e Saúde.

Este livro foi composto com tipografia Minion Pro e impresso em papel Off-White 70 g/m² na Formato Artes Gráficas.